현대경영학개론

MODERN *Business*
MANAGEMENT

김종성 김영 유성용

도서출판
청람

■ 머리말 ■

경영학에 대한 관심과 인기는 시대를 불문하고 꾸준하게 지속되어 왔다. 대학에서도 다양한 학부와 전공의 학생들이 경영학을 복수전공으로 신청하고, 필자들의 경영학 수업에도 매학기 상당수의 상경계열 전공이 아닌 학생들이 수강을 하고 있다. 더욱이 최근 모든 분야에서 융합이 강조되면서 경영학과 소속이 아닌 학생들이 경영학 혹은 상경계열의 전공을 공부하는 상황이 점차 확산되고 있다.

그렇다면 요즘 같은 시대에 경영학을 공부하는 진짜 이유가 무엇일까? 흔히들 말하기를 향후 넓은 범위에 활용할 수 있는 범용성 때문에 졸업 후 진로가 다양해서일 수도 있다. 틀리지 않은 말이다. 실제로 경영학에 대해 어떤 생각과 기대를 하고 수강을 하는지, 경영학이 무엇을 하는 학문이라고 생각하는지를 학생들에게 질문하면 선뜻 대답을 못하고 판매, 사업, 기업 등과 같은 단어들을 열거하곤 한다. 물론 경영학이라는 학문의 특성상 기업과 관련된 내용이 상당부분을 차지하는 것은 사실이다. 그러나 경영학은 이 외에도 매우 다양한 분야를 포괄하고 있다. 경영학은 사람이 사회생활을 하며 살아가는 데 필요한 모든 분야를 섭렵하는 학문이다.

경영은 정말 우리와 가까운 개념이고 누구라도 실행할 수 있는 실천적 개념이다. 나날이 치열해지는 경쟁환경에서 기업을 생존하게 하고 발전시키는 것도 경영이고, 자그마한 팝업 매장을 차려서 손님을 맞는 것도 경영이고, 일 년 연봉 혹은 한 달 급여를 받아서 규모 있게 사용하는 것도 경영이다. 따지고 보면 아이들이 친구들과 더 좋은 관계를 맺고 사회화되어 가는 과정도 경영활동의 한 가지 모습이라고 할 수 있는 것이다. 이렇듯 경영은 우리 생활의 크고 작은 모든 부분에서 적용되고 실행되고 있다. 이와 같이 경영의 중요성은 기업뿐만 아니라 비영리기관을 포함한 다양한 조직에서 널리 인식되고 있다.

본서는 기본적으로 경영학에 처음 입문하는 학생이나 일반 사회인들이 경영을 보다 쉽게 이해할 수 있도록 하는 데 목적을 두었다. 학문도 사회변화를 반영하여 함께 발전해나가지만, 복잡다단하게 변해가는 불확실성의 시대에도 변하지 않는 본질은 있다. 본서는 가급적 경영학의 본질과 기본에 충실하게 구성하고자 하였다.

저자들은 같은 대학에서 경영학의 서로 다른 분야를 전공한 선 · 후배로서 대학에서 이십년이 넘는 세월 동안 강의를 해오면서 학생들이 보다 쉽고 친근하게 경영학을 이해할 수 있도록 하는 방법을 고민해 왔다. 또한 경영학을 알고자 하는 사람들이 경영에 대해 갖는 어려움과 편견들을 쉽게 풀어내기 위한 방법들을 고민해 왔다. 이러한 고민들을 함께 하면서 저자들은 경영학의 제반 분야에 대해 각 분야의 전공자로서 보다 쉽고 현실성 있게 접근하고자 노력하면서 본서를 집필하였다.

본서는 모두 4부 15개의 장으로 구성되어 있다.

제1부는 3개의 장으로 구성되어 경영과 경영학의 기본개념과 경영이론의 발전과정을 다루며, 기업의 본질과 사회적 책임에 대해 서술하였다.

제2부는 경영활동에 대한 일반적 이해를 돕기 위한 부분으로서 경영환경과 경영전략, 그리고 경영관리과정인 계획과 통제, 조직화와 조직구조, 리더십과 커뮤니케이션에 대해 서술하는 5개의 장으로 구성하였다.

제3부는 기능별 경영활동으로서 경영학을 기능적으로 분화시킨 분과학문들인 인사관리, 생산관리, 회계관리, 재무관리, 그리고 마케팅관리에 대해 서술하였다.

제4부는 현대적 경영활동으로서 경영관리의 현대와와 정보화 및 기업의 글로벌화에 대해 서술하였다.

본서는 저자들이 그동안의 경험을 토대로 가급적 쉽게 독자들의 이해를 돕기 위한 방식으로 저술하고자 하였으나 그 의도가 충분히 독자들에게 전달될지 염려되고, 보다 나은 방법으로 전달할 수 있지 않았을까 하는 아쉬움도 남는다. 이러한 염려와 아쉬움은 향후 독자들의 비판과 제안을 열린 마음으로 수용해서 책의 내용을 개선하려는 노력을 통해 극복하고자 한다.

마지막으로 본서가 출판되는 데 도움을 주신 많은 분들께 이 자리를 빌려 감사의 마음을 전한다. 특히 저자들이 대학원 생활과 시간강의를 시작할 때부터 대학에 자리를 잡고 있는 지금까지 한결같은 마음으로 늘 함께하며 힘을 북돋아 주신 도서출판 청람의 이수영 대표님께 감사드린다. 또한 저자들이 소속된 학교의 동료 및 선 · 후배 교수님들, 그리고 언제나 우리에게 가장 큰 힘이 되어주는 '영원한 내 편' 사랑하는 가족에게 깊고 진한 감사의 마음을 전한다.

2019년 1월

저자 일동

■ 차례 ■

PART 1 | 기업과 경영

CHAPTER 1 경영학의 본질

CHAPTER 2 경영관리와 경영이론의 발전

CHAPTER 3 기업의 특징과 사회적 책임

PART 2 | 경영활동의 일반적 이해

CHAPTER 4 경영환경

CHAPTER 5 경영전략

CHAPTER 6 경영계획 및 경영통제

CHAPTER 7 조직화와 조직구조

CHAPTER 8 리더십과 커뮤니케이션

PART 3 | 기능별 경영활동

CHAPTER 9 인사관리

CHAPTER 10 생산관리

CHAPTER 12 재무관리

CHAPTER 13 마케팅관리

PART 4 | 현대적 경영활동

CHAPTER 14 경영관리의 현대화와 정보화

CHAPTER 15 기업의 글로벌화

MODERN BUSINESS MANAGEMENT

part 1

기업과 경영

CHAPTER 01 경영학의 본질

CHAPTER 02 경영관리와 경영이론의 발전

CHAPTER 03 기업의 특징과 사회적 책임

chapter 01

경영학의 본질

제1절 경영과 경영학

1.1 경영의 의의와 본질

기업, 가정 등과 같은 개별 조직체들은 경쟁상대인 다른 조직체보다 더 훌륭하고, 더 발전되고, 더 많은 돈을 벌 수 있기를 원한다. 따라서 개별 조직체들은 그들이 원하는 목표를 달성하기 위하여 최선의 전략적 방안을 수립하고, 이에 따라 사람, 자본, 시설 등을 이용하여 각각의 경제활동을 수행한다. 이러한 일체의 과정을 우리는 경영이라 말한다. 즉, 경영이란 조직의 목표달성을 위하여 수행되는 일체의 활동 또는 과정을 의미한다. 이러한 과정 속에는 계획안을 수립하고 이를 실행 · 평가하고 필요에 따라 수정하고 보완하는 일체의 행위가 포함된다.

1) 경영의 의의

우리들은 일상생활 속에서 필요한 재화나 서비스를 생산, 교환, 분배, 소비하는 일을 반복해서 수행하고 있다. 이렇게 반복 수행되는 일련의 활동을 경제활동이라 한다. 이러한 경제활동은 가정, 기업 등과 같은 개별 조직 차원에서 볼 때 매우 중요하다. 왜냐하면 이들의 왕성하고 건실한 경제활동들이 모여서 건강한 국가경제, 세계경제가 이룩되고 또한 이러한 활동에 의해서 인간들의 삶이 풍요롭고 윤택해지기 때문이다.

경영학은 조직의 목표달성을 위해 경제활동을 수행하는 개별 경제주체들을 그 연구대상으로 삼는 학문이다. 경영학의 관심은 개별 경제주체들 중에서도 특히 기업에 있다. 기업에 대한 종합적인 이해를 도모함과 함께 이러한 기업활동이 어떻게 수행되어야 하고, 어떻게 합리적으로 관리되어야 하는가 하는 행동원리를 종합과학적 입장에서 다루어 이를 하나의 지식체계로 정리한 종합과학이 경영학이다.

현대경영의 관심은 영리를 목적으로 활동하는 기업에 있다. 따라서 경영활동의 대상은 주로 기업이며 일반적으로 경영을 말할 때는 기업경영을 의미한다. 어느 기업은 경영을 잘해서 성공한다. 또 어느 기업은 경영을 잘못해서 실패한다. 이것은 경영이 얼마나 중요한가를 의미한다.

2) 경영의 본질

경영의 본질은 대체로 경제적 · 사회적 · 기술적 본질 등 세 가지로 설명할 수 있다.

첫째, 경영의 경제적 본질은 생산을 목적으로 하는 생산경제단위라는 것이다. 이 관점은 경영이 경제성이라는 합리적 선택을 추구한다고 보는 것이며, 영리를 목적으로 하는 기업뿐만 아니라 공기업, 비영리기업 및 가계를 포함한다.

둘째, 경영의 사회적 본질은 하나의 사회단위 혹은 사회적 구성체이며, 인간상호결합의 완전조화적인 기능을 수행한다는 것이다. 따라서 인간중심적 사고가 기본이 되며 경영의 중심에는 인간이 있고, 인간 간의 사회관계에 경영기능의 초점이 모아진다.

셋째, 경영의 기술적 본질은 이윤추구를 지향하는 기업의 목적을 구현하기 위한 노동과정의 조직체라는 것이다.

경영의 세 가지 관점

경영은 일반적으로 의사결정과정, 관리과정, 시스템의 세 가지 관점으로 파악할 수 있다. 관리과정으로서의 경영은 본서에서 구체적으로 언급하므로 여기서는 의사결정과정과 시스템으로서의 경영에 대해 살펴보기로 한다.

1. 의사결정과정으로서의 경영

조직의 목표달성을 위해서 행하는 활동 또는 과정을 경영으로 정의한다면 경영을 보는 첫 번째 관점은 의사결정과정으로서의 경영이라 할 수 있다. 그 이유는 기업의 경영자들이 기업의 목적달성을 위하여 매일 수많은 의사결정을 하기 때문이다.

의사결정과정의 첫 번째 단계는 문제의 인식으로, 이는 기업의 실제 상태와 바람직한 상태 간의 차이를 인식하는 것이다. 즉, 기업이 당면한 문제를 인식하는 것으로부터 의사결정과정은 시작된다. 두 번째는 정보의 탐색으로 이는 문제를 해결할 수 있는 가능한 모든 수단 및 방법에 대한 탐색을 의미한다. 세 번째는 선택대안의 작성 및 평가로 이 단계에서는 수집된 모든 정보를 토대로 문제를 해결할 수 있는 선택대안들을 작성하고, 이 선택대안들 중 어느 것이 가장 바람직한가 평가하게 된다. 네 번째로 최적대안의 선택 및 실행단계로, 이 단계에서는 평가결과를 통하여 문제를 가장 잘 해결할 수 있는 최적대안을 선택하고 실행하게 된다. 마지막은 실행결과의 평가로, 이 단계에서는 의사결정과 그 실행결과에 대한 피드백을 주는 것이다. 실행결과의 평가를 통하여 기업의 경영자는 의사결정이 바람직하게 이루어졌는지의 여부에 대해 파악하게 된다.

2. 시스템으로서의 경영

우리는 일상생활에서 사회시스템, 경제시스템, 정치시스템, 유기시스템 등등 시스템이란 말을 많이 듣는다. 시스템의 정의는 이와 같은 여러 가지 용어의 공통되는 부분을 추출하여 규정하는데 이들의 공통점은 시스템이 여러 요소들로 구성되어 있고 이들 요소들 간에는 상호의존적인 관계가 있다는 점이다. 따라서 시스템(system)은 공동의 목적을 향해 상호작용하는 요소들의 집합이라고 정의할 수 있으며, 여러 요소가 상호작용하는 정치, 경제, 사회, 인간, 기업, 컴퓨터 등은 모두 시스템이라 할 수 있다. 마찬가지로 생산, 재무, 인사, 회계, 마케팅 등과 같은 부문이 상호작용하여 이윤의 극대화라는 기업의 본원적인 목적을 달성하는 경영도 하나의 시스템이라 할 수 있다. 이와 같은 시스템은 일반적으로 다음과 같은 네 가지 특성을 갖는다.

첫째, 투입(input) → 변환(transformation) → 산출(output)의 과정을 갖는다. 예를 들어, 기업의 경우 원재료를 투입하여 이를 가공하여 완제품을 내보내는 과정을 갖는다. 둘째, 시스템은 개별 요소가 아니라 하나의 전체로서 인식되어야 한다. 예를 들어, 사람의 얼굴은 눈, 귀, 코, 입 등등을 따로따로 인식하지 않고 전체로 인식한다. 셋째, 시스템은 계층적(hierarchical) 특성을 갖는다. 즉, 시스템은 상위시스템과 하위시스템을 갖는다. 예를 들어, 사람의 손은 팔의 하위시스템이며 손가락의 상위시스템이라 할 수 있다. 넷째, 시스템은 시너지(synergy)효과를 갖는다. 시너지효과는 간략히 말하여 1 + 1 = 2가 아니라 그 이상이라는 개념으로 파악할 수 있다.

3. 관리과정으로서의 경영

이는 본서의 제6장 및 제7장에서 설명된다.

1.2 경영학의 성격

경영학은 경험을 토대로 하여 연구되는 현실과학이며, 사회학, 정치학 등과 같이 사회과학의 한 분야에 속하는 경제과학이다. 경제과학 분야는 경제학과 경영학으로 분류된다.

경제학은 주로 거시적인 측면에서 전체경제를 그 연구대상으로 삼는 반면, 경영학은 전체경제의 구성단위가 되는 기업, 가정 등과 같은 개별 경제단위체들의 경제적 활동을 연구대상으로 삼는다. 즉, 기업, 가정, 병원 등의 경영활동을 보다 합리적, 효율적으로 수행하기 위한 제 방안과 그에 따른 법칙을 연구하는 학문이 경영학이다.

경영학은 실제 경영활동에서 발생하는 경험적 사실을 분석 · 연구하여 새로운 이론과 법칙을 발견 · 정립하고 이에 따라 학문적 이론을 구축하는 이론과학이다. 또한 경영학은 경영목적달성을 위하여 학문적 이론으로 구축된 내용을 실무에 적용시키거나 그 적용상의 문제점을 규명하기도 하는 실천적 학문이다. 따라서 현대경영학은 이론과학으로서의 성격을 지님과 동시에 실천과학으로서의 성격도 지니고 있는 양면성을 가지고 있다.

오래전부터 경영학이 과학(science)인가 아니면 기술(art)인가에 관하여 논란이 있어 왔다. 경영학은 과학으로서 학문적 이론체계를 제공함과 동시에 경영실무에서 얻어지는 경험과 직관에서 우러난 기술 또한 중요함을 강조한다. 이러한 측면에서 볼 때 현대의 경영학은 과학이면서 기술인 이중성을 지닌 학문이라 할 수 있다.

지식이 없는 기술은 맹목적 기능에 불과하다. 그리고 기술이 없는 지식은 탁상공론에 지나지 않는다. 학문적 이론과 실무가 이상적으로 결합할 때 보다 높은 차원의 성과를 얻을 수 있게 될 것이다.

그림 1-1 경영학의 학문적 계통

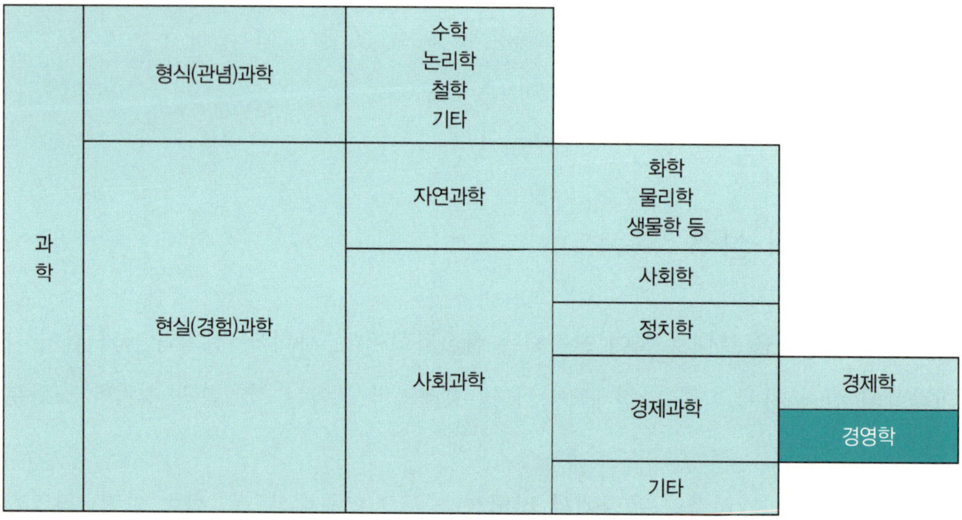

1.3 경영학의 연구대상

경영학은 개별 경제단위체들을 그 연구의 대상으로 삼는다. 경영학은 경제과학의 한 분야로서 미시적인 관점에서 가정, 기업, 재정, 기타 비영리조직 등과 같은 개별 경제단위체들을 연구의 대상으로 삼는 데 그 특징이 있다.

다만, 가정, 기업, 재정, 기타 비영리조직 등과 같은 개별 경제주체들 중에서 재정은 재정학이라는 기반이 확고한 학문에서 연구대상으로 삼고 있다. 따라서 재정은 경영학의 연구대상에서 제외된다. 한편, 가정은 가정학에서 연구의 대상으로 삼아 다루어지고 있는데, 경영학의 연구대상에 가정을 포함시켜야 하는지 여부에 관한 논란이 계속되고 있다.

결국 경영학은 기업이라는 영리조직과 교회, 병원, 군대 등과 같은 비영리조직을 그 연구의 대상으로 삼는다. 이 중에서도 특히 기업은 경영학의 연구대상으로서 관심의 초점이 되는 개별 경제단위체이다. 현대사회에서 기업이 인간생활에 미치는 영향은 매우 크고 다양하다. 이러한 기업의 합리적, 효율적 경영에 관한 방안의 모색 및 제반

이론과 법칙에 관한 연구는 매우 중요한 것이라 할 수 있다.

경영학은 기업활동 중에서 경제적 측면의 활동, 즉 경영활동에 관한 연구에 주안점을 둔다. 연구대상으로서의 기업경영활동은 구체적으로 생산, 마케팅, 회계 · 재무, 인사의 4대 활동으로 이루어진다. 이때 생산과 마케팅활동은 기업경영의 기본적인 활동으로서 과업을 달성하기 위하여 업무를 실행 또는 집행하는 활동을 말한다. 이러한 활동을 라인(line)활동이라 한다. 회계 · 재무와 인사활동은 생산, 마케팅활동이 원활하게 수행되도록 조력, 조언하고 보조, 지원하는 참모활동이다. 이러한 활동을 스태프(staff)활동이라 한다.

생산, 마케팅, 회계 · 재무, 인사활동은 기업경영의 중심적인 활동으로서 보다 합리적이고 효율적으로 이루어져야 한다. 따라서 이러한 기업경영의 4대 활동은 경영학의 연구대상으로서 중요한 위치를 차지하고 있다.

그림 1-2 경영학의 연구대상

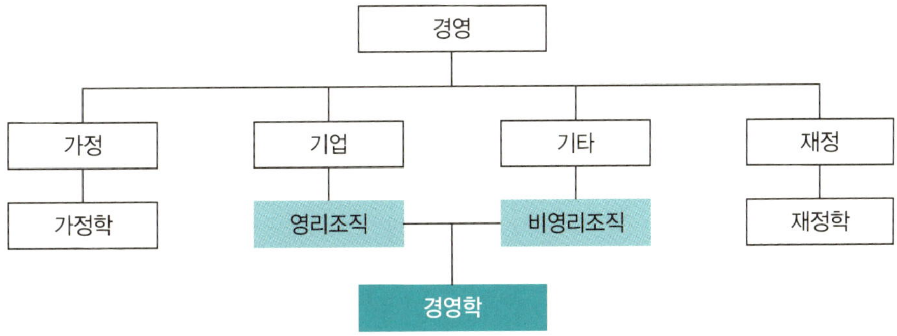

표 1-1 기업경영의 4대 활동

경영활동	생산활동	라인(line)활동
	마케팅활동	
	회계 · 재무활동	스태프(staff)활동
	인사활동	

제2절 경영의 지도원리와 구성요소

2.1 경영의 지도원리

1) 경영지도원리의 의의

경영의 지도원리는 경영목적을 달성하기 위한 지침이다. 일반적으로 경영의 지도원리는 영리성원칙을 그 중심으로 삼는다. 왜냐하면 기업의 본질적인 목적이 이윤추구에 있기 때문이다. 따라서 이윤추구를 그 주축으로 삼는 영리성원칙이 경영지도원리의 근본이 된다. 영리성에 근본을 둔 주요 경영지도원리로 생산성, 경제성, 수익성의 세 가지를 들 수 있는데, 이는 기업경영활동 수행에 있어서 매우 중요한 것이다.

이 외에도 효과성(effectiveness)과 효율성(efficiency)도 중요한 경영지도원리로 삼을 수 있다. 효과성이란 목표달성정도를 의미하는 것으로서 조직이 자원을 활용해서 조직목표를 보다 가까이 성취하는 경우에 효과성이 높아질 수 있다. 반면에 효율성이란 경영활동이 능률적으로 행해졌는지를 판단하는 개념으로서 경영과정에서 조직의 자원이 보다 많이 낭비되고 제대로 활용되지 못했을 경우에 효율성은 낮아지게 된다.

2) 생산성원칙

생산성이란 생산을 위해 투입된 생산요소가 생산과정에서 얼마나 잘 결합되어 생산물로 실현되는가를 나타내는 지표이다. 따라서 생산성은 산출량을 투입량으로 나눈 수치로 나타낼 수 있다. 일반적으로 생산성이라고 할 때는 노동생산성을 의미하는데, 노동생산성이란 노동자 1인이 하루에 생산해 낼 수 있는 생산량을 말한다. 한편, 부가가치 생산성은 노동자 1인이 기업에 기여한 부가가치를 측정하는 것으로서 기업의 부가가치를 노동자의 수로 나눈 값으로 표시된다. 이때 부가가치는 매출액(혹은 생산액)에서 원료비, 인건비 등 각종 비용을 뺀 값으로 계산할 수 있다.

3) 수익성원칙

영리성원칙은 보다 많은 이윤추구를 목적으로 하고 있다. 그런데 무조건적으로 환경을 무시한 체 이윤만을 추구할 것인가 아니면 기업을 둘러싸고 있는 소비자, 지역사회 등 기업과 이해관계가 있는 주변환경을 고려하여 이윤을 추구할 것인가 하는 문제가 발생한다.

과거의 경영지도원리는 영리성원칙을 실현하기 위한 방법으로 수익성원칙을 경영의 지표로 삼았다. 수익성원칙은 무조건적으로 이윤을 추구하는 경영의 지도원리이다. 수익성원칙은 투하된 자본에 대해 창출된 이익은 얼마인가 하는 투입자본과 이익과의 관계를 뜻하며, 자본에 비하여 이익이 크면 클수록 좋다는 원칙이다. 결국 이것은 이윤극대화원칙(principle of maximization)을 의미한다.

$$\text{수익성} = \frac{\text{성과} - \text{희생}}{\text{자본}} = \frac{\text{이익} - \text{비용}}{\text{자본}} = \frac{\text{순이익}}{\text{자본}}$$

이윤극대화원칙은 생산만 하면 모두 판매되던 시대, 즉 생산자들이 시장을 지배하던 생산자중심시대에는 가장 적합한 경영의 지도원리였다. 그러나 소비자가 절대적으로 구매결정권을 행사하는 소비자중심시대인 현대의 경영지도원리로는 적합하지가 않다. 만일 이윤의 극대화를 위하여 근로자의 임금을 착취하거나 판매 시 폭리를 취한다면 곧 사회로부터 비난과 지탄을 받게 될 것이며 소비자들의 불매운동의 대상이 될 것이다.

4) 경제성원칙

현대의 경영지도원리 역시 영리성에 기반하고 있다. 그러나 이의 실현을 위한 선택원리로서는 경제성원칙을 추구한다. 경제성원칙이란 기업의 목적달성을 위해 투입된 요소에 따라 적정한 산출 또는 성과가 다양하게 성취되어야 한다는 경영지침을 말한다.

경제성원칙과 수익성원칙이 서로 다른 점은 무엇일까? 수익성원칙은 산출결과로서 이익만을 측정한다. 따라서 수단과 방법에 관계없이 이익을 많이 얻고자 노력한다. 그러나 경제성원칙은 산출결과물로서 다양한 것을 추구한다. 예를 들면, 눈앞에 보이는 이익도 측정하지만 소비자의 만족도, 기업 이미지 향상, 시장점유율의 확장, 종업원의 사기 앙양 등을 다양하게 추구하여 투입에 대한 산출을 기대하는 것이다. 이러한 경제성원칙을 수식화하면 다음과 같다.

$$\text{경제성} = \frac{\text{산출}}{\text{투입}} \text{ 또는 } \frac{\text{급부}}{\text{비용}}$$

경제성원칙은 적정이윤을 추구하는 원칙이다. 이윤은 사회적으로 납득할 만큼의 적정한 것이어야 한다는 것이다. 즉, 투입된 재화나 용역에 비하여 산출이 사회적으로 납득할 만한 적정한 것이 아니고 큰 경우에는 사회로부터 비난을 받을 가능성이 많게 되고 이로 인하여 기업경영에 불리한 경우를 당할 수 있으므로 적정한 산출을 추구한다는 것이다. 이는 기업이 영속기업을 목적으로 한다는 것과 맥을 같이 한다.

만약 기업이 적정수익을 초과하게 되면 그 초과분만큼은 어떠한 형태로든 사회에 환원시켜야 한다는 것이 경제성원칙이다. 즉, 최소의 비용으로 적정한 이윤을 추구하는 원칙이다.

현대산업사회에서는 "소비자가 있어야 곧 기업이 있다"는 말이 진리로 통하고 있다. 이러한 소비자중심시대에 기업은 소비자를 필두로 한, 기업과 이해관계를 맺고 있는 집단(interest group)에 대한 이해조정이라는 사회적 책임을 지고 있나. 이러한 상황하에서 경제성원칙이 경영의 이윤추구원리로서 자리할 수밖에 없는 것이다.

2.2 경영의 구성요소

모든 일의 성공적 수행에는 필수적으로 갖추어야 할 제반 요소가 있게 마련이다. 경영 역시 효과적 목표달성을 위해서는 갖추어야 할 제반 요소가 필요하다. 성공적 경영활동에 필요한 구성요소를 함축하여 정리하면 경영목적, 인적자원, 자금, 전략 등 네 가지 요소를 꼽을 수 있다.

1) 경영목표

기업경영의 궁극적인 목적은 이윤창출을 통한 영속기업으로의 성장이다. 그런데 이윤창출을 어떤 과정과 방법을 택하여 수행할 것인가를 구체적으로 제시해 주는 것이 경영목표이다. 기업 전체를 관리하는 경영자라면 기업 전체가 나아가야 할 목적, 목표를 분명하게 설정해 주어야 할 필요가 있다. 설정된 경영목표는 기업 전체가 공유하는 가치관, 사훈, 기본방침, 공동과제에 대한 인식 등으로 표출되어 기업문화를 조성하게 되고 이러한 기업문화가 경영의 성패를 좌우한다.

기업문화는 해당 기업의 이미지로 나타나고 기업 이미지는 소비자들의 해당 기업 평판에 중요한 작용을 한다. 우리는 미디어에서 '기업 이미지'라는 말과 그와 관련된 이미지 광고를 수시로 접하게 된다. 기업 이미지라는 것은 하루아침에 이루어지는 것이 아니다. 이러한 기업 이미지는 기업을 대표하는 경영자가 기업의 경영목표를 무엇으로 설정하느냐에 따라 달라진다.

S그룹의 기업 이미지는 '초일류'이다. L그룹의 기업 이미지는 '고객감동'이다. 각 기업이 주는 이미지는 왜 다른가? 그것은 기업의 궁극적인 목적인 이윤창출의 방법과 과정을 제시해 주는 경영목표가 서로 다르기 때문이다. S그룹의 경우는 초일류를 지향하는 과정에서 기업의 궁극적인 목적을 달성하려는 것이고, L그룹은 고객감동을 지향하는 과정에서 기업의 궁극적인 목적을 달성하고자 하는 것이다. 이러한 경영목표가 기업의 구성원들에게 철저하게 인식이 되었을 때 비로소 이윤창출을 제대로 기대할 수 있게 된다.

2) 인적자원

기업경영의 성공과 실패는 사람이 좌우한다. 기업에서 일하고 있는 각 사람들이 어떠한 생각을 갖고 어떻게 직무를 수행하는지에 따라 경영성과는 달라진다. 경영을 구성하는 요소 중에서도 사람은 그 중심이 되는 필수적 요소이다.

로봇들만 있는 무인자동화 공장에서는 인간중심의 경영보다 기계의 유지, 보수가 더 중요할 수 있다. 경영자라는 존재가 사람이듯이 경영의 대상 역시 궁극적으로는 사람이다. 경영에 있어서 사람은 인적자원을 의미한다. 기업이 필요로 하는 인적자원을 채용하고 이를 적재적소에 배치, 활용하여 원하는 경영목표를 달성하도록 하는 것이 경영자의 책무이다.

3) 자금

기업에는 자금이 필요하다. 자금이란 화폐자본으로서 경영활동에 사용할 수 있는 돈을 의미한다. 이러한 자금은 기업에 있어 매우 중요한 요소이다. 예를 들면, 공장을 세워 제품을 생산하거나 만들어낸 제품을 소비자들에게 광고를 통하여 알리는 등 기업의 경영목표를 달성하는 데 필요한 활동은 자금에 의해서 수행된다. 기업은 경영활동을 기초로 하여 이윤을 창출하고 이러한 이윤창출에 의하여 계속 유지되고 성장, 발전한다.

4) 전략

경쟁기업을 이기고 성공적으로 경영활동을 수행하기 위해서는 전략이 필요하다. 훌륭한 경영목표와 우수한 인적자원 및 풍부한 자금을 가지고 있다고 하더라도 이를 효과적으로 운용할 수 있는 경영전략이 없다면 경쟁에서 이길 수 없다. 경영전략이란 기업 내에 있는 모든 인적 · 물적 자원을 경영목표달성을 위하여 조직화하고, 이를 실행에 옮겨 경쟁에서 우위를 점할 수 있도록 하는 일련의 방침, 활동을 의미한다.

보·고·가·세·요

갑 : 멋진 자동차 '경영'을 만들고 싶어.
을 : 그럼 먼저 경영목표라는 엔진을 달아.
갑 : 그 다음엔?
을 : 인적자원이라는 바퀴를 달아야지.
갑 : 그리고 그 다음엔?
을 : 자금이라는 휘발유를 넣어. 돈이 있어야 경영활동을 할 수 있잖아!
갑 : 그럼 다 된 건가?
을 : 아니지, 전략이라는 핸들을 달아야 해! 경영목표, 인적자원, 자금, 전략이 경영의 4대 경영 구성요소잖아.

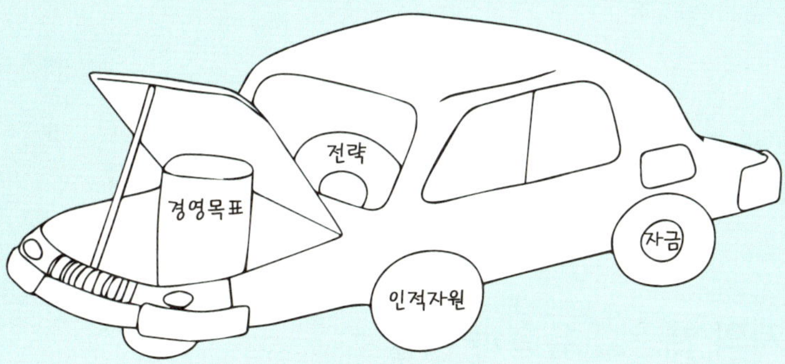

chapter 02

경영관리와 경영이론의 발전

제1절 경영자

1.1 경영자의 계층별 유형과 역할

경영자의 개념을 설명할 때 흔히 오케스트라의 지휘자와 같은 역할을 하는 사람이라고 설명을 한다. 이는 같은 능력을 갖고 있는 연주자들이라고 하더라도 지휘자의 능력에 따라 연주성과가 달라지기 때문에 기업에 있어서 지휘자와 같은 역할을 하는 사람이 바로 경영자라고 할 수 있기 때문이다.

경영자란 넓은 의미로 볼 때 출자나 소유 여부와는 관계없이 경영관리기능을 수행하는 모든 계층을 의미한다. 이러한 경영자 계층을 분류하면 최고경영자 계층, 중간관리자 계층, 하위감독자 계층 등으로 나눌 수 있다.

■ **그림 2-1** 경영자의 계층별 유형

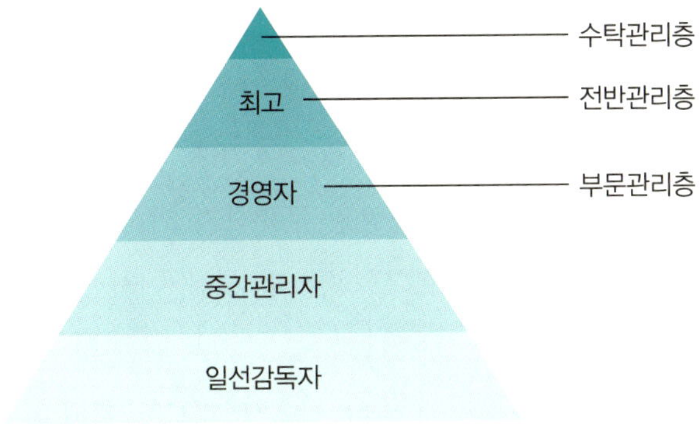

1) 최고경영자 계층

최고경영자 계층은 수탁관리층, 전반관리층, 부문관리층 등으로 나눌 수 있다. 수탁관리층은 주주총회로부터 선임된 이사회 등과 같이 권한을 위임받은 경영층을 가리킨다. 전반관리층은 대표이사에 해당하는 회장, 사장 등이며 부문관리층은 대개 이사로 선임되어 있는 각 사업부문의 장을 가리킨다.

최고경영자 계층에서는 조직 전체와 관련된 총괄적이고 종합적인 의사결정을 행하며, 특히 경영목표, 경영전략 수립 등에 관한 의사결정을 주로 한다. 예를 들면, 공장 건설, 신제품 개발, 기술 도입, 기업의 인수와 같은 전략적 의사결정문제가 최고경영자 계층의 주된 임무이다.

최고경영자 계층은 일상적이고 반복적으로 발생하는 정형적 업무의 의사결정보다는 불확실하고 예측이 어려운 경영전략 수립 등 장래에 관한 비정형적인 업무의 의사결정을 수행한다.

2) 중간관리자 계층

중간관리자 계층은 최고경영자층과 하위감독자층을 이어주는 중간 가교 역할을 수행하는 계층으로서 부장, 차장, 과장 등이 해당된다. 중간관리자 계층은 최고경영자 계층에서 설정한 조직 전체의 목표와 방향을 성공적으로 수행하기 위하여 각 부서에서 어떠한 역할과 활동 등을 해야 하는지에 대한 의사결정을 한다.

S기업의 K부장은 판매유통망에 대한 개선책을 입안하라는 이사의 지시를 받았다. 현재의 유통망은 극소수의 전속 대리점과 도매상에게 제품을 매출하는 것으로 S기업 자체의 판매망은 제대로 구축되어 있지 않았다. K부장은 영업부 사원들과 충분히 의견을 나눈 결과 회사 자체의 판매유통망을 구축하기 위하여 도매상의 매출을 금지하고 대리점을 대대적으로 모집하기로 결정한 후 이를 이사에게 입안하여 보고하였다.

위의 예는 중간관리자의 의사결정에 관한 일례를 제시한 것이다. 중요한 것은 K부장이 혼자서 결정하지 않고 부하직원들의 의견을 수렴하였다는 것이다. 이러한 점은 중간관리자는 상층과 하층의 중간으로서 가교의 역할을 수행해야 한다는 것을 의미한다. 또한 이러한 일은 최고경영층에서 수행하는 전략적 의사결정에 비해 상대적으로 일상적이고 반복적으로 일어난다. 즉, 중간관리자 계층은 일상적이고 반복적이지만 주로 상층과 하층의 의견을 조정 통합하는 의사결정을 수행한다.

3) 하위감독자 계층

하위감독자 계층은 일반적으로 대리, 주임, 직장, 조장, 반장 등의 직급이 이에 해당된다. 이들은 현장에서 업무수행이 잘 이루어지도록 관리 · 감독하는 등 일상업무와 관련된 의사결정을 한다. 예를 들어, H자동차의 일선감독자들은 자동차를 조립하고 검사하는 종업원을 감독한다.

하위감독자 계층은 작업현장에서 일상적으로 발생하는 실무적 업무에 관한 의사결정을 수행한다.

보·고·가·세·요

경영자의 종류

1. 소유경영자 : 기업에 투자한 기업의 주인이자 경영을 담당한 사람으로서 출자기능과 함께 경영기능을 수행한다. 과거의 경영자상으로 기업가, 사업가라고도 한다.
2. 고용경영자 : 소유경영자에게 고용된 경영자로서 소유경영자의 대리인으로서 업무를 수행한다. 이런 경우는 대부분 기업의 규모가 커지면 소유경영자 혼자 경영할 수 없으므로 고용경영자가 필요해진다.
3. 전문경영자 : 전문적 지식과 능력을 갖고 출자 여부와 관계없이 독립적으로 기업을 경영하는 사람을 말한다. 출자기능은 없고 오직 경영기능만 수행한다. 현대기업의 경영자는 대부분 전문경영자이다.

1.2 경영자의 스킬믹스

1) 경영자의 기능

경영자의 기능이란 모든 계층의 경영자가 자신의 직무를 충실하게 수행해 나가는 데 필요로 하는 구체적 능력, 관리기술을 말한다. 이러한 관리기술은 교육, 훈련, 경험, 실무를 통해서 학습되고 개발 · 향상될 수 있다는 특성이 있다.

일반적으로 요구되는 경영자의 기능은 관리적 기능, 인간적 기능, 기술적 기능 등 세 가지로 정리할 수 있다.

(1) 관리적 기능

관리적 기능(administrative skill)이란 모든 경영층이 기본적으로 지니고 있어야 할 경영자기능을 표현한 것으로 계획, 조직화, 통제라는 3대 관리기능을 보다 효과적으로 발휘할 수 있는 숙련도를 뜻한다. 관리적 기능은 그뿐만 아니라 조직 전체를 총체적으로 파악하고, 각 부문조직을 상호관련시켜 이끌 수 있는 능력을 의미하기도 한다. 더 나아가서 기업의 목적이나 정책을 설정하는 일체의 관리적인 영역을 총괄하게 되는 것도 물론이다.

(2) 인간적 기능

인간적 기능(human skill)은 조직 내에 존재하는 모든 인간관계기능을 말한다. 즉, 원활한 커뮤니케이션을 토대로 한 인간관계의 형성과 유지를 뜻한다. 그런데 이 인간적 기능은 공식조직이건 비공식조직이건 간에 모든 구성원으로 하여금 공동의 목표를 향해 자발적으로 협동하게 하는 능력을 뜻하기도 하지만, 주로 경영자 계층 간의 인간관계의 유지를 위한 능력이 많은 부분을 차지한다. 전술한 관리적 기능이나 후술하는 기술적 기능은 교육, 훈련을 통해 어느 정도 숙련될 수 있는 성격의 기능인 데 비하여, 인간적 기능은 상당 부분이 경영자 자신의 타고난 소질과 재능에 달려 있다고 할 수 있다.

(3) 기술적 기능

기술적 기능(technical skill)이란 전문적인 지식과 경험을 토대로 한 해당 분야의 기술적인 이해도와 숙련도를 뜻한다. 이를테면 자동차회사의 경영자는 자동차에 관한 기술적인 지식을 구비하고 있어야 하며, 광산회사의 간부에게는 광물생산에 관한 여러 가지 기술적인 이해가 갖추어져 있어야 하는 것과 같다. 또 공작기계의 관리자는 실제로도 기계조작의 유경험자가 태반인 것처럼, 그러한 공작기계에 관한 기술적인 숙련도는 높으면 높을수록 유리하다. 나아가서 기술자의 공작수완, 회계관리직의 경리기술, 은행간부의 금융거래의 기술적 숙련 등이 바로 기술적 기능에 속한다.

2) 경영자의 스킬믹스

경영자 계층에 요구되는 관리적 기능, 인간적 기능, 기술적 기능은 최고경영층, 중간관리층, 하위감독층 등 각 경영층이 갖추어야 할 필수적 기능이다. 그러나 이러한 기능이 각 경영층에 요구되는 비중은 다르다.

경영목표와 전략, 방침을 설정하고 경영활동을 총괄하는 최고경영층에 가장 많이 요구되는 기능은 관리적 기능이다. 반면에 교량적 역할을 수행해야 하는 중간관리층에게는 인간적 기능이 가장 많이 요구된다. 그리고 작업의 집행을 수행해야 하는 하위감독층에게는 기술적 기능이 가장 많이 요구된다. 이러한 경영기능의 적절한 결합을 스킬믹스라 하며 이를 그림으로 나타내면 아래와 같다.

그림 2-2 경영자의 스킬믹스

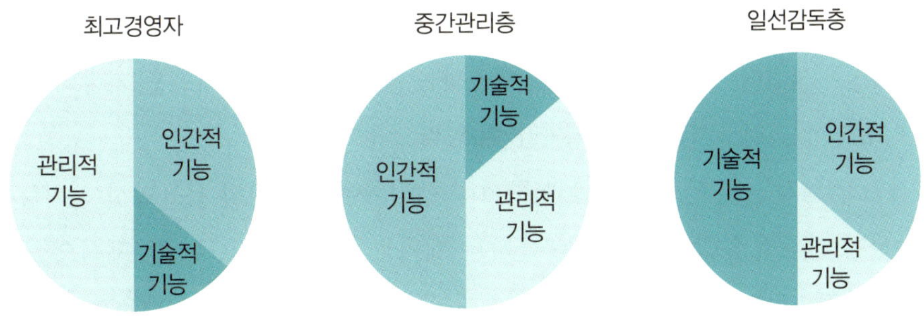

제2절 경영관리

2.1 기업의 기능과 경영관리

기업은 목적을 달성하기 위해 여러 가지 경영활동을 하게 되는데 이러한 활동을 경영기능이라 한다. 경영기능을 수평적 기능과 수직적 기능으로 나누어 볼 때 수평적 기능은 생산활동, 마케팅활동, 재무활동, 인사활동 등 크게 네 가지로 분류하고, 수직적 기능은 계획기능, 조직화기능, 통제기능으로 분류한다.

경영의 수평적 기능을 각각 구체적으로 설명하면 다음과 같다.

① 생산활동 : 제품 생산에 필요한 원자재와 부품의 구매, 품질관리, 생산계획의 수립과 조정 등을 담당하는 활동이다.

② 마케팅활동 : 새로운 제품과 서비스의 개발, 가격결정, 판매촉진, 유통 등을 담당하는 활동이다.

③ 재무활동 : 기업에서 필요로 하는 자금의 조달과 배분을 담당하는 활동이다.

④ 인사활동 : 기업활동에 필요한 인력의 고용과 교육, 임금관리, 노사관계 등을 담당하는 활동이다.

이 밖에도 경영의 기능으로 기업의 경영성과와 재산의 변동을 보고하고 분석하는 회계활동, 의사결정에 필요한 정보를 제공하는 정보처리활동, 새로운 기술의 개발과 연구를 담당하는 연구개발활동 등을 들 수 있다.

이러한 경영기능은 서로 조화를 이루며 수행되어야만 기업의 목표달성이 가능해진다. 경쟁이 심하지 않았던 과거에는 별다른 계획을 세우지 않고 주먹구구식으로 기업을 운영해 가더라도 성장하는 데 별 문제가 없었다. 그러나 이제는 효율적으로, 그리고 효과적으로 경영기능을 수행하지 않고는 지속적으로 성장하기 어렵다.

경영관리란 생산, 마케팅, 재무, 인사 등 경영기능을 효율적, 효과적으로 수행하기 위하여 인적 · 물적 자원, 기술, 경영기법 등을 이용하여 계획, 실행, 통제하는 일련의 활동을 말한다.

경영이라는 용어와 관리라는 용어를 비교하여 보면 일반적으로 경영을 관리보다 상위의 개념으로 간주한다. 즉, 경영은 관리보다 포괄적 개념으로서 경영목표 설정, 장기적인 경영계획의 수립 및 운영방침의 결정, 외부의 압력집단과의 이해관계 조정과 같은 전략적 · 정책적 결정을 의미하고 관리는 경영의 하위 개념으로 전략적 · 정책적 의사결정을 효율적으로 수행하기 위한 실무적 기능으로 본다.

그러나 현대경영학에서는 경영과 관리를 구분하지 않고 기업목표달성을 위한 제반 활동 또는 과정으로 이해하는 추세이다.

■ **그림 2-3** 경영관리

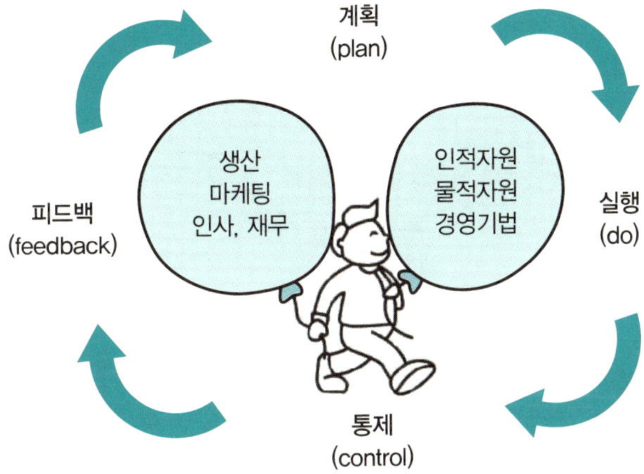

2.2 관리의 순환과정

일반적으로 관리의 순환과정은 계획(plan), 실행(do), 통제(control)의 3단계로 구성된다. 즉, 실행이 가능한 합리적인 계획을 수립하는 계획단계와 수립된 계획을 집행하는 실행단계, 그리고 집행한 결과를 계획과 비교 · 검토하는 통제단계로 구성된다.

기업의 활동을 대상으로 하는 관리의 개념을 최초로 제시한 사람은 프랑스의 페이욜(H. Fayol)이다. 페이욜은 프랑스 산업계의 경험을 토대로 하여 관리란 계획(plan), 조직(organization), 지휘(directing), 조정(coordinating), 통제(control)하는 과정이라 정의하였다. 그 후 많은 학자들이 이와 유사한 개념을 토대로 기업기능으로서의 관리를 설명하였으며, 이후 계획, 조직화, 통제의 세 가지 기능으로 정리하여 설명하고 있다.

이 세 가지 기능은 [그림 2-4]에서 보는 바와 같이 순차적으로 수행되지만, 경우에 따라서는 여러 기능이 동시에 수행되는 경우도 있다. 이러한 경영관리의 과정은 통제에 이르러 끝나는 것이 아니라 이 결과가 다음 계획의 수립이나 실행에 반영됨으로써 서로 밀접한 연관이 되어 순환과정을 형성한다. 이러한 것을 관리의 순환과정 또는 매니지먼트 사이클(management cycle)이라 한다.

그림 2-4 관리사이클

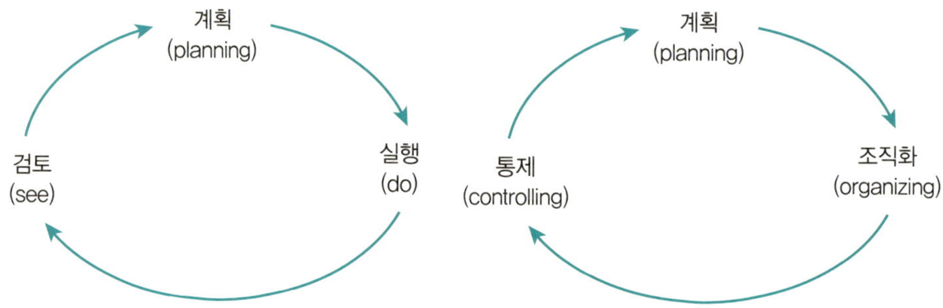

1) 계획

계획(planning)이란 미래 경영활동에 관한 의사결정과정을 말하며 이 단계에서 경영목표, 방침, 절차, 스케줄, 프로그램 등이 수립된다. 모든 조직들에서 가장 먼저 결정되어야 하는 것이 바로 계획이다. 왜냐하면 계획이 수립되어야만 그 조직이 무엇을 어떻게 해야 하는지가 결정되기 때문이다.

계획 없이 조직을 운영하는 것은 마치 어디로 가야 할지도 모르면서 무작정 차를 운전하는 것과 같다. 일단 조직의 계획이 결정된 후에는 그것을 달성하기 위하여 어떠한 방법들을 이용해야 하는지를 결정하게 된다.

실제로 계획은 여러 수준에서 수립된다. 가장 높은 수준의 계획은 기업의 목표를 결정하고 이를 달성하기 위한 종합적인 전략을 수립하는 과정이며, 가장 낮은 수주의 계획은 매일매일 해야 할 일들의 내용과 순서를 결정하는 것이다.

어느 수준의 계획 수립이든 간에 가장 중요한 것은 의사결정과정이다. 최종적인 의사결정이 이루어지기 전에 수행하는 일은 계획에 관한 연구나 분석이지, 실질적인 계획 수립이라고는 할 수 없다. 앞서 '의사결정과정으로서의 경영'에서도 설명했듯이, 일반적으로 의사결정과정은 문제인식, 정보탐색, 대안평가, 최적대안의 선택 및 실행의 단계로 구성되어 있다.

그림 2-5 계획

2) 조직화(실행)

조직화(organizing 또는 do)는 조직의 목표를 달성하기 위해 조직의 구성원들이 담당해야 할 직무를 설정하고 사람과 직무를 연결시켜 서로 유기적인 관계를 형성하게 함으로써 계획을 실행에 옮기는 활동 또는 과정이다. 조직화의 주요 기능은 수행해야 할 직무의 설정과 이 직무를 담당할 인원의 배치, 그리고 이에 대한 실행이다.

직무 설정에서는 조직 내에서 필요한 여러 가지 직무들을 결정하고, 각 직무들이 담당하는 일이 무엇이며, 다른 직무들과 어떻게 연관되어 있는지를 결정한다. 이러한 직무 설정 시 부문화를 실시하는데, 이는 하나의 조직을 크게 몇 개의 부문으로 분류하는 것을 말한다. 부문화가 완성되면 여기에 적절한 인력을 배치한다.

조직에서의 핵심적인 자원은 사람이다. 경영자는 인적자원을 이끌어 열심히 일할 수 있도록 동기를 부여하고 사기를 앙양시켜야 한다. 인적자원인 조직구성원들 간에는 원만한 의사소통이 필요하다. 의사소통이 중요한 이유는 정확한 의사전달을 통해서만 원활한 의견교환이 이루어지며, 이를 토대로 긴밀한 상호협력이 가능하기 때문이다.

그림 2-6 조직화과정

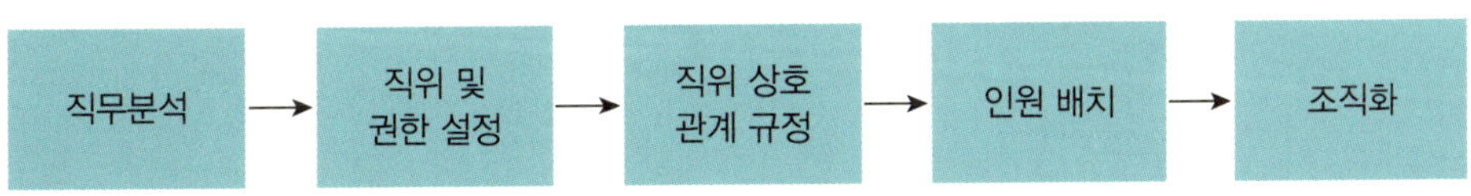

3) 통제

경영과정의 마지막 단계는 통제(controlling 또는 see)이다. 계획을 수립하고 조직화하여 실행하였다 하더라도 모든 일이 계획한 대로 진행되고 있는지 점검하여야 한다. 그리고 실제 성과와 계획을 비교 · 검토하여 수정이 필요하면 수정하고 보완이 필요하면 보완해야 한다.

이처럼 조직의 성과를 측정하고 결과를 계획과 비교 · 검토하여 수정 · 보완하는 단계를 통제활동이라 한다. 통제과정에서 나온 각종 자료들은 다음 계획 수립과정에서 매우 중요한 정보로 쓰이게 된다.

이러한 통제는 세 가지 중요한 역할을 수행한다.

첫째, 측정의 역할이다. 이는 조직구성원들이 맡은 책무를 얼마나 적절히 수행하는지, 그리고 목표달성에 얼마나 부응하지를 알아보는 것이다.

둘째, 비교의 역할이다. 이는 조직이 기대하는 성과에 실제 결과가 어느 정도 접근하였는지를 판단하는 것이다.

마지막으로 수정의 역할이다. 이는 무엇인가 계획에 비해 차이가 발생했다고 판단될 때 수행되는 역할이다. 예를 들면, 비교 후에 기대한 만큼의 성과가 달성되지 못하였을 경우 무엇이 잘못되었는지를 검토하여 계획, 조직화의 각 단계에서 필요한 수정을 가하게 된다. 반대로 기대 이상의 성과가 달성된 경우에도 그 원인을 파악해서 차기 계획이나 조직화에 반영하게 된다.

그림 2-7 통제의 역할

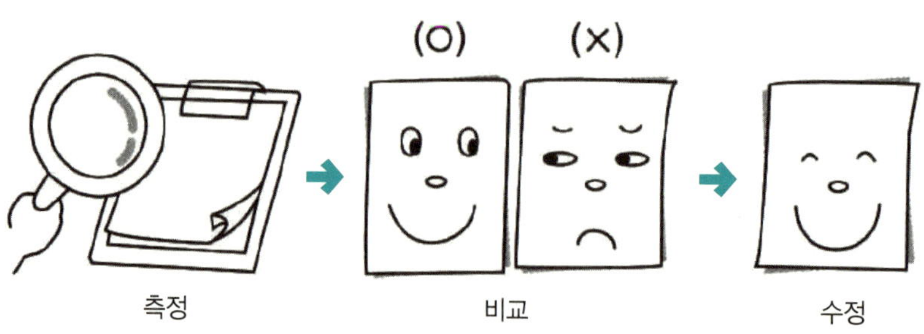

제3절 경영이론의 발전

지금까지 발전되어 온 경영학 관련 이론들은 시대적으로 혹은 중심이 되었던 이론이나 학파에 따라 여러 가지 기준에 의해 분류될 수 있다. 본서에서는 시대적 흐름과 중점적으로 고려했던 대상에 따라 고전적 관리, 인간행동관리, 조직관리, 상황 및 환경적응관리로 구분하여 설명하고자 한다.

고전적 관리는 주로 능률과 합리성을 강조한 이론들이고, 인간행동관리는 조직구성원들의 인간적인 관계를 강조하였고, 조직관리이론은 조직의 의사결정을, 그리고 상황 및 환경적응관리는 상황특성과 환경변화에 따른 조직의 적응을 주로 다루고 있다. 이 관리이론들은 전단계의 이론들을 부정하는 단절적인 것이 아니라 주로 전단계 관리론들의 문제점을 지적하고 수정하여 새로운 이론들이 보완적으로 생겨나는 형식으로 발전되어 왔다.

3.1 고전적 관리

1900년대 초에 들어와서 조직의 생산성 향상방안에 대한 연구가 활발하게 진행되었다. 이러한 연구는 대개 "어떻게 하면 생산성을 높일 수 있을까?" 하는 내용을 연구과제로 삼아, 모든 기업에 보편적으로 적용될 수 있는 관리방안과 관리원칙을 제시하는 것으로 이루어져 있는데 이러한 이론을 고전적 관리이론이라 한다. 고전적 관리이론의 대표적인 인물로는 테일러(F. Taylor), 베버(M. Weber), 페이욜(H. Fayol) 등이 있다.

1) 테일러의 과학적 관리법

테일러(Frederick W. Taylor) 이전 미국의 산업계는 아무 계획 없이 주먹구구식으로 무조건 생산만 하는 경영방식이 유행하고 있었다. 이러한 방식은 생산성이 낮아 근로자들에게 낮은 임금을 지급할 수밖에 없었고 이에 따라 근로자들의 파업 또는 직무태만 등이 만연하였다. 이러한 낮은 생산성, 낮은 능률에 의한 생산방식을 타파하기 위하여 능률증진운동이 경영자들을 중심으로 전개되었으나 뚜렷한 효과가 없었다.

그림 2-8 와이오밍 21파운드 적재용 삽 광고

테일러는 이러한 문제를 해결하는 방안으로 근로자들의 작업동작(motion study)과 작업시간(time study)을 과학적으로 연구하여 누구나 동의할 수 있는 노동자들의 일일 작업량(과업, Task)을 결정하고 이러한 과업을 달성하는 사람에게는 높은 임금을, 과업을 달성하지 못하는 사람에게는 낮은 임금을 지급하는 차별적 성과급제를 실시하였다.

예를 들어, 1일 과업이 100개라면 100개 이상을 생산한 작업자에게는 한 개당 1,000원씩 계산하여 임금을 지급하고 50개, 90개 등 100개 미만을 생산한 작업자에게는 한 개당 500원씩 계산하여 임금을 지급하는 것이다. 이러한 차별적 성과급제를 실시한 이후에 당시의 노동자들은 파업이나 직무태만 등을 하지 않았고 누구나 할 것 없이 과업을 달성하여 높은 임금을 받기 위해 열심히 일함으로써 생산성이 향상되었다.

테일러의 이러한 이론은 1911년에 발간한 그의 저서 '과학적 관리법(*The principle of Scientific Management*)'에서 발표하였으며, 그 당시 획기적으로 생산성을 향상시키는 데 크게 기여하게 되어 테일러는 '미국 경영학의 아버지'라 칭함을 받게 된다. 그러나 이러한 테일러의 '과학적 관리법(scientific management)'은 임금을 이용하여 인간의 작업능률을 향상시키는 비인간적인 이론이라는 비판을 받게 된다.

당초 테일러는 책의 첫머리에 "관리의 목적은 노사의 최대 번영"이라고 명시할 정도로 노사화합과 신뢰를 통한 생산성 향상과 성과배분을 강조하였다. 그러나 그의 기대

그림 2-9 '과학적 관리법' 책 표지

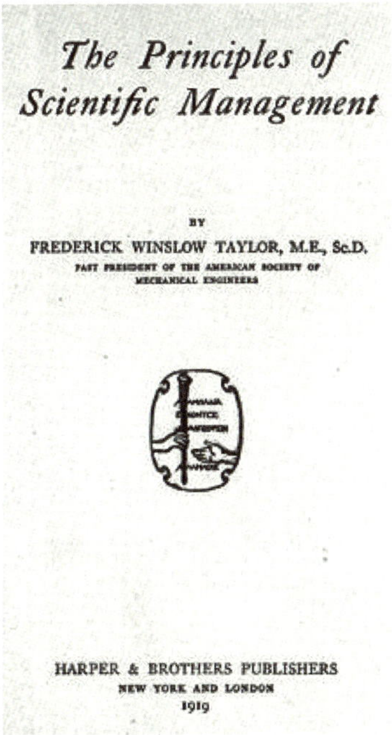

와 달리 경영자들은 과학적 관리법을 생산성 향상의 도구로만 사용하였고 그 성과를 노동자와 나누려 하지 않았다.

테일러의 과학적 관리법의 구체적인 내용은 아래와 같다.

테일러의 과학적 관리법

1. 과학적 작업방식 연구 : 작업시간과 동작을 합리적으로 연구(time & motion study)
2. 과업 설정 : 1일 작업량 설정
3. 차별적 성과급제 : 과업달성 여부에 따른 임금의 차별화
4. 과학적 선발 : 해당 직무에 맞는 체격과 성격을 소유한 작업자 선발
5. 기획부제도 실시 : 작업계획 수립, 시간 · 동작연구, 조직의 전체적 관리 등을 전담하는 부서 설치
6. 관리활동의 분업 : 한 감독자가 모든 작업자를 관리하는 것이 아니라 과업 성격에 따라 기능별로 구분하여 감독을 맡김
7. 기능식 직장제도 : 종래의 군대식 조직의 단점을 개선하여 전문가에 전문성을 살리는 기능식 직장제도를 도입함. 그러나 명령의 혼선을 야기하는 등 단점도 나타남
8. 지시표제도 : 표준작업방법과 표준작업시간, 표준작업동작 등이 기입되어 있는 지시표에 따라 작업 실시

테일러 이후 많은 학자들이 과학적 관리법을 연구하였다. 시간 및 동작연구와 직무 단순화에 관심을 가졌던 길브레스 부부(Frank B. Gilbreth & Lillian Gilbreth)는 벽돌 공장 인부들의 작업동작과 피로도 간의 관계를 연구하여 느리고 긴 동작에서 빠르고 짧은 동작으로 바꾸어 줌으로써 피로를 감소시키고 능률을 올리게 되었다. 또한 테일러의 직장동료이기도 했던 간트(Henry Gantt)는 작업시간 단축을 위한 시간연구를 진행한 결과 작업의 일정계획과 순서, 그리고 작업실적을 작업 전체 혹은 작업자별로 막대그래프를 이용하여 표시하는 간트차트(Gantt Chart)를 개발하여 작업관리를 과학화하였다. 간트는 임금제도를 개선하여 작업자에게 최소의 임금을 보장해 주기 위해 과업 및 상여금 임금제도(task and bonus system)를 마련하였다. 이는 최저생산량을 설정하여 이 기준에 미달하는 작업자에게는 고정임금을 지급하고, 이 기준을 초과달성

하는 작업자에게는 추가로 상여금을 지급하는 형태로서 작업자의 동기부여를 유도했다는 점에서 큰 의미가 있다.

Ford사의 자동차 생산관리방식인 포드시스템(Ford system 혹은 Fordism)은 컨베이어벨트시스템을 사용하여 생산성을 획기적으로 향상시킨 것으로서 과학적 관리의 꽃으로 불리운다. 포드시스템은 단순화(simplification), 표준화(standardization), 전문화(specialization)의 3S를 통해 model T를 개발하고 박리다매로 자동차 대중화에 기여하였다.

보 · 고 · 가 · 세 · 요

자동차 왕 헨리 포드(Henry Ford)

포드자동차의 회장이었던 포드는 컨베이어시스템(conveyer system)이라는 자동화 장치를 만들어 유명해진 사람이다. 포드는 1921년 우연히 정육점을 방문하게 되었는데 이곳에서 자동화에 대한 힌트를 얻었다고 한다.

정육점에서는 고기의 부위를 구분하여 포장할 때 작업자의 머리 위쪽에 고기를 걸어서 이동시킬 수 있는 갈고리 걸이를 만들어두고 여러 사람이 분업을 실시하는데 첫 번째 사람이 갈비살을 구분하여 저민 다음 고기를 갈고리에 걸어서 옆으로 밀면 그 다음 사람은 안심살을 저미고 그 다음 작업자에게로 갈고리에 끼어서 고기를 이동시키는 식의 작업방법이었다.

포드는 이 장면을 보고 자동차 엔진을 장착하면 그 다음 사람이 타이어 바퀴를 낀다든지 하는 식의 작업대에서 행해지는 분업을 생각하게 되었다. 그리고 고기를 사람이 손으로 밀어서 옆으로 옮기는 식의 수동적 방법 대신에 자동으로 움직이는 벨트를 장착해 하나의 작업이 끝나면 자동으로 작업대가 다음 작업자가 있는 곳으로 움직이는 컨베이어시스템을 개발하였다.

포드는 이러한 자동화에 의해 자동차를 값싸게 대량 생산할 수 있게 되었고 세계 제일의 자동차 왕이 되었다. 이러한 컨베이어시스템은 오늘날까지도 보편적으로 이용되는 귀중한 발명품으로 칭송을 받고 있다. 근래에 이르러서는 컨베이어 벨트에 작업자인 사람 대신에 로봇이 작업을 하고 있다.

2) 베버의 관료제

막스 베버(Max Weber)는 독일의 사회 역사학자로서 생산성이 높은 조직을 구성하는 방법으로서 관료적 관리라는 관료제의 실시를 주장하였다. 관료제란 규율, 계층, 분업, 확고한 절차 등에 의존하여 조직을 관리하는 체계 또는 시스템을 말한다.

막스 베버는 관료제의 속성을 다음과 같이 구체적으로 제시하였다.

① 공식적 관계에 따른 업무수행

② 명확하게 정의된 상하관계

③ 명확하게 정의된 능력과 분업

④ 임명제

⑤ 안정된 고정 봉급

⑥ 경력체계 중시

⑦ 엄격하고 체계적인 규율 등

베버의 관료제는 현재의 많은 대규모 조직 설계의 토대를 마련해 주었으나, 개인의 정서나 감정적인 측면을 너무 배제하고 인간을 기계의 부품과 같이 봄으로써 다양성과 창의성을 저해하고 인간을 조직에 안주하게 하여 안일한 존재로 만든다는 비판을 받았다.

3) 페이욜의 일반관리론

페이욜(Henry Fayol)은 경영을 작업장이나 공장직공들의 작업방식 등에 국한하여 적용할 것이 아니라 기업 전체 혹은 모든 조직체에 적용해야 한다는 일반관리론(industrial and general management)을 주장하였다. 테일러가 주로 일선관리자와 과학적 작업방법에 초점을 두었다면, 페이욜은 모든 계층의 경영자활동에 주의를 기울인 것이다.

페이욜은 기업의 경영활동은 규모에 관계없이 다음과 같이 고유한 몇 가지 기능활동들로 구성된다고 하였다.

① 기술활동(technology) : 제조, 가공

② 상업활동(commerce) : 구매, 판매, 교환

③ 재무활동(finance) : 자금조달, 운용

④ 보안활동(security) : 재산 및 종업원 보호

⑤ 회계활동(accounting) : 재산목록, 재무제표, 원가계산, 통계

⑥ 관리활동(administration) : 계획, 조직, 지휘, 조정, 통제

위 활동들 중에서 기술활동, 상업활동, 재무활동, 보관활동 및 회계활동은 물적자원과 관련된 기능들이며, 관리활동은 인적자원과 관련된 기능으로서 오늘날 경영의 핵심을 이루고 있는 활동이다.

페이욜은 조직규모가 확대됨에 따라 경영활동의 합리적인 수행을 위해 14가지 경영원칙(principles of administration)을 제시하였다.

① 분업화(division of labor) : 모든 작업을 분업화, 전문화함으로써 효율성과 생산성을 증가시킨다.

② 권한과 책임(authority) : 상급자는 명령권을 가지되 책임을 수반하여야 한다.

③ 규율(discipline) : 조직구성원들은 정해진 규율을 지켜야 한다. 규율은 효과적인 리더십을 가능하게 하며, 규칙을 위반했을 때 벌칙의 판단근거가 된다.

④ 명령통일(unity of command) : 조직구성원 개개인은 한 사람의 상사로부터만 지시를 받아야 한다.

⑤ 지휘통일(unity of direction) : 조직목표를 완수하기 위해 한 사람의 경영자에 의해 하나의 계획으로 작성되고 지휘되어야 한다.

⑥ 조직목표 우선(subordination of individual interests to the general interests) : 개인의 이익이 조직 전체의 이익에 우선해서는 안 된다.

⑦ 공정보상(remuneration) : 보상은 조직, 주주, 노동자 모두를 만족시키는 수준으로 공정하게 이루어져야 한다.

⑧ 집권화(권한집중 ; centralization) : 가급적 권한이 조직의 상위계층에 집중되어야 하며, 분권화와 집권화는 상황에 따라 적정수준으로 유지되어야 한다.

⑨ 계층화(계층적 연쇄 ; scalar chain) : 최고경영층에서 하위층까지 계층별로 권한연쇄가 유지되어야 하며, 조직의 지시, 의사소통, 정보전달 등은 계층과 상하연

결망을 통해서 이루어져야 한다.

⑩ 질서와 순서(order) : 조직 내 모든 인적 · 물적 자원은 필요한 장소와 필요한 시간에 순서에 의해 질서정연하게 배치되고 사용되어야 한다.

⑪ 공정성(equity) : 상급자는 모든 하위직원을 공정하게 대해야 한다.

⑫ 고용안정성(stability of tenure of personnel) : 이직률을 낮추고 사원들에게 고용안정을 확신시키는 것이 바람직하며, 체계적인 인력계획을 수립하고 인사이동은 공석을 채우는 경우에만 해야 한다.

⑬ 자율권(initiative) : 구성원들에게 자율과 결정권을 부여함으로써 만족과 창의력을 발휘할 수 있도록 한다.

⑭ 협동심(사기진작 ; esprit de corps) : 구성원들의 단결과 조화, 팀워크, 팀정신 및 공동체의식을 유지함으로써 동기부여와 시너지효과를 누리도록 한다.

보·고·가·세·요

페이욜(Fayol)의 관리론('산업 및 일반관리(*General and Industrial Management*),' 1919)

페이욜은 경영활동을 아래와 같이 6가지로 나누고, 그 중의 하나로서 관리적 활동을 5단계의 세부과정으로 설명하였다.

〈경영활동〉

① 기술적 활동 : 생산, 제조, 가공
② 상업적 활동 : 구매, 판매
③ 재무적 활동 : 자금의 조달과 운용
④ 보안적 활동 : 재산과 종업원의 보호
⑤ 회계적 활동 : 재산목록, 재무제표, 원가회계
⑥ 관리적 활동 : 계획(planning) → 조직(organizing) → 지휘(directing) → 조정(coodinating) → 통제(controlling)

- 계획 : 경영목표, 방침, 절차, 스케줄 등 수립, 통제의 기준(기획단계, plan)
- 조직 : 직무분담, 책임과 권한 확정, 사람과 직무를 결합(업무실행단계, do)
- 지휘 : 명령, 동기유발, 사기앙양(업무실행단계, do)

- 조정 : 이해관계, 의견대립 조정, 협력체계 구축(업무실행단계, do)
- 통제 : 계획과 경영성과분석, 검토, 수정, 보완(피드백단계, see)

3.2 인간행동관리

고전적 관리이론들은 조직의 능률과 합리성을 강조함으로써 생산선 증대에 큰 공헌을 하였지만 조직과 직무를 기계적인 관점에서 이해함으로써 인간의 기계화, 작업자의 생산능률 향상에만 국한된 부분관리 등의 문제점을 노출하게 된다. 이에 따라 경영자와 학자들은 조직구성원, 즉 사람을 효과적으로 관리하는 데 관심을 두게 된다. 그 효시로 메이요(Elton Mayo)를 중심으로 하버드그룹이 미국의 웨스턴 일렉트릭사의 호손공장에서 4차에 걸쳐 실행한 호손실험(Hawthorne experiments)의 결과로서 나타난 인간관계론적 관리론이다. 인간행동관리에서는 조직구성원들의 인간관계에 초점을 둔다.

1) 인간관계론

하버드대학 교수인 엘톤 메이요(Elton Mayo), 뢰슬리스버거(Fritz J. Roethlisberger) 등은 미국 일리노이주의 호손지역의 공장에서 조직의 생산성 향상을 위한 실험을 1924년부터 1932년까지 약 8년간 실시하였다. 이 실험을 통하여 메이요와 뢰슬리스버거는 생산성을 좌우하는 것은 권한, 규정 등이 아니라 상사 및 동료와의 관계, 조직 내 분위기, 비공식집단 등의 인간관계라는 것을 발견하였다. 이에 따라 이들의 주장이 인간관계론(human relations)이라는 이름을 얻게 되었고, 경제적 욕구(월급, 작업환경 등) 충족보다는 사회적 욕구(소속감, 존중, 자아실현 등)를 충족시켜 주어야 한다는 인간관계운동(human relations movement)이 대두되었다.

이와 관련하여 매슬로우(Abraham H. Maslow)는 인간의 계층적 욕구를 제안하며 저차원적 욕구가 충족될 때에만 고차원적 욕구가 동기부여요인으로 작용할 수 있다고 주장하였다. 또한 맥그리거는 전통적인 인간관과 새로운 개념의 인간관을 동기부여라는 관점에서 비교하고 전자를 X이론(Theory X)으로, 후자를 Y이론(Theory Y)으로 정의하였다. 매슬로우의 욕구단계설과 맥그리거의 XY이론은 본서의 제8장 동기유발 부분에서 구체적으로 다루기로 한다.

결론적으로 인간관계론에서는 생산성 향상을 위해서 가장 필요한 것은 인간의 물질적인 보상이 아니라 심리적 · 감정적인 보상이라고 주장한다. 특히 메이요와 뢰슬리스버거는 공식조직 이외에 생산성에 커다란 영향을 끼치는 것으로 비공식조직을 강조하였다. 즉, 인간관계론은 조직에 있어서의 인간 상호관계를 중요시하며, 공식조직(formal organization)보다는 비공식조직(informal organization)에 보다 큰 비중을 둔다. 비공식조직은 감정의 논리에 의하여 움직이며 지연, 혈연, 취미 등 여러 가지 이유로 결성되게 되고 은연중에 단합되어 생산성에 영향을 미친다는 것이다.

이러한 인간관계론은 물질적 보상조건이 산업의 능률을 좌우한다는 당시의 가설을 뒤엎고, 대신 조직구성원의 사기나 만족이 생산성을 좌우한다는 이른바 인간성 중시의 경영을 주창한 이론이며, 행동과학의 기초를 마련하게 된 이론이다.

그러나 인간관계론은 공식조직을 무시하고 비공식집단만을 강조했으며, 합리적 · 경제적 요소들을 등한시하고 너무 인간성만을 중시했다는 비판을 받고 있다.

2) 행동과학

위에서 언급한 인간관계론의 한계점으로 인하여 인간 자체에 대한 보다 과학적이고 정교한 지식의 필요성이 대두되었다. 이를 위해서는 경영학 자체적인 연구뿐만 아니라 심리학, 사회학, 사회심리학 등 다양한 관련 분과학문들과 상호교류를 통한 연구가 진행되었는데 이를 통칭하여 행동과학(behavioral science)이라 부르게 되었다.

행동과학이란 인간에 대한 체계적인 연구로 정의되며 사회와 개인행동이 복잡해짐에 따라 심리학, 사회학, 인류학 등 인간행동을 연구하는 사회과학 분야의 종합적 관점에서 인간행동을 연구하는 학문을 의미한다. 즉, 인간행동에 중점을 둔 관리를 의미하는 것으로 경험과 실증, 사례연구 등을 중시한다. 행동과학자들은 인간행동을 객관적이고 과학적인 관찰을 통해 이해하려고 하였는데, 스키너(Burrhus F. Skinner), 허츠버그(Frederick Herzberg), 피들러(Fred E. Fiedler) 등이 대표적인 학자들이며, 위에서 언급한 매슬로우, 맥그리거 등도 행동과학적 시각을 가진 경영학자라고 할 수 있다.

3.3 조직관리

과학적 관리법의 한계점을 극복하기 위해 나타난 인간관계론은 비록 구성원들을 인간적인 존재로 대하고 인간관계를 중시한다는 긍정적인 면을 갖고 있지만 합리적인 요소를 무시하고 비공식집단을 지나치게 강조한다는 문제점을 드러냈다. 즉, 과학적 관리론은 '사람 없는 조직(organization without people)'이라는 비판을, 인간관계론은 '조직 없는 사람(people without organization)'이라는 비판을 받게 된 것이다. 이에 따라 과학적 관리법과 인간관계론적 접근법의 보완적인 이론으로서 조직 전체적인 의사결정을 중시하는 이론들이 나타나게 되었다. 이 이론들은 공식조직과 비공식조직의 합으로서의 전체조직을 중시하는 경향을 보인다.

1) 바나드의 조직이론

바나드(Chester Irving Barnard)는 과학적 관리론과 인간관계론을 통합하여 이를 근대조직이론을 발전시킴으로써 바나드 혁명을 일으켰으며 근대조직론의 아버지로 일컬어진다. 바나드는 조직을 상호작용하고 협동하는 부분시스템들의 결합으로 이루어지는 전체시스템으로 간주하였다. 따라서 바나드 조직이론의 주안점은 조직 전체로서의 협동체계(cooperative system)를 확보하는 데 있었다. 바나드는 그의 저서 '경영자의 역할(*The Function of the Executive*, 1938)'에서 다음과 같은 요지로 자신의 이론을 설명하고 있다.

첫째, 조직구성원들은 서로 상호작용하면서 협동하는 존재이다.

둘째, 조직은 개인의 목표달성과 동시에 조직의 목표도 달성해야 한다. 일반적으로 조직목적의 달성에 따라 각 구성원들의 이익이 분배되지만 조직의 목표와 개인의 목표가 반드시 일치하지만은 않는다.

셋째, 조직의 명령은 조직구성원들이 수용할 때 비로소 공헌으로 이어진다.

넷째, 경영자는 조직구성원들이 조직에 헌신할 수 있도록 동기유발요인을 제공해야 한다. 조직구성원이 공헌의욕을 가지고 자신의 활동을 조직에 제공하느냐의 여부는 조직이 개인에게 제공하는 유인의 크기에 따라 달라진다. 즉, 조직구성원은 자신의 공헌과 유인을 비교해서 조직에 자신의 활동을 제공할 것인가 아닌가를 결정한다.

다섯째, 조직은 외부환경(소비자, 협력업체, 주주, 정부, 사회 등)과 좋은 관계를 유지해야 한다. 조직은 외부환경과의 바람직한 관계 형성 및 유지를 통해서 지속적인 생존과 발전을 보장받게 되는 것이다.

여섯째, 조직은 여러 개의 하위 · 상위시스템들과 연결된 복합시스템이다.

바나드 조직이론의 핵심은 조직은 복잡한 내부 · 외부시스템 및 상위 · 하위시스템들과 상호작용하는 개방시스템이므로 내부요소 및 외부환경과 균형적인 거래를 유지해야 한다는 것이다. 이를 조직균형이론(organizational equilibrium theory)이라 하는데, 이 중에서 내부요소인 조직구성원들과의 균형적 관계를 내적 균형이라 하고, 외부환경과의 균형적 관계를 외적 균형이라 한다. 경영자는 내적 균형과 외적 균형을 조화롭게 이루어 갈 책임이 있으며 이를 통해서 조직은 생존 · 발전할 수 있는 것이다.

2) 사이먼의 바늘이론

바나드의 조직이론은 1947년 사이먼(Herbert Alexander Simon)의 저서 '경영행동(*Administration, Behavior*, 1947)'이 출간되면서 바나드-사이먼이론으로 알려지게 되었으며, 이를 근대적 조직이론이라 부른다. 사이먼의 관리이론은 제한된 합리성(bounded rationality)으로 특징지을 수 있다. 사이먼은 사람이 가장 합리적인 방식으로 의사결정하기 위해 노력하는 것은 시간과 비용의 낭비로 인하여 오히려 비능률을 초래할 수 있으며, 적절한 수준의 제한된 합리성이야말로 가장 합리적인 의사결정이라고 주장하였다. 즉, 시간적 · 비용적 제약 때문에 결과의 예측을 충분히 하지 못할 수도 있고, 인간능력 한계로 인하여 생기는 제약 등이 작용하기 때문에 절대적 합리성 대신 제한된 합리성의 개념을 제시한 것이다.

사이먼은 제한된 합리성에 입각한 행동의 예로서 시골 창고의 건초더미 속에 흩뿌려진 여러 개의 바늘 중 한 개를 선택하여 사용해야 하는 상황에서 무조건 아무거나 잡히는 대로 집어 사용하는 것도 바람직하지 않고, 그렇다고 가장 좋은 바늘을 찾기 위해 하루 종일 시간을 낭비하는 것도 바람직하지 않으므로 대충 몇 개의 바늘을 찾아봐서 그 중 가장 쓸만한 바늘을 선택하여 사용하는 것이 가장 합리적인 방법이라고 하였다. 즉, 경영자의 경험과 지식을 기초로 주어진 상황하에서 가장 좋은 바늘을 찾는 의사결정이 가장 합리적인 것이다.

보·고·가·세·요

합리성과 비합리성

'고든'이라는 사람이 꿀벌과 파리를 대상으로 실험을 해보았다. 밑면을 제외한 차광 유리병 속에 꿀벌과 파리를 넣고 병 밑면을 빛이 있는 창문 쪽으로 놓아두었다. 물론 사방은 캄캄하다. 꿀벌과 파리 중 누가 먼저 밖으로 나왔을까? 꿀벌과 파리는 빛이 있는 쪽을 향해서 날아다녔지만 병 속에서 나올 수 없었다. 그런데 꿀벌은 "어둠 속에서 출구를 찾으려면 빛이 있는 밝은 쪽으로 가야 한다"라는 너무도 논리적인 사고로 인하여 계속 병 밑면만 향해 날아다니다가 결국에는 지쳐 굶어 죽을 때까지도 출구를 찾지 못한다. 그러나 파리는 달랐다. 곤충의 속성인 빛이 있는 쪽으로 날아가야 한다는 원칙을 무시하고, 바보 같고 비논리적인 듯 하지만 이리저리 날아다니다가 결국 생명이 보장되는 출구를 발견하여 병 속에서 빠져나왔던 것이다.

자료 : 임창희, 경영학원론, 2003.

3) 계량경영학

계량경영학이란 의사결정문제 해결을 위해 계량적 기법을 사용하는 방법으로서 제2차 세계대전 이후인 1950년대 들어서 발전하기 시작했다. 이 접근방식은 의사결정을 위해 경제성, 효과성, 수학적 모델 개발에 초점을 둔다. 대표적으로 2차 세계대전 당시 영국 군사작전용으로 개발된 OR(Operations Research)이 종전 후 일반산업 분야에 적용되기 시작하였으며, 컴퓨터의 등장으로 급격한 발전을 하게 된다.

기업환경이 복잡다단해짐에 따라 미래 불확실성을 저감시키고 효율적인 경영을 하기 위해 통계학과 계량적 기법을 사용할 필요성이 제기됨에 따라 등장하게 된 계량경영학 중에서도 OR을 기초로 수학적 모델링을 통하여 경영의사결정을 하는 접근방법을 경영과학(management science)이라고 한다. 이후 생산관리에서 주로 사용하게 되는 선형계획법(linear programming), 일정관리를 위한 PERT/CPM, 목표계획법(goal programming) 등이 경영과학기법에 해당한다.

계량경영학의 제반 기법들은 컴퓨터 등의 활용을 통해서 관리적 효율성을 증가시키기는 하였지만 수학 자체를 경영관리론으로 생각하는 사고방식이 문제점으로 제기되었으며, 경영활동에서 가장 중요한 인간행동 및 인간적 문제들을 완전하게 계량화할 수 없었기 때문에 그 한계에 부딪히게 된다.

3.4 상황 및 환경적응관리

능률과 합리성을 강조한 고전적 관리론으로부터 구성원들의 인간관계를 중시한 인간행동관리론, 그리고 조직 전체의 의사결정을 강조한 조직관리론에 이르기까지 기존의 이론들이 갖는 한계점을 수정 · 보완하면서 경영관리이론은 정반합적인 발전을 해왔다. 그런데 고전적 관리론과 인산관계론을 보완하여 등장한 조직관리론도 기업환경이 보다 복잡해지고 그 불확실성이 증가함에 따라 상황에 따라 적절하게 적용되거나 변형되어야 할 필요성을 느끼게 되었다. 그에 따라 등장한 이론이 상황 및 환경적응관리론이라고 할 수 있다.

1) 시스템이론

시스템(system)이란 systema(여러 개의 조합)가 그 어원으로서 두 개 이상의 단위가 서로 연결되어 상호작용하며 하나를 이루고 있는 상태를 의미한다(an interrelated set of elements functioning as a whole). 시스템이라는 용어는 생물학자인 베르탈란피(Ludwig von Bertalanffy)가 처음 사용한 것으로서 어떤 실체(entity)의 활동은 하나의 시스템으로서 이해하는 것이 바람직하다는 것이다. 즉, 대표적인 시스템의 예로서 인체를 들 수 있는데, 사람의 소화기능은 섭취한 음식물의 소화를 담당하는 위장뿐만 아니라 이와 관련된 소화기관, 호흡기관, 두뇌기관 등과의 상호작용의 결과이며, 더 나아가서 그 사람의 식생활과 사회생활, 기후와 공기상태 등의 영향을 받는다는 것이다.

따라서 경영학에서의 시스템적 접근이란 기업을 개방시스템으로 간주하고 조직의 구체적이고 부분적인 의사결정문제를 해결하기 위해서 각 부서, 구성원 등의 내부시스템과 환경 등의 외부시스템을 총체적으로 고려하는 접근방법을 말한다. 이에 반해 과학적 관리법이나 인간관계론은 조직을 폐쇄시스템으로 간주하고 조직의 합리성이나 구성원의 만족 등 내부적 문제에만 초점을 두었다.

2) 상황적합이론

앞서 설명한 경영학의 제반 이론들은 가장 합리적이고 보편적으로 적용될 수 있는 유일한 최선의 방식(one best way)을 찾는 것이 주 목적이었다. 그런데 1970년대 이후 경영환경의 급격한 변화와 기술혁신에 의한 다양성이 높아짐에 따라 모든 상황에서 동일하게 정답으로 적용될 수 있는 이론은 없다는 결론에 이르게 된다. 그에 따라 고전적 관리론에서부터 시스템적 접근방법에 이르기까지 모든 이론들을 복합적으로 통합할 수 있는 이론으로서 상황적합이론(contingency theory)이 등장하게 되었다.

상황적합이론에서는 조직과 경영자에게 주어진 상황과 환경에 따라 경영관리가 달라진다는 기본관점을 갖고 있으며 회사의 규모나 시장상황, 기술여건, 사용전략에 따라 적절한 경영방식은 여러 개가 나올 수 있다고 주장한다.

과거의 이론들과 상황적합이론은 다음과 같은 예로써 비교설명될 수 있다. 예를 들어, 생산성 향상이라는 목표달성을 위해서 과학적 관리법에서는 전문화와 성과급이 강조될 것이고, 인관관계론에서는 인간적 관리방식과 동기부여가 강조될 것이고, 시스템이론 측면에서는 조직규모, 조직구성원, 기술, 작업방식 간의 조화가 강조될 것이다. 그러나 상황적합이론에서는 고객, 경쟁, 거시환경 등 기업의 외부상황에 알맞은 핵심역량을 동원하는 전략이 강조될 것이다(임창희, '경영학', 2003).

3) 자원의존이론

상황적합이론에서 기업의 핵심역량과 관련하여 발전된 이론이 자원의존이론(resource dependence theory)이다. 자원의존이론은 페퍼(Jeffrey Pfeffer)와 살란시크(Gerald R. Salancik)가 조직의 효과성을 조직특성변수와 상황변수의 함수로 보는 구조적 상황이론(structural contingency theory)을 발전시킨 것이다. 상황적합이론은 조직이 처한 상황에 따른 최적의 방법을 찾으려고 한 반면, 자원의존이론은 활용가능한 핵심역량(혹은 핵심자원)에 초점을 둔 이론이다.

따라서 자원의존이론은 조직이 상황요인에 단순히 반응만 하는 것이 아니며, 상황적 제약조건들은 핵심역량에 대한 최고결정자의 전략적 조정을 통해 어느 정도까지는 완화될 수 있다고 주장한다. 즉, 구조적 상황이론이 환경에 대한 결정론적 인식론에 입각하고 있는 데 반해, 자원의존이론은 환경에 대한 임의론적 인식론에 입각한 전략적 선택이론에 해당한다고 할 수 있다.

chapter 03

기업의 특징과 사회적 책임

제1절 현대기업의 특징

오늘날 기업의 가장 큰 특징은 주식회사 형태의 기업이라는 것과 개방시스템으로서의 기업이라는 점을 들 수 있다.

1.1 주식회사 형태의 기업

오늘날 개별 경제의 대부분을 점하고 있는 것은 주식회사라는 형태를 가진 기업이다. 주식회사라는 기업 형태가 현대기업 형태의 전형적 모델이 되고 있는 까닭은 무엇일까? 이는 무엇보다도 현대산업사회의 필수요건인 거액의 자본조달이 가장 손쉽게 이루어질 수 있기 때문이다. 즉, 널리 사회에 흩어져 있는 자본을 다수의 출자자로부터 조달하여 이를 기업자금으로 운용할 수 있는 것이다.

현대기업의 대부분을 차지하고 있는 주식회사라는 기업 형태가 자본조달이 용이한 구체적인 이유는 크게 유한책임제, 자본의 증권화, 전문경영자에 의한 대리경영제도, 즉 소유와 경영의 분리라는 세 가지 특징 때문이라 할 수 있는데 이들 각각에 대해 살펴보기로 하자.

1) 유한책임제

유한책임제란 출자자가 출자한 금액 한도 내에서만 회사의 적자, 채무 등에 대하여 책임을 지는 제도를 말한다. 따라서 유한책임사원인 주주는 만약 손해가 발생해도 본인이 출자한 출자액까지만 손해를 보게 된다.

이러한 제도는 사유재산의 보호를 근거로 하여 출자자의 투자부담을 덜어주는 획기적인 방법이며 주주의 개인재산과 주식회사의 재산을 뚜렷이 구별하여 회사의 자본위험에 대해 주주는 전혀 개인재산을 부담할 필요가 없게 되는 것을 의미한다. 이것은 또한 주식회사가 그 소유권자인 주주로부터 분리된 법적 실체라고 하는 것을 명료하게 나타내는 것이다.

주식회사는 바로 유한책임제와 같은 특징에 의하여 일반대중으로부터 자금조달을 보다 용이하게 할 수 있게 된다. 주식회사는 수익성이 높을수록 투자자들의 선호를 받으며 이에 따라 얼마든지 기업신용을 창출하고 추가로 자본을 조달할 수 있게 된다.

흔히 우리는 “기업은 망해도 기업주는 망하지 않고 잘 산다”라는 이야기를 이따금 듣는다. 이는 유한책임제의 폐단을 잘 나타내는 말이다. 19세기 전반까지만 해도 유럽 제국의 입법자들은 유한책임을 상도덕에 위배되는 것으로 생각하였다. 왜냐하면 개인의 재산이 보호되는 유한책임제에서 기업의 재산을 개인의 재산으로 빼돌리는 비도덕적 행위가 일어날 가능성이 있고, 또한 기업의 파산 등에 의해 야기되는 채무에 대하여 끝까지 책임질 개인이 없게 됨에 따라 기업의 사회적 책임이 경시되는 풍조가 발생하기 때문이다.

그러나 각 선진국에서 유한책임제를 오랫동안 실시하여 본 결과, 유한책임제가 도덕적으로나 경제적으로 크게 문제가 없다는 결론을 얻었다. 이에 따라 각 나라에서는 유한책임제를 인정하게 된 것이다.

유한책임제를 실시함에 있어 항상 고려해야 할 사항은 투자자의 보호이다. 주식회사의 자본을 개인이 빼돌려 착복하는 등의 사태를 방지하고 선의의 투자자나 채권자를 보호하는 것이 매우 중요하다. 그러기 위해서 유한책임제도는 법률상의 규제와 회사공시제도 등과 함께 보완 · 병행하여 실시하지 않으면 안 될 것이다.

2) 자본의 증권화

주식회사의 주식은 균일한 액면가로 분할되어 있다. 주식은 유가증권으로서 증권시장을 통해 일반인 누구나 언제든지 살 수 있고 또 언제든지 팔 수 있어 매매가 자유롭다. 즉, 증권화된 주식은 사원 전체의 동의를 받지 않고도 자유로이 사고팔 수 있는 것이다.

이러한 점이 합명, 합자, 유한회사와는 다른 주식회사 특징이다. 이렇게 투자에 편리함을 주는 특징에 의하여 주식회사에 출자하는 것을 많은 투자자들이 선호하게 되었으며 이에 따라 주식회사는 주식발행에 의하여 대규모 자본을 조성할 수 있게 되었다.

한편, 출자자들이 특정 주식회사의 주식을 매입하는 즉시 출자자는 그 회사의 주주가 되어 기업의 소유자가 된다. 이에 따라 주주는 회사에 대해 출자의무를 지며, 이와 함께 정관개정, 이사, 감사의 임면, 자본의 증자 또는 감자, 기업의 양도, 양수, 합병 등에 대해 의결권을 행사할 수 있는 권한을 갖게 되며 영업활동의 결과로 얻어지는 이익에 대한 배당청구권도 행사할 수 있게 된다. 그러나 현대산업사회의 대다수 주주들은 기업경영권 행사에 관심을 두기보다는 배당금이나 시세차익 같은 투자이익에 출자목적을 두는 경향을 두드러지게 나타내고 있다.

주식회사는 증권시장을 통해 일반투자자들로부터 소요자금을 조달하여 재무구조를 건전히 할 수 있게 된다. 이런 차원에서 볼 때 증권시장의 역할은 매우 중요하며 증권시장의 건전한 발전은 자본주의 경제체제에 있어서 필수적으로 요구되는 사항이다.

보·고·가·세·요

- 출자의무 : 주식을 가지면 그 기업의 주주이고 보유한 주식만큼의 출자의무를 이행한 것이다.
- 정관개정, 이사, 감사의 임면 : 주주가 되면 주주총회를 통하여 회사의 기본회칙을 개정할 수 있는 권한을 갖고 이와 함께 이사, 감사와 같은 중역진을 임명하거나 면직할 수 있는 권한을 갖는다.
- 자본의 증자 또는 감자 : 주식발행을 통하여 기업의 자본을 증가시키는 것을 증자라 한다. 반대로 주식을 줄여서 기업의 자본을 감소시키는 것을 감자라 한다.
- 기업의 양도, 양수, 합병 : 양도는 기업을 타인에게 파는 것을 말하고 양수는 다른 기업을 사서 자기 소유로 만드는 것을 말한다. 합병이란 두 개 이상의 기업이 하나로 합쳐 규모가 큰 기업이 되는 것을 말한다.
- 의결권 : 주주총회에서 주식을 보유한 만큼의 의사결정권을 갖는다.

3) 전문경영자에 의한 대리경영 – 소유와 경영의 분리

주식회사는 주주총회, 이사회, 감사 등 3대 기관에 의하여 운영된다. 이 중 주주총회는 전체 주주들로 이루어지는 주식회사의 최대의사결정기관으로 회사의 기본조직과 경영에 관한 중요 사항을 결정하고 이사와 감사의 임면권이 있으며 정관도 변경할 수 있는 막강한 기관이다.

그러나 주주총회의 수많은 주주 모두가 기업경영에 직접 참여할 수 없을 뿐만 아니라 대다수 주주들은 앞에서 언급한 바와 같이 투자이익과 직결되는 주가수익과 배당금에 관심이 있을 뿐 경영권에는 관심이 없다. 이에 따라 주주를 내리하여 경영활동을 수행하는 이사회를 주주총회에서 선임하게 되고 이사회가 주주를 대리하여 기업을 실제로 경영하게 된다.

이사회는 대표이사, 전무이사, 상무이사, 이사로 구성되는데 이러한 중역진은 주로 전문적 지식을 갖춘 전문경영자들이다. 최근에는 전문지식을 보유한 외부사람들을 중역진으로 데려오기도 한다. 이를 사외이사라고 한다. 회사 내부에서 전문적인 지식을 갖춘 인력을 양성하기에는 비용이 너무 많이 든다. 따라서 관련 분야의 전문지식을 갖춘 사람들을 데려오는 것이 비용이 적게 들어, 이익창출에 기여할 수 있게 되는 것이다.

이러한 대리경영체제는 경영의 전문성을 살릴 수 있을 뿐만 아니라 주주들의 직접적인 경영관리에 대한 부담을 덜어줌으로써 많은 투자자들이 주식회사를 선호하게 하는 요인이 된다.

보·고·가·세·요

갑 : 주식을 사고 싶은데 걱정이 돼.
을 : 왜? 웬 걱정?
갑 : 회사가 망하면 어떡하지?
을 : 음 그러면 투자한 돈은 손해를 보게 되지, 하지만 회사의 잔여채무에 대해서는 상환할 의무가 없어. 주주는 유한책임사원이니까.
갑 : 주식은 언제든지 사고팔 수 있다며?
을 : 당연하지 주식은 주당 금액이 똑같은 액면 균일가로 되어 있는 증권이야. 투자액도 자유롭게 작은 액수부터 큰 액수까지 마음대로 정할 수 있지.
갑 : 그런데 주식을 사면 주주니까 날 보고 회사경영을 하라면 어떡하지?
을 : 하하! 꿈도 야무지게 꾸네! 많은 주주들이 어떻게 다 경영에 참가해?
불가능하니까 이사회라는 중역회의를 만들어 전문경영자인 중역들이 대리경영을 하고, 주주총회 때 영업보고를 하는 거야.

앞에서 언급한 유한책임제, 자본의 증권화, 전문경영자에 의한 대리경영 등에 의하여 주식은 일반투자자를 중심으로 널리 광범위하게 빠른 속도로 퍼지게 되었다. 즉, 주식을 일부분 극소수의 사람만이 소유하는 것이 아니라 많은 수의 일반대중들이 소유하는 주식의 고도 분산이 이루어지게 된 것이다. 이러한 주식의 고도 분산에 의해 다수의 모든 주주가 직접 경영직능을 담당할 수 없게 되었다.

오늘날에 이르러 주주는 기업의 소유자로서 주식에 출자만 하는 출자직능을 담당하고 경영직능은 주주를 대리하여 전문적 경영능력과 지식을 갖춘 전문경영자가 담당하는 이른바 소유와 경영의 분리현상이 나타났다. 소유와 경영이 분리되는 이유를 구체적으로 정리하면 ① 주식투자의 대중화에 따른 주식의 고도 분산(대리경영), ② 급변하는 환경에 대처할 수 있는 전문적 경영직능의 필요성, ③ 대부분 주주들의 목적이 경영권 확보에 있지 않고 높은 투자이익 달성에 있다는 점 등을 들 수 있다.

이러한 소유와 경영의 분리를 일명 '자본과 경영의 분리' 또는 '소유와 지배의 분리'라고도 한다. 오늘날과 같은 고도산업사회에서 주식회사 형태의 기업에서는 소유와 경영의 분리현상에 따라 대부분 전문경영자에 의해 지배되는 이른바 경영자지배가 이루어지고 있다.

1.2 개방시스템으로서의 기업

과거의 기업은 환경을 무시하는 폐쇄적인 시스템이었다. 그러나 현대기업은 환경으로부터 막대한 영향을 받는가 하면 환경에 큰 영향을 주기도 한다. 이것은 환경의 변화가 과거보다 엄청나게 많고 빠르며 이와 함께 기업의 규모와 영향력도 커졌기 때문이다.

현대기업은 환경의 중요성을 인식하고 미래의 불확실한 변화에 대응하기 위하여 환경과 상호교류하는 개방적 시스템으로서의 기업이 되지 않으면 살아남을 수 없다. 기업을 둘러싸고 있는 사회 · 문화적 환경, 경제적 환경, 정치적 환경, 기술적 환경 등과 같은 일반환경과 소비자, 경쟁업자, 정부, 투자자 등과 같은 직접적 환경의 요구에 잘 대응할 수 있는 개방시스템으로서의 특징을 현대기업은 보이고 있다.

제2절 기업의 형태

2.1 사기업

기업의 형태를 분류하는 기준에는 보편적으로 기업자본의 출자관계에서 본 법률적 형태와 실질적인 출자와 이에 따른 책임부담에 따라 본 경제적 형태의 두 가지로 분류할 수 있다. 사기업의 형태를 경제적 형태와 법률적 형태로 나누어 보면 다음과 같다.

그림 3-1 사기업의 형태

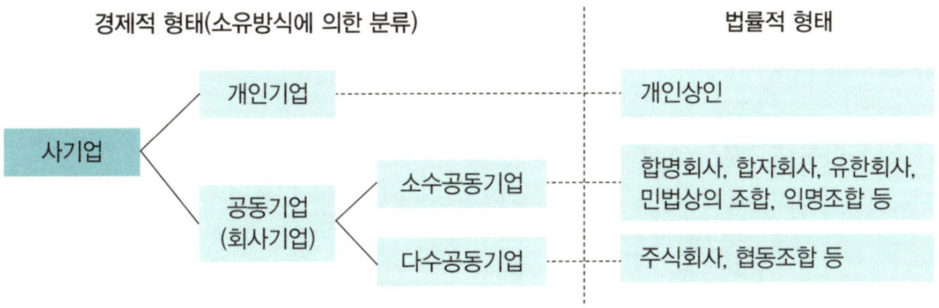

기업자본이 영리를 목적으로 하는 민간인에 의하여 출자되는 경우에 이를 사기업이라 한다. 사기업은 다시 소유자가 개인인가 다수인가에 따라 개인기업과 공동기업으로 나누어진다.

1) 개인기업

개인기업은 역사적으로 볼 때 가장 원시적인 기업 형태의 전형으로 볼 수 있으며 개인이 단독으로 출자하고 경영활동을 수행하는 기업이다. 개인기업은 혼자서 단독경영을 하는 만큼 이에 따르는 이윤을 모두 개인이 차지하는 대신에 기업경영에 관련된 책임도 혼자 단독으로 지게 된다.

개인기업의 장점으로는, 첫째 설립이나 폐쇄가 용이하고, 둘째 경영상의 중요한 기밀을 잘 지킬 수 있으며, 셋째 경영활동과 관련된 의사결정을 신속하게 처리할 수 있다는 것과, 넷째 실무에서 발생하는 문제들을 해결하기 위한 임기응변의 조치가 용이하다는 것 등을 들 수 있다.

개인기업의 단점으로는, 첫째 기업주 개인의 자산과 신용에는 한계가 있기 때문에 기업자금을 원활하게 조달하기가 어렵다는 것과, 둘째 자금을 조달했다 하더라도 그 채무에 대해 무한책임을 지게 되므로 기업주의 위험부담이 크고, 셋째 기업주의 생명에 한계가 있어 기업의 영속성이 보장되지 않는다는 점 등을 들 수 있다. 개인기업은 기업주 개인의 자산과 신용을 바탕으로 하여 소자본으로 할 수 있는 사업에 적당하며, 가업으로 세습되는 상점이나 서비스업 등에서 그 예를 많이 찾아볼 수 있다.

2) 공동기업

공동기업이란 여러 명이 공동으로 자본을 출자하여 경영하는 기업을 말한다. 공동기업은 개인기업의 여러 가지 단점을 보완할 수 있는 기업 형태이다. 왜냐하면 자본을 조달하는 경우와 경영활동에 따른 책임을 질 때 여러 사람들이 이를 분담함으로써 의무와 책임을 가볍게 하기 때문이다.

공동기업은 비교적 규모가 적은 소수 공동기업과 다수 공동기업으로 나누어진다. 소수 공동기업으로는 합명회사, 합자회사, 유한회사, 민법상의 조합, 익명조합 등이 있으며, 다수 공동기업으로는 주식회사, 협동조합 등이 있다.

(1) 합명회사

합명회사(ordinary partnership)는 2인 이상의 무한책임사원들이 공동출자하여 만든 공동기업으로서 출자자들은 회사 채무에 대하여 연대적으로 무한책임을 지는 무한책임사원이 된다. 무한책임제란 유한책임제의 반대되는 용어로서 출자자가 출자한 금액 한도와 관계없이 회사의 적자, 채무 등에 대하여 개인의 재산을 처분해서라도 채무 등을 갚을 때까지 무한히 연대책임을 지는 제도를 말한다.

합명회사의 사원들은 회사에 대하여 출자의무를 지며 이와 함께 회사의 업무를 집행하고 회사를 대표할 권한을 가지게 된다. 그러므로 합명회사사원은 무한책임사원으로서 회사의 소유자인 동시에 경영자이다. 이러한 합명회사는 대개 친밀한 관계를 맺고 있는 인척이나 친구 등 신뢰관계가 돈독한 사람들끼리 설립하는 경우가 많아 인적회사의 대표적인 형태라고 일컬어진다.

한편, 합명회사에서는 개인의 지분 양도가 매우 어렵다. 왜냐하면 지분을 양도할 경우에는 무한책임사원 전원의 찬성을 얻어야만 허락을 얻을 수가 있기 때문이다. 합명회사의 기원은 중세 유럽의 상업도시에서 있었던 소시에타스(Societas)라는 육상운송회사에서 시작되었다. 합명회사는 운송업, 수공업 또는 제조업에서 시작되어 점차 다른 기업에 보급되었으나 산업혁명 이후에 주식회사의 발달로 쇠퇴해 가고 있다.

(2) 합자회사

합자회사(limited partnership)는 유한책임사원과 무한책임사원으로 구성된 공동기업이다. 유한책임사원은 회사 채무에 대하여 출자액 한도 내에서 제한된 책임을 지며, 이익배당결정에 참여한다. 그러나 유한책임사원은 회사의 일상업무의 집행에는 관여하지 않는다.

유한책임사원은 회사경영에 참여할 권한은 없으며, 다만 출자자로서 업무와 재산상태에 대한 감사권만이 있을 뿐이다. 무한책임사원은 합명회사의 사원과 마찬가지로 회사 채무에 대해 무한책임을 지며 회사의 경영권을 갖고 기업활동에 필요한 의사결정과 일상업무의 집행 등과 같은 경영활동을 수행한다.

합자회사는 자본조달을 확대할 필요가 있거나, 영업상의 이해관계에 의해서 새로운 출자자를 영입해 공동으로 기업을 경영할 필요가 있을 경우 등에 설립된다. 따라서 합자회사는 합명회사보다 발전적인 단계의 기업 형태라 할 수 있다.

우리나라 상법의 경우에 합자회사의 무한책임사원의 지분은 사원총회의 만장일치 동의가 없으면 양도할 수 없고, 유한책임사원의 지분은 무한책임사원의 동의를 얻어야 양도할 수 있다. 합자회사의 기원은 중세 상업도시의 해양무역회사였던 콤멘다

(Comenda)에서 유래되었다.

(3) 유한회사

유한회사는 2인 이상의 유한책임사원으로만 구성된 공동기업으로서 주식회사와 더불어 대표적인 기업 형태 중의 하나이다. 유한회사는 주식회사보다 그 설립이 간편하여 가족기업 또는 신용을 가지고 소수가 경영하는 중소기업에 알맞다.

유한회사는 자본을 조달할 때 출자의 단위금액을 균일하게 정하도록 규정하고 있다. 이때 1계좌의 금액은 5,000원 이상으로 하며 자본금도 1천만 원 이상이 되어야 설립허가를 얻을 수 있다. 그리고 사원이 지분을 타인에게 양도할 때는 과거에는 사원총회의 특별승인을 얻어야 하기 때문에 지분양도가 어려운 편이었지만, 현재는 지분양

| 표 3-1 | 회사 유형별 특징

형태 구분	사원의 구성	책임	출자내용	경영 참여	최고결정기관	지분양도	의무	특징
합명회사	무한책임사원 (2인 이상)	무한	금전, 노무, 채권, 현물, 신용	전 사원	전 사원	전 사원의 동의 필요	겸업 금지 의무	대표적 인적회사
합자회사	무한책임사원	무한	합명회사와 동일	경영 참여	사원총회 의사결정 (무한책임 사원만)	전 사원의 동의	겸업 금지 의무	물적·인적회사
	유한책임사원	유한	금전, 현물만 출자	이익 배당	감시권	무한책임 사원 동의	출자 의무	
주식회사	유한책임사원 (7인 이상의 발기인)	유한	금전(1주에 100원 이상, 자율)	이사 및 대표 이사	주주총회	자유 양도	출자 의무	대표적 물적회사
유한회사	유한책임사원 (2인 이상)	유한	금전(1계좌에 5,000원 이상)	이사	사원총회	사원총회의 특별결의 필요	출자 의무	물적회사

도가 자유로운 대신 정관으로 이를 제한할 수 있도록 되어 있다. 유한회사의 사원총회는 이사 및 감사의 선임, 그 밖의 중요한 사항에 대하여 결의한다. 그러나 감사는 임의기관이므로 반드시 두어야 필요는 없다.

유한회사는 유한책임제도, 지분의 균등분할출자제도 등 주식회사와 비슷한 점이 많다. 결국 유한회사는 주식회사의 장점을 살려 중소기업에 알맞도록 한 기업 형태라 하겠다. 그러나 유한회사는 주식회사처럼 주식을 발행할 수 없기 때문에 유한회사의 지분을 증권시장에서 매매할 수는 없고, 기업의 공개의무도 갖지 않는다.

이러한 유한회사는 19세기 말엽에 독일이 중소기업을 육성하기 위한 방책으로 중소기업자들에게 유한책임제를 적용시킨 데서 유래되었다.

(4) 익명조합과 민법상의 조합

법률상으로 조합은 두 가지 종류가 있는데 하나는 상법에 의한 조합이고 나머지 하나는 민법에 의한 조합이다. 상법의 규정에 의해 설립되는 조합을 익명조합이라 하고 민법의 규정에 의해 설립되는 조합을 민법상 조합이라 한다.

익명조합은 영업을 담당하는 무한책임의 현명조합원과 출자와 이익배당에만 참여하고 자기 이름을 나타내지 않는 유한책임의 익명조합원으로 구성된다. 익명조합은 이러한 현명조합원의 영업활동과 익명조합원의 자본을 결합한 상법상 공동기업 형태이다. 익명조합원은 기업을 위해 출자하고 현명조합원은 영업활동을 통하여 이익분배를 약속하게 되므로 일종의 양자 간의 보조적 상행위라 할 수 있다.

이에 반해 민법상의 조합은 민법상의 규정에 따라 2인 이상이 조합계약을 맺고 출자하여 공동으로 사업을 경영하는 기업 형태이다. 민법상의 조합에서는 조합원 전부가 업무 집행을 담당하며, 무한책임을 진다. 따라서 조합원은 업무수행권한과 조합대표권을 가진다.

이런 형태의 조합은 재개발 주택조합과 같이 단 1회의 거래 또는 몇 차례의 거래로 그치는 일시적인 공동사업을 경영할 때 구성되거나 공채, 사채, 주식 등의 공동인수단을 결성할 때 많이 이용된다.

(5) 주식회사

1602년 네덜란드의 동인도회사로부터 유래된 주식회사는 다수 공동기업의 대표적인 형태로서 대규모 자본을 필요로 하는 물적회사이다. 주식회사는 7인 이상의 발기인이 정관을 작성하고 주식을 발행하여 자본을 조달한다.

주식회사의 자본 총액은 총 발행 주식수에 1주당 액면가액을 곱한 것을 말하며, 자본 총액은 최소 5천만 원 이상이 되어야 한다. 회사 설립 시에는 자본 총액에 상응하는 실질적인 자산을 유지해야 하고 이것을 임의로 변경시킬 수 없다.

한편, 주주는 주식회사의 소유자로서 출자 한도액을 한도로 출자의무만을 지며, 회사 채무에 대해서는 아무런 책임을 지지 않는다. 이를 유한책임이라 한다. 주식회사는 주식을 자유로이 매매할 수 있게 규정하고 있으므로 자본을 비교적 쉽고 광범위하게 모을 수 있고 소유와 경영도 분리된다.

주식회사의 기관에는 필수기관으로서 최고의사결정기관인 주주총회, 업무 집행 대표기관인 이사회와 대표이사, 감독기관인 감사 등이 있으며, 임시기관으로서는 검사인, 상담역, 고문 등이 있다.

① 주주총회 : 주주총회는 주식회사의 최고의사결정기관으로서 주주에 의해 구성되는 필수기관이다. 주주총회는 주주의 의견을 직접 표현하는 기관으로서 결산 시마다 열리는 정기총회와 필요에 따라 수시로 열리는 임시총회가 있다. 주주총회는 정관의 개정, 이사와 감사의 선임, 결산 승인과 같은 중요한 의사결정을 수행한다.

주주총회 의결권은 보유한 주식수만큼의 의결권을 가지게 된다. 즉, 100주를 보유한 사람은 50주를 보유한 사람보다 두 배 많은 의결권을 가지게 되는 것이다. 이에 따라 주주총회에서는 다수결의 원칙이 적용되며, 보통의결과 특별의결이 있다.

② 이사회와 대표이사 : 이사회는 주식회사의 필수기관의 하나로서 이사 전원으로 구성된다. 이사회는 실질적인 업무 집행기관으로서 주주총회의 소집, 대표이사의 선임, 지배인의 선임과 해임, 공동대표의 결정, 사채 모집 등 경영활동에 관한

모든 안건을 결정할 권한을 가진다.

이사회는 각 이사가 필요에 따라 소집할 수 있으며, 의결은 이사의 과반수 출석과 출석 이사의 과반수 찬성으로 결정된다. 한편, 대표이사는 이사회에서 선임되며, 대외적으로 회사를 대표하고 대내적으로는 업무수행을 담당하는 자로서 이사회에서 결의된 사항과 일상업무에 관한 사항을 집행하고 이에 대한 책임을 진다.

③ 감사 : 감사는 주주총회에서 선임하며, 회사의 업무와 회계감사를 임무로 하는 필수기관이다. 감사의 자격과 인원수에는 제한이 없으나 임기는 취임 후 3년이다. 감사는 언제든지 회계장부와 서류를 열람할 수 있고, 직무수행상 필요할 때에는 회사의 업무와 재무상태에 대해 특별조사를 실시할 수 있다.

한편, 감사는 정기 주주총회에 제출할 감사결과를 작성하는 동시에 보고해야 한다. 특별히 감사에게는 감사결과를 객관적이고 공정하게 감독할 수 있도록 독립성을 확보해 주어야 한다.

보·고·가·세·요

주식회사의 설립절차

① 주식회사를 설립하기 위해서는 7인 이상의 발기인이 있어야 한다.
② 주식회사의 설립방법에는 발기 설립과 모집 설립이 있다.
③ 주식회사 설립 시 중요사항 : 정관작성, 출자의무 확정, 설립등기 등이다.
④ 정관의 기재사항
경영목적, 상호, 발행할 주식총수, 1주당 금액, 설립 시 발행 주식수, 본점과 지점 소재지, 회사가 공고하는 방법, 발기인의 성명과 주소, 정관작성의 연월일 등
⑤ 발기 설립
회사 설립 시 발행하는 주식을 발기인이 전부 인수하여 설립하는 방법으로 동시 설립이라고도 한다.
발기인은 인수 주식의 주금을 납입한 후에 이사와 감사를 선임하고 법원에 검사인의 선임을 신청하여 설립경과를 검사받은 후에 설립등기를 완료하면 설립된다.
이것은 발기인 이외에는 주주를 모집하지 않으므로 설립절차가 간단하다. 그러나 출자자의 수가 한정되어 있어 대규모 자본을 모으기가 곤란하다.

> 발기인 구성 → 발기인이 발행주식 인수 → 주금 납입 → 검사인의 선임
> → 설립경과 조사 → 설립등기 → 정관작성

⑥ 모집 설립

회사 설립 시 발행주식의 일부만 발기인이 인수하고 나머지 주식에 대해서는 널리 일반주주들을 모집하여 회사를 설립하는 방법이다. 회사 설립은 발기인들이 설립취지서, 사업계획서를 작성한 다음 모집공고를 내어 주주를 모집한다. 주주로부터 주금의 납입이 완료된 후 창립총회를 열어 이사와 감사를 선임하고 등기를 마침으로써 효력이 발생한다.

이 방법은 그 수속절차가 발기 설립에 비하여 복잡하나 일반으로부터 자본을 많이 모을 수 있다는 장점이 있다.

> 발기인 구성 → 주식청약서 작성 → 주주 모집 → 주금 납입 → 창립총회
> → 이사, 감사 선임 → 설립등기 → 정관작성

(6) 협동조합

1844년 영국의 로치데일(Rochdale)에 결성된 소비자 협동조합에서 유래된 협동조합은 소비자, 농어민, 중소기업가 등 경제적으로 약한 입장에 놓여 있는 사람들이 경제적 강자들의 압력에 대응하고 경제적 이익을 향상시키기 위하여 집단적으로 단결하여 조직한 인적 결합의 기업 형태이다.

협동조합은 영리를 목적으로 하지 않고 소규모의 사업자나 소비자의 상호부조를 목적으로 한다. 협동조합의 3대 기본정신은 다음과 같다.

첫째, 상호부조주의로 서로 협동하고 돕는다는 취지 아래 현금 거래의 원칙을 준수하고 교육 촉진에 힘쓴다.

둘째, 민주주의로 가입탈퇴의 자유, 의결권 평등주의(다수결원칙), 정치적 · 종교적 중립의 원칙 등을 준수한다.

셋째, 이용주의로 이용액 비례 배당의 원칙, 출자에 대한 이자제한의 원칙 준수 등이다. 협동조합에는 중소생산자로 조직된 생산자 협동조합, 소비자들로 조직된 소비

자 협동조합, 조합원들에게 은행의 역할을 하는 신용협동조합 등이 있다.

① 생산자 협동조합 : 영세한 생산자들이 상호협조, 협력할 목적으로 공동출자하여 조직하는 조합이다. 생산자 협동조합은 다시 네 가지 형태로 나누어진다. 원료의 공동조달과 공동생산 및 가공을 목적으로 하는 생산조합, 공동판매를 목적으로 하는 판매조합, 물자나 원재료의 대량 구입을 목적으로 하는 구매조합, 그리고 기계 및 시설의 공동이용을 목적으로 하는 이용조합 등이 그것이다.

② 소비자 협동조합 : 소비자들이 상호협력, 협동할 목적으로 공동출자하여 구성한 조합이다. 소비자 협동조합에서는 생필품의 대량 구입 및 판매를 통하여 생활비 절약을 추구하기도 하고, 편의시설을 공동으로 설치하고 이용하여 생활의 편의를 도모하기도 한다. 특정 직장에 설치되는 직장조합이나 특정 지역을 대상으로 하는 지역조합 등이 있다.

③ 신용협동조합 : 협동조합원이 공동출자하거나 외부에서 투자한 자금을 조합원에게 싼 이자로 대출하거나 예금을 취급하는 협동조합이다. 따라서 은행의 역할을 하는 협동조합이다.

2.2 공기업

국가나 지방자치단체가 출자하여 직접 또는 간접적으로 경영하는 기업 형태를 공기업이라 한다. 즉, 공기업은 국가나 지방자치단체가 수행하는 사업 중에서 기업적 성격의 사업들을 수행하는 기관으로 이해할 수 있다. 철도사업, 체신사업, 수도사업과 같이 공공이익이 관계되는 사업이나 고속도로 건설사업, 각종 진흥공사의 사업, 종합제철사업 등과 같이 자본과 경험이 부족한 사기업이 진출하기에는 어려운 대규모 사업이나 경제정책상 필요한 경우, 그리고 실업자 구제사업, 사회보장사업, 근로자를 위한 주택사업, 보건위생사업, 의료보험사업 등과 같이 사회정책상 필요할 경우, 전매사업과 같이 국가 재정정책상 필요한 경우, 기타 조폐공사와 같이 사기업에 맡기기가 곤란한 사업 등에 대해서 국가는 공공의 목표를 달성하기 위하여 공기업을 설립 · 운영한다. 공기업은 직원이 50인 이상이고, 자체 수입액이 총수입액의 50% 이상인 공공기관 중에서 기획재정부 장관이 지정한 기관을 의미한다. 공기업은 다시 시장형 공기업과 준시장형 공기업으로 구분할 수 있다.

시장형 공기업은 공기업 중에서 자산규모가 2조 원 이상이고, 총수입액 중 자체 수입액이 85% 이상인 공기업으로서 한국전력공사, 한국가스공사 등 2018년 기준 15개가 지정되어 있다. 준시장형 공기업은 시장형 공기업이 아닌 공기업들을 말하며 한국관광공사, 한국방송광고진흥공사 등 20개가 지정되어 있다.

그림 3-2 공기업의 목적

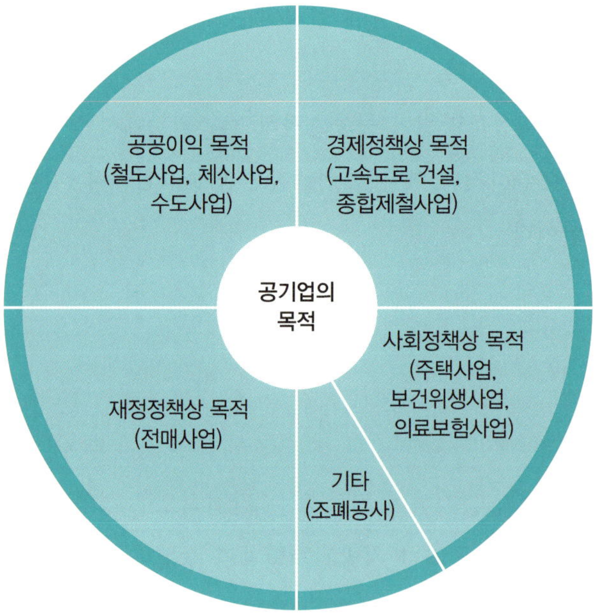

보·고·가·세·요

공공기관이란 정부의 투자, 출자, 재정지원 등을 통해 설립되어 운영되는 기관을 의미하는 것으로, 매년 기획재정부 장관이 지정한다. 공공기관은 공기업, 준정부기관, 기타 공공기관으로 나뉜다. 이 중 준정부기관은 직원 정원이 50인 이상이고, 공기업이 아닌 공공기관 중에서 기획재정부 장관이 지정한 기관으로서 다시 기금관리형 준정부기관과 위탁집행형 준정부기관으로 분류된다. 기금관리형 준정부기관은 국가재정법에 따라 기금을 관리하거나 기금의 관리를 위탁받은 준정부기관으로서 국민연금공단, 공무원연금공단, 사립학교교직원연금공단, 한국자산관리공사, 기술보증기금, 신용보증기금, 중소기업진흥공단 등이 이에 해당한다. 위탁집행형 준정부기관은 기금관리형 준정부기관이 아닌 준정부기관으로서 한국장학재단, 산업인력공단, 교통안전공단, 에너지관리공단 등이 이에 해당한다. 기타 공공기관은 공기업, 준정부기관이 아닌 공공기관으로서 한국수출입은행, 재외동포재단, 국립암센터, 국립대학병원 등이 이에 해당한다. 2018년 기준 공공기관은 총 338개로 공기업 35개, 준정부기관 93개, 기타 공공기관 210개가 지정되어 있다.

2.3 대기업과 중소기업

1) 대기업

자본주의가 발전함에 따라 기업은 성장하여 그 규모가 점차 커지는 경향이 있는데 그것은 대기업이 중소기업보다 경영상 여러 가지 이점을 가지고 있어 자본조달이나 경쟁에서 유리하기 때문이다.

대기업의 장점은 다음과 같다.

첫째, 중소기업보다 대외적 신용도가 높아 대규모 자본 조성에 유리하다.

둘째, 풍부한 인력에 의하여 작업을 분업화, 전문화함으로써 생산능률을 올릴 수 있다.

셋째, 직업의 안정성이 확보되어 있는 것으로 대외적으로 인식되어 우수한 인재를 확보할 수 있다.

넷째, 제품의 대량 생산, 원료의 대량 구입, 대량 운송 등의 이점으로 단위당 원가를 절감시킬 수 있고 이에 따라 유리한 거래조건을 확보할 수 있어 거래상의 이익을 올릴 수 있다.

다섯째, 대량 생산과정에서 파생되는 부산물 등을 이용하여 이익을 얻을 수 있다.

여섯째, 중소기업보다 비교적 경영조직이 체계화되고 안정적이어서 일관된 경영활동을 수행할 수 있다.

일곱째, 중소기업보다 연구개발에 투자할 여력이 많으므로 높은 수준의 기술 혁신력을 보유할 수 있다.

여덟째, 주식의 고도 분산에 따른 소유와 경영의 분리현상으로 유능한 전문경영자를 확보할 수 있다.

반면, 대기업의 단점으로는 다음과 같은 점들을 들 수 있다.

첫째, 공장, 기계 등의 설비에 대자본을 투자한 경우 거대한 자본이 고정화되어 현금화되기 어렵기 때문에 기업은 유동성을 상실하여 불황기 때 조업단축 등이 발생하면 이에 따라 막대한 손실을 볼 수 있다.

둘째, 분업이 고도로 발달함에 따라 항상 되풀이되는 작업의 단조로움 때문에 근로자는 권태를 느끼거나 기계작동에 예속된 인간이 되어 생산의욕이 저하될 우려가 있다.

셋째, 거대 조직을 움직이기 위해 막대한 관리비가 지출된다.

2) 중소기업

중소기업이란 대기업에 비하여 경영규모가 상대적으로 작은 규모의 기업을 말한다. 현내산업사회에서 중소기업이 존재하는 이유는 다음과 같다.

첫째, 봉제업과 같이 대자본이나 고도의 기술이 투입되지 않아도 되는, 즉 소규모 자본으로 어느 누구나 할 수 있는 산업 분야에 상대적으로 자본이 영세한 업자들이 진출하기 때문이다.

둘째, 벤처기업과 같이 자본은 영세하나 훌륭한 아이디어를 갖고 틈새시장을 노려서 시장을 개척하는 경우가 발생하기 때문이다.

셋째, 가발제조업과 같이 대규모 시설투자는 필요하지 않고 독특한 기술이나 노동 집약적이고 숙련된 수공을 요하는 업종이 존재하기 때문이다.

넷째, 자동차부품이나 전자부품 생산업 같이 대기업에 납품 등을 통하여 대기업을 보조 · 보완하는 역할을 수행하는 업종 등이 있기 때문이다.

다섯째, 악기나 도자기, 보석세공 등과 같이 소비자가 명품을 요구하는 업종으로 대량 생산에 부적당한 업종이 있기 때문이다.

중소기업이 대기업에 비하여 유리한 점은 다음과 같다.

첫째, 소자본으로 경영이 가능하다

둘째, 시장의 수요변동에 탄력적으로 대응할 수 있고 설비변경과 제품전환도 비교적 손쉽게 할 수 있다. 즉, 규모가 작으므로 환경변화에 쉽게 대처할 수 있는 임기응변력이 있다.

셋째, 조직이 작고 활동 내용이 단순하므로 효율적인 경영이 가능할 뿐만 아니라 개인의 창의력도 적절히 발휘할 수 있게 된다.

반면에, 중소기업이 대기업에 비하여 불리한 점은 다음과 같다.

첫째, 동종 업종에 진출한 대기업에 대한 경쟁력에서 열세를 면치 못하게 된다.

둘째, 누구나 소자본으로 쉽게 창업하여 우후죽순처럼 탄생하는 동종 업종의 중소기업 간에 경쟁이 치열하다.

셋째, 대기업에 비하여 연구개발이 부진하여 낙후된 기술력을 보유할 가능성이 많다.

넷째, 기업의 신용도가 낮아 자본조달과 판매활동에 불리하고 이에 따라 자본의 영세성을 면하지 못하게 되어 독립성 유지가 곤란하여 대기업의 지배에 들어가기 쉽다.

우리나라의 중소기업은 전체 기업의 90% 이상을 차지하고 있다. 이것은 대다수의 국민들이 중소기업에서 일하고 있다는 것을 의미한다. 이러한 이유 하나만으로도 중소기업은 매우 중요하며 건전하고 내실 있게 육성되어야 할 필요성이 있다는 것을 알 수 있다.

중소기업이 성공적으로 육성된 외국의 경우를 살펴보면 대만, 이탈리아 등을 꼽을 수 있다. 대만도 중소기업이 전체기업에서 차지하는 비율이 90% 이상이다. 대만의 중소기업은 치열한 경쟁 속에서도 독자적인 기술개발과 성실한 경영활동 그리고 탄탄한 신용을 바탕으로 성장하였다. 물론 이러한 과정 속에서 도태된 중소기업도 많다.

대만은 건실하게 성장한 중소기업을 바탕으로 경제가 성장한 국가이다. 대만은 어느 국가보다도 경제구조가 건실하고 탄탄하며 외환보유고도 상위권에 들어 그 어려운 IMF시대에도 아무 이상이 없던 나라이다.

우리나라의 중소기업도 건전하게 육성되어야 한다. 어떻게 해야 중소기업을 육성시킬 수 있는 것인가? 이 문제는 그렇게 간단한 것은 아니다. 그러나 중소기업을 살릴 수 있는 일반적인 육성방안은 다음과 같은 것들을 들 수 있다.

첫째, 부단한 연구개발에 의해 창의적이고 독특한 기술을 개발하고 특징 있고 중소기업에 적합한 자기만의 제품을 만들어 전문화하여야 한다.

둘째, 정부가 기업경영에 직접적으로 간섭하기보다는 정책적으로 배려함으로써 중소기업이 잘 육성되도록 하여야 한다. 즉, 쉽고 간편하게 창업과 경영활동을 할 수 있도록 환경을 조성하여 많은 인재들이 벤처 등 중소기업경영에 도전할 수 있도록 하는 규제완화 등의 정책적 배려가 있어야 한다. 하지만 특정 기업을 잘 되도록 도와주어서는 안 되고, 치열한 자유경쟁체제를 유지하여 적자를 거듭하는 기업들은 도태되게 하여야 하며, 오직 강인한 경쟁력을 가지고 살아남는 기업이 자유롭게 경영활동을 할 수 있도록 해야 한다.

셋째, 중소기업이 살아남기 위해서는 생산활동도 중요하지만 마케팅활동도 잘하여 보다 많은 상품을 판매하여야 한다. 즉, 중소기업은 독자적인 판매망을 구축하여야 하며, 이와 함께 새로운 소비시장 개척을 최우선으로 삼아야 한다.

Y라는 음료수회사가 있다. 이 회사는 쌀 음료수를 개발하고 판매를 시작할 때 여러 가지 어려움을 이기고 독자적인 판매유통망을 구축하였다. 그 후 매실을 재료로 하는 음료수를 개발 · 시판할 때 독자적으로 구축된 판매망을 이용함으로써 대 히트를 칠 수 있었다. D라는 기업이 있었다. 이 회사는 의류를 생산하는 회사였다. 생산은 어느 누구보다도 훌륭하게 잘하여 품질이 좋은 제품을 만들어내었다. 그러나 D기업은 독자적인 판매망이 없어 판매가 부진하여 주로 덤핑으로 매출을 하던 중 갑이라는 유통업자가 좋은 가격에 대량으로 팔아 준다는 제의를 해왔다. 이 말을 믿고 D기업은 갑에게

외상으로 대부분의 제품을 인도하여 주었다. 그러나 갑은 상품을 덤핑으로 처분하고 어디론가 사라져 버렸다. 결국 D기업은 망해서 지금은 존재하지 않는다. 독자적인 판매유통망이 없는 기업은 생산이라는 다리 한쪽만 있고 판매라는 다리는 없는 외다리와 같이 불리한 입장에 있는 것이다.

넷째, 중소기업은 대기업과 경쟁에 대비하여 동업자끼리 협동 단결하여야 한다. 대규모 경영의 이점을 취할 수 있도록 구매, 제조, 마케팅, 금융 등의 면에서 협동화하고 조직화를 꾀해야 한다. 이들의 협력관계에는 신뢰구축이 먼저 이루어져야 한다. 이 밖에 중소기업 육성책으로 계획적인 경영, 경영조직의 개편 등을 더 들 수가 있다.

보·고·가·세·요

중소기업법에 따른 중소기업 구분기준

중소기업이냐 대기업이냐를 구분하는 것은 그 시대의 경제적 상황에 따라 다르다. 그러므로 확연하게 규정 · 구분한 법규의 기준은 현실과는 많이 동떨어져 있다.

〈중소기업법 2조 내용〉

1. 공업, 제조업, 광업, 운송업, 건설업, 상호신용금고업을 주된 사업으로 하는 경우 상시 근로자 300인 이하이며 고정자산이 3억 원 이하일 때 중소기업으로 인정
2. 건설업에서는 상시 근로자 200인 이하인 기업을 중소기업으로 인정
3. 상업, 기타 서비스업인 경우는 상시 근로자 20인 이하인 경우를 중소기업으로 인정

2.4 기업의 집중과 결합

1) 기업집중의 목적과 방식

현대의 기업은 대규모 경영 형태와 다양한 생산 및 판매방식을 취함으로써 시장에서 우위를 점하려 하고 있다. 그러나 상품이나 서비스가 공급과잉상태이고 변화가 극심한 시장에서 경쟁기업을 이기고 우위를 점하는 일은 쉽지 않다. 제한된 시장에서 기

업 간의 치열한 경쟁은 서로의 이익을 해치는 결과를 빈번히 초래한다. 이런 경우 기업들은 지나친 경쟁을 제한하거나 배제하여 서로의 이익을 보호하는 방향으로 태도를 바꾸게 된다.

기업들이 판매시장을 장악하여 독점적으로 시장을 지배하기 위하여 경쟁업자끼리 동맹 또는 협정을 맺거나 합병을 하기도 하는데 이러한 현상을 기업집중 또는 기업결합이라 한다. 기업집중의 근본적 목적은 시장지배이다. 시장지배를 위한 기업집중은 경쟁 배제, 경영의 합리화, 경영의 다각화 같은 부차적인 목적을 갖는다.

① 경쟁 배제를 위한 수평적 결합 : 같은 업종 또는 유사한 업종의 기업 간에 경쟁을 제한하거나 배제하기 위하여 생산, 판매 등의 분야에서 협정을 맺거나 아예 기업을 합병(Merger & Aquisition : M&A)하기도 하는데 이를 수평적 결합 또는 횡적 집중이라 한다. 갑, 을, 병 3개의 방직회사는 원료인 원사의 매입가격, 생산량, 판매량, 판매가에 대해 협정을 맺고 시장을 3개사가 독점을 하다 2년 뒤에는 3개사를 '정'이라는 하나의 회사로 합병해 버렸다.

② 경영합리화를 위한 수직적 결합 : 원료 공급업체와 이를 가공 · 제조하는 기업 그리고 판매를 담당하는 유통회사는 서로 영향을 주고받는다. 이들은 서로 다른 업체이나 밀접하게 수직적으로 연관되어 관계를 맺고 있다. 이렇게 관계가 깊은 기업 간에 안정된 원료의 확보, 판매망 구축 등 생산이나 유통상의 합리화를 위하여 서로 협정을 맺거나 합병을 하는 기업집중현상을 경영합리화를 위한 수직적 결합 또는 종적 집중이라 한다. 이러한 예로는 펄프회사가 제지회사를 합병하는 등의 사례를 들 수 있다.

③ 경영다각화와 자본적 결합 : 기업이 현재의 사업 분야가 아닌 다른 사업 분야로 진출하여 사업을 확장할 때 이를 경영의 다각화라고 한다. 기업은 한 사업 분야에서 한계를 느끼거나 또는 짚신 장사가 우산 장사까지 하려는 것처럼 위험을 분산하고자 할 때, 금융상의 안전을 위하여 분산투자가 필요할 때 경영의 다각화를 실행한다. 이처럼 관련 없는 업종으로 사업을 진출하는 경우를 비관련 다각화라 한다.

이러한 예로서는 금융기관이 레저산업에 진출한다든지 의약품회사가 화장품회사를 결합하는 등 현재 사업 분야와 전혀 다른 이종산업 분야에 진출하는 것을 사례로 들 수 있다. 경영의 다각화방법의 대표적인 형태로 '컨글로머리트'를 들 수 있는데 이것은 일명 문어발식 확장이라고도 불려지는 것으로 업종에 상관없이 무조건 닥치는 대로 기업을 인수 · 병합하는 경영의 다각화를 말한다. 경영의 다각화는 자본으로 타기업을 지배하는 것이므로 자본적 결합이라고도 한다.

2) 기업집중의 형태

기업집중의 형태는 크게 나누어서 기업합동(trust), 기업연합(cartel), 콘체른(concern)의 세 가지로 나누어 볼 수 있다.

(1) 트러스트(trust ; 기업합동)

기업합동은 각 기업이 경제적 · 법률적으로 독립성을 완전히 포기하고 하나의 기업으로 통합되는 형태이다. 이러한 트러스트는 경영합리화나 시장독점을 목적으로 형성된다. 근래에 와서는 트러스트를 경영의 합리화를 위한 기업 간의 흡수 또는 합병이라는 것을 강조하는 의미로 M&A라고 한다.

트러스트의 종류로는 흡수합병(merger)과 신설합병(consolidation, fusion, aquisition)이 있는데 흡수합병은 기존의 한 기업이 다른 기업을 흡수병합하는 것이며 신설합병은 기존의 기업끼리 병합하여 새로운 기업으로 탈바꿈하는 것을 말한다.

그림 3-3 트러스트

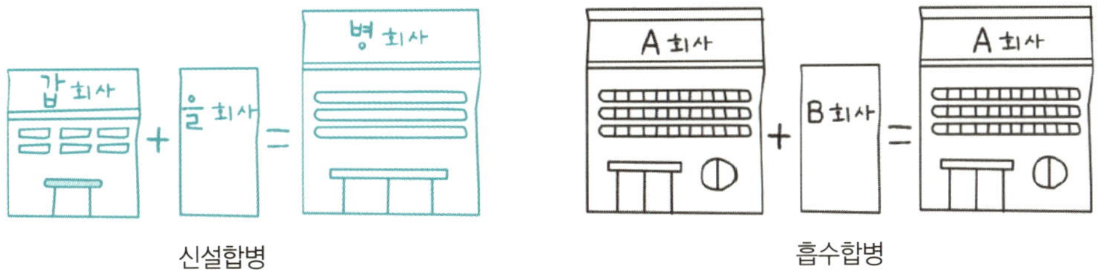

(2) 카르텔(cartel ; 기업연합)

기업연합, 일명 카르텔은 통상적으로 동일 업종에서 2개 이상의 독립기업이 경쟁제한이나 완화를 목적으로 협정에 의하여 서로 결합하는 형태로 '신사협정'이라고도 한다. 이 경우 개개의 기업은 독립성을 유지하면서 특정 사항에 대하여 협정에 따른 규제를 받게 된다. 한편, 이러한 카르텔에 가입하지 않은 기업이 발생하면 이러한 기업을 아웃사이더(outsider)라고 한다. 카르텔은 가격, 생산량, 유통경로에 대한 협정의 형태로 나타나는데, 제한하는 활동의 내용에 따라 다음과 같이 여러 가지로 구별된다.

① 구매카르텔 : 원료, 그 밖의 구입 물자에 대하여 구입의 가격, 수량, 시기, 지역 등을 기업 간에 협정하는 카르텔을 말한다.

② 생산카르텔 : 생산수량의 제한, 제조 비결이나 특허의 상호이용, 제품별 생산담당의 특수화 등에 대하여 각기 협정하는 카르텔을 말한다.

③ 판매카르텔 : 판매가격, 판매조건, 판매수량, 판매지역의 분할 등에 대하여 각기 협정을 하는 카르텔이다. 특히 공동판매기관을 설치하여 카르텔을 강화할 경우 이를 신디케이트(syndcate)라 하는데 카르텔 중에 가장 강력한 카르텔이다. 이러

그림 3-4 카르텔

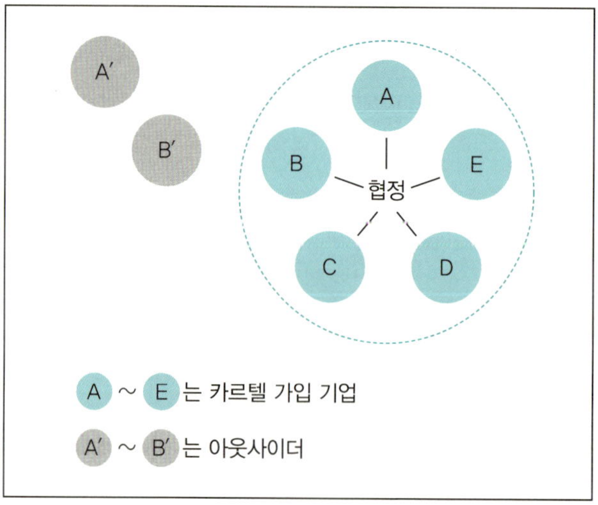

한 공판카르텔 중에는 풀(pool)이라는 카르텔방법도 있는데 이는 공동판매에 대한 공동계산을 주 협정 내용으로 하는 카르텔이다.

이 밖에 불황 때에 공급제한을 통하여 제품가격의 하락을 막고자 협정하는 불황카르텔, 수출경쟁에서 생기는 폐단을 막기 위한 수출카르텔 등 여러 가지가 있다.

(3) 콘체른(konzern, concern)

독립된 몇 개의 기업이 형식적 · 법률적으로는 독립되어 있으나 내용 면에서 자본적 · 경제적으로 강력히 결합된 기업집중 형태를 콘체른이라 한다. 즉, 형식상으로는 기업연합과 비슷하나 내용적으로는 기업합동과 별다른 것이 없는 형태이다.

콘체른의 종류에는 생산 합리화를 목적으로 하는 산업형 콘체른, 금융상의 이익을 얻기 위하여 기업을 지배 · 결합하는 금융형 콘체른 등이 있다.

이와 같은 콘체른은 실제로 다음과 같은 방법을 통해서 이루어진다.

① 주식교환에 의한 방법 : 몇 개의 기업이 각각 상대방의 주식을 서로 교환함으로써 결합하여 통합적인 이익공동체를 형성한다.

② 출자 또는 자금대여에 의한 방법 : 대자본을 가진 기업이 타기업에 출자하여 다수의 주식을 보유함으로써 지배권을 장악하거나 많은 자금을 대여해 줌으로써 채권자로서 지배관계를 형성한다. 이때 지배회사는 피지배회사에 중역을 파견하는 것이 상례로 되어 있다.

③ 지주회사에 의한 방법 : 지주회사(holding company)란 애초부터 다른 회사의 주식을 보유함으로써 기업을 지배할 목적으로 설립되는 회사를 뜻한다. 일반기업처럼 생산 · 판매활동을 하는 것이 아니고 오직 자본적 지배만을 목적으로 한다.

지주회사는 자사의 주식이나 채권을 발행하여 자본을 조달하고 그것을 가지고 다른 회사의 주권을 취득한다. 이것을 증권대위라 한다. 이와 같은 증권대위방법을 되풀이

함으로써 지주회사는 종속회사를 자기 지배하에 두게 된다.

지주회사는 순수지주회사와 사업지주회사로 분류하는데 경영지배만을 목적으로 설립된 회사를 순수지배회사라 하고 생산 · 판매 등 사업을 직접 영위할 목적으로 설립된 회사를 사업지주회사라 한다.

그림 3-5 지주회사

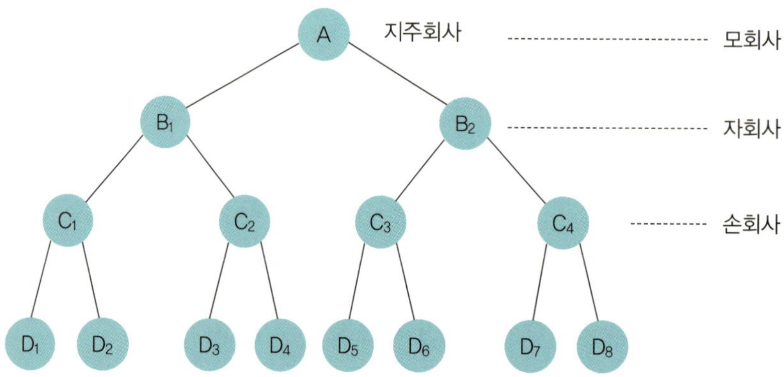

| 표 3-2 | 카르텔, 트러스트, 콘체른의 비교

구분	트러스트	카르텔	콘체른
근본목적	시장지배	시장지배	시장지배, 위험분산
구성	동종 또는 유사기업	동종기업	동종 또는 이종기업
목적	경영합리화, 시장독점	경쟁 배제, 이윤 확보	모기업의 경영지배
참가기업의 성격	독립성 상실	독립성 유지	법률적 독립성 유지, 경제적 독립성 상실
결합성	강함	약함	강함
관련 사항	M&A, consolidation, fusion, merger	신디케이트, 풀, 아웃사이더	지주회사(holding company)

3) 기업집중의 제한

기업집중은 기업 측에서 보면 여러 가지 이점이 있으나, 시장독점에 따르는 사회적 폐단이 생긴다. 즉, 결합 형태의 기업이 시장을 독점하면 자유경쟁 질서가 깨어지고 가격을 임의로 조작하여 독점이윤을 장기적으로 얻기 때문에 중소기업가와 소비자는 막대한 피해를 입게 된다.

그리하여 국가는 그와 같은 폐단을 제거하고 공공의 이익을 보호하기 위하여 독점금지법 또는 불공정거래금지법 등을 제정하게 된다.

2.5 기업의 계열화

1) 기업계열화의 의의

기업계열화(business integration)란 기업이 생산, 판매, 자본 및 기술상의 필요에 따라 관련기업을 지배하에 두는 것을 말한다. 보다 구체적으로 설명한다면 대기업이 부품공급 또는 판매유통상 안전성을 확보하기 위하여 중소기업을 자기 회사의 지배하에 두어 도급관계를 맺는 것을 말한다.

2) 기업이 계열화하는 이유

대기업이 중소기업을 육성 강화시켜 자기의 세력하에 둠으로써 생산공정을 합리화하고 또는 판매시장을 확보하기 위해서이다.

3) 기업계열화의 형태

기업계열화는 다음과 같은 형태로 행해진다.

① 부품하청업자 계열화 : 같은 계열의 중소기업에서 가공된 부품을 납품받아 모회사가 조립하는 경우의 계열화이다.

② 제품가공업자 계열화 : 모회사가 원자재를 구입하여 같은 계열의 중소기업에 가공시키는 경우의 계열화이다.

③ 도매상, 소매상의 계열화 : 모회사가 중소도매상이나 소매상을 특약점으로 하여 모회사의 제품을 판매하게 하는 경우의 계열화이다.

2.6 조인트벤처

조인트벤처란 자본의 활용, 기술의 이전, 판매시장 확보, 값싼 노동력 확보 등의 목적으로 2개 이상의 회사가 서로 자본을 투자하여 설립하는 합작회사를 말한다. 이러한 조인트벤처는 주로 국제 간에 이루어진다. 갑이라는 선진국의 기업과 을이라는 후진국의 기업이 합작투자하여 기업을 설립하는 경우 조인트벤처라고 부른다. 이때 선진국의 '갑'은 주로 값싼 노동력 확보, 판매시장 확보 등을 목표로 하고 후진국의 '을'은 기술이전, 자본 활용 등을 목표로 한다.

이러한 조인트벤처는 그 목적이 달성되거나 더 이상의 성과를 기대할 수 없으면 바로 해체되는 경우가 빈번해 영속적으로 기업활동을 하지 않는 것으로 알려진 기업 형태이다. 조인트벤처는 꼭 국제 간의 합작투자만을 의미하지는 않는다. 국내의 대기업 대(對) 대기업이 자본 확보, 판매망 확보, 기술이전, 공동개발 등의 목적으로 합작투자하여 새로운 기업을 설립한다면 이러한 유형도 조인트벤처라 할 수 있다. 조인트벤처도 협정에 의한 형태이므로 제휴라고 볼 수 있으나, 통상적으로 둘 이상의 기업이 공동사업을 위한 별도의 사업체를 구성한다는 점에서 카르텔과 다르다.

제3절 기업의 사회적 책임

3.1 사회적 책임의 필요성

기업이 사회적 책임(Corporate Social Responsibility : CSR)을 수행해야 하는 것은 윤리·도덕적 문제를 해결하기 위한 것만은 아니다. 실제적으로 기업이 사회적 책임을 수행하지 못했을 때 기업을 둘러싸고 있는 이해관계자로부터 외면당하게 되고 이에 따라 기업은 경영활동을 수행할 수 없게 된다. 어느 식품회사가 라면을 제조하는 과정에 공업용 쇠기름을 사용하였다는 사실이 밝혀졌다면 그 기업은 아마 존폐의 기로에 서게 될 것이다.

기업이 사회적 책임을 수행해야 할 필요성을 들자면 많은 내용을 기술하여야 하겠지만 여기에서는 다음의 세 가지 정도를 들어보도록 한다.

① 기업이 사회적 책임을 무시하고 이윤극대화만 추구한다면 사회로부터 외면당하게 되고 이에 따라 기업은 장기적인 성장·발전을 할 수 없게 된다. 기업은 기업의 이해관계자들에게 신뢰감을 주어야 하고 이때 호의적인 기업 이미지를 정착시킬 수 있게 된다.

② 정부는 기업이 불공정하고 비도덕적인 경영활동을 수행하게 되면 규제하기 시작한다. 이러한 정부규제는 기업의 창의성을 가로막는 경향이 있다. 따라서 정부의 규제를 예방하기 위해서라도 사회적 책임을 수행할 필요가 있다.

③ 기업의 사회적 지위가 격상되면서 사회적 영향력도 커지게 되었다. 이러한 영향력 행사에 따라 기업은 그에 따른 책임을 수행해야 된다.

3.2 사회적 책임의 분류

기업은 현대사회에 들어오면서 그 규모가 더욱 커지고 사회에서 중요한 위치를 점하게 되었다. 기업은 사회로부터 많은 영향을 받지만 이와 함께 많은 영향을 사회에 미친다. 이러한 상황에서 기업은 이기적인 혼자만의 행동양식을 가질 수는 없는 것이다. 기업은 사회의 일원으로서 사회에 공헌하고 사회의 기대를 충족시켜야 할 의무가 있다.

기업이 사회적 책임을 수행해야 할 분야를 분류하면 다음과 같다.

1) 기업의 내적 책임

기업의 대내적 책임은 다음과 같다.

① 종업원에 대한 책임 : 종업원에게 만족스런 직무환경 및 조건을 형성하여 주고 그들의 생활을 경제적으로 윤택하게 해주어야 할 책임이 있다.

② 투자자에 대한 책임 : 투자자에게 만족스럽고 장기적으로 이익을 보장하여 줄 책임이 있다.

③ 후계자 양성의 책임 : 영구적으로 존재할 계속기업으로서 기업을 유지, 성장, 발전시킬 수 있는 훌륭한 경영자를 양성하여야 할 책임이 있다.

2) 기업의 외적 책임

기업의 대외적 책임은 다음과 같다.

① 지역사회에 대한 책임 : 기업이 속하여 있는 지역사회의 교육, 의료, 문화, 예술, 지역발전, 빈곤의 해결 등과 같은 책임이 있으며 근래에 특히 이러한 역할이 강조되고 있다.

② 소비자에 대한 책임 : 소비자만족을 위하여 품질의 개선, 디자인 개선, 서비스의 보완, 정보의 제공 등 소비자에 대한 책임과 역할이 있다.

③ 공해문제에 대한 책임 : 경영활동으로 인해 발생하는 수질오염, 대기오염, 폐기

물처리, 소음공해 등에 대한 책임과 역할이 있다.

④ 타기업에 대한 책임 : 경쟁기업과 공정한 경쟁(fair play)을 해야 하며, 상호협력이나 제휴를 통한 상호보완적 성장가능성 등을 고려해야 한다.

⑤ 정부에 대한 책임 : 조세납부 등으로 정부를 지원해야 하며, 정부의 규제를 수용하고 법률제정에 기여해야 한다.

3.3 기업의 사회적 책임과 공유가치창출

최근 기업의 사회적 책임에 대한 관심이 높아지면서 기업에 보다 적극적이고 광범위한 책임이 요구되고 있다. 이와 관련하여 나타나는 '사회적 기업' 혹은 '착한 기업'과 같은 표현은 소비자들이 기업을 판단하는 척도로 사회적 책임과 공익을 위한 활동이 중요하게 작용하게 되었다는 것을 의미한다. 이러한 사회적 요구에 따라 기업도 사회적 책임과 관련한 활동을 점차 고도화하게 되었고, 과거 CSR이라고 표현되던 기업의 '사회적 책임'활동은 '공유가치창출(Creating Shared Value : CSV)'의 개념으로 확장되었다.

기존의 사회적 책임(CSR) 개념은 기업이 활동하면서 환경경영, 윤리경영, 사회공헌과 노동자를 비롯한 지역사회 등 폭넓은 사회적 책임을 적극 수행해야 한다는 것을 의미한다. CSR은 기업이 건전한 기업활동과 윤리경영을 통해 획득한 수익을 일부 사회에 환원함으로써 어려운 이웃을 도울 수 있다는 점에서 긍정적이지만, 한편으로는 기업의 의지나 재무상태에 따라 활동의 지속성을 보장할 수 없고, 사회문제를 근본적으로 해결하기 어렵다는 한계를 갖는다.

반면에 공유가치창출(CSV) 개념은 기업이 수익창출 이후에 사회공헌활동을 하는 것이 아니라, 기업활동 자체가 사회적 가치를 창출하면서 동시에 경제적 수익을 추구할 수 있는 방향으로 이루어져야 한다는 것을 의미한다. 즉, CSR은 기업이 이미 창출한 이윤을 사회에 환원하는 사회공헌활동이기 때문에 비용적인 인식이 강한 반면, CSV는 기업이 경영활동을 통해 사회적 가치와 함께 경제적 이익을 모두 추구하는 개념이다.

예를 들어, CJ오쇼핑에서는 사장될 뻔했던 아이디어 상품들을 발굴하여 수수료 없이 판매방송을 함으로써 중소기업도 살리고 홈쇼핑 매출도 향상시키는 결과를 가져왔다. 또한 CJ 푸드빌에서 운영하는 '계절밥상'은 국내 농가의 제철 식재료로 만든 건강메뉴들을 선보이면서 농가와 상생하기 위한 노력을 기울이고 있다. 이처럼 CSV는 사회에 도움이 되는 활동을 한다는 점에서 CSR과 유사하지만, '가치창출'이라는 부분에서 큰 차이가 있다.

CSR과 CSV의 정의

■ CSR(Corporate Social Responsibility)

'기업의 사회적 책임'이라는 뜻으로 기업이 생산 및 영업활동을 하면서 환경경영, 윤리경영, 사회공헌과 노동자를 비롯한 지역사회 등 폭넓은 사회적 책임을 적극 수행해야 한다는 것을 의미한다.

■ CSV(Creating Shared Value)

'공유가치창출'이라는 뜻으로 기업이 수익창출 이후에 사회공헌활동을 하는 것이 아니라, 기업활동 자체가 사회적 가치를 창출하면서 동시에 경제적 수익을 추구할 수 있는 방향으로 이루어지는 행위를 말한다.

자료 : CJ Donors Camp

MODERN BUSINESS MANAGEMENT

part 2

경영활동의 일반적 이해

chapter 04

경영환경

제1절 경영환경의 개념 및 중요성

1.1 경영환경의 개념

환경(environment)이란 조직을 둘러싸고 있으면서 조직에 영향을 미치는 제반 요인들을 말한다. 따라서 경영환경(혹은 기업환경 ; business environment)이란 기업이나 기업활동에 영향을 미치는 기업 내 · 외부의 모든 영향요인들을 말한다. 모든 조직은 환경의 영향을 받고 환경에 적응하거나 환경을 극복해 나가며 생존해 간다.

경영학에서 경영환경을 연구하는 이유는 기업이 기회로써의 환경을 잘 포착하여 이용하고 위협으로써의 환경을 적절히 회피하고 최소화함으로써 조직을 경쟁기업에 비하여 보다 잘 발전시키기 위함이다.

1.2 경영환경의 중요성

기업은 환경과 교류하고 환경에 영향을 받으면서 성장한다. 기업은 기업의 활동 및 성과에 직접 또는 간접적으로 영향을 끼치는 경영환경요인들을 고려하지 않고서는 전략, 방침 등이 필요한 장기적인 계획 수립이나 조직구조의 변경과 같은 혁신적인 활동을 제대로 수행하기 어렵다.

앞서 설명하였듯이 과학적 관리론이나 인간관계론이 주도하던 시대에는 기업을 폐쇄시스템으로 간주하였으므로 오늘날에 비하여 환경에 대한 고려보다는 조직내부적인 합리성이나 효율성만을 집중적으로 고려하면 좋은 성과를 올릴 수 있었다. 그러나 점차 사회가 복잡해지고 기업이 개방시스템으로서 제기능을 하기 위해서는 환경에 대한 이해가 무엇보다 중요하게 되었다.

기업을 둘러싸고 있는 환경은 급속하게 변화하고 있다. 기업은 급변하는 환경에 적응하기 위하여 환경에 대응할 수 있는 능력을 기르고 이를 적절히 이용할 수 있어야 한다. 특히 기업과 이해관계를 맺고 있는 공급업자, 유통업자, 소비자, 정부기관, 기타 압력단체들의 변화는 매우 중요하다. 이들의 변화를 간파하고 이용하는 것이 그 무엇보다도 중요하다. 경영환경의 변화는 기업에게 기회(opportunity)가 될 수도 있지만 위협(threat)도 될 수 있기 때문에 경영환경에 대한 이해는 매우 중요하다. 또한 기업이 지속적으로 생존하고 기업목표를 지속적으로 달성하고 발전하기 위해서는 환경을 이해하고 환경에 적응하는 것뿐만 아니라 환경을 통제하여 기업에 유리하게 변화시키는 노력도 필요한 것이다.

환경의 힘은 동적이며 매우 불확실하다. 소비자의 취향과 선호도는 변하며 새로운 법은 자꾸 만들어진다. 경쟁업체들은 신기술과 신제품을 보다 먼저 개발해낸다. 인적자원관리와 기업의 자금운용은 점점 더 복잡해지고 있다. 환경의 불확실성이 높아질수록 경영자는 능동적으로 환경을 분석하고 환경으로부터 얻어야 할 것과 주어야 할 것을 결정하여야 한다.

보·고·가·세·요

위기를 기회로…(아사히야마 동물원의 위기극복 사례)

일본 홋카이도에 위치한 인구 30만 명의 소도시 아사히카와의 시립동물원 아사히야마 동물원. 한때 적은 입장 수입과 투자 부족으로 1995년에는 관람객 감소로 폐원 위기를 겪었지만, 지금은 일본 최고의 동물원으로 인정받고 있다.

아사히야마 동물원이 위기를 극복한 중심에는 '행동전시'라는 독창적인 프로그램이 있다. 행동전시는 동물의 행동을 다양한 각도에서 보여주는 프로그램으로서 동물원의 위기상황에서 탈출하기 위한 사육사들의 자발적인 학습과 창의력, 조직원 모두가 변화의 주체가 되어 고민하고 상상력을 발휘한 산물이다.

한마디로 사람이 동물을 관찰하는 것이 아니라 동물이 사람을 구경하는 형태의 역발상을 실현한 것이다. 펭귄이 놀고 있는 수조에 유리터널을 만들어 펭귄이 헤엄치는 모습을 올려다 봄으로써 "펭귄이 하늘을 난다"는 입소문이 퍼졌고, 유인원 관에서는 원숭이와 관람객이 서로를 관찰하는 진풍경이 벌어지기도 한다. 또한 거대한 새장에 들어간 관람객들이 하늘을 자유롭게 날아다니는 새들의 활기찬 비상을 눈으로 직접 보게 함으로써 새장 안의 새를 구경한다는 고정관념을 깨뜨렸다.

아사히야마 동물원의 변화된 모습은 사람들 사이에서 서서히 입소문으로 퍼져나갔고 관람객 수는 꾸준히 늘어나기 시작했다. 이처럼 아사히야마 동물원은 과거의 틀에 박힌 고정관념을 과감하게 걷어냄으로써 폐원위기를 극복하고 세계적인 동물원이 되었다.

제2절 경영환경의 유형

앞서 언급하였듯이 기업은 개방시스템(open system)으로서 기업내부시스템 및 외부시스템과 유기적인 상호작용을 하며 활동을 영위하는 조직이다. 여기서 내부시스템과 외부시스템은 기업활동에 영향을 미치는 환경적 요인이 되는 개념으로서 이에 따라 경영환경은 일반적으로 내부환경과 외부환경으로 구분할 수 있다. 내부환경(internal environment)은 기업 내에서 경영활동에 영향을 주는 요소들로서 조직구성원들이 조직 내에서 일하면서 직면하는 기업의 독특한 조직문화, 조직구조, 분위기, 비전 등과 같은 내적인 환경요소로 구성되어 있다. 외부환경(external environment)은 기업외부에서 경영활동에 영향을 주는 요소로서 기업과 직접적으로 이해관계를 갖는 투자자, 소비자, 정부, 지역사회 등과 같은 과업환경(task environment) 또는 1차 환경이라 불리는 것과 모든 사회에 영향을 주며 그 속에 있는 기업도 영향을 받을 수 밖에 없는 정치 · 법률적 환경, 경제적 환경, 문화적 환경 등과 같은 일반환경(general environment) 또는 2차 환경으로 나누어진다. 과업환경은 경영활동에 직접적인 영향을 미치는 반면에 일반환경은 간접적으로 영향을 미친다고 볼 수 있다.

그림 4-1 경영환경

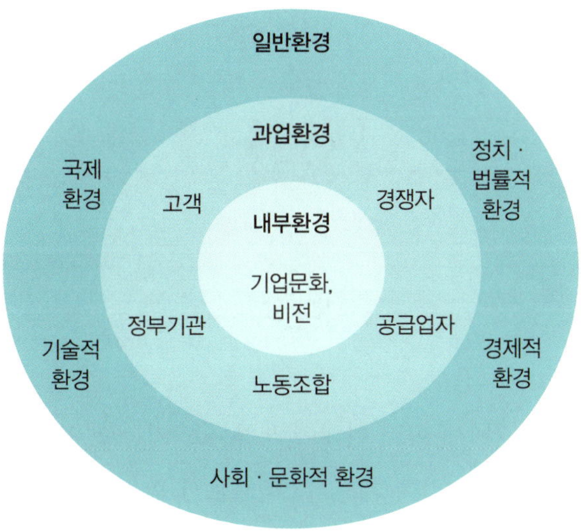

2.1 내부환경

1) 기업문화

문화는 조직구성원들이 공유하고 있는 가치관이나 생활양식을 의미한다. 한 기업의 구성원들이 공통적으로 갖고 있는 가치관, 목표의식, 관행, 관습, 집단적 행위 등이 모여서 기업문화(corporate culture)와 기업풍토를 형성한다. 기업문화와 기업풍토는 경영이념이나 사훈으로 나타나기도 하며 기업내부에서 조성되어 구성원의 행동, 기업활동 및 기업성과에 큰 영향을 미치게 되고 결과적으로 기업의 성장, 발전에 지대한 영향력을 끼친다. 따라서 같은 기업목표를 설정하더라도 기업문화가 그 목표를 달성하기에 합당한 문화인지 아닌지에 따라 성과가 달라질 수 있는 것이다. 이는 기업이 목적을 달성하기 위해서 필요에 따라 기업문화를 새로 만들거나 바꾸기 위한 노력을 할 필요가 있다는 것을 의미한다.

그림 4-2 기업문화의 순기능

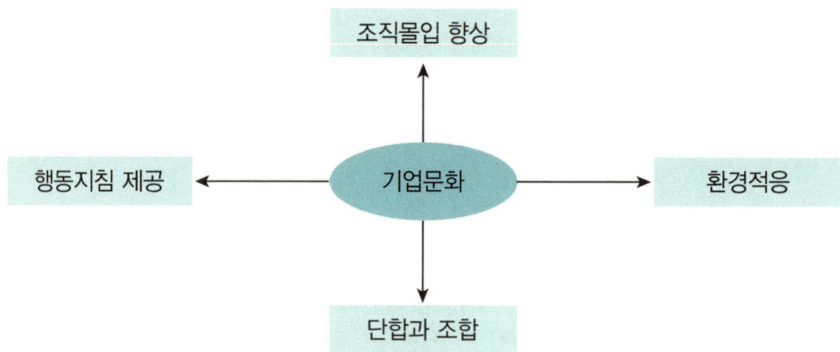

반면에 한 번 형성된 기업문화로 인해 발생하는 역기능도 있다. 첫째, 변화와 혁신에 대한 저항성이 생긴다. 기업은 개방시스템으로서 환경의 변화에 능동적이고 적극적으로 대처해 나가야 하는데, 조직 내에 이미 확산된 문화와 배치되는 경우 조직구성원들은 변화와 혁신에 대해 저항함으로써 환경변화에 대한 적응력이 낮아질 우려가 있다. 둘째, 조직 내 획일적 사고가 팽배할 우려가 있다. 조직문화는 조직구성원의 사고와 행동에 영향을 미치는데, 정형화된 조직문화로 인하여 직원들이 각자 갖고 있는 특장점을 발휘하기 어려울 수 있다. 셋째, 경우에 따라서는 합병의 걸림돌로 작용할 수 있다. 기업이 전략적으로 다른 기업과의 합병을 시도할 때, 합병대상기업들 간에 기업문화 충돌이 발생하면 합병과정에서 어려움이 발생할 뿐만 아니라 합병 이후에도 두 조직이 융화되고 정상화되기 위해서는 추가적으로 많은 시간과 노력이 요구된다.

2) 비전

기업내부에서 일하고 있는 사람들은 리더의 비전을 이해할 때 그들이 속해 있는 조직의 의미와 목표를 깨닫게 된다. 구성원들은 비전을 통해서 자신의 미래에 대해서 희망을 갖는 것이다. 즉, 구성원들은 회사의 장래성을 매우 중요하게 생각하는 것이다.

리더는 많은 양의 정보를 모아서 이를 이해 · 분석하여 미래의 의미 있는 비전으로 통합하여 조직원들에게 제시하여야 한다. 이러한 비전은 사람들을 일상의 단조로움에서 벗어나게 한다. 비전은 기회와 도전이 가득한 세계로 조직구성원을 인도하는 힘을 가지고 있는 것이다.

카르타고의 영웅 한니발 장군이 대군을 이끌고 알프스 산을 넘을 때 그는 이렇게 외쳤다. "이 산 너머에 지상 낙원이 있다. 자, 산을 넘자." 조직구성원들이 기업의 비전을 공유할 때 기업의 경영활동은 왕성해진다.

2.2 외부환경

1) 과업환경

과업환경은 기업에 직접적인 이해관계를 갖고 있는 1차 환경을 말하는 것으로 종업원, 경쟁업자, 주주, 소비자, 지역사회, 공급업자, 언론매체, 금융기관, 정부 등을 들 수 있다.

(1) 소비자

일반적으로 소비자란 기업이 제공하는 제품과 서비스를 교환하는 대가로서 화폐를 지불하는 사람을 말한다. 기업의 모든 전략은 소비자로부터 시작해서 소비자로 끝나야 한다는 말이 있듯이 경영활동에 있어서 고객지향적인 콘셉트는 매우 중요하다.

시장의 성격이 판매자시장(seller's market)에서 소비자시장(buyer's market)으로 변화하면서 상대적으로 소비자의 위치와 영향력도 높아졌다. 소비자는 다양한 가치관과 조직화된 행동을 통하여 기업에 대해 압력을 가하는 중요한 이익집단으로 등장했다. 더욱이 정보기술의 발달로 인하여 소비자들의 조직적인 행동이 보다 용이하게 됨으로써 소비자고발센터, 매스컴 및 정부에 영향력을 행사하기도 하고, 인터넷을 이용하여 여론을 주도하기도 하는 강력한 영향요인으로 자리 잡았다.

소비자는 기업활동과 성과에 직접적인 영향을 주는 중요한 환경요소로서, 기업은 소비자의 욕구를 파악하여 이들이 원하는 제품과 서비스를 제공하여야 한다.

(2) 직원-내부구성원

기업의 의사결정과 전략수행 시 이해집단으로서 직원과 노동조합이 미치는 영향력은 매우 크다. 직원은 경영활동의 동반자이다. 따라서 직원들이 열심히 일할 수 있도록 사기를 높이고 동기부여를 해주어야 한다. 특히, 직원의 의견을 대표하는 노동조합의 활동은 경영활동을 제약하거나 수정하게 하기도 한다. "기업은 사람이다"라는 말이 의미하는 것과 같이 조직에서 일하고 있는 직원이야말로 매우 중요한 과업환경요소인 것이다. 특히, 인적자원이 핵심요소가 되는 서비스업의 경우 직원은 '내부고객'으로서 관리되어야 할 정도로 그 중요성이 더욱 커졌다.

(3) 타기업

일반적으로 기업활동에 있어서 타기업의 존재는 경쟁업자와 협력업자로 구분할 수 있다. 경쟁업자란 같은 시장 안에서 동일한 고객에게 유사한 제품이나 서비스를 제공하며 시장점유율 확장을 위해 노력하는 경쟁조직을 말한다. '지피지기 백전불태(知彼知己 百戰不殆)'라는 말과 같이 경영자는 경쟁업자의 제품가격, 품질, 고객서비스, 공급원, 시장점유율, 기술혁신, 임금, 인력개발 및 기타 활동에 대하여 끊임없이 추적·조사하여야 한다. 경쟁업자를 물리쳐야 할 적으로 간주하지 말고 Win-Win전략을 위한 파트너로 간주하여 공생관계를 형성하고 환경변화에 함께 대처하는 자세도 필요하다.

한편, 협력업자는 납품업자나 구매업자 등 원료공급과 제품이나 서비스 유통과정에서 파트너 역할을 하는 기업을 의미한다. 협력업자는 소비자나 경쟁자에 대한 정보를 우회적으로 알려줄 수 있는 중요한 정보원이 되기도 하므로 기업활동이 점점 다양해지고 전문화되는 시점에서 매우 중요한 환경요인으로 작용할 수 있다.

(4) 주주

회사는 개인의 소유물이 아니다. 따라서 기업은 주주의 이익을 대변할 수 있어야 한다. 주주란 주식을 소유한 사람을 말하며, 이해집단 중에서 기업의 소유자로서 이해집단의 핵심주체이다. 일반적으로 주식에는 두 가지 형태, 즉 보통주와 우선주가 있다. 이 중 보통주의 주주들만이 투표권을 갖는다. 그들은 소유한 주식수에 비례하여 투표를 한다. 보통주 소유자는 주주총회에 참석해 기업의 주요 경영사항에 대해 의결권을 행사하고 배당을 받고, 발행되는 신주를 인수하는 등 주주로서의 권리를 행사한다. 반면, 우선주는 일반적으로 보통주보다 재산적 내용(이익, 이자배당, 잔여재산 분배 등)에 있어서 우선적 지위가 인정되는 주식이다. 그 대가로 우선주 소유자는 주주총회에서의 의결권을 포기해야 한다. 회사경영에는 참여할 수 없다는 의미다. 우선주는 투자자 입장에서는 많은 배당을 기대할 수 있고, 회사 입장에서는 경영권 위협 없이 자금을 조달할 수 있다는 장점을 갖는다(네이버 지식백과).

경영자나 이사가 주주의 이익을 대변해 주지 못했을 때 주주는 이의를 제기하고 항의, 소송 등을 행한다. 뿐만 아니라 주주총회를 통하여 대표이사를 선임할 수도 있고 이사를 선출하여 경영활동의 방향을 주도할 수도 있다.

(5) 지역사회와 이익단체

지역사회는 기업을 둘러싼 과업환경 중에서 비교적 최근 들어 그 중요성이 증가하고 있는 집단이다. 지역사회는 협의로 보면 기업의 인근 주민들을 지칭하지만, 우리나라 같은 경우에는 대기업의 영향력이 국가 전체에까지 확산되기도 한다. 지역사회는 특정 문제가 발생하면 기업에 영향력을 행사한다. 특정 기업이 생산하는 제품이나 서비스를 지역사회에서 집단적으로 거부하게 되면 기업의 생산활동이 지속될 수 없으며, 이 경우 기업의 이미지에 치명적인 악영향을 미치게 되어 장기적으로 곤란을 겪게 될 수도 있다.

최근 들어 지역사회의 영향력은 특히 환경문제 등의 이슈를 통해 급증하고 있으며 각종 시민단체의 압력을 통하여 정부가 새로운 법이나 규정들을 제정하게 함으로써 경영활동에 큰 영향을 미치고 있다.

이러한 영향력 행사는 기업의 전략적 의사결정에도 커다란 영향을 미친다. 최근에는 공해문제, 자원문제 등과 같이 기업의 사회적 책임과 관련된 문제들이 지역사회의 중요한 문제로 대두되고 있다. 따라서 기업은 기업의 사회적 책임(CSR)활동이나 공유가치창출(CSV)활동뿐만 아니라 각종 PR활동 등을 통하여 지역사회와 원만한 관계를 유지하기 위한 노력을 기울여야 하며, 지역사회 발전에 기여할 수 있는 방안을 강구해야만 한다.

(6) 언론매체

라디오, TV, 신문, 잡지 등을 언론매체라고 부르는데, 언론매체를 이용하여 기업은 더 많은 물건을 팔기 위해 적극적인 판촉활동을 전개하기도 하고 이들에 의해 기업 이미지가 실추당하거나 공개적인 지탄을 받기도 한다. 더욱이 모바일환경으로의 변화로 인해 매체의 영향력은 더욱 확대되었다. 따라서 기업의 홍보담당자는 언론매체의 움직임을 지속적으로 주시하고 긍정적인 관계형성을 위해 노력한다.

(7) 금융기관

금융기관은 중앙은행을 비롯한 시중은행, 보험, 증권, 단자회사, 종합금융, 신용금고 등의 자금의 수신 및 대출기능을 가진 각종 금융 매개기관을 일컫는다. 금융기관은 경영활동에 참여하는 주체로서 전략적 의사결정에 큰 영향을 미치고 있으며, 경영활동에 있어서 대부분의 의사결정들은 재무적 지원이 필요하기 때문에 매우 중요한 환경요인이라 할 수 있다.

특히, 기업이 대규모화 · 국제화되면서 대량의 자본을 조달하는 데 있어서 개별 주주보다는 금융기관에 대한 의존도가 더욱 높아지고 있다. 기업이 금융기관과 긴밀한 관계를 유지한다면 유리한 조건으로 자본을 조달할 수 있고, 금융기관을 통해 잉여자금을 유리한 금융상품에 투자하고 관리하는 것이 용이하다. 시장경기가 극도로 악화되었을 때 금융기관으로부터의 원활한 자금공급은 기업경영과 존폐에까지 영향을 미치는 요인이므로 금융기관은 매우 중요한 과업환경이다.

(8) 정부

정부의 권한과 법규 및 각종 제도가 기업활동에 미치는 영향력이 크기 때문에 기업과 정부는 상호균형적인 관계를 유지해야 한다. 정부는 기업에 있어서 경영활동을 규제하는 감독자의 관계일 수도 있고 지원해 주는 후원자의 관계일 수도 있다. 예를 들어, 국민경제 측면에서 독과점이나 부당이익을 취하는 등의 문제가 발생할 우려가 있는 경우에 정부는 정책적인 개입을 통해 해당 기업의 경영활동에 영향을 미치게 된다. 특히, 경제발전단계가 낮은 후진국일수록 정부의 영향력은 막강하다. 정부는 여러 가지 법령과 정책으로 기업에 영향을 주고 있다.

2) 일반환경

일반환경은 기업에 간접적으로 영향을 미치는 2차 환경을 말하는 것으로 경제적 환경, 정치적 · 법률적 환경, 사회 · 문화적 환경, 기술적 환경, 국제적 환경, 자연적 환경 등을 들 수 있다.

(1) 경제적 환경

경제적 환경은 일반환경 중에서도 가장 중요한 기업환경이다. 소비자의 구매의사결정 시 가장 큰 영향을 미치는 요인이 경제적 환경이기 때문이다. 경제적 상황이 호경기냐 불경기냐 하는 것은 경영정책에 큰 영향을 미친다. 예컨대, 소득수준에 따라 소비자의 욕구가 달라지며, 불황 시에는 소비자의 구매활동뿐만 아니라 기업활동도 달라지는데 이 경우 기업은 비용절감을 위한 정책을 수립하고 회계나 재무전문가의 비중을 높이게 된다.

경제적 환경에 속하는 주요 요소로는 시장의 성격, 정부의 금융정책, 경제성장률, GNP성장률, 인플레이션, 디플레이션, 정부의 경제시책, 실업률, 이자율, 물가수준, 국제수지 등으로 기업경영에 지대한 영향을 미치는 요소들이다.

초콜릿회사는 불경기를 원한다?

세계가 경기불황기에 빠져 있을 때 맥주 등의 주류업체와 샴푸 등의 생활용품업체의 고객만족도는 모두 하락하고, 특히 나이키, 리복 등 고급운동화 제조업체에 대한 만족도는 큰 폭으로 떨어졌다. 불황기에는 고급운동화 대신 값싼 신발을 신기 때문이다. 그러나 유독 허시푸드, 마스 등 초콜릿 제조사의 만족도는 상승했다. 사람들이 경기가 좋지 않을 때에는 초콜릿과 같이 저렴하게 즐길 수 있는 제품을 선호하기 때문이다. 경기변동은 여성들의 치마길이와 반비례한다고도 했다. 불경기에는 여성들이 움츠러들기에 긴 치마로 가리려고 하며 색상도 검정색 계통이 유행하다가 경기가 회복될 때는 밝은 색에 미니스커트가 유행하며 과감한 노출을 하는 경향이 있다는 것이다. 경기가 호전될 때는 문방구류의 판매량도 증가한다. 비즈니스계의 오피스 업무가 늘어나기 때문이다.

자료 : 임창희, 경영학, 2003.

(2) 정치 · 법률적 환경

정치적 환경이 기업의 경영활동에 미치는 영향력은 매우 광범위하다. 정치적 · 법률적 환경은 기업활동에 있어서 기회나 위협으로 작용함으로써 기업의 경영전략이나 계획 수립에 중요한 영향을 미친다. 예를 들어, 한 나라의 경제체제가 자본주의냐 공산주의냐 하는 것은 결정적으로 기업의 경영활동에 영향을 미친다.

사회의 일반적인 정치풍토나 권력집중의 정도, 정치조직의 성격, 선거, 정당제도 등도 기업에 커다란 영향을 미친다. 정치적인 안정이 기업활동에 안정을 보장해 주기도 한다. 예컨대, 정치적 불안정성이 높아지는 경우에는 바이어들의 왕래가 감소함에 따라 비즈니스거래가 급격하게 감소하게 되고 창업이 줄고 폐업이 늘어나는 경향을 보인다.

국제적 정치환경도 경영활동에 대단한 영향을 미친다. 예를 들어, 전쟁으로 석유생산이 중단되면 바로 유가가 올라가고 기업은 이에 대한 영향을 받는다.

또한 기업은 여러 측면에서 직접 또는 간접으로 법의 규제를 받는다. 대표적으로 공정거래법, 환경관련법, 소비자보호법, 세법, 특허법 등은 경영활동에 많은 제약을 주기도 하며 경우에 따라 기업활동을 보호해 주기도 한다. 또한 기존에 제정된 법률 외에도 상황의 변화에 따라 새로운 법률과 제도가 제정될 수 있기 때문에 새로운 법이 제정되거나 법의 해석이 달라질 때에는 기업도 이에 따라 경영활동이 달라져야 한다.

(3) 사회 · 문화적 환경

사회 · 문화적 환경이란 조직이 활동하고 있는 사회구성원들이 사회 · 문화적 배경하에서 형성하고 있는 태도(attitudes), 가치(values), 규범(norms), 관습(customs), 생활양식(lifestyle), 욕구(needs), 전통(tradition) 및 인구의 통계적 특성(demographics) 등을 말한다.

사회구성원들이 특정 이슈에 대해 어떤 감정(feeling)을 느끼고, 어떻게 사고(thought)하는지, 그리고 어떤 방식으로 살아가려고 하며, 어떤 활동(activity)을 하고, 어떤 분야에 관심(interests)이 있고, 세상사에 대해 어떤 견해(opinion)를 갖는지에 따라 기업활동이 적절하게 달라져야 할 것이다. 예를 들어, 소득수준이 향상되고 수명이 길어짐에 따라 과거와 달리 물질적 풍요로움을 추구하고, 감각지향적이며, 건강과 레저에 대한 관심이 증대되고, 이혼율이 증가하는 등의 사회 · 문화적 환경의 변화는 기업에게 위협이 되기도 하지만 새로운 사업기회를 제공하기도 한다.

또한 사회적 가치나 종교도 기업경영에 많은 영향을 미친다. 예를 들어, 전통적으로 노출을 금지하는 이슬람국가에서 핫팬츠 제조회사를 만든다면 망하는 것은 분명할 것이다. 또한 라마단 등 종교행사기간이나 크리스마스와 같은 종교휴일은 기업의 생산과 소비자들의 소비행태에 지대한 영향을 미치게 된다.

이처럼 사회 · 문화적 환경은 기업경영의 기본방향을 제시하고 있으므로 사회 · 문화적 환경의 변화추세를 주의 깊게 분석하여 전략적 목표를 수립하는 데 적절히 활용해야 한다.

(4) 기술적 환경

산업발전의 실제적인 원동력은 기술발전, 기술혁신이다. 현대사회는 급속하게 기술이 발전되고 있다. 기술발전은 소비자의 수요패턴 변화를 유발하고 그에 따라 제품과 서비스 유형에도 변화를 가져왔다. 특히 컴퓨터, 반도체, 통신, 신소재, 생명공학 분야 등의 발전은 실로 눈부시다. 기술혁신을 통한 생산성 증대와 창조적 파괴(creative destruction), 그리고 제품수명주기(product lify cycle) 단축은 기업으로 하여금 기술개발에 보다 많은 비중의 투자를 요구하게 되었다.

사실상 선진국이냐 후진국이냐를 결정짓는 것도 기술력이 다른 나라보다 얼마나 발전했느냐에 따라 결정된다. 산유국들 중에 1인당 국민소득이 아주 높은 나라가 있다고 해도 우리는 그 나라를 선진국이라 하지 않는다.

기업이 기술집약적인 산업구조를 갖기 위해서는 부단히 연구개발활동에 투자하여야 한다. 기업이 이와 같은 기술혁신의 흐름을 따라잡지 못한다면 성장은 물론이고 생존 자체를 기대하기 어려운 실정이다. 따라서 기업은 연구개발(R&D)부서에 대한 지원을 게을리해서는 안 될 것이다.

(5) 국제적 환경

지구촌화된 세계는 매우 좁아지고 있으며, 현대는 개방화와 글로벌화로 대변되는 시대이다. 과거에는 대부분의 기업들이 내수지향적인 활동만으로 경영활동을 영위해 왔지만, 기술발달에 따른 생산성 증대로 인하여 과잉공급문제가 대두됨에 따라 이를 해소하기 위한 보다 넓은 시장에 눈을 돌리게 되었다. 이러한 글로벌화는 정보기술의 발달과 매스커뮤니케이션의 발달에 따른 전 세계 소비자들의 수요동질화로 인하여 더욱 가속화되고 있으며, WTO와 APEC 등 무역장벽을 완화하고 자유무역을 확대하기 위한 움직임 속에서 기업이 피할 수 없는 환경요인으로 작용하게 되었다.

국제적 환경은 다국적기업 혹은 세계기업에 매우 중요한 영향요인으로 작용하는데, 국제적 환경의 예로는 환율변동, 유가변동, 관련 국가의 경제여건 변화, 국가 간 무역수지 변화 등을 들 수 있다.

국제적 환경의 변화는 기업경영에 큰 영향을 미치고 있다. 우리나라는 국제통상활동이 산업 전체에 많은 부분을 차지하고 있는 나라이다. 국제적 경영활동에 있어서 뒤지지 않도록 다국적전략, 세계화전략을 모색해야 한다.

(6) 자연적 환경

자연환경은 지형, 동 · 식물, 각종 자원 등이 그 핵심을 이루며 기온, 강수, 계절 등이 그 조건을 형성한다. 현대사회에서 여러 가지 복합적인 요인에 의해 생태계의 균형이 파괴되면서 생태시스템과 관련된 새로운 문제영역들이 많이 등장하고 있다. 기업은 생태시스템을 구성하고 있는 하나의 하위시스템으로서 이러한 변화에 직 · 간접으로 영향을 미치며 또 영향을 받고 있다.

자연환경에 따라 기업활동이 민감하게 달라지는데, 쉬운 예로서 현지국 지형, 기후에 따라 국제기업은 제품차별화정책을 수립해야 한다. 예컨대, 비포장상태, 미세흙먼지, 산악지형이 많은 국가에서는 고급승용차보다 지프를 선호하는 경향이 있으며, 특히 미세흙먼지가 발생하는 지역은 반도체산업이 입지하기 곤란하고, 같은 제품이라도 고온지역과 저온지역 혹은 건조한 지역인지 다습한 지역인지에 따라 제품을 달리 적용해야 할 것이다.

제3절 기업의 유지와 성장

3.1 기업의 유지와 성장의 의의

기업은 계속 유지되고 성장 · 발전하여야 한다. 만약 어느 기업이 한 달 후에 문을 닫기로 하고 영업활동을 수행한다면 무슨 의미가 있겠는가? 기업은 계속기업(a going concern)으로서 장기적 · 계속적으로 유지되고 성장 · 발전할 때 그 역할을 다할 수 있다.

기업이 계속적으로 유지 · 발전되기 위해서는 새롭게 변화할 필요가 있는데, 이를 혁신(innovation)이라 한다. 급변하는 환경에 대응하기 위한 방안으로 혁신의 중요성이 부각되고 있다. 또한 혁신과 함께 생산성을 높이기 위해서는 구매, 생산, 판매, 재무 등 경영 분야 전반에 걸쳐 자동화(automation)가 요구된다. 이러한 혁신과 자동화는 기업의 유지와 성장 · 발전을 위해 반드시 필요한 경영의 2대 지표이다.

3.2 혁신

혁신(innovation)은 새롭고 바람직한 변화를 추구하는 개혁적인 활동이다. 구체적으로 혁신은 이윤증식을 위한 새로운 사업상의 아이디어창출과 그 실행을 의미한다. 혁신을 흔히 기술의 혁신으로만 생각하기 쉽다. 그러나 혁신은 경영 전 부분에 관련된다. 혁신은 ① 새로운 상품의 도입 및 신제품개발, ② 새로운 원료 확보, ③ 새로운 시장개척, ④ 새로운 제조방법 도입, ⑤ 새로운 조직 편성 및 수행 등과 같은 변화에 대응하여 발전할 수 있는 아이디어의 창출과 실행에 관한 내용으로 구성된다.

혁신의 생명은 얼마나 빠르고 적합한가에 있다. 현재 10년간의 발전은 그 전의 100년간, 또 그것은 그 전의 1000년간의 발전에 필적할 만한 것이다. 혁신적인 아이디어의 착상에서 실용화까지의 기간은 단축되어야 한다. 그 이유는 급변하는 환경변화에 대응하고 경쟁기업보다 우위를 점하기 위해서이다. 어떠한 것이 적합한 것인가? 경제성이 높고 소비자가 원하며 진정으로 만족할 수 있는 것만이 적합한 것이라고 말할 수 있다.

현대사회에서 혁신이 활발하게 진행되고 있는 산업 분야를 예로 든다면 정보통신 분야, 컴퓨터 분야, 신소재개발 분야, 생명공학 분야 등을 언급할 수 있다. 우리에게는 이러한 분야뿐만 아니라 산업 전 분야에 걸쳐 혁신이 절실히 요구되고 있다.

한편, 이러한 가운데 경영관리활동에서 추구해야 할 혁신의 주요 부문은 ① 제품혁신(product innovation), ② 공정혁신(process innovation), ③ 판매혁신(marketing innovation) 등 세 가지로 진행되어 왔다.

3.3 자동화

자동화(automation)는 흔히 기계생산 분야나 생산공정 분야에서만 적용되는 방식으로 인식하기 쉽다. 그러나 자동화의 적용범위는 경영 전반에 걸쳐 광범위하다. 자동화는 사무관리 분야 등 경영관리 분야에서도 폭넓게 적용되고 있다.

역사적으로 산업화를 이루어 가는 과정에서 자동화는 인간의 작업을 기계로 대체시켜 이에 따라 인간의 육체적 노동을 크게 절약하게 하였고, 더 나아가서 이러한 자동화에 의해 정밀한 측정 및 신속한 연산까지도 쉽게 수행할 수 있게 되었다. 기업은 이러한 자동화로 인해 인건비 등 원가의 절감, 품질수준의 향상, 시간단축, 생산능력의 증대, 안정성 확보 등 경영의 합리화를 도모할 수 있다.

생산현장에서 자동화는 자동제어기술로서 연속제어와 피드백제어의 두 가지 특징으로 나타난다. 연속제어란 사전에 정해진 순서나 절차에 따라 자동으로 조작이 차례로 행해지며, 일관된 작업에 따라 일정한 결과를 얻게 하는 것을 의미한다. 그리고 피드백제어란 그러한 조작의 결과를 자동으로 측정해서 그것이 정해진 수치와 달라질 때 다시 조작을 조정해서 정해진 수치가 되도록 통제하는 것을 말한다.

자동화가 기업의 유지 · 발전에 반드시 필요한 이유는 무엇일까? 그것은 위에서 언급했듯이 원가의 절감, 생산성의 향상 등 경영의 합리화를 실현하는 도구이기 때문이다. 기업은 주변환경으로부터 계속적인 변화를 요구받고, 고객은 저렴하고 양질의 상품을 원하며, 투자자는 높은 수익을 원한다. 또한 정부는 경쟁력 있는 기업으로 사회와 경제발전에 공헌하고 많은 세금을 내기 원하고, 경쟁기업은 호시탐탐 우위를 점하려 한다. 결국 혁신과 자동화는 이러한 환경을 주도하여 경쟁에서 이길 수 있는 우수한 기업으로 성장 · 발전하는 데 필수적으로 요구되는 사항이다.

chapter 05

경영전략

제1절 경영전략의 의미와 중요성

1.1 경영전략의 의미

전략(strategy)이란 말은 고대 그리스어인 'strategos'에서 유래된 것으로 'stratos(군대)'와 'ag(이끌다)'라는 말의 합성어에서 비롯된 것이다. 기업의 경영전략은 전쟁에서 장군이 발휘하는 기술(art of general)과 마찬가지로 시장이라는 전쟁터에서 경쟁사를 물리치고 소비자를 확보하기 위한 유리한 고지를 차지하기 위해 싸우는 것으로 표현될 수 있다. 이를 경영전략(management strategy)이라 한다. 흔히 전략과 전술의 의미를 혼용하기도 하고 개념화가 명확한 경우도 있는데, 일반적으로 전략은 "무엇을 할 것인가(What to do?)"와 관련된 개념이고 전술(tactics)은 전략목표를 달성하기 위해 "어떻게 할 것인가(How to do)?"와 관련된 개념이라고 구분할 수 있다.

경영학에 전략적 경영(strategic management) 개념이 도입된 것은 기업환경이 과거에 비해 복잡하고 빠르게 변화하기 때문에 이에 대해 조직을 체계적으로 관리하고 환경에 적절히 대응해 나갈 필요성이 생겼기 때문이다. 기업은 환경변화에 대응하기 위한 적절한 경영전략을 수립하고 집행함으로써 경쟁기업에 비한 경쟁우위(competitive advantage)를 확보할 수 있다. 한마디로 경영전략이란 희소한 경영자원을 최적으로 배분하여 경쟁우위를 창출하기 위한 의사결정을 의미하는 것이다.

전략적 경영은 기업이 우선 장기목표를 수립하고 이를 달성하기 위해 세부정책들을 수립하고 자원의 효율적 배분을 통해 정책들을 집행해 나가는 모든 과정을 의미한다. 이를 위해 수립하는 전반적 계획이 경영전략이다. 이같이 경영전략은 일반적으로 일컫는 계획(plan)에 비해 보다 상위적인 개념으로서 기업 전체의 생존과 발전을 위해 경영자원과 경영조직 등 모든 시스템을 통합하고 조정하는 개념이다.

치열한 시장경쟁에서 조직구성원 전체가 힘을 합쳐 경영활동을 종합적으로 전개해 나갈 때 다른 기업을 이길 수 있는 경쟁우위에 서게 될 것이다. 이러한 경영전략은 최고경영자 계층의 업무영역에 속한다.

1.2 경영전략의 중요성

경영전략 수립이란 기업이 다른 기업과의 경쟁에서 이길 수 있는 수단과 방법을 선택하는 의사결정과정을 말한다. 전략(Strategy)이란 일반적으로 전쟁에서 이길 수 있는 방법, 책략을 의미하는 것으로 "적을 알고 나를 알면 백 번 싸워도 위태롭지 않다(知彼知己면 百戰不殆)"라는 말은 경영전략의 중요성을 함축하는 말이다.

과거에 단순한 군사용어로서 사용되던 전략의 개념이 기업경영활동에 중요한 의미를 갖게 된 이유는 우선 기업규모의 확대를 들 수 있다. 과거 과학적 관리법이 주를 이루던 시대의 기업은 규모가 작고 작업자들도 수 명에 불과한 매우 영세한 수준이었다. 이러한 기업의 경우에는 미리 예상하지 못한 일이 발생한다고 하더라도 모든 직원이 한 자리에 모여 대책을 강구하거나 각자 맡은 작업영역에서 적절히 변화를 주는 것이 상대적으로 수월했다. 그러나 오늘날과 같은 대기업의 경우에는 과거의 기업과 같은 단순한 대처가 불가능하기 때문에 모든 조직구성원들의 직무활동에 기본이 되는 계획과 총체적인 전략을 마련해 둘 필요성이 생긴 것이다.

다음으로 환경의 복잡성과 불확실성을 들 수 있다. 경영환경은 과거에 비해 매우 다양하고 복잡한 형태로 급속하게 변하고 있고, 불확실성 또한 매우 높아진 상황에서 환경의 변화추세를 예측하기가 더욱 어려워졌기 때문에 기업은 환경변화의 여러 가지 가능성을 고려해서 이를 대비하기 위한 자원배분계획, 즉 전략을 준비해야만 하는 것이다.

1.3 경영전략의 수준

일반적으로 현대의 기업은 기업조직 내에 다양한 사업부 혹은 사업단위를 유지하고 있다. 이 경우에는 한 기업 내에 단 하나의 사업단위만을 영위하는 경우와 달리 전략의 수준을 기업수준전략(corporate level strategy), 사업단위수준전략(business unit level strategy), 그리고 기능별 수준전략(functional level strategy)으로 구분할 수 있다.

1) 기업수준전략

기업수준전략은 기업 전체와 관련된 총체적인 전략으로서 여러 개의 사업단위들을 어떻게 복합적으로 관리하고 경영자원들을 어떻게 적절하게 배분할 것인가와 관련된 전략이다. 예를 들어, 기업 전체적인 사활이 걸린 신규투자, 합작투자, 시장철수, 인수합병 등과 관련된 전략이 기업수준전략이다. 따라서 기업수준전략은 다른 수준의 전략들에 비해서 가장 상위수준의 전략으로서 사업단위수준전략과 기능별 수준전략은 기업수준전략의 영향을 받게 된다.

2) 사업단위수준전략

사업단위(business unit)란 고유한 사업영역(business domain)을 가지고, 특정 제품 · 서비스시장(specific product/service market)에서, 독자적 목표를 가지고 특정 경쟁자들과의 경쟁 속에서 특정 고객집단을 확보하기 위해 특정 제품이나 서비스를 마케팅하고 생산하는 독립단위로서, 통상 독자적인 예산계획 수립 및 집행이 가능한 단위를 사업단위라 한다. 전략적 사업단위(Strategic Business Unit : SBU)는 사업단위를 전략 수립과 집행의 관점에서 표현한 것이다.

사업단위수준전략은 특정 사업부가 속해 있는 시장 및 산업 내에서 어떻게 경쟁해 나갈 것인가와 관련된 전략이다. 따라서 기업수준전략이 경영자원의 최적배분에 그 초점을 두는 것과 달리 사업단위수준전략에서는 배분된 자원을 활용하여 어떻게 경쟁우위와 시너지를 창출할 것인가에 초점을 둔다.

3) 기능별 수준전략

제1장에서도 설명하였듯이 경영활동은 생산, 마케팅, 회계, 재무, 인사 · 조직 등의 하위 기능별 활동으로 구성된다. 따라서 기능별 수준전략은 특정 사업단위별로 생산, 마케팅, 회계, 재무, 인사 · 조직 등과 같은 세부기능별 전략을 의미한다. 기능별 수준전략은 앞서 수립된 사업단위수준전략을 어떻게 실행할 것인가와 관련된 부분으로 볼 수 있다.

그림 5-1 경영전략의 수준

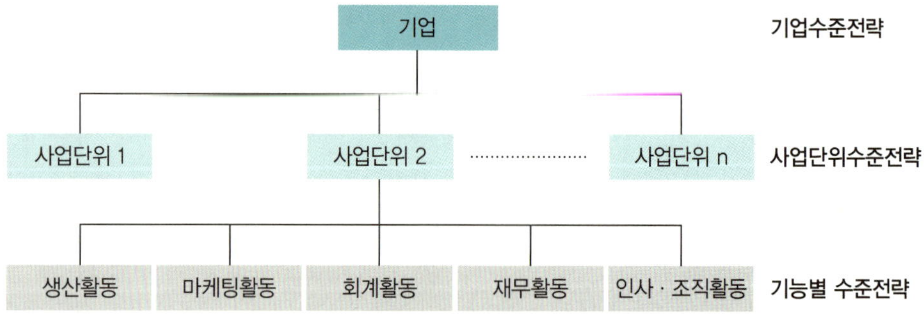

제2절 경영전략 수립

2.1 전략 수립과정

기업의 전략 수립과정은 다음 그림과 같이 몇 가지 단계를 거치게 된다.

■ **그림 5-2** 기업의 전략 수립과정

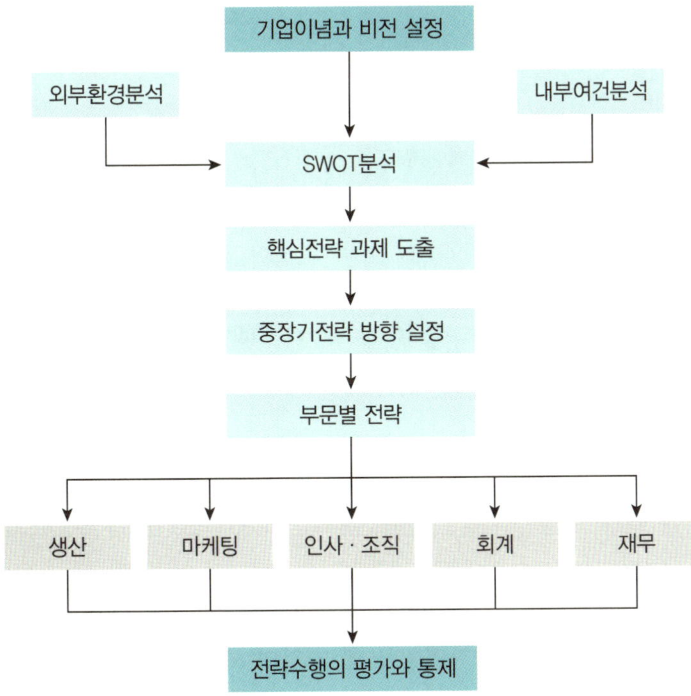

자료 : 임창희, 경영학, 2011.

그리고 기업의 전략 수립에 따라 각 기능부문별 전략이 수립되고 집행된다. 참고로 일반적인 마케팅전략 수립과정은 다음과 같다.

■ **그림 5-3** 마케팅전략 수립과정

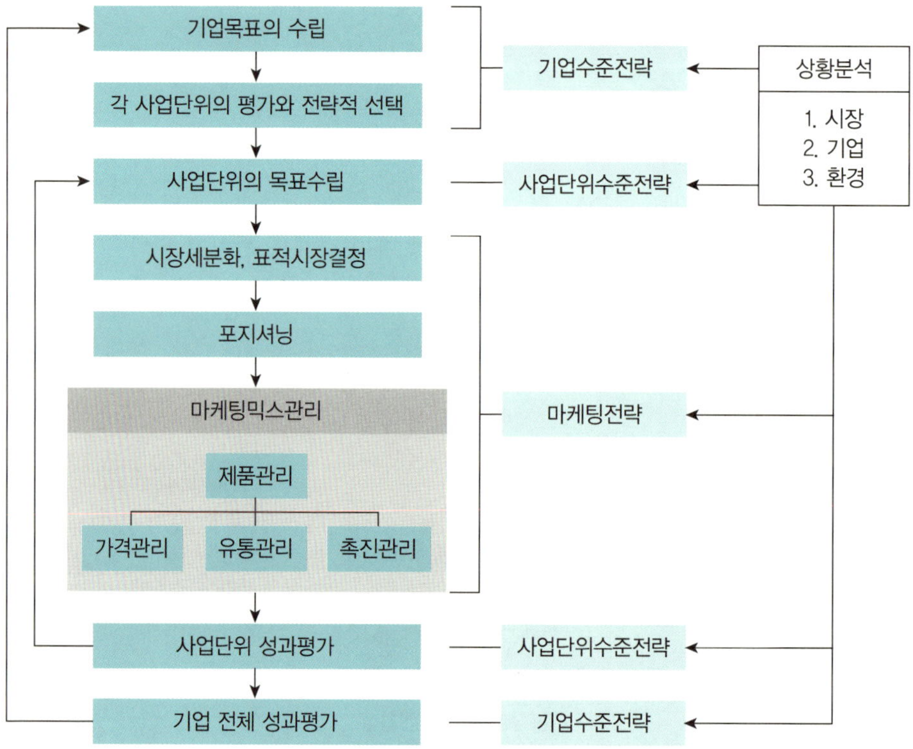

2.2 전략 수립을 위한 고려사항

기업이 경쟁에서 이길 수 있는 전략을 수립하기 위해서는 일반적으로 외부환경과 내부여건을 면밀하게 분석하고, 기업철학 및 기업의 사회적 책임 등을 고려해야 한다.

1) 외부환경분석

경쟁에서 이기기 위해서는 무엇보다도 고객, 경쟁기업, 정부, 사회의 변화 등 기업에 직접 또는 간접으로 영향을 미치는 외부환경여건을 분석하여야 한다.

① 경쟁기업분석 : 경쟁기업의 조직, 재무상태, 판매유통구조, 제품가격 등을 분석한다.

■ **그림 5-4** 전략 수립 시 고려사항

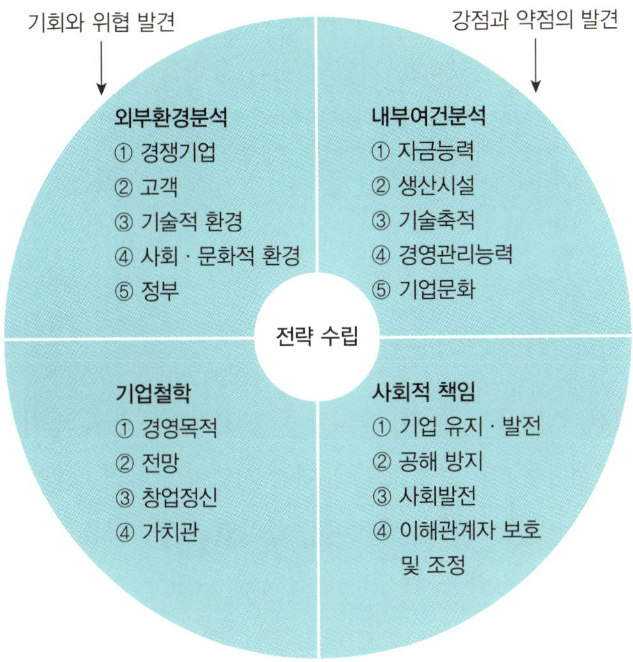

② 고객분석 : 우리의 고객인 누구인가?, 고객의 구매 동기, 취향, 고객의 욕구 등을 분석한다.

③ 사회변화 : 사회 · 문화적 변화, 기술의 변화 등을 분석한다.

④ 정부 : 정부의 규제 및 지원에 대한 분석을 한다.

경영자는 이러한 외부여건을 분석함으로써 경쟁에서 이겨 기업을 성공적으로 경영할 수 있는 기회를 발견한다. 또한 이와 함께 해당 기업을 위협하고 있는 요소는 무엇인지도 발견하게 된다. 따라서 이에 대한 전략을 수립하게 되는 것이다.

2) 내부여건분석

경영자는 기회가 포착되었을 때 기회를 성공적으로 활용하기 위하여 기업내부능력을 분석한다. 즉, 기업내부의 자금능력, 생산능력, 기술축적, 경영관리능력 등을 면밀히 분석하여 내부의 능력과 한계점을 파악한다.

사실 기업내부분석의 근본목적은 기업의 힘과 능력을 평가 · 분석하여 경쟁우위의 원천이 되는 강점과 약점을 파악하는 데 있다. 그리고 이러한 분석에 의하여 기업은 강점을 계속 유지하고 약점은 보완해 나감으로써 경쟁력이 있는 기업으로 성장해 나간다.

3) 기업철학에 의거한 전략수립

기업의 창업정신, 경영목표, 비전, 가치관 등을 고려하여 전략의 기본방침을 수립한다. 예를 들어, '고객감동'이라는 슬로건을 내건 기업이 있다면 전략 수립에 이를 고려하지 않을 수 없는 것이다. 고객을 속이고 우롱하면 경쟁기업을 이길 수 있다 하더라도 이러한 전략이나 방침을 세울 수 없다.

4) 사회적 책임을 고려한 전략 수립

전략 수립 시 공해방지, 종업원, 투자자, 소비자 등의 보호, 지역사회 발전에 기여할 책임 등 기업이 사회에서 도덕적 · 윤리적으로 지켜나가야 할 사항을 고려해야 한다.

그림 5-5 전략 수립과정과 전략 수립 시 고려사항

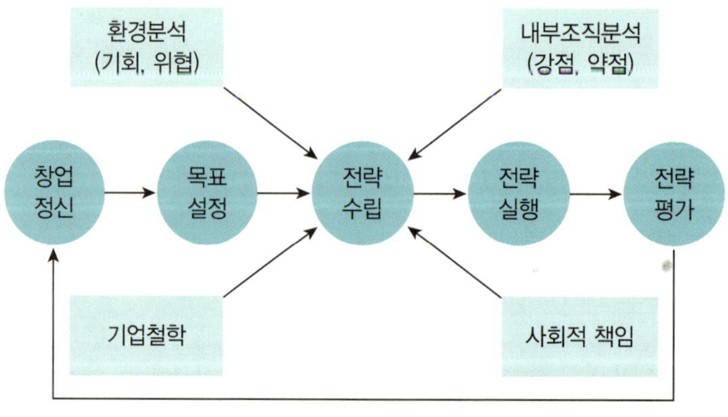

이상과 같이 전략 수립과정과 전략 수립 시 고려할 사항을 통합적으로 간략히 모형화하면 [그림 5-5]와 같다.

제3절 경영전략모형

3.1 SWOT분석

경영전략을 수립할 때 우선적으로 고려해야 할 사항들이 무엇인지 파악하기 위해 전통적으로 많이 사용해 오던 분석기법이 바로 SWOT분석이다.

SWOT분석은 강점(Strength), 약점(Weakness), 기회(Opportunity), 위협(Threat)

그림 5-6 SWOT분석

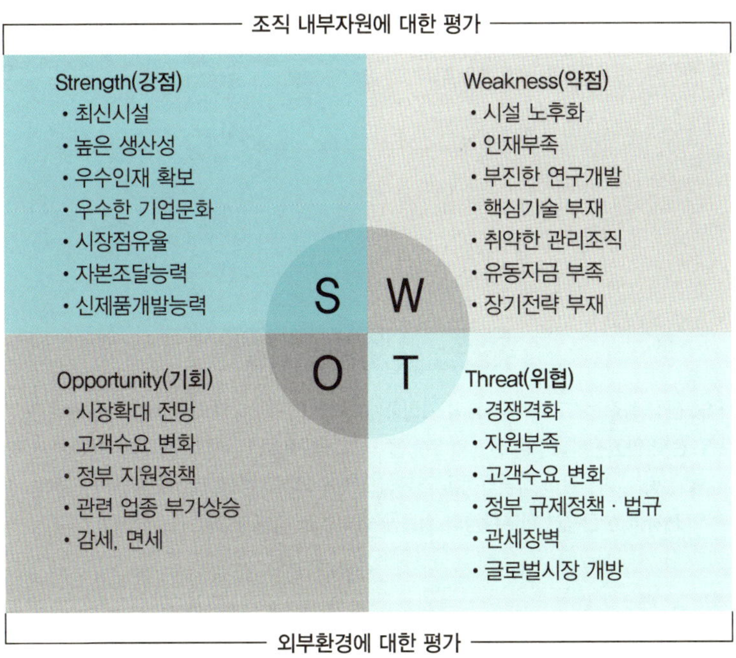

의 첫 글자를 따서 만든 합성어이다. SWOT분석은 기업의 외부환경분석을 통하여 기회와 위협이 되는 요소들이 무엇인지 파악하고, 그러한 요소들과 기업내부여건인 강점과 약점을 함께 고려함으로써 효율적이고 효과적인 경영전략을 수립하기 위한 분석 기법이다.

SWOT분석은 기업이 갖고 있는 강점과 약점을 파악하고 외부환경의 기회요인과 위협요인에 대응하여 약점은 보완하고 강점은 최대한 육성함으로써 경쟁에서 승리하고 격변하는 환경에서 살아남는 방법을 제시해 주는 분석방법이다.

SWOT분석 결과 외부환경의 기회적인 요소와 기업내부의 강점이 일치하는 상황이 된다면 그 기업은 시장에서 수월하게 경쟁우위를 확보할 수 있을 것이다. 반대로 외부환경이 위협적인 상황으로 변해가는 상황에서 기업내부에 약점을 갖고 있어 위협에 적절히 대응하지 못하는 경우에는 이를 극복하기 위한 대응책 마련이 시급할 것이다.

그림 5-7 SWOT분석의 적용

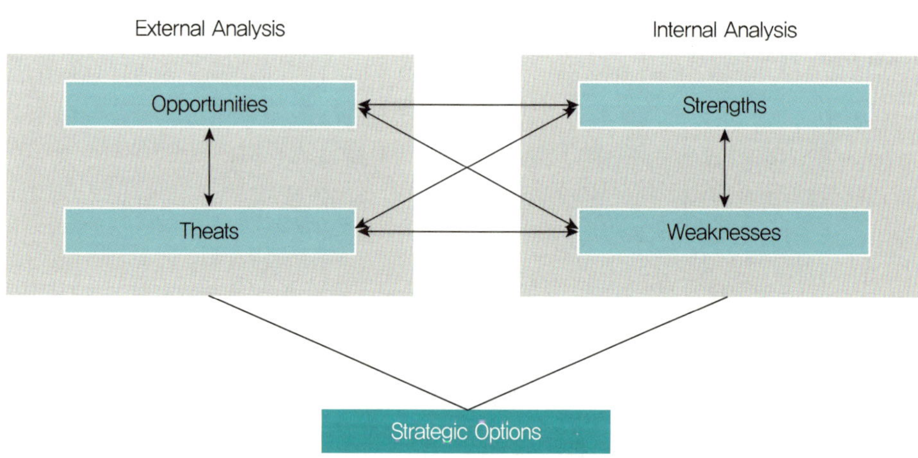

- SO전략(성장전략) : 외부환경의 기회를 활용하기 위해 내부의 강점을 사용하는 전략
- ST전략(안정전략) : 외부환경의 위협을 극복하기 위해 내부의 강점을 사용하는 전략
- WO전략(우회전략) : 내부약점을 극복함으로써 외부환경의 기회를 활용하는 전략
- WT전략(해산전략) : 외부환경의 위협을 회피하고 내부약점을 최소화하는 전략

3.2 사업포트폴리오모형

사업포트폴리오(business portfolio)모형은 기업이 보유하고 있는 기존의 사업단위들에 대한 평가와 전략적 선택을 위해 사용하는 기법이다. 일반적으로 경영학도들은 포트폴리오라는 표현을 재무관리 혹은 증권투자의 경우에 많이 사용하곤 한다. 포트폴리오의 기본개념은 "계란을 한 바구니에 넣지 말라"라는 표현과 같이 자신이 투자하고자 하는 전 자산을 어느 한 분야, 혹은 한 종목에 집중투자하지 말고 여러 분야, 여러 종목에 분산투자하는 것이 바람직하다는 자산의 배분구조를 의미한다. 이는 투자대상들은 각각 장 · 단점을 갖고 있으며 미래상황이 어떻게 변하게 될지에 대한 불확실성에 따른 위험을 분산시키고자 함이다.

기업이 유지하고 있는 기존 사업단위들도 저마다 장 · 단점을 가지고 있으며 사업단위 특성별로 위험요소도 서로 다르다. 따라서 경영전략 집행에 있어서도 기업이 보유하고 있는 경영자원을 특정한 사업부 하나에 전부 투입할 것이 아니라 적절한 배분을 통해서 전체 시너지, 즉 전체 기업성과를 극대화하기 위한 전략적 선택이 필요하다.

기존 사업단위들에 대한 전략적 선택방안은 일반적으로 다음 네 가지를 들 수 있다.

첫째, 육성 · 성장(build)전략으로 기존 사업단위에 확대투자함으로써 사업단위를 적극적으로 성장시키는 전략이다.

둘째, 유지(hold)전략으로 기존 사업단위에 현상유지할 수 있는 정도의 투자를 함으로써 사업단위를 현재수준으로 유지시키는 전략이다.

셋째, 수확(harvest)전략으로 기존 사업단위에 대한 투자를 극소화하거나 중단함으로써 사업단위를 점진적으로 축소시켜 가는 전략이다.

넷째, 철수(divest)전략으로 기존 사업단위를 즉각적으로 제거(청산 혹은 매각)하는 전략이다.

사업포트폴리오모형은 크게 시장매력도와 사업단위 경쟁력이라는 두 개의 축으로 구성되는데, 일반적으로 쉽게 사용할 수 있는 사업포트폴리오모형이 보스톤컨설팅그룹(Boston Consulting Group : BCG)이 개발한 성장성-점유율모형(growth-share matrix)이다. BCG모형은 시장매력도를 구성하는 여러 가지 요인 중에서 성장성만을 고려하고, 사업단위 경쟁력의 기준이 될 수 있는 여러 가지 요인 중에서 상대적 점유율만을 고려해서 분석에 이용한다.

BCG모형에 따르면 기업의 기존 사업단위들은 별(Star), 현금젖소(Cash Cow), 문제아/물음표(Problem Child 혹은 Question Mark), 그리고 개(Dog) 등 네 가지 영역 중에 하나에 속하게 되는데 각 영역별 특성과 그에 따른 전략적 선택은 다음과 같다.

■ **그림 5-8** BCG Matrix

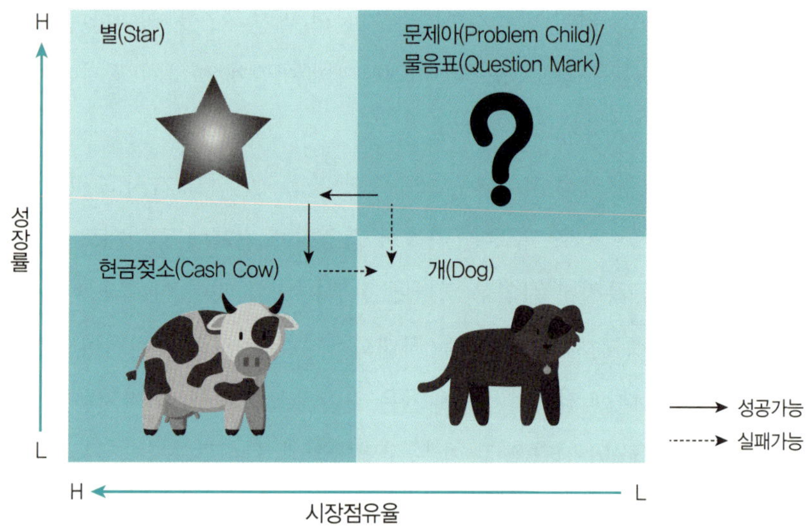

1) 별(Star)

시장성장률이 높고 상대적 점유율 또한 1위로 매우 높은 사업단위로서 수익도 많은 반면, 자금지출도 많이 필요한 사업단위이다. 이는 경쟁이 점차 심화될 것으로 예상되는 시장이므로 연구개발, 기술도입, 생산시설 확충, 신시장 개척 등을 통해 경쟁우위를 지속적으로 확보할 수 있는 전략실행이 필요하기 때문이다. 결국 시간의 흐름에 따라 시장성장률이 둔화되면 자연스럽게 Cash Cow로 변해가도록 하는 전략이 필요한 영역이다. Star영역에 속하는 사업단위에 대한 전형적인 전략적 선택방안은 육성전략을 통해 경쟁력을 더욱 강화하거나 유지전략을 통해 경쟁력을 유지하는 것이다.

2) 현금젖소(Cash Cow)

시장성장률이 아직 느리거나 둔화된 반면 상대적 점유율은 여전히 높은 사업단위로서 상당한 규모의 수익이 발생하고 있으나 새로운 투자를 위한 자금지출은 Star에 비해 크게 필요하지 않은 사업단위이다. Cash Cow영역은 경쟁 정도도 상대적으로 느슨한 편이고 안정적으로 이익을 창출해 줌으로써 기업에 자금 공헌도가 가장 높은 사업단위이다. 이 영역에 해당하는 사업단위에 대한 전형적인 전략적 선택방안은 유지전략이다.

3) 문제아(Problem Child)/물음표(Question Mark)

시장성장률은 매우 높으나 상대적 점유율이 낮은 사업단위로서 대부분의 후발기업들은 Problem Child 위치에서 사업활동을 시작하게 된다. 이 영역에 속하는 사업단위들은 매우 불안한 위치에 있기 때문에 유지전략 이외에 모든 전략적 선택을 고려해야 한다. 예컨대, 육성전략에 의해 사업단위를 Star로 이동시킬 수 있으며, 수확전략이나 철수전략을 통해 장 · 단기적인 제거를 고려할 수도 있다.

4) 개(Dog)

시장성장률과 상대적 점유율이 모두 낮은 사업단위로서 시장에서의 철수를 고려해야 하는 영역이다. 이 영역에 속하는 사업단위에 대한 기본적인 전략적 선택방안은 수확전략과 철수전략이다.

3.3 경쟁구조분석모형

하바드 경영대학원의 마이클 포터(Michael E. Porter) 교수는 1985년 '경쟁우위(*Competitive Advantage*)'라는 저서를 통해 산업의 경쟁구조분석모형을 제시하였다.

이 모형에서는 기업의 수익성을 결정하는 다섯 가지 요인을 제시하고 이 요인들이 기업이 속한 산업의 매력도를 결정하게 된다고 하였다. 다섯 가지 요인의 구조적 관계는 [그림 5-9]와 같다.

그림 5-9 경쟁구조분석모형

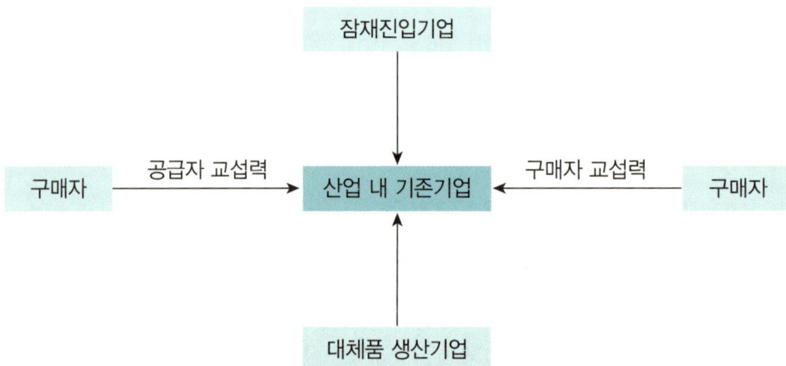

[그림 5-9]에 제시한 다섯 가지 경쟁요인의 강도는 기업 혹은 사업부가 속한 산업에 따라 다양하고 산업이 속한 환경의 변화에 따라 달라질 수 있다. 이러한 경쟁요인의 영향력은 산업구조, 즉 그 산업의 기본적인 경제적 특성 및 기술적 특성과 깊은 관

표 5-1 경쟁요인별 산업구조 구성요인

경쟁요인	산업구조 구성요인
기존기업 간 경쟁(철수장벽)	산업성장률, 고정비용, 초과설비, 제품차별화, 상표인지도, 교체비용, 다른 사업부와의 관련성 등
잠재진입기업(진입장벽)	절대적 원가우위, 제품차별화, 상표인지도, 교체비용, 소요자본량, 경로에의 접근성, 기존기업의 보복, 정부정책 등
대체품 위협 결정요인	대체품의 상대적 가격, 교체비용, 대체품에 대한 구매자 성향 등
공급자 교섭력 결정요인	공급량(비중), 차별화 정도, 교체비용, 대체재 존재 여부, 전방통합 가능성 등
구매자 교섭력 결정요인	구매량(비중), 차별화 정도, 교체비용, 대체재 존재 여부, 구매자 정보력, 후방통합 가능성 등

계를 갖고 있다. 산업구조의 변화는 경쟁요인의 영향력을 변화시킴으로써 산업의 수익성에 긍정적 혹은 부정적인 영향을 미치게 된다.

산업구조를 구성하는 구체적인 구성요인들은 〈표 5-1〉과 같이 다섯 가지 경쟁요인별로 요약해 볼 수 있다.

3.4 본원적 경쟁우위전략

경영전략의 핵심은 어떻게 하면 시장에서 경쟁우위를 차지할 수 있는가에 있다. 경쟁우위에 설 수 있는 전략을 수립하려면 앞에서 언급하였듯이 SWOT분석 등을 통하여 자신의 기업이 경쟁기업에 비하여 어떠한 강점과 약점이 있는지를 분석해야 한다.

이러한 분석에 의하여 기업은 경쟁기업보다 경쟁우위에 설 수 있는 전략을 수립할 수 있게 된다. 마이클 포터는 자신의 기업이 경쟁기업보다 경쟁우위를 확보할 수 있게 하는 전략으로서 원가우위전략, 차별화전략, 그리고 집중화전략을 제시하고, 이를 본원적 경쟁우위전략(generic competitive advantage strategy)이라 하였다.

1) 원가우위전략

경쟁기업보다 비용을 덜 지출한다면 매우 유리한 경쟁조건을 갖게 되는 것이다. 이렇게 원가에서 우위를 점하고자 하는 전략을 원가우위전략(cost leadership strategy) 또는 비용우위전략이라 한다. 원가를 절감할 수 있는 방안으로는 복잡비 제거, 경험의 축적(숙련공), 원가통제, 생산시설의 원활한 활용, 규모의 경제 실시 등을 들 수 있다.

2) 차별화전략

차별화전략(differentiation strategy)이란 회사의 제품이나 서비스가 경쟁기업의 제품이나 서비스보다 독특하고 다르다고 인식할 수 있는 그 무엇을 고객에게 제공하여 경쟁에서 우위를 점하려는 전략이다. 이러한 차별화의 내용으로는 디자인, 제품의 기능, 성능 등의 유형의 차별화와 분위기, 제품에 대한 감정, AS 등 무형의 차별화가 있다.

3) 집중화전략

집중화전략(focus strategy)이란 기업의 장점을 최대한 살릴 수 있는 핵심역량의 한 분야를 집중적으로 관리 · 육성하여 특정 부분에서 뛰어난 전문성과 경제성을 발휘하게 하는 전략을 말한다. 제한된 자원과 능력을 갖춘 기업의 경우 다방면의 경쟁우위전략보다는 한 분야를 육성하는 집중화전략이 유리한 경우가 많다.

보 · 고 · 가 · 세 · 요

B사의 유통 및 광고 차별화 사례

B사는 의류회사지만 의류광고를 하지 않는다. 오히려 B사와 관련이 없는 인종, 마약, 섹스, 전쟁, 사랑, 폭력 등을 소재로 사회 · 문화적 충격을 줄 만한 장면을 광고로 내보내어 논란거리를 제공하고 그 덕분에 B의 이름도 오르내리게 하는 독특한 광고전략을 이용한다.

비누칠을 한 나체의 뒷모습을 보인 남자 광고나 수녀와 신부의 키스장면, 막 태어난 태아사진 등으로 B사가 논쟁에 오르내린 것을 예로 들 수 있다.

B사는 첨단정보시스템을 이용하여 개별 점포에서의 매출정보를 매일 분석하여 소비자수요의 변화를 인식하고 생산공장에서 이러한 정보를 이용해 소비자가 원하는 옷은 생산을 늘리고 원하지 않는 옷은 생산을 중단한다. 이러한 유통 차별화과정을 통해 B사에는 재고가 없다.

B사는 유행에 재빠르게 대처할 수 있도록 각 종류별로 1년에 8,000만 벌의 옷을 미리 만들어 놓은 다음 주문이나 유행 색깔에 따라 나중에 염색하는 후염생산방식을 채택하고 있다. 이러한 방법에 의해 B사는 제품을 일일이 디자인에 따라 다른 실로 짜지 않게 되어 원가를 대폭 절감할 수 있었다.

chapter 06

경영계획 및 경영통제

제1절 경영계획

1.1 경영계획의 의미

경영계획(management planning)이란 제일 먼저 선행되는 필수적인 관리활동으로서 기업의 장래 관리활동에 관련된 일정과 체계를 수립하는 의사결정과정이다. 즉, 경영계획은 장래 경영활동에서 무엇을 어떻게 할 것인가에 대한 의사결정과정을 의미하는 것이다. 경영계획에는 경영목표, 전략, 방침의 수립과 이를 실현시키기 위한 절차, 규칙의 결정, 프로그램, 예산의 편성 등이 포함된다.

성공적 경영활동을 위해서는 효율적이고 합리적인 경영계획이 필요하다. 이러한 경영계획 수립을 위해서는 경영정보시스템(Management Information System : MIS)을 활용한 정보의 이용과 조직원들 스스로가 경영계획에 참여할 수 있는 목표에 의한 관리(Management By Objective : MBO)가 필요하다.

경영계획의 필요성은 무엇보다도 급변하는 환경변화에 있다. 예측이 불가능한 불확실한 환경변화에 미리 대처하기 위한 방안으로서 경영계획이 필요한 것이다. 이러한 경영계획은 관리의 마지막 단계로서 경영성과에 대한 검토와 편차의 수정 등이 이루어지는 통제(controlling)의 기준이 되는 중요한 관리활동이다.

1.2 경영계획의 원칙과 분류

1) 경영계획의 원칙

경영계획을 수립할 때는 다음과 같이 합목적성의 원칙, 계획우선의 원칙, 일반성의 원칙 및 효율성원칙 등 네 가지 원칙을 고려해서 진행해야 한다.

(1) 합목적성의 원칙

합목적성의 원칙이란 모든 계획의 목적은 조직의 목적과 목표를 달성하는 데 기여해야 한다는 것을 의미한다. 합목적성의 원칙을 합리성의 원칙이라고도 하는데 이는 조직의 목적달성을 위해 경영계획이 합리적으로 입안되어야 함을 의미한다.

(2) 계획우선의 원칙

계획우선의 원칙은 경영계획이 모든 관리활동 중에서 가장 먼저 선행되어야 한다는 것을 강조한 원칙이다. 관리활동이 계획, 조직화, 통제의 3단계로 이루어진다고 볼 때 계획에 의하여 조직화가 이루어지며 조직화결과에 대해 통제가 이루어진다. 물론 경영계획은 통제의 기준이 된다.

(3) 일반성의 원칙

계획은 어느 특수한 경영계층만의 독특한 기능이 아니라 모든 경영계층의 기능이다. 즉, 최고경영층에서부터 하위경영층에 이르기까지의 기능이며, 이를 경영계획에 있어서 일반성의 원칙이라 한다. 목표관리란 바로 이러한 원칙을 대전제로 한 것이라 할 수 있다.

(4) 효율성원칙

계획은 유효적절한 것이어야 한다. 주어진 비용으로 최대의 성과를 나타내는 것이어야 한다. 다시 말해서 계획은 경제성을 발휘하는 것을 그 대전제로 삼아야 한다. 따라서 이 원칙을 다르게 표현한다면 경제성원칙이라 할 수 있다.

2) 기본계획과 실시계획

기본계획은 경영활동의 전체적인 계획이며, 그것이 부분경영에 적용될 때 실시계획이 성립된다. 때문에 기본계획을 전체계획이라 하고, 실시계획을 부분계획 또는 부문계획이라고도 한다. 실시계획을 관리기능의 수평적 분화에 따라 나누면 다음과 같이 그 종류를 분류할 수 있다.

(1) 생산계획

생산계획은 일정기간에 생산할 제품의 종류, 수량, 시기 및 생산활동의 장소적 · 시간적인 조정배분에 관한 계획이다.

(2) 판매계획

판매계획은 일정기간에 판매하게 될 제품의 종류, 수량, 시기, 지역 등에 관한 판매상의 계획이다.

(3) 재무계획

재무계획은 일정기간의 단기 및 장기자금의 조달 및 운용에 관한 계획이다.

(4) 인사계획

인사계획은 일정기간에 있어서 노동력의 고용, 훈련, 배치 등에 대해서 그 종류, 수량, 시기 등에 관한 계획이다.

실시계획의 분류는 이외에도 요소별 관리에 따르거나 요소의 결합구성으로서의 조직에 따라서 분류할 수 있다. 이를테면 자재계획, 설비계획, 조직계획 등으로 분류하기도 한다.

전체계획은 우선 여러 가지 경우에 있어서의 수익과 비용을 예측 · 비교해서 기업 전체의 관점에서 가장 유리한 것을 선택해서 결정해야 한다. 단순한 부분계획의 총합이 전체계획이 될 수는 없다.

3) 장기계획과 단기계획

경영계획을 시간적 차원에서 구분한 것이 장기계획과 단기계획이다. 장기 또는 단기를 구분하는 기준이 뚜렷이 규정된 것은 아니지만 일반적으로 1년을 기준으로 하여 1년 이상의 시간이 소요되는 계획을 장기계획, 1년 미만의 시간이 소요되는 계획을 단기계획이라 한다. 경우에 따라서는 1년 미만을 단기계획, 1년 이상 5년 미만을 중기계획, 5년 이상의 시간이 소요되는 계획을 장기계획으로 구분하기도 한다.

장기계획은 장래의 이상적인 목표를 추구하는 것이라면 단기계획은 가까운 장래에 관한 현실적인 행동계획이다. 장기계획은 정확해야 하나 세부까지 세밀할 필요는 없다. 그러나 단기계획은 상세한 행동계획이므로 세부까지 정밀하여야 한다. 항상 장기계획은 단기계획 수립의 전제조건이 된다.

1.3 경영계획 수립단계

경영계획에 있어서 계획 수립과정은 매우 중요한 것으로 강조되고 있다. 주의 깊게 구상되고 입안되는 계획 수립과정의 노하우(know-how)는 기업의 핵심적인 강점이 될 것이다.

경영계획 수립은 기회인식, 목표 설정, 계획전제의 수립, 대안모색 및 검토, 대안평가, 대안선택, 파생계획 수립, 예산편성 등 단계적으로 구분할 수 있다.

1) 1단계 : 기회인식

계획 수립의 예비적 또는 전제적 단계는 기회의 인식이다. 기회의 인식은 문제해결을 위한 계획의 필요성을 인식하는 단계이다. 즉, 기회의 인식단계는 문제를 해결하고 목적을 달성할 수 있는 계획 수립의 필요성을 인식하는 계획의 첫 출발점이다.

2) 2단계 : 목표 설정

계획 수립에 있어서 우선적으로 필요한 것은 목표의 설정이다. 기업 전체에 대한 목표를 수립하고 이에 따라 각 부문별 목표를 세운다. 이러한 목표 설정은 '계획목표의 명확화'라는 원칙에 의해서 실행되어야 한다. 계획목표가 명확하지 않을 때 계획 자체가 올바르게 수립될 수 없다.

3) 3단계 : 계획전제의 수립(전제조건 확인)

계획전제는 계획 설정의 기초가 되는 예측자료, 기존 계획안 수집과 참조 등에 의해서 수립된다. 이 가운데서 특히 예측자료는 계획전제 수립에 있어서의 가장 중요한 핵심이 된다. 따라서 많은 예측자료들의 정확성이 요구된다.

즉, 수립된 계획이 성공적으로 실행되기 위해서는 예비적 · 전제적 조건으로 기존 계획안이나 예측자료 등의 참조가 필요하며 이에 따라 계획전제의 수립단계에서는 많은 예측자료와 기존 계획안을 수집하여야 하는 것이다.

4) 4단계 : 대안모색 및 검토

계획을 성공적으로 수행하기 방안으로서 바람직한 여러 대안을 모색하고 검토하는 단계이다. 경영계획 수립에 도움이 되는 대안을 1안, 2안, 3안 등의 방법으로 정리하고 검토를 하는 단계이다.

5) 5단계 : 대안평가

여러 가지 대안의 장 · 단점에 관한 검토가 끝난 다음에 모색된 각각의 대안을 평가하게 된다. 대안의 평가는 계획의 전제와 목표에 비추어 어느 대안이 실현가능하고 효율적인지를 평가하여 중요도를 순위로 정하는 단계이다.

6) 6단계 : 대안선택

계획이 채택되는 시점으로 실제로 의사결정이 이루어지는 단계이다. 즉, 계획이 구체적으로 수립되는 단계를 말한다. 대부분의 경우 대안의 선택은 많은 대안들 중에서 하나의 최선안을 선택한다. 그러나 대안들을 분석하고 평가한 결과 둘 이상의 대안이 결합되면 한 가지 대안을 택하는 것보다 더 바람직한 경우가 있을 수 있다. 이러한 경우에 관리자들은 하나의 최선을 선택하기보다는 복수의 대안적 과정을 선택할 수도 있다.

7) 7단계 : 파생계획 수립

대안적인 행동과정이 선택되었다고 해서 계획 수립이 완결되는 경우는 드물다. 왜냐하면 계획이 보다 철저하게 수립되고 실행되기 위해서는 이를 보완하고 지원할 후속적인 계획이 뒷받침되어야 하기 때문이다. 따라서 기본계획을 지원하고 보완하기 위한 파생계획을 수립해야 한다.

8) 8단계 : 예산편성

계획의 최종단계는 계획을 예산으로 전환시키는 계량화과정이다. 계획이 예산으로 계량화됨으로써 그것 자체가 계획의 수행 여부의 판단기준이 되기도 한다.

■ **그림 6-1** 경영계획의 수립단계

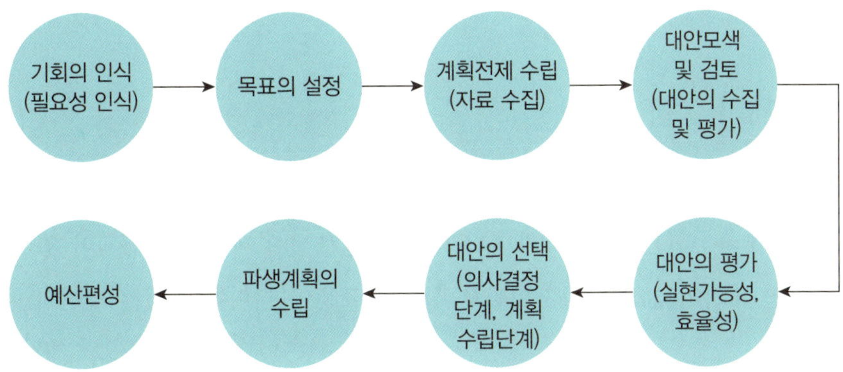

제2절 경영통제

2.1 경영통제의 의의와 절차

1) 경영통제의 의의

아무리 훌륭한 계획안이라도 이를 실행하는 과정에서 효율적인 통제장치가 마련되어 있지 않으면 원래 의도했던 목표가 달성되지 못할 가능성이 많다. 경영통제(management control)는 경영활동 수행결과에 대한 성과를 측정하고 이를 계획과 비교 · 검토한 다음, 필요한 경우 수정조치를 취하여 계획한 대로 경영활동이 이루어질 수 있도록 관리하는 일련의 활동이다.

경영자는 조직의 목표를 달성하기 위하여 합리적인 계획을 수립한다. 그리고 인적 · 물적 자원을 활용하여 계획이 효율적으로 진행될 수 있도록 노력하며 이를 실행에 옮긴다. 실행결과 나타나는 성과와 계획을 비교하여 그 차이를 분석하고 필요하면 수정하는 통제활동을 수행한다. 계획(plan), 실행(do) 및 통제(controlling, see)의 세 기능은 상호긴밀하게 유기적으로 연결되어 경영관리활동의 핵심을 이룬다.

2) 경영통제의 절차

경영통제는 기본적으로 성과측정, 계획과의 비교, 수정조치 등의 세 단계의 절차를 거쳐 실행된다. 이러한 경영통제가 실시되려면 먼저 경영계획이 수립되어 있어야 한다. 왜냐하면 계획이 없으면 통제활동을 실행할 표준이나 지침이 없는 것이기 때문이다.

수립된 계획은 분명하고 확실한 목표치를 나타내고 있는 것이 좋다. 예를 들어, 1일 주문처리횟수 ○○회 달성, 노동 투입시간 ○○시간 이상, 제품 산출수량 ○○개 이상, 시설 투자액 ○○○원 또는 제품 매출액 ○○○원 등과 같이 구체적인 수치로 설정되어 있는 것이 바람직하다. 왜냐하면 추상적으로 "주문처리를 잘하자", "노동 투입시간을 늘리자", "제품 산출수량을 늘리자" 등으로 계획목표를 정한다면 목표달성에 대한 구체성이 없을 뿐만 아니라 경영성과를 명확하게 측정할 수 없게 되기 때문이다.

구체적이고 분명한 목표는 조직원들의 의사소통을 원활하게 하고 경영성과를 정확하게 평가하여 필요한 사후조치를 취하는 데 결정적인 도움을 준다.

3) 평가기준 설정

경영통제의 첫 단계는 성과를 측정하는 단계이지만, 성과측정에 앞서 평가기준을 확인하는 것이 선행되어야 한다.

(1) 성과측정

성과는 실제로 수행된 것만을 측정해야 한다. 성과측정에서 가장 경계해야 할 것은 허위보고이다. 성과측정은 생산부, 영업부 등의 경영활동단위별로 구체적이고 세부적으로 실시되어야 한다. 그리고 성과측정 시에는 계획 목표와 쉽게 비교하기 위하여 계획 설정단계에서 사용하였던 단위 또는 평가기준 등을 그대로 사용하여야 한다.

성과의 측정은 경영활동에 대한 수정조치가 제때에 이루어질 수 있도록 공명정대하고 정확하게 지체 없이 이루어져야 한다. 성과의 측정에 대한 결과보고는 회계보고서 등과 같이 공식이고 계량적인 보고서의 형태로 전달될 수도 있으며, 때로는 구두보고 또는 서면보고의 형태로 전달될 수도 있다.

(2) 계획과의 비교

성과의 측정이 끝나면 본래의 계획 목표치와 측정치를 비교하여 차이를 분석하고 그 결과에 대한 원인을 찾아야 한다. 차이는 유리한 차이일 수도 있고 불리한 차이일 수도 있다. 불리한 차이는 성과가 계획 목표치에 미달하는 경우이고, 유리한 차이는 성과가 목표치를 초과 달성한 경우이다. 불리한 차이가 발생할 때에는 그 원인을 철저

그림 6-2 계획과 성과의 비교

히 파악하여 수정조치를 취함으로써 목표를 달성할 수 있도록 통제하여야 한다. 한편, 유리한 차이일 경우에도 그 원인을 분석하여 유리한 기회를 좀 더 적극적으로 활용할 수 있는 전략을 수립하여야 한다.

이러한 계획과 성과에 대한 차이에는 사실 통제가능한 차이도 있을 수 있고 통제 불가능한 차이도 존재할 수 있다. 예를 들어, 종업원의 근무태만으로 발생한 제품의 불량률과 같은 경우는 통제가능한 차이이다. 그러나 예측되지 않은 원재료 구입가격의 상승으로 인한 제품단위당 원가의 상승 같은 경우는 불리한 차이로서 통제 불가능한 차이가 된다.

한편, 계획과 성과를 비교하여 차이를 분석할 때 일일이 하나하나 모든 계획 내용과 그에 대한 성과를 비교하는 것은 현실적으로 불가능하다. 따라서 계획 목표치로부터 성과를 대표할 수 있는 표본을 추출하고 이 표준을 비교기준으로 삼아 성과를 측정한다. 성과와 비교할 표준을 정하는 것을 '표준의 설정'이라 한다.

(3) 수정조치

계획과 성과 간에 차이가 발생하면 경영자는 다음과 같은 행동을 취하게 된다.

① 아무런 조치도 취하지 않음 : 계획과 성과 간의 차이가 오차 허용범위 안에 있거나, 통제가 불가능한 차이라고 판단될 경우에는 특별한 수정조치를 취하지 않는다.

② 편차의 수정 : 불리한 차이가 발생하여 그 차이가 오차 허용범위를 벗어날 경우에 경영자는 계획한 목표달성을 위하여 필요한 수정조치를 취해야 한다. 경영자가 일반적으로 선택하는 수정조치로는 경영전략의 재수립, 교육훈련의 강화, 직무의 재설계, 인원의 재배치, 작업공정의 개선, 임금보상체계의 조정 등이 있다.

③ 계획 목표치의 수정 : 경영활동을 수행한 결과 계획의 목표치가 비현실적으로 너무 높거나 너무 낮게 설정된 것을 발견하게 되면 경영자는 계획 목표치 그 자체를 수정하여야 한다.

2.2 경영통제의 유형

경영통제의 유형은 사전통제, 진행통제, 사후통제 등 세 가지로 분류된다.

1) 사전통제

경영자는 경영계획이 실제 집행되기 이전에 성공적 계획 목표달성을 위하여 목표에 대한 재검토, 인적 · 물적 자원의 재점검, 종업원의 적절한 교육훈련, 효과적인 내부통제시스템 구축 등의 통제활동을 수행할 수 있다. 이렇게 사전에 계획 목표달성에 저해가 되는 요소를 제거하는 등 계획 집행상 발생할 수 있는 오류를 예방하기 위하여 실시하는 통제를 사전통제라 한다.

2) 진행통제

경영활동이 진행되는 과정 중 조정, 수정, 보완이 필요할 때 이루어지는 통제를 진행통제라 한다. 이러한 진행통제는 최종결과가 나타나기 전에 수정 · 보완 등이 이루어지므로 통제비용이 적게 들며, 실시간에 지체 없이 통제가 이루어지는 장점이 있다.

진행통제의 실제 예를 들면 관리자가 직접 작업 중인 현장에 입회하여 업무를 감독하며 통제를 한다든지, 컴퓨터 단말기를 통하여 잘못된 작업 사실을 즉각 발견하고 이를 통제하는 것 등을 꼽을 수 있다.

이러한 진행통제가 효과적으로 수행되기 위해서는 업무 진행상황에 대하여 경영자가 신속하고도 정확한 정보를 얻을 수 있어야 한다. 따라서 이를 뒷받침할 수 있는 경영정보시스템이 구축되어 있어야 한다.

3) 사후통제

경영활동이 완료된 이후에 계획과 성과를 비교, 분석, 수정하는 통제를 사후통제라 한다. 사후통제에서는 달성된 성과가 계획과 어떻게 다른지를 확인하여 수행과정에서 발생한 문제점들을 확인하고 필요한 조치를 취한다.

사후통제는 이미 결과가 나타난 후이므로 이를 변경시켜 다시 새로운 결과를 생성시킬 수 없다는 한계점이 있다. 그러나 사후통제는 계획과 집행이 어떻게 효과적으로 수행되었는지에 대한 정보를 제공해 주기 때문에 반복적으로 정형화되어 순환하는 유사한 계획을 수립하는 데 있어서 아주 중요한 자료가 된다.

사후통제는 조직구성원의 개인적 업적평가에 도움을 주는 정보를 제공함으로써 보상의 기준을 제시한다. 그리고 사후통제는 종업원들에게 자신의 업적을 비교 · 검토하게 함으로써 성취감을 확인하거나 오류를 수정할 수 있도록 하여 새롭게 동기를 부여하는 수단으로서의 역할을 한다.

2.3 경영통제를 위한 제반 기법

경영활동에 있어서 통제는 언제나 항상 중요하다. 왜냐하면 어떻게 통제활동을 수행하는가에 따라 경영성과가 판이하게 달라지기 때문이다. 오늘날 기업에서 일반적으로 이용하고 있는 경영통제제도로는 예산통제시스템, 내부통제시스템 및 감사제도 등이 있다.

그림 6-3 경영통제의 유형

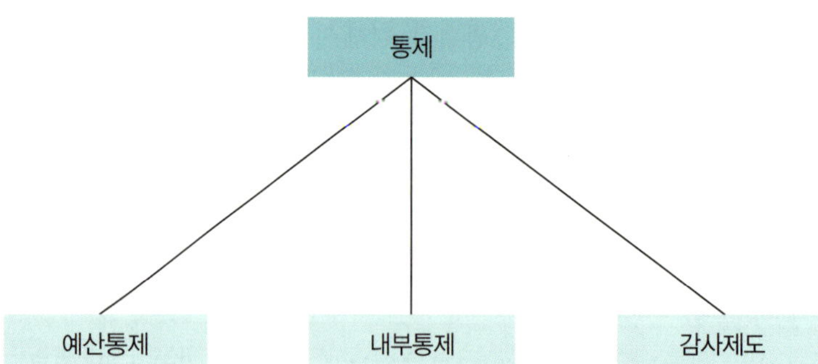

1) 예산통제시스템

(1) 예산통제의 의의

예산은 경영계획을 집행하는 데 필요한 내용들을 수치, 수량 또는 화폐단위로 표시한 것이다. 예산은 조직의 단위별 또는 부서별로 업무수행에 필요한 인적 · 물적 자원을 할당함으로써 편성된다. 편성된 예산은 해당 부서가 투입된 자원을 얼마나 능률적으로 활용했는지 또는 계획 목표치를 효과적으로 성취했는지 등을 평가하는 통제의 기초자료로 활용된다.

(2) 예산통제의 절차

예산통제는 예산편성, 예산집행, 및 예산의 차이분석이라는 세 가지 절차를 통해 이루어진다.

① 예산편성 : 예산편성은 효율적 자원배분이라는 원칙하에 편성되어야 한다. 그리고 예산편성 시에는 명확한 목표가 설정되어야 하고, 최고경영자에 의해 강요되는 예산보다는 각 부서가 자발적으로 참여하는 상향식 예산이 편성되어야 한다. 최고경영자는 하위부서의 계획을 긍정적으로 검토하고 평가하여 이를 전체조직의 관점에서 조직목표에 맞도록 조정하고 통합하는 일을 함으로써 조직원이 예산을 수용하고 실행하고자 하는 참여동기를 강하게 유발시켜야 한다.

② 예산집행 : 각 부문예산 및 종합예산이 편성되면 해당 부서는 이를 토대로 예산을 집행한다. 예산은 업무 집행의 근거를 제공하며, 업적평가의 기초가 된다. 이러한 예산의 집행결과는 정확히 그리고 신속하게 보고되어야 한다. 한편, 이러한 예산집행에 대한 결과는 정기적으로 독립적인 제삼자에게 검증받을 수 있도록 하여야 한다.

③ 예산의 차이분석 : 예산통제의 최종단계로서 집행된 결과와 예산을 비교하여 그 차이를 분석한다. 예산의 차이분석은 예산에 대한 실제 결과를 측정하고 이를 차기 예산의 편성 및 미래의 경영계획 수립 등에 기초자료로 사용한다.

차이분석의 중요 실시 내용은 차이가 발생한 부서, 차이발생 원인 및 책임의 소재를 밝히는 일과 필요한 경우에 수정조치를 취하여 원래의 목표를 달성할 수 있는 방안을 모색하는 것 등을 들 수 있다.

예산통제는 재무통제로도 불리는데, 통상적으로 예산운용결과 재무제표에 수치적으로 표현된 데이터를 통해 기업의 예산운용이 효율적으로 이루어졌는지를 판단하게 된다. 이를 위해 가장 많이 사용되는 것이 재무비율분석으로 유동성, 수익성, 안정성, 성장성, 활동성비율을 분석하는 것이다. 각 재무비율에 대한 구체적인 설명은 본서의 제12장 재무관리 부분에 제시되어 있다. 또한 직전 연도와 당해 연도의 재무제표상의 각 항목을 비교하여 증감률로써 당해 연도의 경영성과를 평가하는 수평분석과 최근 수년간의 연속적인 재무제표 수치를 활용하는 추세분석이 있다.

2) 내부통제시스템

(1) 내부통제의 의의

내부통제(internal control)란 조직내부의 각 부서와 부서의 업무를 유기적으로 연결시켜 서로 확인 · 검증할 수 있게 하는 통제방법을 말한다. 기업은 이러한 내부통제를 통해서 부정을 방지하고, 경영방침과 규정들을 준수하게 하며, 경영능률을 증진시키고 자산을 보호하게 하고 재무 및 회계기록의 신뢰성을 유지하게 한다. 결국, 기업은 조직의 제반 목표를 효과적으로 달성하고 조직원의 부정이나 오류를 예방하기 위하여 내부통제시스템(internal control system)을 설계하여 운용한다.

예를 들어, 어느 식당에서 식사 주문 시 돈은 받지 않고 식권만 받는다면 고객은 식권을 따로 구입해야 한다. 이때 식권을 판매한 종업원과 주문받는 종업원이 따로따로 분리되어 있다면 수입액을 계산할 때 식권 판매원의 판매액과 식당 종업원이 받은 식권의 수가 일치하여야 한다. 이것은 내부통제시스템을 활용한 것으로 식권 판매기능과 주문기능을 나누어 서로 확인 · 검증할 수 있게 한 통제방법이다. 즉, 한 종업원이 식권 판매기능과 주문기능을 동시에 담당하지 않게 함으로써 종업원의 부정을 예방하게 되는 것이다.

■ **그림 6-4** 내부통제시스템

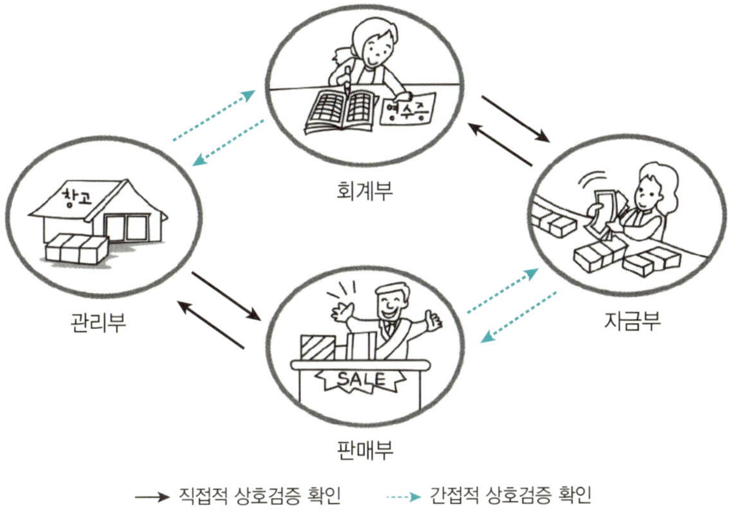

(2) 내부통제의 종류

내부통제는 내부관리통제와 내부회계통제로 구별된다. 내부관리통제는 조직구성원들이 조직의 목표와 경영방침을 준수하고 그들이 수행하고 있는 업무의 능률을 증진시키기 위해 실시되는 모든 통제수단을 뜻한다. 업무상 필요한 결재절차의 확립, 업무의 분장 및 권한위양에 관한 원칙과 규정 마련, 비능률적 업무절차의 제거, 일상적인 업무수행에 관한 지침과 규정 마련 등이 내부관리통제의 예라고 할 수 있다. 이러한 내부관리통제를 통하여 불합리한 경영활동을 미리 예방하거나 적시에 발견하여 이를 시정할 수 있어야 한다.

내부회계통제는 회계정보의 정확성과 신뢰성을 유지하기 위한 통제수단이다. 회계담당자들의 부정 방지와 회계장부의 변조, 제품 등과 같은 재고자산의 파손이나 망실 등의 방지, 그리고 기타 제자산의 보호를 위하여 내부회계통제를 실시한다.

내부관리통제와 내부회계통제는 서로 긴밀하고 유기적인 관계를 맺고 있어 상호보완적이다. 내부관리통제가 잘 이루어질 때 내부회계통제도 성공적으로 이루어질 수 있다.

(3) 내부통제의 성공적 실행을 위한 요소

오류 및 부정의 방지 및 신속한 발견, 경영방침의 준수, 업무능률 증진 등을 목표로 하는 내부통제제도의 성공적 실행을 위해서는 성실하고 능력 있는 종업원, 적절한 업무분장, 유효적절한 승인절차, 증빙서류 및 회계장부의 문서화, 자산과 문서에 대한 접근 및 사용통제, 독립된 내부검증기능 유지 등이 필요하다.

① 성실하고 능력 있는 종업원 : 내부통제를 성공적으로 수행하는 데 가장 중요한 요소는 사람이다. 유능하고 신뢰할 수 있는 종업원이 있다면 내부통제는 성공적으로 수행될 수 있다. 따라서 종업원의 자질 향상을 도모하기 위하여서는 교육, 훈련, 보상 등을 실시하여야 하며 이에 따른 업적평가, 승진 등이 이루어져야 한다.

② 적절한 업무분장 : 업무상 상호견제기능이 필요한 업무는 한 사람이 동시에 양 업무를 겸임하지 않아야 한다. 이러한 업무는 서로 다른 사람이 담당하게 함으로써 상호견제를 통하여 부정과 오류를 사전에 예방할 수 있도록 해야 한다. 창고보관업무와 기록업무, 창고보관업무와 출고승인업무 등은 통제목적상 서로 분리시키는 것이 바람직하다. 예를 들어, 현금출납을 담당하는 직원이 현금출납장의 기록업무까지 겸임하게 되면 장부조작의 위험 소지가 발생한다.

③ 적절한 승인절차 : 효율적인 내부통제를 위해서는 모든 업무가 적절한 승인절차를 거쳐 상급자의 허락을 얻은 후 집행되어야 한다. 이때 승인권한은 위양의 규정에 따라 상위자로부터 하위자에게 위임될 수 있어야 한다. 어떤 종업원이 회사의 경영방침에 반하여 공금을 이용하여 임의로 자산을 취득하고 이를 자신의 이득을 위하여 사용하였다면, 이는 통제절차상에 큰 문제가 있다는 것을 의미한다.

④ 증빙서류 및 회계장부의 문서화 : 증빙서류는 세무신고, 분쟁 발생 시의 증거자료 등으로 이용되므로 매우 중요하다. 회계장부 또한 거래에 대한 증빙서류로서

매우 중요하다. 이러한 문서는 부서 간에 정보를 전달하는 기능을 수행하며 업무 집행의 정당성을 증명하는 역할을 한다. 업무 집행의 내용과 거래가 정확히 기록되고 책임 소재를 분명히 파악할 수 있도록 회계문서 등 모든 증빙서류가 문서화되어 보관 · 유지되어야 한다.

⑤ 기업의 자산과 문서에 대한 접근 및 사용통제 : 기업이 보유하고 있는 자산이 망실 또는 파손되거나 정당한 목적 이외에 다른 용도로 전용 또는 불법 변조되는 사례가 발생하면 이것은 기업의 내부통제가 제대로 수행되고 있지 않다는 것을 나타내는 것이며 기업에 손실을 끼치는 매우 중대한 사건이다. 문서 역시 관리의 부재로 망실 또는 손상되는 일이 발생한다면 기업의 손실은 막대한 것이 된다. 이러한 손 · 망실을 방지하기 위한 방편으로서 물리적 보호장치를 만든다든지 분실되거나 파손된 문서를 재생하기 위한 백업 기록의 장치를 구축한다든지 하는 등 적절한 통제제도가 필요하다.

⑥ 독립적인 내부검증기능의 유지 : 내부감사제도를 만들어 내부통제절차들이 유효하게 운용되고 있는지를 지속적으로 감시하는 장치를 구축한다.

그림 6-5 내부통제의 제요소

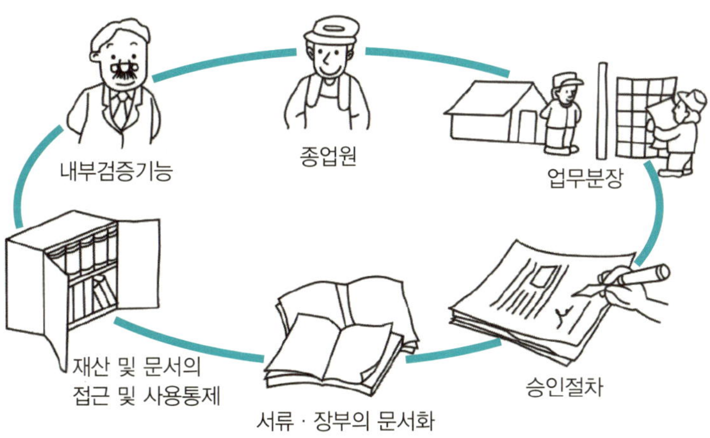

3) 감사제도

(1) 감사의 의의

감사(auditing)란 업무와 관계를 갖지 않는 독립적인 제삼자가 조직의 업무활동 및 그 성과에 대한 진실성 여부를 밝히기 위해 검증, 평가, 의견표명을 하는 일체의 활동을 말한다. 감사는 독립된 제삼자로서 기업경영성과 및 활동 내역에 대해 의견을 표명하므로 경영성과 보고에 대한 객관성 및 신뢰성과 공정성을 주게 한다.

원래 내부통제시스템은 사전통제나 진행통제에 역점을 두지만, 감사는 특별히 업무수행이 완료된 이후에 실시되므로 내부통제시스템 중에서는 유일하게 사후통제를 강조하는 경영통제기법이라 할 수 있다.

(2) 감사의 종류

감사는 감사를 수행하는 감사인이 내부인인가, 외부인인가에 따라 외부감사와 내부감사로 구별하기도 하고 감사를 실시하는 분야 및 목적에 따라 재무제표감사, 업무감사, 이행감사 및 포괄감사로 구분하기도 한다.

① 재무제표감사 : 재무제표감사란 기업의 경영활동결과를 나타내는 손익계산서나 대차대조표와 같은 재무제표를 회계원칙에 따라 적정하게 작성되었는지를 검토, 평가, 의견표명 등을 수행하는 일체의 활동을 말한다. 재무제표감사는 기업정보를 이용하고자 하는 일반대중에게 회계정보를 제공해 주는 것이므로 회계에 대한 전문지식뿐만 아니라 독립성을 엄격하게 유지하는 전문감사인에 의해 실시된다. 우리나라에서는 공인회계사(CPA : Certified Public Accounting)가 이러한 감사업무를 수행하고 있다.

② 업무감사 : 업무감사란 조직의 각 부서별 경영활동에 대한 능률과 효과를 평가할 목적으로 실시되는 감사를 말한다. 이때 행해지는 주요 감사 내용은 조직의 목표 및 경영방침에 따라 업무절차가 효과적으로 수행되고 있는지의 여부와 인적자원 및 물적자원이 효율적으로 관리되고 있는지의 여부 등이다.

업무감사가 완료되면 감사인은 감사결과를 경영자에게 보고하고 필요한 사항에 대해서는 업무 개선 및 제도 개선에 대한 의견을 표명한다. 이러한 업무감사는 감사의 독립성보다는 업무의 능률 향상 등에 대한 지도력이 요구된다. 따라서 감사의 선임은 외부감사인을 선임할 수도 있고 내부감사인을 선임할 수도 있다.

③ 이행감사 : 이행감사란 어떤 조직이 지시한 내용, 법률, 법규, 내규 등의 준수를 성실히 이행하고 있는지 여부를 판단하기 위하여 실시하는 감사를 말한다. 예를 들어, 하급기관에 대하여 관계 법령을 준수하고 있으며, 상급기관의 지시사항을 제대로 이행하고 있는지를 확인할 목적으로 상급기관이 이행감사를 실시할 수 있다. 이러한 감사보고서의 주 이용자는 상급 규제기관이나 조직 내의 최고경영자이다.

④ 포괄감사 : 포괄감사란 감사의 목적이 여러 가지를 포괄하고 있는 경우의 감사를 말한다. 예를 들면, 재무제표감사, 업무감사 및 이행감사의 목표를 동시에 달성하고자 할 때 이를 포괄감사라고 하는 것이다. 포괄감사는 정부조직이나 공기업 등 정부의 직접적인 통제를 받는 조직에서 주로 많이 실시한다.

chapter 07

조직화와 조직구조

제1절 조직의 의의와 조직구성원리

1.1 조직의 의의

모든 인간은 요람에서 무덤까지 어떤 형태의 조직이든 조직의 한 구성원으로서 조직생활을 영위하게 된다. 인류가 정착생활을 시작했을 때부터 고대, 중세, 근대에 이르기까지 여러 형태의 조직들이 사회를 이끌어 가는 주요한 원동력이 되었던 것이 사실이다. 조직이란 "두 사람 이상이 서로 연결되어 상호작용을 하면서 공동의 목표를 달성해 나가는 모임"을 말한다.

조직의 종류는 매우 다양해서 일일이 열거하기가 어렵지만, 크게 분류하여 본다면 영리조직과 비영리조직으로 나눌 수 있다. 영리조직은 이윤추구를 주목적으로 하여 존재하는 조직으로서 기업조직이 여기에 해당된다고 볼 수 있다. 비영리조직은 이윤추구가 주된 목적이 아닌 조직으로서 여기에는 학교, 종교단체, 관공서, 자선단체 등이 포함된다. 조직의 종류가 다양한 이유는 각 조직마다 추구하는 주된 목적이 다를

뿐 아니라 운영방법 등에서 많은 차이가 있기 때문이다.

조직이라는 집을 짓기 위해서는 우선 설계가 필요하다. 위치와 층수, 창의 방향과 크기, 현관과 각 방의 위치 등등을 미리 짜는 것이 조직설계(organization design)이고 다 짜 놓은 집의 모양이 조직구조(organization structure)가 된다. 따라서 어떻게 설계하여 짓느냐에 따라 한옥, 양옥, 아파트, 빌딩 등의 여러 가지 집 모양이 있을 수 있듯이 여러 가지의 조직 유형(organization configuration)이 있을 수 있다. 이처럼 조직을 설계하여 짓기까지의 전과정을 조직화(organizing)라 하며, 조직설계는 조직화의 동태적 측면을 의미하고 조직구조는 조직화의 정태적 측면을 의미한다(임창희, 경영학, 2011 인용).

보·고·가·세·요

부인 : 여보! 눈이 많이 쌓여서 대문을 열 수가 없어요.
남편 : 그래 나하고 같이 눈을 치웁시다.
아들 : 아빠 저도 같이 할래요. 명훈이와 약속을 했는데 문이 막혀서 못 가고 있어요.
남편 : 태훈아, 나는 삽으로 퍼낼테니 너는 빗자루로 쓸어라. 여보, 당신은 눈을 조금씩 담아서 버려줘요.
부인 : 당신, 눈 치우는 조직을 훌륭하게 구성했군요.

(대문을 열어야 하는 공동목표와 눈을 치우겠다는 공헌의욕과 업무를 분담하는 의사소통이 조화를 이룬 2인 이상의 조직이다.)

1.2 조직구성원리

조직의 구성은 조직화에 있어서 제일 먼저 실행되는 관리활동으로서 사람과 직무를 연결하고 직무와 직무를 상호유기적인 관계로 엮는 조직편성을 말한다. 조직구성 시에는 참고해야 할 제반 원리, 원칙들이 있다. 여기에서는 그 원리, 원칙들에 대하여 알아보도록 한다.

1) 명령일원화의 원리

명령일원화의 원리란 한 사람의 직속상관에게서만 명령을 받아 직무를 수행하게 조직을 구성해야 한다는 조직화원칙이다. 이 원칙은 조직의 질서유지뿐만 아니라 명령계통의 확립에 필요한 원리이다.

명령일원화원리는 지휘계통이 혼선 없이 명확하게 확립되고 지시사항이 신속 · 정확하게 전달될 수 있는 장점이 있다. 그러나 반면 상급자가 모든 문제를 다 알 수 있는 것이 아니므로 업무의 전문성이 결여되기 쉽다. 명령일원화의 원리는 명령통일화의 원칙이라고도 말하며 이러한 원리가 가장 잘 적용된 대표적인 예로는 군대조직을 들 수 있다.

2) 조정의 원리

조정의 원리는 일명 통일화의 원칙이라고도 하는데, 부서와 부서의 노력을 통합 · 조정하여 균형적인 조화를 이룰 수 있도록 조직을 구성해야 한다는 원칙이다. 현대조직은 조직의 능률을 향상시키기 위하여 전문화의 원칙과 분업화의 원리에 따라 모든 직무를 세분화하여 관리하고 있다.

이러한 부문화를 시행하다 보면 조직운영상 구성원들끼리 마찰이 발생하여 인간적 협동을 추구할 수 없게 되는 경우가 발생하는데, 이것을 해결하는 수단으로서 조정과정이 필요하다. 능률적인 조직관리를 위해서는 조정을 통한 부서 간 혹은 개인 간 마찰을 최소화하기 위한 노력을 기울여야 한다.

3) 분업 및 전문화의 원리

인류역사상 도구를 발명하여 사용한 것과 더불어 분업은 작업자들이 가급적 적은 노력으로 많은 생산을 할 수 있게 해준 중요한 발견이다. 분업(division of labor)은 개별적으로 노동하지 않고 효율성과 생산성 증대를 위해 서로 모여서 일을 나누어 전담하는 형태를 말한다. 즉, 분업은 어떤 일을 할 때 서로 다른 개인들이 자기의 역할을 전문화하여 각자 수행한 다음 이를 통합하는 행위이다. 애덤 스미스(A. Smith)는 그의 저서 '국부론'에서 국부의 근원은 생산성 증대에 있고, 생산성 증대는 분업을 통해서 이룰 수 있다고 하였다.

전문화의 원칙이란 직무활동의 능률을 높이기 위해서는 각 구성원이 될 수 있는 대로 전문화된 단일업무를 담당하게 조직구성을 해야 한다는 원칙이다. 전문화는 계통별, 지역별, 거래처별, 기능별 전문화 등으로 분류한다. 전문화원리는 전문적 지식과 기능을 발휘하여 능률의 향상을 가져오는 효과가 있다.

그림 7-1 분업과 전문화

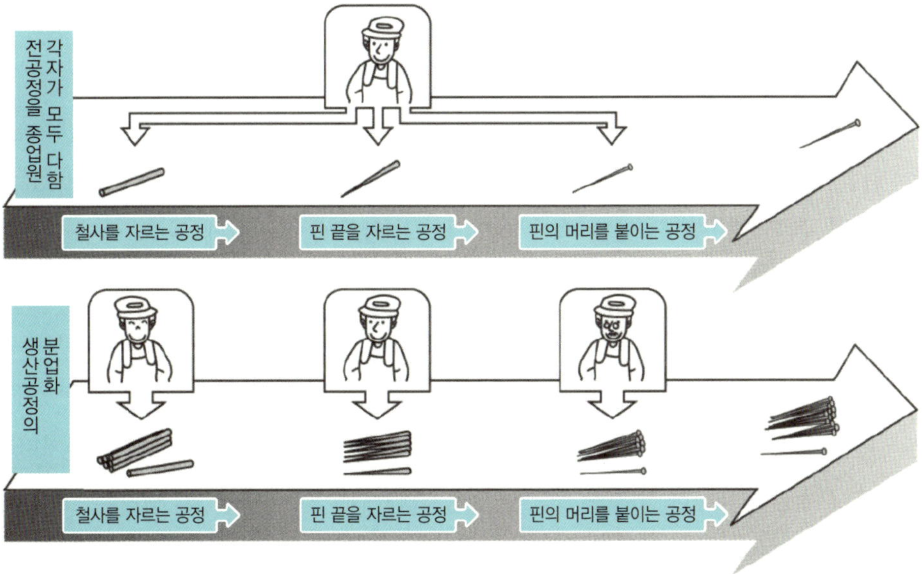

보·고·가·세·요

고대의 조직경영

이집트에 가면 많은 피라미드들을 볼 수 있다. 대부분 기원전 2500~2000년 사이에 만들어진 것들이 대부분인데, 그 당시에는 지금처럼 많은 기술이 축적되지 못한 시기였다. 그런데 불가사의처럼 여겨지는 고대 건축물들은 어떻게 만들어졌을까? 그것은 약 8,000~10,000명의 사람들이 힘을 합쳐 만든 결과물이다. 이것은 조직적으로 사람들을 관리하지 않았다면 만들 수 없는 걸작품이었던 것이다.

그 당시의 사람들은 오늘날 대형 건설업체의 부서만큼이나 세분화되어 있었다. 그 중에는 피라미드의 형태를 결정하기 위한 설계팀, 돌을 캐고 만드는 채석팀, 피라미드 공사현장으로 돌을 나르기 위한 운반팀, 신에게 성공적 공사를 기원하는 제사팀, 작업능률을 높이기 위해 피리를 불고, 흥을 돋우던 동기부여팀도 있었던 것이다.

이렇듯 고대사회에서도 오늘날 현대사회의 조직경영방법과 유사한 형태들이 많이 있었음을 알 수 있다.

4) 권한이양의 원리

권한이양의 원리란 상급자가 하급자에게 직무수행에 필요한 권한을 이양해 주어야 한다는 원칙이다. 하급자에게 권한이 많이 이양될수록 하급자의 창의성이 개발되고 조직의 기동력과 활동성이 강화된다. 이러한 권한이양이 원활하게 이루어지면 상급자는 업무 폭주를 방지할 수 있게 되어 자신의 고유업무에 전념하게 되고, 이에 따라 조직 발전과 성장에 크게 기여하게 된다.

한편, 상급자가 권한을 이양해 주었다 하더라도 하급자를 감독할 책임은 그대로 상급자에게 있어야 하는데 이러한 원칙을 감독의 원칙이라 한다. 그리고 권한이양에 있어서 반복적이고 예측되는 업무, 즉 정형적인 업무는 하급자에게 이양할 수 있지만 예외적으로 예측 불가능한 비정형적인 업무에 관한 권한은 이양할 수 없다는 조직구성원칙이 있는데 이를 예외의 원칙이라 한다.

5) 권한과 책임균형의 원리

조직은 각각의 직위나 계층에 대하여 권한과 책임의 내용 및 그 상호관계를 명확하게 규정하지 않으면 안 된다. 권한과 책임균형의 원리란 각 조직구성원들의 직무를 분담할 때, 그 상호관계 및 권한과 책임을 명백히 밝혀 업무의 효율성을 높여야 한다는 조직구성원리를 말한다. 즉, 조직구성원들에게 직무에 대한 책임을 준만큼 이와 함께 균등한 양의 권한을 주고 이와 함께 직무의 수직적 · 수평적 관계도 명확히 해야 한다는 원리이다.

사실 직무수행에 대한 책임을 맡게 되면 이에 상응하는 권한을 부여받아야 하고 권한에 따른 균등한 양의 의무가 지워지게 된다. 이렇게 책임, 권한, 의무가 균일한 비중으로 함께 있어야 한다는 원리를 직무의 삼면등가원리라 한다.

그림 7-2 책임과 권한의 균형

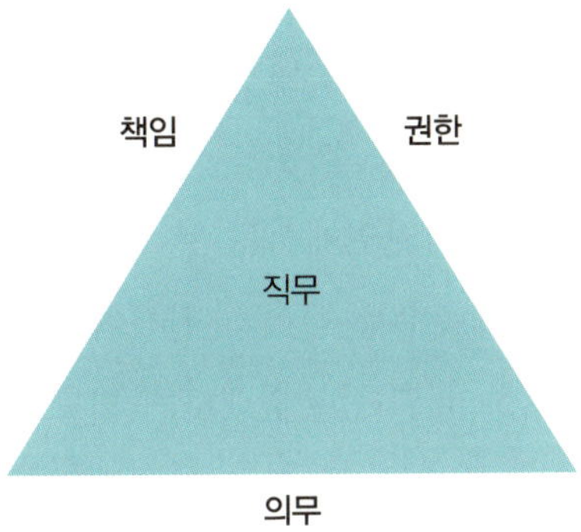

6) 감독범위 적정화의 원리

감독범위(span of control)는 한 사람의 상사가 직접 감독할 수 있는 부하의 수에는 한계가 있다는 원칙이다. 조직관리에 있어서 한 사람의 상사의 감독범위가 넓어지면 상하 간의 의사소통과 정보의 전달이 어려워지면서 업무의 조정이 어려워진다.

이와 반대로 감독의 폭이 좁아지면 감독은 능률적으로 될 수 있으나, 지나친 감독으로 인하여 부하의 사기가 떨어지거나 창의성이 감소하여 오히려 조직 전체에 해가 될 수 있다. 또한 감독자가 많아지면 그만큼 관리비용이 증가하여 기업의 고정비용을 증대시키는 결과를 낳게 된다.

그렇다고 몇 명을 관리하는 것이 이상적인지는 정해져 있는 것은 아니나 일반적으로 상위 계층의 적정 감독범위를 4명에서 8명, 하위 계층은 8명에서 15명 정도가 적당하다고 한다. 그러나 이러한 감독범위는 각 감독자의 개인적인 관리능력과 부하들의 교육수준, 업무 내용, 능력 등을 종합하여 결정해야 한다. 왜냐하면 조직에 따라 최적의 상태로 관리할 수 있는 인원이 각기 다르기 때문이다.

7) 계층 단축화의 원리

계층 단축화의 원리는 원활한 의사소통, 관리비의 절감, 조직의 효율적 관리 등을 위하여 조직 계층단계를 최소한으로 줄여야 한다는 원리이다. 왜냐하면 조직을 관리하는 데 있어서 계층수가 많다는 것은 지시나 전달사항이 늦게 도착하고 정보가 왜곡되기 쉬우며 급변하는 경영환경에도 빨리 대처할 수 없기 때문이다.

우리나라 기업의 경우 대기업에서는 보통 8~12개의 계층수를 가지고 있으며, 중소기업에서는 5~8개의 계층을, 벤처기업에서는 3~5개의 계층을 가지고 있다. 계층수가 적은 것이 좋기는 하지만, 계층수를 줄이기 위하여 지나치게 한 부서에 많은 인원을 배정한다면 감독범위 적정화의 원리를 위배하게 되므로 이 두 가지를 함께 고려하여 적정수준을 찾아야 할 것이다.

이 외에도 조직구성의 원칙 중에는 일중심으로 기능주의에 입각하여 조직을 구성해야 한다는 기능화의 원칙, 조직이 환경변화에 신속하게 대응할 수 있도록 동태적인 적응성을 가질 수 있도록 해야 한다는 탄력성의 원칙 등이 있다.

제2절 조직구조의 특징과 유형

2.1 조직구조의 특징

현대의 조직구조는 여러 특징들을 나타내고 있지만, 그 중에서도 우리에게 중요한 시사점을 주는 특징으로 복잡성, 공식화, 집권화, 분권화 등을 들 수 있다.

1) 복잡성

현대의 조직은 일반적으로 복잡성이 높다. 복잡성(complexity)이란 업무나 계층이 조직 내에서 얼마나 복잡하게 나누어져 있는가를 의미하는 것이다. 직무의 분화가 많이 이루어져 업무가 매우 세분화되어 있거나 회사 내의 최고경영자로부터 가장 아래 직급인 말단 사원까지의 사이에 많은 계층이 있을 때, 이를 복잡성이 높은 조직구조라고 한다.

복잡성이 높을 경우의 장점으로는 변화하는 환경에 신속하게 다각적으로 대처할 수 있다는 점을 들 수 있다. 업무가 세분되어 있고 여러 기능을 수행하는 부서들이 존재하므로 그만큼 전문성이 높기 때문이다. 단점으로는 지휘와 통솔이 어렵고 관리비용이 많이 든다는 점이다. 많은 부서와 업무들을 다루는 것은 당연히 적은 부서와 업무를 다루는 것보다 어렵다.

2) 공식화

현대의 조직은 일반적으로 공식화된 경영시스템을 구축하고 이에 따라 업무를 수행하는 경우가 많다. 공식화(formalization)란 업무에 관계되는 규정, 규칙, 지침 등이 확고하게 구축된 정도를 말한다. 업무에 대한 규정이나 규칙, 일의 순서나 과정에 대한 지침 등이 잘 마련되어 있는 조직을 공식화수준이 높은 조직이라 한다.

공식화의 정도가 높은 조직의 예로는 군대, 공공기관, 정부조직 등을 들 수가 있다. 이러한 조직은 각각의 직위에 따라 자신의 권한과 의무가 정해져 있고, 이에 따라 어떻게 업무를 수행해야 하는지, 누구로부터 명령을 받고, 명령을 하는가가 분명하게 정해져 있기 때문이다.

이러한 공식화도 장점과 단점이 존재한다. 공식화의 장점은 다음과 같다.

첫째, 통솔이 수월하고 규모가 큰 조직도 효과적으로 관리할 수 있다.

둘째, 모든 것이 규칙에 의해 움직이고, 계층별로 자기가 할 일을 잘 알고 있으므로 업무처리가 숙달되어 안정적이다.

공식화의 단점은 다음과 같다.

첫째, 조직에 속한 구성원들의 업무가 미리 정해져 있기 때문에 창의성이 떨어지기 쉽고 변화를 기대하기 어렵다.

둘째, 규칙에 얽매이게 되면 변화의 필요성조차 느끼지 못하여 각자 처한 상황에 안주하려는 경우가 많다.

3) 집권화와 분권화

현대의 조직은 일반적으로 집권화 또는 분권화되어 있다. 집권화(centralization)란 의사결정권한이 최고경영층의 특정 사람이나 집단에 집중되어 있는 것을 의미한다. 이와 반대로 의사결정권한이 조직 내에 각 부서별로 주어져 독자적인 경영활동을 할 수 있는 경우에는 이를 분권화(decentralization)라고 한다.

집권화된 조직의 장점은 의사결정이 신속하게 이루어져 과업을 능동적으로 달성할 수 있다는 것과 의사결정권한이 하나로 통합되어 있어 부서별 이익보다는 기업 전체의 이익을 추구하기가 용이하다는 것 등을 들 수 있다. 단점으로는 극소수의 사람이 의사결정에 참여하기 때문에 잘못된 의사결정을 내릴 수도 있고, 독재적인 조직으로 변모할 수도 있다는 것을 들 수 있다.

분권화된 조직의 장점은 다음과 같다.

첫째, 부서별 또는 사업부별로 독립적인 의사결정을 행함으로써 다양하고 창의적인 경영활동을 수행할 수 있다.

둘째, 부서 간, 사업부 간의 선의의 경쟁을 유도해 조직구성원들이 직무를 충실하고 능동적으로 업무를 수행할 수 있게 한다.

셋째, 분권화된 각 부서 또는 사업부는 의사결정이 신속하게 이루어질 수 있으므로 변화하는 환경에 탄력적으로 대응할 수 있게 된다.

반면에 자주성이 지나치게 강하면 부서 간 또는 사업부 간에 이기주의가 발생하여 상호 간의 조정이나 기업 전체의 통일적 활동이 어렵다는 단점도 존재한다.

2.2 조직구조의 유형

조직구조는 직계식 조직, 기능식 조직 등 여러 가지 형태가 존재한다. 이러한 조직구조 중 어떠한 유형을 선택하느냐 하는 문제는 각각의 조직이 추구하고자 하는 목적과 그 처한 상황에 따라 달라질 것이다. 여기에서는 여러 가지 형태의 조직구조에 대하여 설명한다.

1) 직계식 조직

직계식 조직은 상부에서 하부에 이르기까지 명령일원화원칙에 의해 단일 명령체계가 선처럼 연결되어 있다고 해서 라인(line)조직이라고도 한다. 직계식 조직은 가장 오래된 조직 형태로서 지휘 · 명령의 관계가 군대의 조직과 비슷하기 때문에 군대식 조직이라고도 한다.

직계식 조직의 가장 큰 특징은 명령일원화의 원리가 확실하게 지켜지는 명령식 조직이라는 점이다. 따라서 권한과 책임의 소재가 명확하고, 상급자와 하급자의 상호관계가 원활하며, 운영하기가 쉽고 임기응변의 조치를 취하기 쉽다는 장점이 있다. 반면 권한이 상급자에게만 집중되어 있어서 일의 내용이 복잡해지면 상급자는 과다한 책임을 지게 되므로 적절한 관리가 어려워지고, 하급자는 명령권한이 거의 없기 때문에 일

그림 7-3 직계식 조직구조

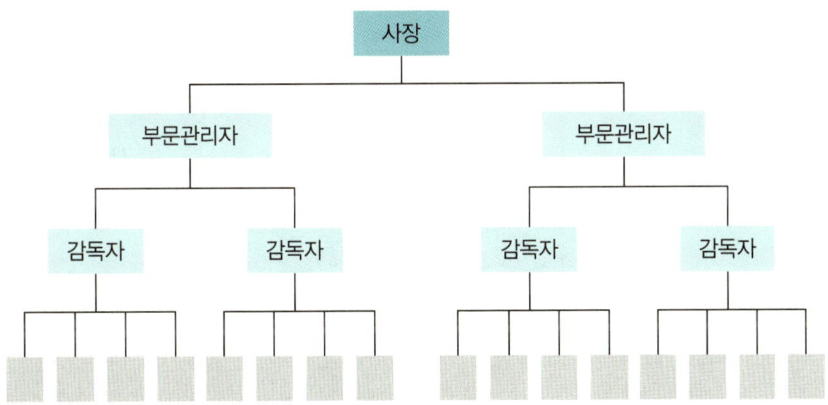

에 대해 열의가 없어질 수도 있으며, 부서와 부서 간에 의사소통이 어려워 부서별 이기주의가 야기되기 쉽다는 단점이 있다.

2) 기능식 조직

기능식 조직은 직계식 조직과는 달리 전문적 기능을 담당하는 여러 명의 상급자가 하급자에게 지휘 · 명령을 할 수 있도록 편성된 조직이다. 하급자 입장에서 본다면 한 사람의 상급자가 아닌 여러 명의 상사로부터 지휘 · 명령을 받아 일을 수행하게 되는 것이다. 기능식 조직의 가장 큰 특징은 분야별로 전문적 기능을 가진 상급자의 명령을 받기 때문에 전문화의 원리가 잘 적용될 수 있다는 점이고, 각각의 기능이 전문화되기 때문에 해당 분야 전문관리자의 양성이 비교적 수월하다는 장점이 있다.

그러나 작업자의 입장에서 볼 때 여러 명의 상급자로부터 명령을 받게 되므로 명령의 일관성이 떨어질 수 있고, 전문적 지식을 가진 상위자들은 자기가 담당한 일에 대해 각자의 의견을 앞세울 수도 있어서 작업자들이 혼란을 느끼게 되어 직무의 명확성을 잃게 될 수도 있다는 단점이 있다.

그림 7-4 기능식 조직구조

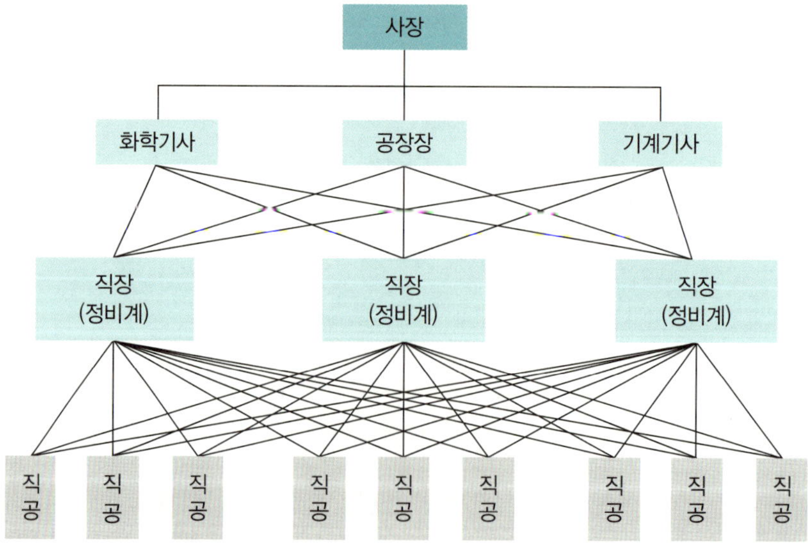

기능식 조직구조는 과학적 관리법의 창시자인 테일러가 기존의 직계식 조직구조로는 업무의 전문성을 살리기 어렵다고 판단하여 새롭게 제안했던 조직구조로서 일명 테일러식 조직구조라고도 한다.

3) 직계참모식 조직

직계참모식 조직은 직계식 조직의 장점과 기능식 조직의 장점을 조화시켜 명령일원화의 원리와 전문화의 원리가 잘 적용될 수 있도록 에머슨(H. Emerson)이 창안한 조직구조로서 일명 라인 & 스태프 조직이라고도 한다. 직계참모식 조직에서는 일을 집행하는 라인이 전문가인 스태프의 조언, 조력, 협조 등을 받을 수 있도록 참모부서를 둔다.

직계참모조직의 장점은 명령일원화의 원리와 전문화의 원리를 동시에 잘 살릴 수 있다는 것과 라인조직이 스태프조직으로부터 유익한 조언을 받을 수 있다는 것이다. 반면에 단점으로는 스태프와 라인 간에 갈등이 야기될 수도 있다는 점이다. 라인은 스태프가 매사에 너무 간섭한다고 생각하기 쉽고 스태프는 자신들의 조언을 라인이 무시한다고 생각하는 경우가 발생할 수 있다.

그림 7-5 직계참모식 조직구조

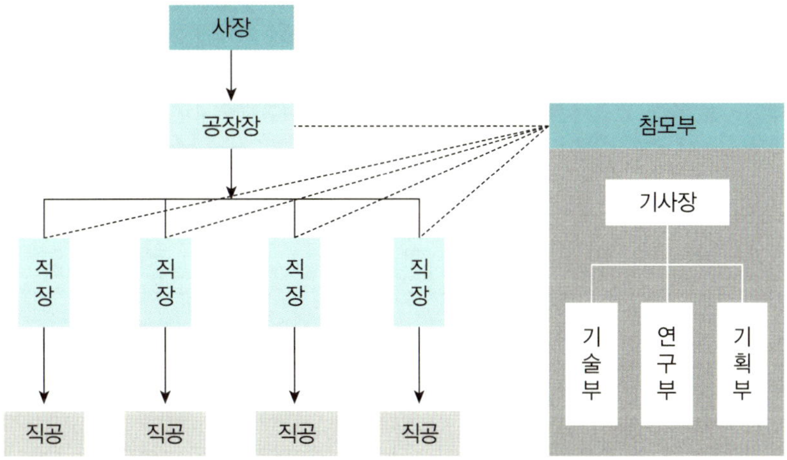

4) 사업부제 조직

사업부제 조직이란 조직을 특정한 제품별, 지역별, 고객별 등으로 구분하여 이를 중심으로 편성한 조직구조를 말한다. 예를 들어, 자동차회사의 경우에 상용차사업부, 승용차사업부, 승합차사업부 등으로 나누어 각 부서가 독립적으로 각 제품그룹을 전담하여 경영하게 하는 것이라든지 음료수회사가 호남사업부, 영남사업부, 경기사업부 등 판매지역별로 구분하여 조직부서를 편성하는 것 등을 볼 수 있다.

사업부제 조직은 분권적 조직 형태의 대표적인 형태로서 그 장단점은 앞에서 언급한 분권화조직의 장단점과 같다.

그림 7-6 사업부제 조직

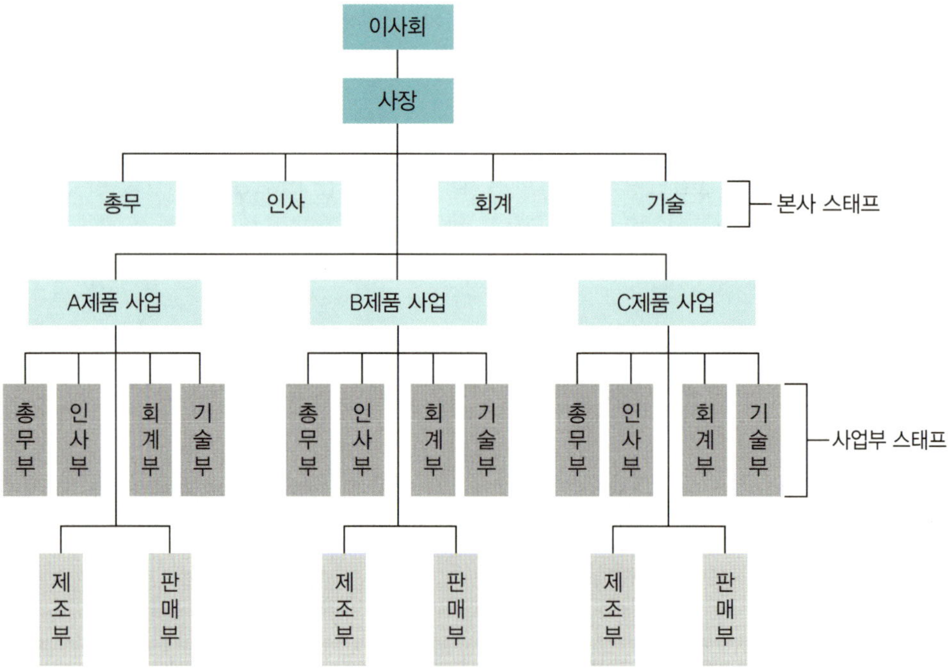

5) 프로젝트조직

프로젝트(project)조직이란 외부로부터 수주받은 특정 사업이나 기업내부에서 특별한 목적으로 계획한 특정 과업 등을 수행하기 위하여 기존의 각 부서나 또는 외부로부터 인력을 충원하여 새롭게 만든 팀을 말한다. 프로젝트조직은 특정한 목적에 의해서 만들어져 그 목적이 달성되면 해체된다.

오늘날의 경영은 기업환경이 동태적으로 다양하게 변동하고 기술혁신이 급격하게 이루어짐에 따라 프로젝트(특정 계획, 특정 과업)팀을 중심으로 움직이는 경우가 많다. 프로젝트를 수행하기 위해서는 경영의 각 기능들이 망라되는 별도의 조직편성이 필요하기 때문에 그만큼 비용도 많이 지출된다. 따라서 프로젝트조직은 특정 과업이나 특정 계획을 신속하게 수행해야 할 필요가 있을 경우에만 편성한다.

이러한 프로젝트조직을 일명 태스크포스(taskforce)팀이라고도 하는데 그 이유는 특

■ **그림 7-7** 프로젝트조직

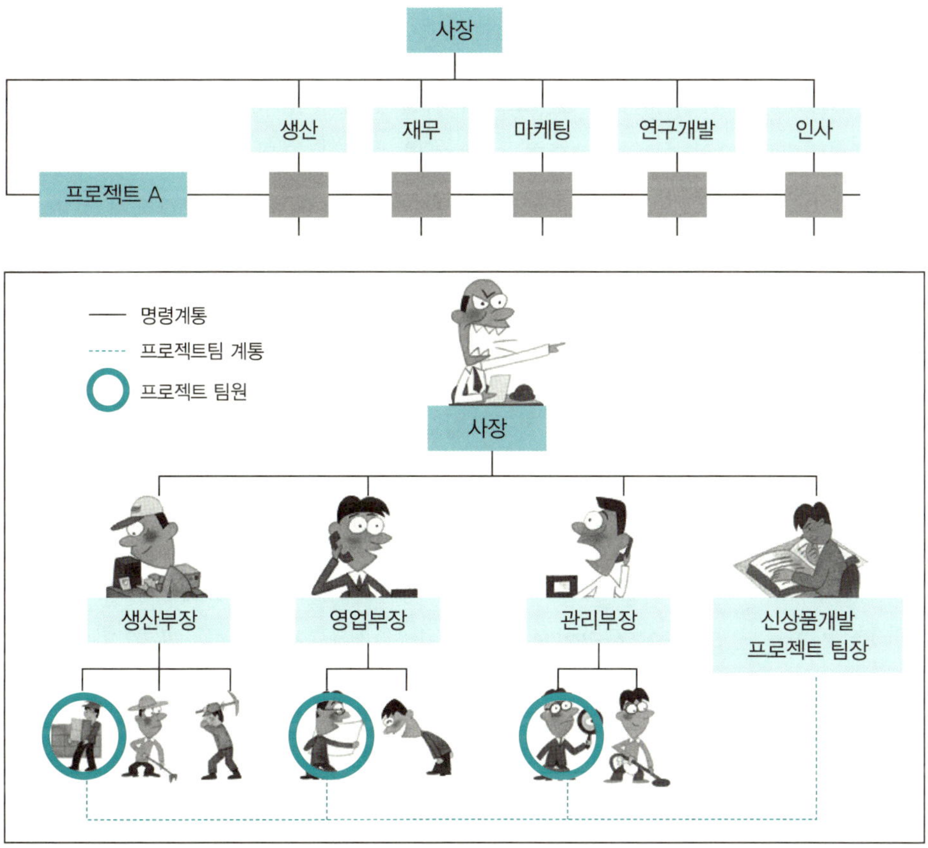

공대처럼 프로젝트가 시작될 무렵, 각 기능부서에서 인원을 차출하여 새로운 부서를 형성하고, 프로젝트의 진전에 따라 인원이 수시로 교체되며, 프로젝트가 완료되면 해산되는 탄력성이 있는 임시조직이라는 점 때문이다.

6) 매트릭스조직

매트릭스 조직구조는 한 사람이 2개 이상의 조직부서에 속하는 경우 그 조직도 모양이 수평과 수직의 선으로 연결된 매트릭스의 구조 모양 같다고 하여 붙여진 이름이다. 즉, 어떤 사람이 기존의 부서에 속하면서 특정한 프로젝트팀이나 위원회에 속해 있다면 이때 조직도 모양은 매트릭스 형태이다. 프로젝트 조직구조를 확대하여 전체적인 시각으로 보면 매트릭스조직에 해당한다. 즉, 세로 배치된 기능적 조직과 가로 배치된 여러 개의 프로젝트조직이 합쳐져서 매트릭스조직을 구성하는 것이다.

예를 들어, 갑이라는 건설회사가 해외로부터 특정 건설사업을 수주받은 경우, 이를 수행하기 위하여 여러 부서에서 임시로 사람들을 선발하여 하나의 프로젝트팀을 만든다. 이때 또 다른 건설 수주를 받으면 다시 여러 부서에서 필요한 인원들을 선발하여 또 다른 프로젝트팀을 편성하는데, 이러한 팀들을 조직 전체적인 시각에서 보면 매트릭스 형태가 된다.

매트릭스 조직구조는 한 사람이 2개의 조직에 동시에 소속되기 때문에 두 명의 상급자로부터 지시를 받는다. [그림 7-8]에서 수평적인 부분은 기능별 조직구조임을 알 수 있고, 수직적인 부분은 제품별 조직구조임을 알 수 있다.

매트릭스 조직구조의 장점은 여러 개의 프로젝트를 동시에 수행할 수 있고 비교적 자율성이 뛰어나다는 특징이 있다. 반면 단점은 프로젝트팀이 임시소식임을 감안해 임기응변적 자세로 근무하기 쉽고, 기능부서와 프로젝트팀에서 상반된 지시가 내려졌을 경우, 작업자는 두 명의 상급자로부터 지시를 받기 때문에 혼선과 갈등이 유발될 수 있다는 것 등이다.

■ **그림 7-8** 매트릭스조직

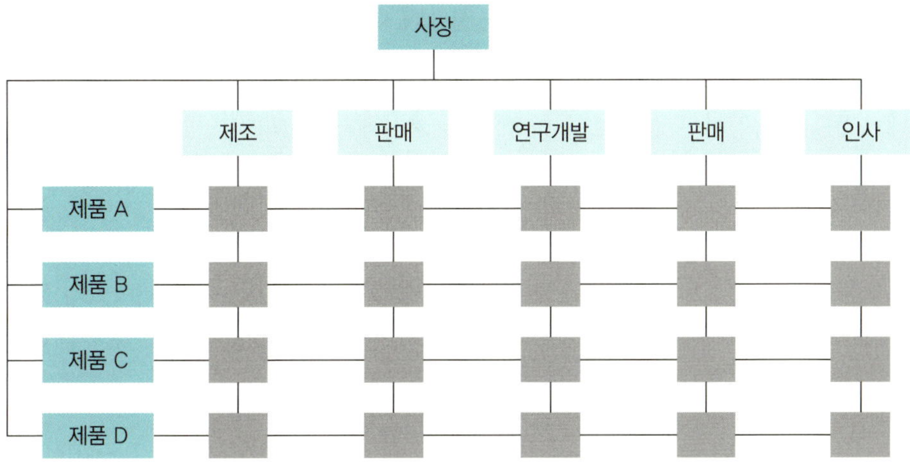

7) 위원회조직

위원회조직은 부문 간의 조정과 협조를 통한 의사결정을 위하여 구성되는 조직 형태로서 주로 각 부서에서 차출되어 구성된다. 위원회의 결정사항은 일반적으로 조언적인 성격을 띠나 이따금 결정권을 행사하여 집행되는 경우도 있다.

위원회의 장점은 각 분야의 부서에서 모인 위원들에 의하여 각 전문 분야의 정보를 활용할 수 있다는 것과 부서 간의 원만한 의사소통을 촉진시켜 준다는 것, 그리고 결정과정이 민주적이어서 구성원들의 창의력을 발휘할 수 있게 한다는 것 등을 들 수 있다. 반면 위원회조직의 단점으로는 책임 소재가 불분명할 경우가 많고 회의과정에서 시간의 낭비가 많다는 것과 회의 중 반목 등으로 결정사항이 타협에 의하여 이루어지는 경우가 많아 최선의 결정이 되지 못하는 경우가 있다는 것 등을 들 수 있다.

8) 네트워크 조직

네트워크 조직구조는 탄력적인 조직운영을 위하여 조직 내에는 꼭 필요한 최소한의 부서만 운영하고 그 외 필요한 기능들은 상황에 따라 유리한 조건을 얻을 수 있는 다른 조직에 의존한다. 조직 내에 존재하는 작은 기구는 계획, 통제기능을 담당하는 부서가 대부분이고 생산, 판매 등과 같은 기능들은 다른 조직에 의뢰해 운영한다. 네트워크 조직구조는 상표의 인지도가 높고, 신용이 좋은 기업 또는 유행을 잘 타는 장난감, 의류, 신발 등을 취급하는 회사 등이 선호하는 조직구조이다.

네트워크조직의 예를 들어보면 미국의 본 회사에서는 전체적인 계획과 통제, 조정을 담당하고, 생산은 인건비가 싼 중국의 회사에 주문하고, 광고는 일본 광고회사에 의뢰하며, 판매는 한국과 유럽의 여러 회사에 맡기는 경우를 들 수 있다.

네트워크 조직구조의 장점은 환경변화에 신속하게 대처할 수 있는 유연성이 있다는 것 등이며 단점으로는 생산과 판매 사이의 종합적인 통제가 어렵다는 것과 네트워크 조직이 많아지면 해당 국가의 산업 공동화가 발생할 가능성이 커진다는 것 등이다.

그림 7-9 네트워크조직

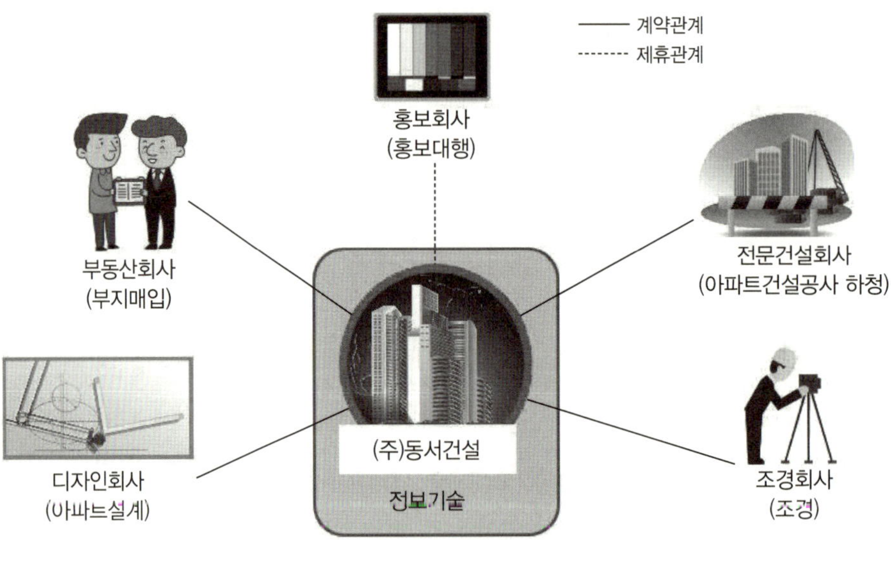

보·고·가·세·요

신발, 스포츠용품 등으로 유명한 브랜드인 N사는 미국에 있다. 그러나 그곳에는 극히 작은 수의 계획, 통제, 조정을 담당하는 부서만 있고 생산은 노임이 싸고 기술력이 뛰어난 아시아 각국에서 한다. 판매 및 광고는 각 나라에 에이젠트를 두어 담당케 하거나 필요한 경우에 본사가 직접 관장하기도 한다.

N사는 네트워크조직을 구성함으로써 방대한 조직에서 오는 폐단을 예방하고 환경에 언제나 탄력적으로 대응할 수 있는 동태적인 조직 형태를 유지하고 있다.

9) 팀조직

팀(team)이란 비교적 소수의 조직구성원들이 상호보완적인 업무기술을 갖고 공동의 조직목표를 달성하기 위해 사전에 약속된 공동의 작업방식을 통해 협동적으로 과업을 수행하는 집단으로 정의할 수 있다.

과거의 조직들이 상사의 지시에 따라 수동적으로 직무를 수행한 데 비하여 팀조직은 스포츠팀과 같은 특징을 갖는다. 우선 팀장은 감독이 아니라 주장의 역할을 하는

표 7-1 전통적 조직과 팀조직

요소	기능조직	팀조직
조직구조	수직적/계측적/개인	수평적/팀
직무체계	단일업무	전체업무 · 다수업무
목표	상부에서 주어짐	스스로 찾아내는 데 시간 투여
리더	강하고 명백한 지도자	리더십 역할 공유
지시/전달	상명하복 · 지시 · 품의	상호소통 · 전달 · 토론
정보흐름	폐쇄 · 독점	개방 · 공유
보상	개인주의, 연공주의	팀성과, 능력주의
책임	개인책임	공동책임
평가	상부조직에 대한 기여도로 평가	팀이 의도한 목표달성도로 평가
업무통제	관리자가 계획 · 통제 · 개선	팀원 전체가 계획 · 통제 · 개선

존재로서 스포츠팀의 주장이 그라운드에서 함께 뛰듯이 팀장도 같은 과업현장에서 팀원들과 함께 업무를 수행한다. 또한 개인 성적보다 팀 성적이 훨씬 중요하며 시키는 일만 하는 것이 아니라 목표달성을 위해 스스로 전념하는 승부조직이다(임창희, 경영학, 2003 요약 발췌).

2.3 라인과 스태프

앞서 살펴보았던 직계참모조직구조에서 직계는 라인이고, 참모는 스태프를 의미한다. 현대기업들은 조직을 효율적으로 운영하기 위하여 갈수록 스태프조직을 많이 활용하고 있는 추세이다. 하지만 스태프조직을 잘못 활용한다면 조직의 질서가 무너지면서 라인의 업무수행에 장애요인으로 작용하게 된다. 따라서 능률적인 조직관리를 위해서는 라인과 스태프의 상호관계를 주의 깊게 살펴보면서 조직운영에 도움이 될 수 있는 방향으로 관리하여야 할 것이다.

1) 라인의 역할

기본적으로 조직은 처음에 생산, 구매, 제조부문으로 나뉘어 편성된다. 이를 조직의 1차 분화라 한다. 그 다음 생산, 구매, 제조부문을 돕고 협력할 수 있는 총무, 인사, 경리부문이 편성된다. 이를 조직의 2차 분화라 한다. 마지막으로 계획과 통제활동을 수행하는 기획, 연구, 통제부문이 편성되는데 이를 조직의 3차 분화라 한다. 조직에서 실제 업무를 집행하는 핵심부문은 1차 분화된 생산, 구매, 제조부분이며 이들을 라인이라 한다. 라인은 부품을 어떻게 구매하여, 얼마나 잘 만들 것이며, 효율적인 판매는 어떻게 할 것인가 등 가장 중요하고 본원적인 업무를 집행하는 일을 담당하는 것이다.

정리하면 라인부문은 명령권과 결재권을 갖고 경영활동을 직접적으로 집행하는 역할을 수행하며, 경영목적을 달성하기 위하여 직접적으로 공헌하는 기능을 담당하는 부문이다.

그림 7-10 라인의 역할

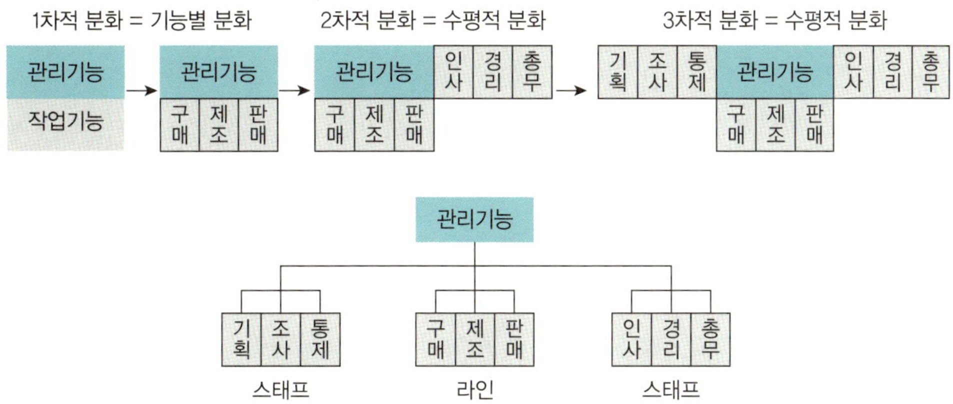

2) 스태프의 역할

스태프는 앞서 살펴보았던 2차적 분화와 3차적 분화의 결과로 나타나게 되는 부문이다. 대표적인 스태프부문으로는 연구개발, 인사, 기획부문을 들 수 있다. 스태프의 역할은 라인부문이 수행하는 업무에 대하여 조언과 조력에 관한 서비스를 제공함으로써 라인활동을 효과적으로 수행할 수 있도록 촉진하는 역할을 담당하게 된다. 이러한 관점에서 본다면 스태프는 경영활동의 목적달성에 간접적인 기여를 한다는 것을 알 수 있다.

스태프부문은 원래 군대조직에 설치되어 있던 참모부제를 기업조직에 도입하면서부터 사용된 것이었다. 이러한 스태프의 역할은, 첫째 장래계획의 준비와 현재계획의 조정에 필요한 내용을 연구 · 검토하여 라인에게 조언 · 조력하는 것, 둘째 조직의 개선에 필요한 사항을 연구 · 검토하는 것, 셋째 회의, 리셉션 등 조직 의사소통에 관한 일상적인 업무의 수행 등이다.

3) 라인과 스태프의 관계

이상의 내용을 중심으로 라인과 스태프의 관계를 살펴보면, 라인은 조직의 과업을 실행하는 부문이며, 스태프는 라인과 다른 스태프활동에 대하여 조언 · 조력함으로써 경영목적달성에 간접적으로 기여하는 부문이다. 라인이 주요한 업무에 대한 결정, 감독, 지휘, 조정, 통제의 권한과 책임을 갖는다면, 스태프는 기업의 경영상황, 실태분석, 조사연구, 계획입안, 전략 수립을 위한 기초분석 등의 역할을 함으로써 라인의 업무를 촉진한다. 따라서 라인조직과 스태프조직은 서로 경쟁하기보다는 각자의 고유한 업무에 충실하면서 상호조화를 이루어 조직의 발전에 기여할 수 있도록 노력하여야 할 것이다.

라인과 스태프를 구분하는 이유에 대하여는 크게 세 가지로 나누어 볼 수 있다.

첫째, 경영자에게 전문화된 조언과 서비스를 제공하기 위함이다. 최근의 경영문제들은 매우 복잡다단하다. 경영자 혼자서 이러한 문제들을 해결하기는 무척이나 어렵다. 따라서 경영자는 스태프의 전문적인 지식과 기술적인 원조를 필요로 하게 되는 것이다. 또한 중간관리자나 일선감독층에서도 필요한 경우 스태프의 조언을 받아서 일을 수행하는 경우가 점차 증가하고 있는 추세이다.

둘째, 적절한 견제와 균형을 확보하기 위함이다. 합리적이고 효율적인 조직관리를 위해서는 각 지위나 부문에 할당된 권한을 견제할 수 있어야 한다. 그렇지 않으면 독단적인 일처리로 인하여 조직의 효율성은 떨어질 것이 분명하다. 또한 자기가 수행한 업무에 대한 평가를 자신이 한다면 올바른 평가가 이루어질 수도 없을 것이기 때문에 스태프가 이러한 평가를 하여야 한다. 또한 스태프가 입안한 계획에 대해서 스태프가 수행한다면 계획이 잘못되어도 그냥 추진할 것이기 때문에 라인이 수행함으로써 잘못된 부분을 수정해 나가야 하는 것이다.

셋째, 책임성을 유지하기 위함이다. 조직을 운영하는 데에 있어서 특정 기능에 대해 다수가 공동으로 책임을 진다거나 아니면 아무도 책임을 지지 않는다면, 업무수행이 어려울 뿐만 아니라 능률적인 관리가 어렵다. 따라서 라인과 스태프의 관계는 업무집행결과에 대한 개인의 책임소재를 명확하게 하여 조직을 효율적으로 운영될 수 있도록 하는 것에서 의의를 찾아야 할 것이다.

chapter 08

리더십과 커뮤니케이션

제1절 리더십

1.1 리더와 리더십

우리는 주변에서 관리자와 리더를 구분하며 조직에 관리자는 많으나 진정한 리더가 없다는 표현을 자주 들을 수 있다. 그렇다면 리더는 과연 무엇이며, 관리자와는 어떻게 다른 존재인가? 우선 리더는 자신의 아이디어를 내보일 줄 알며 부하들이 공감하도록 하여 그들이 조직목표를 달성하기 위해 보다 많이 헌신하도록 하는 역할을 하는 사람이다. 관리자(manager 혹은 administrator)는 일반적으로 직무현장에서의 감독자나 상관을 의미하며 부하직원에게 지시와 명령을 내리고 목표달성을 위해 직원들을 통제한다. 그러나 리더(leader)는 조직구성원들이 조직목표를 달성하기 위한 활동을 할 수 있도록 비전과 방향을 제시해 주고 도와주는 역할을 수행한다. 즉, 관리자는 이미 주어진 과업이 완성되도록 관리 · 감독하는 역할을 하는 반면, 리더는 미래지향적인 시각을 가지고 무엇을 해야 할 것인가를 제안하고 구성원 스스로가 이를 달성해 나가도록 자극하고 도와주는 역할을 한다.

성공하는 리더들은 공통적으로 조직구성원에게 미래지향적인 비전을 제시하고, 이를 실현하기 위해 구성원의 자질을 함양시키는 능력(empowerment)이 탁월한 사람들이다. 즉, 리더십이 임파워먼트(혹은 권한위임)의 기반 위에 세워진다면 관리는 순종을 기반으로 구축된다.

리더십이란 집단 또는 조직구성원의 과업과 관련된 행동을 지시하고(directing), 그러한 행동에 영향을 미치는(influencing) 과정으로 정의할 수 있다(유봉식 등, 신경영학원론, 1998). 혹은 구성원들로 하여금 성과창출 노력에 자발적으로 몰입하도록 이끌어 가는 과정으로 정의할 수 있다(임창희, 경영학, 2003).

리더십의 요체는 리더가 비전을 실현시키기 위해 구사하는 4가지 핵심전략에 있다. 그것은 조직의 구성원에게 명확한 비전을 제시하여 그들의 관심을 끌어내고, 개방적인 의사소통을 통해 구성원에게 비전의 의미와 방향을 전달하고, 구체적 실행방안을 설정해 구성원들의 신뢰를 구축하고, 마지막으로 긍정적인 자존심을 가짐으로써 자기관리를 성공적으로 하는 것이다.

1.2 전통적 리더십이론

1) 특성이론

특성이론(trait theory)은 리더 개인의 자질을 중시하는 이론으로서 "어떤 사람이 리더십이 있을까"에 대한 질문을 던지는 이론이다. 즉, 능력 있는 리더들이 공통적으로 가지고 있는 신체적 · 정신적 특성을 파악하여 그러한 능력이 있는 사람을 리더로 선임하거나 또는 선임된 리더에게 그러한 능력을 닮아가도록 유도해야 한다는 이론이다. 특성이론은 리더의 신체적 특성, 정신적 특성(성격), 사회적 배경, 인간관계능력, 업무능력 등의 영역에서 훌륭한 리더와 연관된 특성을 찾아내고자 하였다.

이러한 특성이론은 시간이 지나면서 몇 가지 비판을 받게 된다. 첫째, 주요 특성들이 선천적인 것일 수도 있지만, 경우에 따라서는 후천적으로 발달하는 특성도 있다는 것이다. 예컨대, 대부분의 신체적 특성들은 선천적으로 타고나는 것이지만 언변, 사교성, 자신감과 같은 특성들은 인간이 사회화과정을 거치면서 후천적으로 발달하기도 한다. 둘째, 훌륭한 리더라고 할 수 있는 위인들에게서 찾아낸 특성들이 모두에게 공통적으로 존재하는 것은 아니라는 것이다. 예컨대, 리더들이 가지고 있는 키, 나이, 야망, 출신지, 신분 등과 같은 특성은 매우 상이했다. 셋째, 훌륭한 리더의 특성은 시대와 상황에 따라 변할 수 있다는 것이다. 예를 들어, 신장, 체중, 힘과 같은 특성들은 인간의 노동력이 유일한 생산수단이었던 시기에는 매우 적합한 리더의 특성이었지만, 우리 시대의 리더들에게 필수적으로 요구되는 특성은 아니다.

2) 행동이론

특성이론에 대한 여러 가지 비판과 더불어 리더십과 관련해서 연구자들은 리더의 타고난 특성보다는 "리더가 어떻게 행동할 때 리더십이 발휘되는지"에 대해 관심을 갖게 되었다. 따라서 훌륭한 리더들의 행동양식을 파악하고 연구하는 행동이론(행위이론 ; behavioral theory)이 등장하게 되었다.

(1) 리커트의 리더십이론

리커트(Rensis Likert)는 경영자의 리더십 유형을 크게 4가지 형태로 분류하였다.

① 시스템 Ⅰ형－독선적 전제형(exploitive authoritative) : 착취적이고 권위적인 리더십 형태로서 과업지향적이며 고도로 구조화된 독재적인 관리 유형이다. 상사는 부하를 신뢰하지 않으며, 모든 의사결정이 상부에서 이루어지고 명령계통을 통하여 하부에 전달되어 부하는 단순하고 기계적인 방법으로 업무를 수행하기만 한다. 이 경우 부하직원들은 강제적인 압력이나 처벌에 의해 움직이며 매우 낮은 차원의 욕구만이 실현된다.

② 시스템 Ⅱ형－온정적 전제형(benevolent authoritative) : 온정적이고 권위적인 리더십 형태로서 상사는 부하에게 약간의 신뢰를 가지지만 여전히 대부분의 의

사결정권은 최고의사결정자에게 있다. 이 경우 부하직원들의 동기유발을 위해 보수와 처벌이 동시에 부여되며 약간의 권한위임도 가능하다.

③ 시스템 Ⅲ형－협의형(consultative) : 상담형 리더십 형태로서 상사는 부하에게 상당한 정도의 신뢰를 가지며 약간의 의사결정권 위임이 이루어진다. 이 경우 부하직원들의 동기유발을 위해 보수와 처벌에 추가적으로 참가(participation)가 제공된다.

④ 시스템 Ⅳ형－집단 참가형(participative group) : 참가적 리더십 형태로서 팀워크, 상호신뢰, 상호작용 등에 기반을 둔 관계지향적 관리 유형이다. 상사는 부하를 전적으로 신뢰하며 의사결정권은 조직의 각 부서에 위임되어 있으나 통합적으로 관리된다. 수직적 의사소통이 상하 간에 원활하게 이루어지며 동료들 간의 수평적 커뮤니케이션도 잘 이루어진다. 이 경우 부하직원들의 동기유발을 위해서 보수뿐만 아니라 목표설정과 작업방법 개선 및 목표달성 평가 등의 과정에 직접 참여하게 된다.

리커트는 이 네 가지 형태의 리더십 중에서 시스템 Ⅳ형을 가장 좋은 리더십으로 제시하였다.

(2) 블레이크와 모튼의 관리격자이론

블레이크(R. R. Blake)와 모튼(J. S. Mouton)은 리더가 관심을 두고 지향하는 성향을 두 가지 차원으로 구분하여 격자를 그려 리더의 유형을 설명하였는데 이것이 관리격자(managerial grid)이론이다.

관리격자의 가로축은 리더가 과업에 대해 갖는 관심의 정도를 9등급으로 나누어 등급이 높을수록 과업에 대한 관심이 높은 리더를 나타내고, 세로축은 리더가 인간에 대해 갖는 관심의 정도를 역시 9등급으로 표시하여 등급이 높을수록 인간관계에 관심이 높은 리더를 나타내게 하였다. 이 관리격자는 1991년에 리더십격자(Leadership Grid)로 고유명사화되었다.

■ **그림 8-1** 블레이크와 모튼의 관리격자

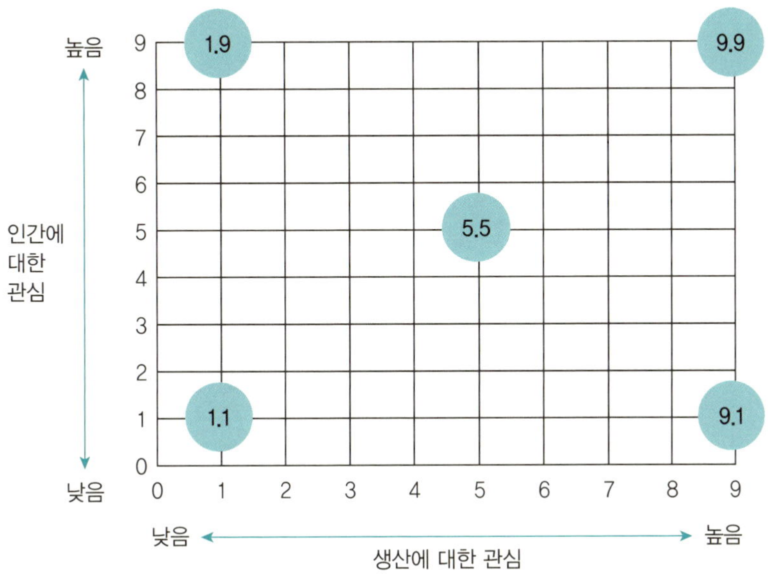

① 1.1형 – 무능력형(impoverished) : 과업과 인간 모두에 대해 아무런 관심도 없으며 부하에 대한 영향력도 거의 행사하지 못하는 유형이다. 이러한 불간섭과 자유방임 형태의 관리는 리더의 무능력에서 올 수도 있기 때문에 무능력형이라 명명되었다.

② 1.9형 – 친화형(contry club) : 과업에 대한 관심은 거의 없고 인간에 대한 관심은 매우 높은 유형으로서 온화하고 친근한 분위기만 조성되면 생산이 잘 된다고 생각한다. 이 경우 부하들의 화합과 상사에 대한 신뢰, 부하칭찬 등으로 좋은 분위기 형성에만 신경을 쓴다. 골프모임 회장과 같은 스타일이라서 컨트리클럽형으로 명명되었다.

③ 9.1형 – 과업형(task) : 인간에게는 관심이 거의 없고 오로지 과업에만 관심이 있는 유형으로 독재 및 전제형이 이에 속한다. 이 경우 리더 혼자 모든 계획과 통제 기능을 수행하는데, 긍정적인 측면으로는 일에 대한 지식과 실력, 그리고 의지를 가진 사람으로서 부하들에게 훌륭한 모델 역할을 수행한다. 과업달성에 가장 큰 관심을 기울이기 때문에 부하직원은 따라가기만 하면 성공할 가능성이 높다.

④ 9.9형－단합형(team ; 이상형) : 과업과 인간에 대한 관심이 모두 높은 유형으로서 능력과 인간성을 모두 갖춘 가장 이상적인 리더 유형이다. 이 경우 업무계획과 실행에 부하들의 참여와 단결을 유도하여 조직목표를 달성함과 아울러 구성원들의 사기를 높여 부하직원들의 욕구를 충족시킨다.

⑤ 5.5형－절충형(middle of road) : 과업과 인간에 대한 관심이 중간 정도인 유형으로서 조직목표달성의 필요성과 직장 사기를 균형적으로 고려한다. 그러나 일정량의 성과만 달성되면 그것으로 만족하고 더 이상의 동기부여를 하지 않는 유형의 리더이다.

⑥ 기타 유형 : 1.5형－준인간중심형, 5.1형－준과업중심형, 5.9형－인간중심적 준이상형, 9.5형－과업중심적 준이상형 등의 리더 유형이 있다.

3) 피들러의 상황이론

제2장 제3절 경영이론의 발전과정에서 기존의 경영이론들이 유일한 최선의 방법(one-best way)을 밝혀내는 데 초점을 두었지만, 매우 다양하고 급변하는 경영환경하에서는 상황 혹은 조직의 여건에 따라 적절하게 적용될 수 있는 방법들이 여러 가지로 달라질 수 있다는 것을 인식하고 상황 및 환경적응이론이 등장하게 되었음을 설명하였다.

리더십이론도 마찬가지이다. 특정 조직에서 성공한 리더가 다른 조직에서 같은 방식의 리더십을 발휘한다고 해서 같은 성공을 보장받지는 못할 것이다. 예컨대, 리더가 활용할 수 있는 경영자원의 여건이나 부하직원들의 상태에 따라서 리더행동의 결과가 달라질 수 있다. 이에 따라 어떤 상황에서 리더의 어떤 행동이 리더십을 발휘하는지, 조직이 처한 상황과 리더의 행동양식을 연계하여 연구하는 상황이론(contingency theory)이 등장하게 되었다.

피들러(F. E. Fiedler)는 리더의 유형을 일의 성취를 중시하는 과업지향형과 인간관계를 중시하는 관계지향형으로 나누고 상황에 따라서 관계지향형 리더가 더 좋은 성과를 올릴 수도 있고, 과업지향형 리더가 더 좋은 성과를 올릴 수도 있다고 하였다.

즉, 상황이 리더에게 매우 유리하거나 불리한 경우에는 과업지향형 리더가 더 좋은 성과를 올릴 수 있지만, 상황이 그렇지 못한 경우에는 관계지향형 리더가 더 좋은 성과를 올릴 수 있다는 사실을 발견한 것이다.

상황이 리더에게 얼마나 유리한가의 여부는 다음 세 가지 요인으로 결정된다.

① 리더와 구성원과의 관계 : 신뢰성, 확신, 존경의 정도 등이 높을수록 리더에게 유리하다.

② 과업구조화 정도 : 작업목표의 명료성, 수단의 다양성, 의사결정의 구체성, 과업의 구조화 정도 등이 높을수록 리더에게 유리하다.

③ 리더의 직위에 따른 권력 정도 : 부하에 대한 처벌, 보상, 진급, 승진, 추천권, 결정권 등의 리더 권한이 많을수록 리더에게 유리하다.

그림 8-2 민주형, 전제형, 자유방임형 리더

민주형　　전제형　　자유방임형

제2절 구성원의 동기유발

대부분의 조직이론의 발전은 앞서 제2장에서 설명한 경영이론의 발전과 그 역사와 맥락을 같이 한다. 따라서 본절에서는 조직관리이론들 중에서 조직화와 관련하여 조직구성원의 동기유발을 다루는 이론들에 대해서 설명하기로 한다.

2.1 동기유발이론

동기유발 혹은 동기부여(motivation)는 목표를 향한 자발적 행동을 유도하도록 자극하며 이를 계속하게 하는 심리적 과정을 총칭하는 말로서 “움직이게 하다(movere)” 라는 라틴어에서 유래하였다. 조직구성원들이 조직목표를 달성하기 위해 움직이도록 하는 것은 외부적 자극에 의해서도 가능하지만, 인간 내적인 요인에 의해서도 가능하다. 따라서 조직구성원들의 정서, 감정, 욕구, 열정, 태도, 관심, 흥미 등을 불러일으킴으로써 동기유발을 하는 것이 조직목표달성을 위해 매우 중요한 관리대상이라 할 수 있다. 조직구성원들의 동기를 유발하는 주된 요인이 바로 인간이 갖고 있는 욕구(needs)라는 것이 밝혀지면서 동기유발요인으로서 욕구에 대한 관심이 높아졌다. 따라서 욕구와 관련된 동기유발이론들을 몇 가지 소개한다. 초기에는 성숙-미성숙이론, 2요인이론, XY이론, 욕구 5단계설과 같이 욕구의 ‘내용이론’이 주를 이루다가 점차 공정성이론, 기대이론과 같은 ‘과정이론’에도 관심을 갖게 되었다.

2.2 내용이론

내용이론(content theories)은 조직구성원들의 동기를 유발하는 요인이 무엇인지에 초점을 두고 이를 설명하기 위한 이론이다.

1) 아지리스의 성숙-미성숙이론

아지리스(C. Argyris)는 조직과 개인 사이의 대립에 관심을 가지고 동기부여를 주 내용으로 하는 성숙-미성숙이론을 제시하였다. 이 이론에 따르면 인간은 미성숙하고

의존적인 단계에서 성숙하고 독립적인 단계로 발전해 나가는 존재이다. 이때 조직은 조직구성원들의 발전단계를 저해하는 요인이 되지 말고 발전을 돕는 요인으로서 조직구성원들에게 열심히 일할 수 있는 동기를 부여해 주어야 한다는 것이다.

아지리스에 따르면 개인이 성숙하는 과정에는 일곱 가지 변수가 있으며 이들은 모두 연속선상에서 미성숙상태로부터 성숙의 상태로 발전해 나간다고 한다.

| 표 8-1 | 미성숙-성숙의 연속선

미성숙 ─────────────	──────────────▶ 성숙
① 수동적 · 소극적 활동	① 능동적 · 적극적 활동
② 의존적 상태	② 자주적 · 독립적 상태
③ 단순하고 한정적인 행동	③ 복잡하고 다양한 행동
④ 얕고 약한 관심	④ 깊고 강하며 지속적인 관심
⑤ 근시안적 관점	⑤ 장기적 관점
⑥ 종속적 지위에 만족	⑥ 대등하거나 우월적 지위 추구
⑦ 자아의식 결여	⑦ 자아의식, 자기통제 높음

2) 허츠버그의 2요인이론

허츠버그(F. Herzberg)는 욕구충족이 동기부여에 미치는 영향에 대한 연구를 통해 동기요인과 위생요인이라는 2요인이론을 발표하였다. 이 연구를 위해 피츠버그시에 소재한 11개 기업에서 200여 명의 기술자와 회계사를 대상으로 직무와 관련하여 가장 만족했던 상황과 가장 불만족했던 상황을 설명해 달라고 요청하는 설문조사를 실시하였다. 조사결과 월급에 대해서는 월급이 적어서 불만이라는 사람들이 많은 반면 월급이 많아서 만족했다는 사람은 거의 없었으며, 자기의 실력을 인정받고 칭찬을 받아서 만족한다는 사람은 많았지만 그러한 칭찬을 듣지 못해서 불만이라는 사람들은 거의 없었다. 이 이론에 따르면 조직구성원의 어떤 욕구를 충족시켜 주느냐에 따라 동기부여가 될 수도 있고, 아무리 욕구를 충족시켜 주어도 동기부여가 되지 않는 경우도 발생할 수 있다.

이 조사결과에 따라 허츠버그는 조직구성원들의 욕구요인을 위생요인과 동기요인으로 분류하고 동기유발을 위해서는 위생요인보다는 동기요인을 충족시켜 주어야 한다고 주장하였다. 위생요인(hygiene factors ; 위생을 청결하게 하는 경우에 병은 걸리지 않지만 그렇다고 해서 건강이 좋아지는 것은 아니라는 의미에서 이름 지어짐)은 충족되지 않았을 때 불만족을 느끼게 되는 요인으로서 불만족요인(dissatisfiers)이라고 부르기도 하며 임금, 복리후생, 지위, 대인관계, 회사방침, 작업환경 등이 이에 속한다. 동기요인(motivator)은 충족되지 않더라도 불만족이 발생하지는 않지만 충족되는 경우에 사기진작과 동기부여가 되는 요인으로서 만족요인(satisfiers)이라고 부르기도 하며 성취, 인정, 발전, 책임 등이 이에 속한다. 따라서 동기부여를 위해서는 약간 어렵고 중요한 직무를 부여하고 자율성과 책임감을 부여해야 한다.

허츠버그의 2요인이론은 만족과 불만족을 동일선상의 양극으로 파악하던 관점과 달리 만족과 불만족은 전혀 다른 차원으로 존재하며 서로 다른 요인들로 구성된다고 주장한 이론이다.

표 8-2 | 허츠버그의 2요인

위생요인(hygiene factors) – 환경 관련	동기요인(motivators) – 직무 자체와 관련
① 임금과 보수 ② 작업조건 및 작업환경 ③ 회사정책과 관리제도 ④ 고용안정 ⑤ 작업감독	① 성취감 ② 직무 자체의 도전감 ③ 성과달성과 관련한 주위의 인정 ④ 성장가능성 ⑤ 승진기대 ⑥ 책임감

3) 맥그리거의 XY이론

맥그리거(D. McGregor)는 전통적 인간관과 새로운 인간관을 동기부여라는 관점에서 비교하고 전자를 X이론(Theory X), 후자를 Y이론(Theory Y)이라고 정의하고 인간본성에 관한 XY이론을 주장하였다. X이론은 주로 저차원적인 인간욕구에 중점을 둔 조직관리이론인 반면에, Y이론은 고차원적인 인간욕구에 관심을 둔 이론이다. 따라서 맥그리거의 XY이론은 고차원의 욕구를 추구하는 조직구성원에게 저차원의 욕구

충족 위주의 관리를 실시하는 경우에 동기부여가 되지 않으며 일에 대한 의욕을 잃게 된다는 것이다.

X이론과 Y이론의 가정은 다음과 같다.

(1) X이론의 가정

① 인간은 일하기 싫어하는 본성을 갖고 있다.
② 인간은 스스로 책임지기 싫어하고 지시받기를 싫어한다.
③ 인간은 조직의 문제를 창의적으로 해결할 수 있는 능력을 갖고 있지 못하다.

따라서 조직목표달성을 위해서는 조직구성원들을 강제적으로 관리하고 처벌을 가할 필요가 있다. 맥그리거는 인간관에 대한 이러한 가정을 X이론이라 하고, 명령과 통제에 의한 전통적이고 권위주의적인 잘못된 관리라고 비판하였다.

(2) Y이론의 가정

① 인간은 상황에 따라서 일하는 것을 고통이 아니라 놀이와 같이 즐기기도 하며 이를 통해 만족을 느낄 수 있다.
② 인간은 강제적인 외적 압박이 없어도 조직목표달성을 위해서 자신을 스스로 통제할 수 있다.
③ 인간은 자주성 측면의 만족이나 자아실현이라는 보상(동기부여)이 있으면 조직목표달성을 위해 헌신하게 된다.
④ 보통의 인간도 상황에 따라서 책임을 갖고 행동할 수 있다.
⑤ 대부분의 사람들은 문제해결을 위한 상상력과 창의력을 갖고 있다.

맥그리거는 이러한 인간관을 Y이론이라 명하고 이를 X이론을 대체할 새로운 인간관으로 제시하였다. 또한 맥그리거는 드러커(Peter F. Druker)가 제안한 '목표에 의한 관리(Management By Objective : MBO)'이론도 구체화시켰다. 목표에 의한 관리는 기존의 '통제에 의한 관리(management by control)'에 대응하는 개념으로서 맥그리거의 XY이론 중에서 Y이론적 접근에 의한 관리와 맥을 같이 한다. 즉, 조직구성원들이 목표설정에 직접 참여하거나 스스로 자신의 목표를 결정하도록 함으로써 책임감을 가지고 자기통제(self control)를 통해 자발적이고 능동적으로 목표달성을 위해 노력하게 하는 관리기법이다.

4) 매슬로우의 욕구 5단계설

매슬로우(A. H. Maslow)는 인간이 근본적으로 갖고 있는 욕구의 내용을 위주로 조직이론을 전개하였다. 그에 따르면 인간의 욕구는 단계적으로 발생하는데, 하위 욕구가 충족되어야만 비로소 상위 욕구가 발생한다고 하였다. 즉, 인간의 욕구가 계층적으로 충족됨에 따라 바로 다음단계의 욕구가 인간의 행동을 결정한다고 가정하였다. 제1단계 욕구는 식욕, 성욕과 같은 생리적 욕구이고, 2단계 욕구는 육체적 · 정신적 안정을 찾으려는 안정 및 안전욕구, 3단계 욕구는 어디엔가 속하고 싶어 하고 사랑을 주고받고 싶은 욕구인 소속 및 사랑의 욕구, 4단계 욕구는 존경을 받고자 하는 존경의 욕

그림 8-3 매슬로우의 욕구 5단계설

계층	명칭	기업에서 적용할 수 있는 부분
1단계	생리적 욕구	통풍, 냉 · 난방 장치, 최저임금 보장
2단계	안정 및 안전의 욕구	고용보장, 안전한 작업조건
3단계	소속 및 사랑의 욕구	인간적 리더, 친목적인 사내 분위기, 사내 동호회활동
4단계	존경의 욕구	포상, 승진, 책임감 부여, 중요 과업 할당
5단계	자아실현의 욕구	도전적 과업, 창의성개발

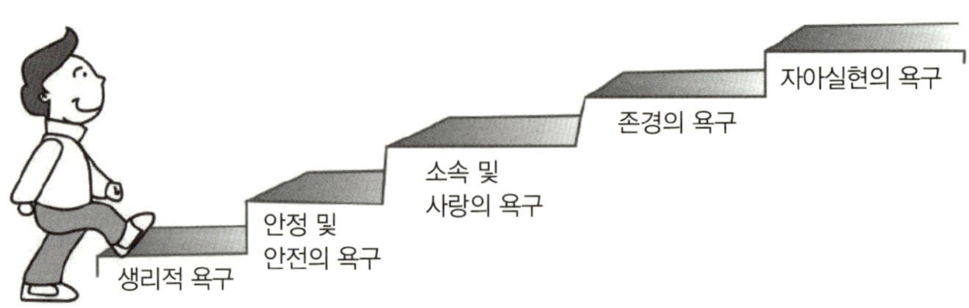

구, 그리고 마지막 5단계 욕구는 자신의 능력을 최고도로 발휘하고 싶어 하는 자아실현의 욕구이다.

2.3 과정이론

과정이론(process theories)은 인간의 욕구에 기초를 두되 여기에 다른 요인, 즉 행동을 유발하는 요인을 추가로 고려하여 조직구성원들이 어떻게 행동을 변화시켜 나가는가를 설명하기 위한 이론이다.

1) 공정성이론

애덤스(J. Stacy Adams)의 공정성이론(형평이론 ; equity theory)은 개인이 주고받는 인간관계에서 공평과 정당함을 추구하는 인간본능에 기초한 동기부여이론으로서 페스팅거(Leon Festinger)의 인지부조화이론(cognitive dissonance theory)에 근거를 두고 있다. 인지부조화이론은 사람이 인지하는 것들 간에 부조화를 느낄 때 혹은 자신의 인식과 행동이 달라 부조화를 느낄 때 이 불일치를 제거하고 조화시키기 위한 행동을 하려고 한다는 이론이다. 같은 맥락으로 공정성이론에 따르면 개인이 자신의 노력과 보상의 차이를 인지하게 되면 그 차이를 줄이기 위한 동기가 유발된다는 것이다. 그 차이가 크면 클수록 이를 일치시키기 위한 동기가 더 크게 부여되는데, 노력과 보상 간의 조화를 이루기 위해서 개인이 쉽게 할 수 있는 것은 바로 노력을 덜 하는 것이다. 따라서 형평성에 맞는 공정보상이 구성원들이 성실하게 직무를 수행하도록 하는 중요한 요인이 된다.

그런데 여기서 말하는 공정성이라는 것을 두 가지 측면에서 생각해 볼 수 있다. 첫째는 자신이 기울인 노력과 자신이 받은 보상 간의 공정성이다. 둘째는 자신이 기울인 노력과 자신이 받은 보상 간의 비율을 타인이 기울인 노력과 타인이 받은 보상 간의 비율과 비교하여 느끼는 공정성이다. 이러한 개념의 공정성이 과연 객관적으로 비교가 가능한가에 대한 질문은 끊임없이 제기되고 있다. 따라서 공정성 평가가 어차피 주관적이라면 타인과 비교하기 어려운 맞춤형 보상을 제공하는 것도 한 가지 방법이 될 수 있다. 예를 들어, 매일 아침 어린이집에 아이를 보내야 하는 직원 A에 대해서는 자율근무시간제를 적용시켜 주고, 독신여성인 직원 B에 대해서는 스포츠센터, 도서구입, 학원수강 등을 할 수 있는 복지마일리지를 제공함으로써 타인과의 비교에 따른 불공정성 지각(perception)을 낮출 수 있을 것이다.

2) 기대이론

브룸(V. H. Vroom)의 기대이론(expectancy theory)은 개인이 어떤 행동을 하려는 동기부여는 자신이 그 행동을 한 결과 어떤 보상을 받을 것인지에 대한 기대감에 의해 결정된다는 이론이다. 그런데 기대이론은 "사람은 자기가 바라는 목표에 도달할 수 있다는 확신이 설 때 비로소 행동에 옮길 것이다"는 것을 전제로 한다. 즉, 동기유발(motivation)은 자신의 행동결과로 얻어질 보상에 부여하는 가치(valence)와 그 보상이 얻어질 기대확률(expectancy)에 의해 결정된다. 따라서 둘 중 하나라도 0에 가까우면 동기유발을 기대할 수 없다.

기대이론에 따르면 구성원들의 능력을 보강시킴으로써 노력하면 성과를 낼 수 있다는 자신감을 키워 줘야 하고(V), 성과가 높은 구성원에게는 꼭 보상을 함으로써 노력하면 보상을 받을 수 있다는 신뢰감을 주는 것이 중요하다(E).

2.4 강화이론

강화이론(reinforcement theory)은 사람이 과거에 긍정적 보상이나 만족을 경험했던 행동은 반복적으로 행동하도록 강화되고, 부정적 보상이나 불만족을 경험했던 행동은 억제하거나 다른 방식으로 수정함으로써 부정적인 결과를 얻지 않으려고 노력한다는 이론이다. 강화이론은 학습이론의 하나로서 파블로프(Ivan Pavlov), 스키너(B.

F. Skinner), 손다이크(E. L. Thorndike)와 같은 행동심리학자들이 주장하였다. 앞서 설명한 내용이론과 과정이론은 개인의 의도나 목적이 행동을 끌어낸다는 관점으로서 동기부여나 인간의 행위를 설명하기 위해 개인을 중심으로 연구한 이론이었다. 반면, 강화이론은 사람의 행동은 외부요인이나 환경적 결과에 의해 결정된다는 관점이다.

강화요인은 적극적 강화, 부정적 강화, 처벌, 소거 등 네 가지로 설명된다.

적극적 강화(positive reinforcement)는 바람직한 행동에 대해 칭찬, 보상, 승진 등과 같은 바람직한 결과를 제공함으로써 바람직한 행동이 반복되도록 유도하는 것을 말한다.

부정적 강화(negative reinforcement)는 바람직한 행동을 했을 때 그 보상으로 바람직하지 않은 결과를 회피시켜 줌으로써 바람직한 행동의 빈도를 늘리는 것으로서 회피(avoidance)라고도 한다. 예를 들어, 열심히 일을 해서 성과가 좋은 직원에게는 야근을 시키지 않거나 잔소리를 하지 않는 것 등이 이에 해당한다.

소거(extinction)는 바람직한 행동을 했을 때 제공되던 보상을 바람직하지 않은 행동을 했을 때는 제공하지 않음으로써 바람직하지 않은 행동의 빈도를 줄이는 것을 말한다. 예컨대, 어린 학생을 둔 학부모들이 자녀가 숙제를 하지 않았을 때 TV시청이나 인터넷을 금지시키는 것이 이에 해당한다. 또한 불성실한 업무태도로 성과가 낮은 직원에게 인센티브를 지급하지 않는 것도 소거에 해당한다.

처벌(punishment)은 바람직하지 않은 행동에 대해 바람직하지 않은 결과를 제시함으로써 그 행동을 억제하는 것을 말한다. 즉, 조직에 바람직하지 않은 행동을 했을 때 자신에게 불쾌한 결과가 야기됨을 보여줌으로써 그러한 행동을 약화시키는 것이다. 예를 들어, 회사에 손실을 끼치거나 해가 되는 행동을 한 직원에게 감봉, 징계와 같은 조치를 취하는 것이 이에 해당한다.

제3절 커뮤니케이션

3.1 정보교류

기업을 둘러싼 경영환경이 점차 복잡하고 급변하게 됨에 따라 조직의 생존과 발전을 위해서는 조직 내 · 외부의 다양한 정보들을 보다 빠르게 탐색하고 이를 조직 내부 구성원들이 공유할 수 있는 시스템과 문화가 자리 잡아야 한다. 기업 혹은 조직 내 정보교류는 의사소통, 즉 커뮤니케이션을 의미한다고 볼 수 있지만 본절에서는 커뮤니케이션과 별도로 정보교류 내지는 공유 그 자체에 의미를 두고 구분하여 서술한다.

현대조직의 특성상 각 부문에서 전문화의 수준이 높아지고 있지만, 조직의 성과는 어느 한 부문의 탁월한 노력만으로 보장받을 수 있는 것이 아니기 때문에 조직 내 타 부문과의 정보교류를 통한 시너지창출 노력이 매우 중요하다고 할 수 있다.

수평적 정보교류뿐만 아니라 경영자와 직원들 간의 수직적 정보교류도 매우 중요한 의미를 갖는다. 경영자는 기업의 재무성과와 같은 정보를 직원에게 제공하고 경우에 따라서는 직원들이 재무정보를 해석할 수 있도록 교육함으로써 직원들이 자신의 직무가 기업성과에 어떻게 영향을 미치는지를 이해시킬 필요가 있다. 또한 회사에 대한 정보교류와 더불어 경영자는 산업 내 트렌드, 경쟁성과, 공급자와 고객 및 외부기회와 위협 등에 대한 정보를 제공하고 상호 의사소통해야 한다.

원활하고 효과적인 정보교류를 위해서는 정보기술의 도움이 필요하다. 월마트의 경우 매장관리자에게 품목별 판매량, 매출액, 그리고 이윤 등의 정보를 제공하는 정보기술을 구축하고 유지하기 위해 매년 5억 달러 이상을 지출한다. 월마트 매장의 부문관리자들은 이 정보를 이용하여 재고를 확인하고 적절한 머천다이징을 실시한다. 매장직원들은 경쟁업체에 비한 가격정보를 수시로 검색해서 관리자의 결재 없이도 신속하게 가격을 인하하여 제품에 표기할 수 있으며, 가격인하 관련 정보를 본사 사무실로 전달하게 된다. 이 경우 월마트는 위성시스템을 이용해서 전국 매장에 변경된 가격정보를 전달한다.

이렇듯 기업의 모든 구성원들이 조직 내 · 외부의 정보를 신속하게 교류하고 공유함으로써 환경변화와 같은 정보에 대한 효과적이고 효율적인 대응이 가능하게 된다.

3.2 커뮤니케이션의 의의와 모형

1) 커뮤니케이션의 의의

커뮤니케이션이란 두 사람 이상의 사람들 사이에 언어, 비언어 등의 수단을 통하여 서로의 의사(opinion), 감정(sentiment), 정보(information)를 전달하고 피드백을 받으면서 상호작용하는 과정이라고 말할 수 있다. 혹은 간단히 표현하면 "메시지를 통한 의미 있는 정보교환"이라고 할 수 있다.

효과적인 커뮤니케이션은 기업경영에서 매우 중요한 요소이다. 조직구성원들은 상호 간의 커뮤니케이션을 통해서 서로에게 필요한 정보를 교환하고, 서로를 이해하며 이를 통해 공동의 목표를 달성하고자 하는 동기부여가 가능한 것이다. 경영자들은 업무시간의 80%를 전화, 회의 혹은 개인적인 대화 등을 통해 다른 사람들과의 직접적 커뮤니케이션에 사용한다고 한다. 나머지 20%는 책상에서 업무를 보는 시간으로 보내는데, 이 시간도 역시 쓰기와 읽기 형태의 커뮤니케이션이라고 볼 수 있다(H. Mintzberg).

기업에서 커뮤니케이션의 주요 목적은 궁극적인 행동변화에 있다고 볼 수 있다. 기업은 각 부문활동과정에서 얻어지는 대내 · 외적인 정보들을 커뮤니케이션을 통해 공유하고, 환경변화에 적절히 대응하기 위한 행동의 변화를 모색할 수 있는 것이다. 커뮤니케이션의 구체적인 목적은 다음과 같이 조직의 목표설정에서부터 성과 피드백에 이르기까지 관리기능의 전과정에 걸쳐 찾아볼 수 있다.

① 설정된 기업목표의 전파

② 조직목표달성을 위한 계획 수립

③ 인적 · 물적 자원의 효율적인 조직화

④ 조직구성원의 선발, 교육 및 평가

⑤ 지휘, 지시, 동기부여

⑥ 성과통제, 피드백

2) 커뮤니케이션과정모형

일반적으로 대부분의 경우 커뮤니케이션과정은 발신자(sender), 부호화(encoding), 채널(channel), 해독화(decoding), 수신자(receiver, audience), 피드백(feedback)의 여섯 가지 단계로 이루어진다.

발신자(sender)는 전달하고자 하는 메시지를 부호화해서 채널을 통해 전달하게 된다. 부호화(encoding)란 의도한 메시지 혹은 의미를 전달하기 위해 이해하기 쉬운 형태인 청각, 시각, 촉각 등 감각적인 요소로 전환하는 과정이라고 할 수 있다. 부호화된 메시지는 문서, 대화, 이메일 등의 채널(channel)을 통해 전달된다. 이렇게 채널을 통해 수신자에게 전달된 메시지는 해독화과정을 통해 수신자에게 전달된다. 해독화(decoding)는 청각, 시각, 촉각 등 감각적 요소로 전환되어 받아들여진 메시지를 수신자가 이해할 수 있는 형태로 해석해서 의미를 부여하는 과정이다. 마지막으로 수신자(receiver)는 자신이 이해한 메시지에 대한 반응을 보이게 되고 이것이 발신자에게 피드백(feedback)됨으로써 커뮤니케이션과정이 순환하게 된다. 커뮤니케이션의 모든 과

그림 8-4 커뮤니케이션과정모형

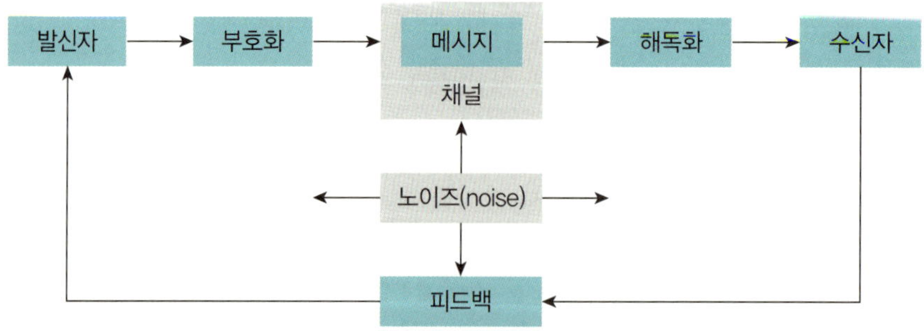

정에서 소음(noise)이 발생할 수 있고, 이로 인해 발신자가 의도한 대로 메시지가 제대로 전달되지 못하거나 왜곡되어 전달될 수 있다. 따라서 발신자는 피드백과정을 통해 자신이 의도한 메시지가 수신자에게 정확하게 전달되었는지를 확인해야 한다.

이러한 커뮤니케이션모형은 커뮤니케이션이 행해지는 모든 상황(context)에서 크게 다르지 않게 적용된다. 예컨대, 발신자와 수신자가 서로 상이한 문화권에 속한 글로벌 커뮤니케이션의 상황에서도 동일하게 적용된다. 이 경우 발신자가 속한 '문화권 A'와 수신자가 속한 '문화권 B'가 상이하므로 부호화를 하는 과정과 해독화를 하는 과정에서 공통적으로 노이즈가 발생할 수 있다. 따라서 발신자는 메시지 부호화를 할 때 수신자의 문화권에서 그 부호들이 어떻게 해석될 것인지에 대한 고려를 해야 한다.

그림 8-5 글로벌 커뮤니케이션모형

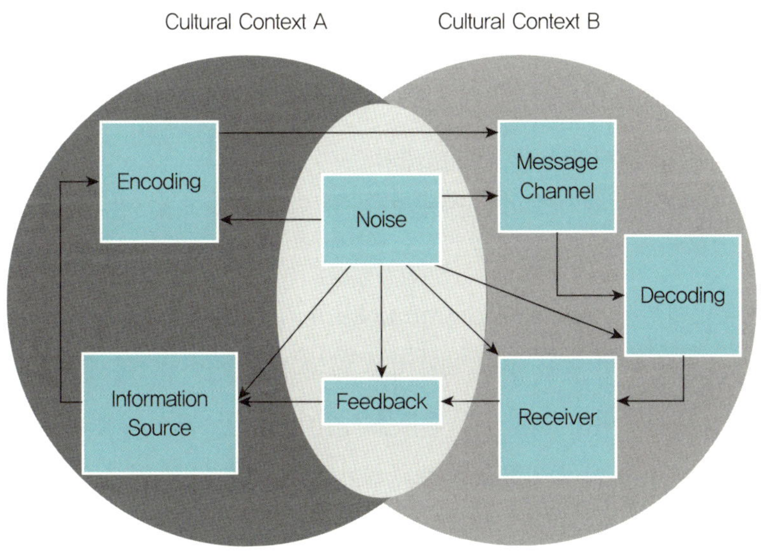

자료 : Philip R. Cateora and John L. Graham, *International Marketing*, 12th eds., McGraw-Hill, 2005, p.479.

3.3 커뮤니케이션의 유형

1) 언어적 커뮤니케이션과 비언어적 커뮤니케이션

커뮤니케이션은 그 전달수단에 따라 언어적 커뮤니케이션(verbal communication)과 비언어적 커뮤니케이션(nonverbal communication)으로 구분할 수 있다. 언어적 커뮤니케이션은 언어를 이용한 커뮤니케이션으로서 구두 커뮤니케이션과 문서 커뮤니케이션으로 나눌 수 있다.

구두 커뮤니케이션(oral communication)은 직접대화, 전화, 발표, 회의, 화상회의, 음성메일 등과 같이 직접적인 말을 통해 행해지는 커뮤니케이션이다. 구두 커뮤니케이션은 제한된 시간에 양적으로 보다 많은 양의 메시지를 전달할 수 있어 효율적이며, 즉각적인 반응을 볼 수 있다는 장점이 있다. 더욱이 직접대면을 통한 커뮤니케이션의 경우 표정과 같은 단서들을 언어화 함께 제공할 수 있기 때문에 메시지가 잘못 전달되거나 오해할 가능성이 낮다고 볼 수 있다. 한편, 구두 커뮤니케이션에서 핵심요소 중의 하나는 바로 청취(listening)이다. 청취는 메시지를 받아들이고 그 의미를 정확하게 해석하는 기술이라 할 수 있으며, 사람들이 가장 먼저 배워야 할 커뮤니케이션 스킬이다.

문서 커뮤니케이션(written communication)은 보고서, 편지, 건의서, 메모, e-mail, SNS 등과 같이 글을 통해 행해지는 커뮤니케이션이다. 문서 커뮤니케이션은 구두 커뮤니케이션에 비해 효율성과 즉각성은 떨어지지만, 표현의 정확성이 필요하거나 수신자가 가까이에 없어 기록으로 보관해야 하거나 혹은 매우 중요한 메시지인 경우에 적절한 커뮤니케이션방법이다. 특히 요즘 많이 활용되고 있는 휴대폰 등과 같은 전자매체를 통한 문서 커뮤니케이션은 단어, 약어(acronym), 구두점과 문자로 구성된 이모티콘 등이 사용되고 있다.

일반적으로 커뮤니케이션이라 할 때는 주로 언어적 커뮤니케이션을 떠올리지만, 행위나 행동을 통해 메시지를 전달하는 비언어적 커뮤니케이션도 언어적 커뮤니케이션 못지않게 중요하다. 표정, 몸짓, 눈짓, 목소리 톤, 심지어는 그날 입은 옷과 같이 모든

■ **그림 8-6** e-mail 커뮤니케이션에서 감정표현을 위해 사용되는 이모티콘의 예

:-) 행복, 웃음 :-(슬픔, 화남 :-l 무관심, 냉담 ;-) 윙크 :-/ 의심 많은, 회의적인	:-P 혀를 날름거림 :-D 크게 웃음 :-@ 소리 지름 8-) 선글라스 착용 ::-) 일반안경 착용	:-{) 시시덕거림 :-() 놀라움 *<{:0}) 산타클로스 &:(머리 잘 못한 날 :-# 입 다물어!

자료 : Louise E. Boone and David L. Kurtz, *Contemporary Business*, 9th eds., Dryden, 1999, p.342 ; 임창희, 경영학, 학현사, 2003, p.249.

형태의 비언어적 행위가 커뮤이케이션 단서가 될 수 있다. 비언어적 커뮤니케이션은 그 자체로서 의미를 전달하기도 하고, 구두 커뮤니케이션을 통해 전달하고자 하는 의미를 대체하거나 왜곡시키는 결과를 가져오기도 한다.

경우에 따라서는 언어적 커뮤니케이션을 통해 전달하기 어려운 메시지를 표현할 수 있어 의미가 있다. 한 연구에서 직접대화(face-to-fact conversation)를 다음 세 가지 커뮤니케이션 단서로 분류하고 각각의 단서가 의미전달 및 해석에 어느 정도의 비중을 차지하는지를 연구하였다. 연구결과 언어적 단서(verbal cues ; 언어로 전달된 단어들)는 7%, 목소리 단서(vocal cues ; 목소리 높낮이, 말투, 음색)는 38%, 그리고 얼굴표현(facial expression)이 55%를 차지하는 것으로 나타났다. 즉, 경우에 따라서는 직접적인 말로 내뱉는 것보다 간절한 눈빛 혹은 몸짓 하나가 더 많은 의미, 더 정확한 의미를 전달할 수 있다.

2) 공식적 커뮤니케이션과 비공식적 커뮤니케이션

공식적 커뮤니케이션(formal communication)은 조직 내에 사전에 규정된 명령체계 혹은 책임경로에 따라 메시지가 전달되는 것을 말한다. 공식적 커뮤니케이션은 수직적 커뮤니케이션과 수평적 커뮤니케이션으로 구분해 볼 수 있다.

수직적 커뮤니케이션(vertical communication)은 그 방향에 따라 다시 하향적 커뮤니케이션과 상향적 커뮤니케이션으로 분류할 수 있다.

하향적 커뮤니케이션(downward communication)은 조직 내에서 가장 흔하게 볼

수 있는 커뮤니케이션으로서 조직 내에서 위계, 직급 혹은 명령체계에 따라 상급자로부터 하급자에게 메시지가 전달되는 것을 말한다. 대표적인 하향적 커뮤니케이션은 명령, 지시, 방침 등이 있다. 예를 들어, 경영자는 e-mail, 부문별 회의 주재, 관리운영지침, 간행물, 사보 등을 통해 사원들에게 하향적 커뮤니케이션을 할 수 있다.

상향적 커뮤니케이션(upward communication)은 하급자들이 상급자에게 메시지를 전달하는 것으로서 업무보고, 소원수리, 각종 제안 등이 이에 속한다. 많은 기업들이 직원들로 하여금 관리자나 최고경영진에게 보다 활발하게 커뮤니케이션할 수 있도록 직원 설문조사, 제안함, 음성녹음 파일전송 등과 같은 상향적 커뮤니케이션 채널을 마련하고 있다. 경영자들은 자신이 행한 하향적 커뮤니케이션에 대한 조직구성원들의 피드백을 상향적 커뮤니케이션을 통해 확인할 필요가 있다. 그런데 이 경우 최일선 직원들의 의견이 최고경영층에게 전달되는 과정에서 중간관리자들이 정보를 선택적으로 전달하는 여과효과(filtering effect)가 발생할 수 있기 때문에 사안에 따라서 말단직원들의 의사가 최고경영층에게 직접 전달될 수 있도록 하는 장치가 필요하다.

수평적 커뮤니케이션(horizontal communication)은 조직 내에서 위계 혹은 계층이 같거나 유사한 구성원들 간의 의사소통을 의미한다. 수평적 커뮤니케이션은 조직의 하위부서 간(between subunit) 커뮤니케이션과 조직의 하위부서 내(within subunit) 커뮤니케이션으로 구분할 수 있다. 수평적 커뮤니케이션은 주로 동급 구성원들이나 동급 기능부서 간 이해관계를 조정하는 데 유용하게 활용될 수 있다. 따라서 경영자가 조직구성원 혹은 부서 간에 원활한 커뮤니케이션을 할 수 있는 채널을 만들어 주는 것이 중요하다.

비공식적 커뮤니케이션(informal communication)은 조직 위계구조에 의하지 않고 자연발생적으로 형성된 비공식적인 경로를 통하여 전달되는 것을 말한다. 과거에는 비공식적 커뮤니케이션이 공식적 커뮤니케이션을 왜곡하고 혼란을 초래하여 조직 내에 많은 문제를 발생시킬 우려가 있다고 인식되어 왔으나, 반대로 비공식적 커뮤니케이션을 통해 정보를 보완하여 불확실성을 저감할 수 있고 구성원들의 소속감을 증대시킬 수 있다는 순기능도 있다. 실제로 조직 내에서는 비공식 네트워크를 사용해서 커뮤니케이션하는 경우가 더 많다고 볼 수 있다.

비공식적 커뮤니케이션은 정해진 경로나 네트워크가 없고 매우 복잡하게 구성되어 있다. 대표적인 비공식적 커뮤니케이션 네트워크는 포도넝쿨을 의미하는 그레이프 바인(grape vine)을 들 수 있다. 한 연구결과에 따르면 많은 조직구성원들이 조직 내에서 자신들이 가장 자주 사용하는 정보원천이 그레이프 바인이라고 응답한 것으로 나타났다. 그레이프 바인은 정보를 매우 급속하게 확산시킨다. 예를 들어, 공식적 커뮤니케이션 채널을 통해 메시지를 전달하는 데 하루가 걸린다면, 그레이프 바인을 통해서는 한 시간 이내에 메시지가 전달될 수 있다. 또한 그레이프 바인을 통해 전달되는 정보의 신뢰성도 75~96%에 이르는 것으로 나타나 상당한 신뢰성을 갖는 것으로 알려져 있다. 그럼에도 불구하고 아주 사소한 부정확함에 의해서도 메시지를 완벽하지 못하게 왜곡시킬 수 있는 우려는 존재한다.

일반적으로 비공식적 경로를 통해 커뮤니케이션하는 경우는 다음 몇 가지를 들 수 있다.

첫째, 공식적인 경로를 통해 전달되는 정보의 양이 부족한 경우에는 이를 보완하기 위해 비공식적 경로를 통해 추가적인 정보를 얻으려고 한다.

둘째, 어떤 메시지를 신속하게 전달해야 하는 경우에는 절차가 복잡하고 오래 걸리는 공식적 경로보다는 비공식적 경로를 이용하게 된다.

셋째, 구성원 자신과 직접적으로 관련되고 중요한 사안에 대해서는 비공식적 경로를 통해 부가적인 정보를 얻으려고 하는 경향이 있다.

넷째, 어떤 사안이 명확하게 결정되지 않아 불확실성이 큰 상황에서는 불안함이나 초조함을 느끼게 되므로 이를 해소하기 위해 비공식적 경로를 통해 추가적인 정보를 획득하려고 한다.

다섯째, 조직 내 누군가를 표적으로 하는 부정적인 정보를 전달하려 하는 경우에도 비공식적 경로를 많이 이용하기도 한다.

3.4 조직 내 · 외부 커뮤니케이션

조직내부 커뮤니케이션(internal communication)은 조직 내 채널을 통해 메시지를 전달하는 것이다. 예를 들어, 메모, 회의, 발표, 전화대화, 심지어는 점심식사 도중 간단한 잡담 등도 이에 해당한다. 내부 커뮤니케이션은 소규모 기업의 경우 상대적으로 단순한데, 이는 주로 대면 접촉으로 커뮤니케이션이 이루어지기 때문이다. 이 경우 불확실한 해석상의 오류는 추가적인 대화를 통해 해결하게 된다.

내부 커뮤니케이션은 조직이 성장하고 구성원들이 많아지면서 점차 복잡해지고 어려워진다. 전달하고자 하는 메시지의 상당수가 문서로 전달되고, 종종 공식조직의 위계단계를 통해 전달되기도 한다. 이렇게 몇 단계를 거치게 되면서 원래의 메시지가 왜곡되기도 한다. 따라서 메시지 전달자는 메시지가 문서나 구두로 명확히 전달되는지, 그리고 정확히 해석되는지를 지속적으로 확인해야 한다.

많은 기업에서 내부 커뮤니케이션을 촉진하기 위해 e-mail을 활용한다. 오늘날 기업에서 e-mail은 커뮤니케이션의 기본적인 활용수단으로서, 시간과 공간의 장벽을 뛰어넘어 정보교환의 정확성과 속도를 개선시켰다. 최근에는 SNS상에 그룹공간을 만들어 비공식적인 내부 커뮤니케이션 채널로 활용하는 경우도 많아졌다.

내부 커뮤니케이션은 집중적 커뮤니케이션과 분권적 커뮤니케이션으로 구분할 수 있다. 집중적 커뮤니케이션(centralized communication)은 구성원들의 의사결정이나 문제해결을 위한 정보교환이 오직 한 사람을 통해 이루어지는 형태이다. 분권적 커뮤니케이션(decentralized communication)은 구성원들이 조직 내 다른 구성원들과 자유롭게 의사소통하고 함께 의사결정하고 결론에 도달하는 형태이다. 이 두 가지 형태 중에 어떤 것이 더 효과적인 방법인지를 단정할 수는 없으며, 당면한 문제와 의사결정의 성격이 어떤가에 따라 달라진다. 단순한 문제의 경우에는 집중적 커뮤니케이션이 분권적 커뮤니케이션에 비해 정확하고 신속하게 문제를 해결할 수 있다.

집중적 커뮤니케이션과 분권적 커뮤니케이션은 커뮤니케이션 네트워크로 설명될 수 있다. 커뮤니케이션 네트워크란 조직구성원들 간의 접촉패턴 혹은 메시지 전달망을 의미한다. 커뮤니케이션 네트워크는 대표적으로 사슬형(chain), Y형, 수레바퀴형,

원형, 완전연결형 등 다섯 가지로 분류할 수 있다. 각 네트워크의 특성에 따라 구성원들의 행동과 성과, 조직의 분위기, 만족도가 달라질 수 있으며, 역시 절대적으로 이상적인 네트워크를 규정할 수는 없다. 각 커뮤니케이션 네트워크 형태와 형태별 특성은 [그림 8-7], 〈표 8-3〉과 같다.

그림 8-7 커뮤니케이션 네트워크

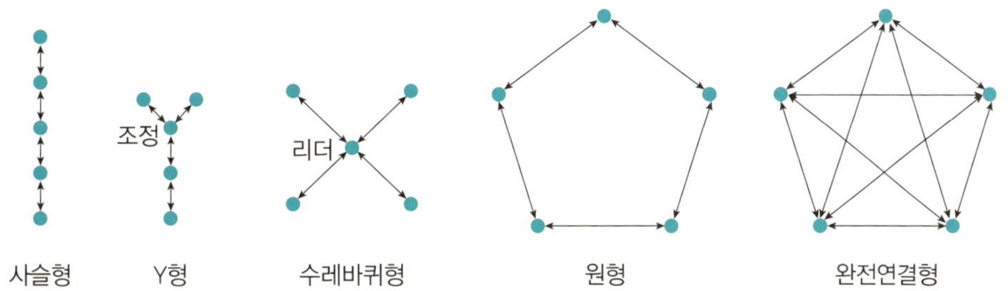

표 8-3 커뮤니케이션 네트워크 형태별 특성

기본특성	사슬형	Y형	수레바퀴형	원형	완전연결형
의사결정의 질	리더능력에 따라 다름	리더능력에 따라 다름	리더능력에 따라 다름	중간	높음
의사결정 속도	느림	중간	빠름	중간	느림
메시지 왜곡	높음	중간	중간	중간 또는 높음	낮음
구성원 만족	상부 : 높음 하부 : 낮음	중심부 : 높음 하부 : 낮음	중심부 : 높음 외부 : 낮음	중간	높음
권한집중도	중간	높음	매우 높음	낮음	매우 낮음
정보과중도	중간	중심부 : 높음 하부 : 낮음	중심부 : 매우 높음 외부 : 중간	중간	중간

자료 : L. Hawkins and P. Preston(1984), "Analysis of the Communication," in Dunham, R.B., *Organizational Behavior, People and Process in Management*, Richard D. Irwin, Inc., p.280 ; 박영배, 현대기업과 경영관리, 2009, 청람, p.339.

조직외부 커뮤니케이션(external communication)은 조직과 주요 이해관계자인 고객, 공급자, 타기업, 일반대중 및 정부 등과 메시지 전달을 통해 정보를 교환하는 것이다. 기업은 시장지위를 유지하고, 제품수정과 가격변화 등의 정보를 제공함으로써 고객과의 관계를 형성하기 위해 외부 커뮤니케이션을 활용한다. 기업의 경우 신제품 개발, 고객만족 향상이 궁극적인 기업목적이기 때문에 외부 커뮤니케이션의 핵심초점은 고객에 있다. 고객과의 모든 커뮤니케이션은 고객의 호의와 고객만족에 기여하기 위해 행해진다.

3.5 갈등관리

커뮤니케이션의 원활함과 그렇지 못함은 갈등관리와도 직결되는 부분이다. 이하에서는 갈등의 개념, 기능, 그리고 갈등해결 등 갈등관리에 대해 알아본다.

1) 갈등의 의의

갈등(conflict)은 어느 한쪽이 상대방의 의도나 목표를 방해하려는 시도에 의해 발생하는 적대적인(antagonistic) 상호작용을 말한다. 조직 내 갈등의 상당 부분은 피할 수 없는 것이 사실이지만, 너무 빈번한 갈등은 조직구성원들의 아이디어 교환, 협동 및 성과창출을 위한 능력을 저해하게 된다.

갈등에 대한 관점은 전통적 관점, 행동주의적 관점, 상호작용적 관점의 세 가지 단계를 거쳐 변화해 왔다.

첫째, 전통적 관점(traditional view)은 갈등을 오로지 부정적으로만 바라보는 관점이다. 전통적 관점에 의하면 갈등은 조직 내 문제를 안고 있는 사람들이 일으키는 것으로서 반드시 피해야 하는 것으로 규정한다. 또한 갈등이 발생하면 법, 제도, 규범 등과 같은 공식적인 절차를 통해 해결하고, 그 과정에서 생기는 소수의 피해는 어쩔 수 없는 것으로 인식한다.

둘째, 행동주의적 관점(behavioral view)은 갈등은 모든 조직 내에서 필연적이고 자연스럽게 발생하는 요소이고 반드시 부정적이지만은 않으며 잠재적으로 긍정적인 영향을 미칠 수도 있는 것으로 규정한다. 이 관점에 의하면 적절한 갈등은 구성원들의 창의성과 변화의지를 고취시킴으로써 성과향상에 기여할 수 있다. 행동주의적 관점은 인간관계 관점으로 설명되기도 한다.

셋째, 상호작용적 관점(interactional view)은 행동주의적 관점에서 진일보한 관점으로서, 갈등이 조직에 긍정적인 영향을 미칠 수도 있을 뿐만 아니라 경우에 따라서는 조직의 효과적인 업무수행을 위해서 절대적으로 필요하다고 보는 견해이다. 이 관점에 따르면, 오랜 기간 동안 갈등이 전혀 없는 조직은 무기력과 타성에 빠지게 되어 환경변화에 따른 변화나 혁신이 필요한 경우에 신속하게 대응하기 어렵기 때문에 적절한 갈등을 조장하는 것이 필요하다고 한다. 이와 관련해서는 갈등의 순기능과 역기능에 대한 부분에서 보다 자세히 설명한다.

갈등의 원인은 매우 다양하다. 가장 흔한 경우는 정보, 예산, 각종 공급물 등과 같이 희소성 있는 자원을 차지하기 위한 경쟁에서 비롯된다. 또한 조직구성원들은 조직이 추구하는 바에 대하여 개인적인 충돌 혹은 차이를 경험함으로써 갈등을 느끼게 된다. 커뮤니케이션의 부재나 부적절한 커뮤니케이션도 오해나 분노의 원인이 될 수 있다. 아울러 명확한 직무책임이나 역할명세가 없을 때에도 갈등이 발생할 수 있다.

2) 갈등의 순기능과 역기능

앞서 갈등에 대한 행동주의적 관점과 상호작용적 관점에서 보았듯이 갈등은 조직에 반드시 부정적인 결과만을 초래하지는 않으며, 경우에 따라 적절한 갈등은 조직의 성과 향상에 긍정적인 영향을 미치기도 한다. 후자를 갈등의 순기능이라 하며, 전자를 갈등의 역기능으로 설명할 수 있다. 어느 정도의 갈등이 순기능적 역할을 하는지 혹은 역기능적 역할을 하는지를 단적으로 규정할 수는 없으나 상호작용적 관점에 의해 이상적으로 적절한 갈등의 수준에 미치지 못하거나 혹은 넘어서는 경우에는 역기능적 역할을 할 것으로 설명할 수 있다. 갈등의 수준과 조직성과와의 관계는 〈표 8-4〉와 같다.

| 표 8-4 | 갈등의 수준과 조직성과 간 관계

갈등의 수준	낮음	이상적(적절)	높음
역할	역기능적	순기능적	역기능적
집단행동	• 환경적응력 둔화 • 무사안일 • 침체 • 의욕상실	• 환경변화에 신속한 적응 • 창의적, 변화지향적 • 활발한 문제해결행동 • 적극적 목표달성 행동	• 혼란 • 분열 • 상호조정 결여 • 목적의식 결여
성과	낮음	높음	낮음

3) 갈등해결 유형

갈등의 원인과 당사자들의 특성, 그리고 갈등이 발생한 상황 등이 매우 다양하고 복잡하기 때문에 갈등해결을 위한 유일한 최선의 방법은 없다. 상황에 따라 가장 효과적인 대응을 위한 노력을 할 뿐이다. 일반적으로 갈등해결 유형은 협조성과 독단성의 두 차원을 바탕으로 분류할 수 있다. 협조성이란 상대방의 관심사를 만족시키려는 의도이며, 독단성이란 자신의 관심사를 충족시키려는 의도를 말하는 것으로서 이 두 개 차원을 통해 다섯 가지 갈등해결 유형을 도출할 수 있다.

경쟁(competition)은 자신의 입장만을 강조하고 자신의 이익을 충족시키기 위해 상대방을 압도하고 독단적으로 갈등을 처리하는 방식으로, "이 일은 내 방식대로 하자!"라고 결정하는 것이다. 비록 경쟁방식이 팀의 조화나 협력체제를 구축하지는 못하지만 비일상적인 의사결정이나 비상시에 유용한 방식이다.

적응(accommodation)은 경쟁과 정반대로 자신의 이익을 포기하고 상대방의 입장과 이익을 충족시키는 방향으로 갈등을 처리하는 방식으로서 팀의 화합을 유지하는데 도움을 준다. 이 방식에 의하면 의견 불일치가 발생하는 경우 조직 구성원은 그 이슈에 대해 자신보다 더 중요하게 관련되어 있는 타인의 이익을 위해 자신의 이익을 포

■ **그림 8-8** 갈등해결 유형

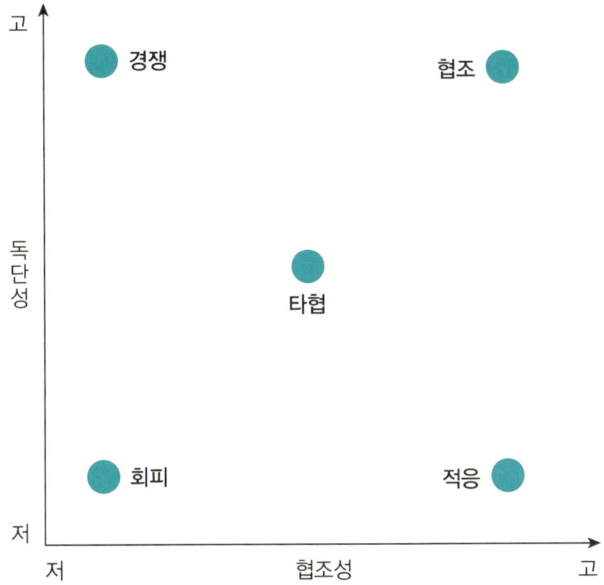

자료 : K. W. Thomas(1992), "Conflict and Negotiation Processes in Organizations", in M. D. Dunnette and L. M. Hough(eds.), *Handbook of Industrial and Organization Psychology*, Vol.3, 2th ed., p.668.

기하는 결정을 내린다.

타협(compromise)은 갈등을 해결하기 위해 가장 흔히 시도되는 방법으로서 양 당사자가 적절한 교환과 희생을 통해 나름대로 부분적으로 만족할 수 있는 방향으로 의사결정하는 방식이다. 이 방법은 독단성과 협조성을 적절히 혼합하는 형태로 볼 수 있다. 타협에 의한 방식은 서로 반대 입장의 당사자들이 지각하는 이슈의 중요도가 비슷한 경우, 당사자들의 힘이 비슷한 경우 혹은 상황적으로 즉시 해결을 해야 하는 압력이 있는 경우에 유용하다.

협조(collaboration)는 양 당사자의 이익을 모두 만족시키려는 방식으로서 윈윈(win-win)을 추구할 수 있으나 오랜 시간에 걸친 협상을 필요로 한다. 이 방식은 모든 이해관계자들의 동의가 중요한 상황이거나 혹은 모두의 시각이 상호 수용할만한 단일결론으로 모아져야 하는 경우에 유용한 방식이다.

회피(avodiance)는 자신의 입장이나 이익뿐만 아니라 상대방의 이익도 무시함으로써 갈등이슈로부터 근본적으로 물러나는 방식이다. 이 방식은 갈등이 사소한 이유로 인해 발생했거나, 아무에게도 득이 될 수 없는 갈등이거나, 더 많은 정보가 필요하거나 혹은 갈등을 공개하는 것 자체가 조직에 해가 될 때 적절한 대응방식이다.

앞서 서술한 바와 같이 이러한 갈등해결방식들 중 유일한 최선의 방법은 없으며 여러 가지 상황들을 반영해서 적절한 해결방법을 선택하게 된다.

MODERN BUSINESS MANAGEMENT

part 3

기능별 경영활동

chapter 09

인사관리

제1절 인사관리의 기초개념

1.1 인사관리의 의미와 적용원리

1) 인사관리의 의미

오늘날의 기업은 글로벌시장에서 무한경쟁을 하고 있다. 기업에 있어서의 경쟁의 원천은 인적자원과 물적자원을 얼마나 효과적으로 결합하여 양질의 재화나 서비스를 생산하는가에 있다. 그 중에서도 인적자원의 관리는 매우 중요하다 왜냐하면 인간은 기계와는 달리 감정이 있고 사회적이고 인격적인 존재여서 획일적인 관리로는 경영의 효과를 거둘 수 없기 때문이다.

인적자원관리를 인사관리라 하는데 이러한 인사관리(personnel management)는 조직구성원들로 하여금 조직목적달성을 위해 자발적으로 노력하도록 동기를 부여하여 근로에 대한 의욕을 불어넣고, 직무만족을 느끼도록 하는 관리활동으로서 조직에 필요한 인력을 획득 · 조달하고 유지 · 개발하여 이를 효율적으로 관리 · 활용하는 체계를 말한다.

■ **그림 9-1** 인사관리의 개념

인간관리 = 인적자원관리 = 인사관리

2) 인사관리의 원리와 원칙

인사관리는 기계가 아닌 인간을 대상으로 하는 관리활동으로서 조직구성원들이 자발적으로 일할 수 있도록 다양한 활동을 수행해 나가야 한다. 이러한 활동이 효과적이고 합리적으로 수행되기 위해서는 다음과 같은 원리가 적용되어야 한다.

① 능률화의 원리 : 고용과 배치, 교육훈련, 인사고과, 이동 · 승진 등에서 높은 생산성을 나타낼 수 있도록 능률화의 원리를 적용시켜야 한다.

② 인간화의 원리 : 복리후생, 의사전달, 급여 등에서는 조직구성원들에게 만족을 줄 수 있도록 인간화의 원리를 적용시켜야 한다.

③ 민주화의 원리 : 단체교섭이나 직원 경영참가 등에서는 조직구성원들에게 불이익이나 차별대우가 없도록 민주화의 원리를 적용시켜야 한다.

이 밖에 인사관리에서 지켜야 할 주요 원칙은 다음과 같다.

① 적재적소 배치의 원칙 : 직무수행에 적합한 인재를 배치한다.

② 공정한 보상의 원칙 : 노동력 제공에 대한 공정한 대가를 지급한다.

③ 공정한 인사의 원칙 : 승진, 상벌, 근무성적의 평가 등에서 공정성이 확보되어야 한다.

④ 직원 안정의 원칙 : 안심하고 일할 수 있도록 신분보장이 이루어져야 한다.

⑤ 독창력 개발의 원칙 : 제안, 구상, 실천의 여지를 넓게 한다.

⑥ 협동단결의 원칙 : 직원 간에 강한 정신적 유대감을 가지게 하여 협동단결하도록 관리한다.

1.2 인사관리의 목표

인사관리는 생산성 향상과 근로자 생활의 질적 향상 등 두 가지 목표를 추구하는 것으로 집약할 수 있다. 생산성 향상은 근로자들의 작업의욕을 고취시켜 과업을 성공적으로 달성하게 하고 원만한 인간관계를 유지하게 하여 조직을 안정되게 이끌어 나가는 데 필요한 목표이다. 근로자 생활의 질적 향상목표는 작업의 단순화, 전문화 등에서 오는 소외감, 인간성 상실을 방지하고 새로운 기술의 등장으로 경험하게 되는 불안감 등을 해소할 수 있도록 교육, 자기개발 등을 실시하여 활기차고 행복한 삶을 살아나갈 수 있도록 하기 위한 목표이다.

결국 인사관리목표를 추구한다는 것은 조직 속에서 개인의 능력을 최대한 발휘하게 하여 각 개인이 자기직무에서 최대의 만족을 얻는 동시에 근로자와 사용자 간의 협력관계가 달성될 수 있도록 관리하는 것을 말한다. 이러한 인사관리의 주된 활동에는 직원의 채용, 교육훈련, 인사고과, 승진, 이동, 배치, 급여, 고용안정, 복리후생, 임금관리, 인간관계관리, 노사관계관리 등이 포함된다.

그림 9-2 인사관리의 목표

제2절 인사관리의 주요 활동

2.1 인력확보관리

인력확보관리는 인사관리의 출발점이다. 따라서 양질의 인력을 확보하기 위해서는 직무분석을 토대로, 기업의 필요에 적합한 직원을 채용하여야 한다. 이때 주안점은 직원이 가져야 할 능력과 자질을 파악하고, 입사 희망자의 적성과 자질이 우수하고 직무에 적합한 사람을 선발해야 한다는 것이다. 이러한 인력확보관리는 모집, 선발, 배치의 과정을 거친다.

1) 모집

사원을 모집하는 방법에는 상황에 따라 사내모집과 사외모집 등 두 가지가 있다. 사내모집은 특정한 목적을 가진 프로젝트를 수행해야 할 때 각 부서에서 선발하는 방법이므로 신규채용에는 속하지 않는다. 사외모집은 신규사원을 채용할 때 사용하는 방법으로서 통상적으로 신문, 방송, 인터넷 등의 채널을 통한 모집공고로 시작된다.

2) 선발

선발은 대개 시험과 면접으로 행해지는데 모집된 응시자 중에서 직무에 적합하다고 생각되는 사람을 선발하게 된다. 시험은 직무를 수행하는 데 필요한 신체적 · 정신적 능력을 갖추고 있는가를 판정하고자 하는 것이며 이를 지능검사, 적성검사, 성취도검사, 흥미검사, 인격검사 등으로 구분한다.

면접은 지원자에 대한 모든 정보를 종합하여 심사할 수 있는 유일한 방법으로서 응시자의 용모와 태도, 가정환경, 인물성격, 사상경향, 전문지식, 표현력, 일반상식, 협조성, 신뢰성, 잠재능력, 신념, 희망직종 등을 조사한다. 이러한 면접 시 오류를 범하기 쉬운 여러 현상이 있는데 오류 발생 원인은 다음과 같은 몇 가지 내용으로 설명할 수 있다.

(1) 현혹효과

현혹효과(halo effect)는 후광효과라고도 하는데 이는 한 측면의 평가결과가 전체 평가를 좌우하는 오류를 말한다. 예를 들어, 용모가 좋은 사람을 확인도 하지 않고 성실하고 친절한 사람으로 평가하는 등의 오류이다.

(2) 관대화경향

관대화경향(leniency tendency)은 실제보다 더 높게 평가하는 오류이다. 예를 들어, 사람들에게 굳이 점수를 낮게 주고 싶지 않을 때 적당하게 좋은 점수를 주게 되는데 이를 관대화경향이라고 한다. 관대화경향은 인사고과 시에 자주 나타나는데, 상급자가 부하직원을 평가할 때 일반적으로 자신의 부하들이 다른 사람의 부하들보다 더 능력 있고 똑똑한 사람들이기를 바라는 마음에서 후한 점수를 주는 경향이 있는데 이를 관대화의 오류라고 할 수 있다.

(3) 중심화경향

중심화경향(central tendency)이란 평가를 함에 있어 무조건 적당히 중간점수로 평가하여 평가치가 중간에 치중하는 현상을 나타나게 하는 오류이다. 사람들은 어떤 대상을 평가할 때 그 대상에 대해 잘 알지 못함에도 불구하고 기어이 판단을 내리려 하는 경향이 있다. 이때 '수' 혹은 '가' 등의 극단적인 판단은 대상을 잘못 판단할 위험이 크기 때문에 적절하게 중간점수로 평가하는데 이를 중심화의 오류라 한다.

(4) 스테레오타입 오류

스테레오타입(stereo-type) 오류는 사람들이 경험을 통한 수많은 원판을 마음속에 갖고 있다가 어떤 대상이 그 원판들 중 하나라도 비슷하게 맞아떨어지면 동일한 것으로 간주해버리는 오류를 말한다. 예를 들어, 어떤 사람이 주변사람들과의 경험을 통해 "여자는 소극적일 것이다"라는 원판을 형성하고 있는 상황에서 새로운 여성을 알게 된다면 기존의 원판에 맞추어 "이 사람도 여성이므로 소극적일 것이다"라는 생각을 하게 되는데 이를 스테레오타입 오류라 한다.

(5) 자기충족적 예언

자기충족적 예언(self-fulfilling prophecy)이란 머튼이라는 사회학자가 처음으로 쓴 말로 우연한 근거에서 어떤 예언이 형성되면 그 예언이 바로 예언 자체를 실현시키게 되는 강력한 수단이 된다는 것이다. 이를 자성예언이라고도 하고, 피그말리온효과(Pygmalion Effect)라고도 한다. 즉, 자기충족적 예언이란 "어떻게 행동하리라는 주위의 예언이 행위자에게 영향을 주어 결국 그렇게 행동하도록 만든다"는 이론이다. 이는 "말이 씨가 된다"는 우리나라 속담과 일맥상통한다. 예컨대, 실제로 칭찬을 받으면서 자란 아이는 긍정적인 자기충족 예언을 하게 되고 이 힘에 의해서 자기신뢰감과 자기효능감이 높아지기 때문에 지속적으로 자기개발을 하게 되는 반면, 비난과 욕을 먹고 자란 아이는 부정적인 자기예언을 하게 되어 자신의 삶을 쉽게 포기하거나 낮은 동기를 지니고 있어 자기개발을 하지 못한다는 것이다.

3) 배치

인력확보관리의 마지막 단계로서 선발된 인력을 적재적소에 배치하는 관리활동이다. 이때 고려해야 할 것들은 적재적소주의, 실력주의, 인재육성주의, 균형주의 등이다.

2.2 인력개발관리

인력개발관리란 조직의 전략 및 목표에 맞게 인력자원을 효율적으로 관리 · 개발하여 조직의 유효성을 증진시키는 관리활동을 말한다. 성공적으로 인력개발관리가 이루어질 때 조직의 생산성은 높아진다. 이러한 인력개발관리는 직원의 이동과 승진에도 많은 이점을 제공한다. 인력개발관리는 개인개발, 경력개발 및 조직개발 등으로 구분한다.

1) 개인개발

개인개발은 조직구성원 각 개인들을 교육이나 실무를 통하여 새로운 지식과 기술을 습득하게 하여 긍정적 태도와 행동을 보이게 하고 이에 따라 직원 각자의 업무 향상을 꾀하고자 하는 것이다. 개인개발은 정규적 또는 비정규적으로 실무나 교육을 통하여 실시된다. 특히, 개인개발에 있어서는 교육이 많이 이용되는데 주로 활용되는 교육은 다음과 같다.

(1) 직장 내 훈련

직장 내 훈련(On the Job Training : OJT)은 직속 상사가 실제 일하는 작업현장에서 작업자에게 개별 지도하는 직무훈련을 뜻하며, 보통 부서장의 책임하에 교육 및 훈련을 실시한다.

(2) 직장 외 훈련

직장 외 훈련(Off the Job Training : Off-JT)은 직장 밖에서 하는 직장 외 훈련을 뜻하며, 보통 각 기업의 인재원, 연구소 등 특정 교육훈련시설을 통해 선문적 교육을 실시한다.

(3) 산업 내 훈련

산업 내 훈련(Training Within Industry : TWI)은 같은 산업 내 다른 기업에 위탁하여 교육을 실시하는 개인개발방법으로 내용은 ① 부하에게 작업을 가르치는 방법

(job instruction), ② 작업의 개선방법(job method), ③ 작업에서의 대인관계(job relation) 등 세 가지 과정이며, 실연이나 실례를 중심으로 일정한 순서를 되풀이함으로써 훈련을 심화하는 데 역점을 둔다.

TWI는 특히 '키포인트 주의(key–point principle)'를 채용하는 데 그 특징이 있다. 키포인트 주의란 직무 전체를 올바르게 수행하기 위해서 가장 중요한 키포인트를 발견하여 이를 확정하는 것이며, 그 훈련방법은 다음과 같다.

① 피훈련자에게 직무수행의 수순과 키포인트를 설명해 준다.

② 훈련자가 먼저 시범적으로 피훈련자가 수행할 업무를 관찰시킨다.

③ 피훈련자에게 직무 중 간단한 부분을 실연하게 한다.

④ 직무 전체를 수행시키면서 이를 돕는다.

⑤ 직무 전체를 수행시키면서 이를 지켜본다.

⑥ 피훈련자 혼자서 직무 전체를 수행하게 한다.

(4) 자기개발

자기개발(Self Development : SD)은 본인 책임하에 스스로 자기개발을 위하여 실시하는 개인개발방법이다.

2) 경력개발

경력개발은 개인의 관심과 가치관, 적성, 현재의 업무 및 활동상황 등을 파악하여 미래직무에 필요한 지식과 기술을 개발 · 축적하게 하는 관리활동이다. 이러한 경력개발은 먼저 유망한 직무 분야에서 경력을 쌓고 있다는 것을 각 개인에게 인식을 시키는 것에서 시작된다. 성공적인 경력관리를 위해서는 경력에 관한 정보를 이용하여 경력계획을 수립하고 경력에 관한 상담 및 지도, 경력개발세미나 개최, 경력경로설계 등이 필요하다. 기업에서 조직구성원들의 경력관리를 해주고 있다는 것을 구성원이 인식할 때 각 개인은 희망과 만족감을 갖고 긍정적으로 업무에 임할 수 있다.

경력관리에서는 직원들을 한 부서에서만 일하도록 하지 않고 다른 부서로 재배치하는 업무를 실행하기도 한다. 이것은 각 개인들이 새로운 마음으로 자신의 능력을 발휘할 수 있게 하는 계기를 마련해 주기 위함이고, 기업 입장에서 볼 때도 부서 재배치는 조직의 유효성을 증대시킬 수 있는 방안이 된다. 이러한 경력관리는 다음과 같은 네 가지 단계를 거쳐 수행된다.

① 욕구파악단계 : 구성원의 객관적 능력과 욕구를 파악하여 조화시킨다.
② 준비단계 : 경력경로를 설정한다.
③ 수행단계 : 상사나 경력정보센터의 조언과 도움을 얻어 경력관리를 실시한다.
④ 평가단계 : 수행된 경력관리의 문제점을 파악하고 효율적 경력관리를 도모한다.

3) 조직개발

조직개발이란 조직 전체를 새롭고 창의적인 체제로 개선하는 관리활동을 말한다. 조직개발은 조직의 구조, 문화, 전략, 직원의 태도 등 조직 내에 상존하고 있는 여러 변수들을 분석하여 조직을 진단하고 기업활동에 관련된 제반 문제들을 새롭게 개선하는 방법이다.

조직개발은 ① 조직의 효율성 향상, ② 조직의 잠재능력개발, ③ 조직내부 충실, ④ 조직변혁 등을 목표로 한다.

보·고·가·세·요

미국 3M사의 학습조직

3M사의 이직률은 3% 미만으로 경쟁기업에 비해 매우 낮다. 이는 그만큼 근로자들이 조직에 대한 만족감을 갖고 직무에 충실한다는 것을 의미한다. 3M사의 비결은 무엇일까? 여기에는 3M사만의 독특한 학습방법이 있기 때문이다. 근로자들은 단순히 일하기 편하고 대우가 좋은 것만으로 회사에 애착을 갖는 것은 아니다. 회사에 근무하면서 다양한 업무경험을 통해 더욱 많이 배울 수 있는 기회가 주어지고 자신의 아이디어를 실현시킬 수 있는 가능성이 높을 때 직무에 대한 만족을 느끼고 회사에 대한 애착을 갖는다.

3M사에는 학습을 장려하는 15%규칙이 있다. 이것은 회사의 구성원은 누구나 근무시간의 15% 정도는 현재 진행 중인 업무와 무관한 지식창조활동에 할애할 수 있다는 규칙이다. 15%

규칙에 의해 구성원들은 개인적으로 관심 있는 분야에 몰입할 수 있으며 새로운 기회의 발굴을 위한 아이디어를 개발시킬 수 있다. 구체화된 구성원들의 아이디어에 대해서는 최고 5만 달러까지의 자금을 지원하여 축적된 학습결과를 구체적으로 실현시킬 수 있도록 지원하고 있다.

3M사에는 30%규칙도 있다. 30%규칙의 내용은 사업부문에서 1년 매출의 30%는 최근 5년 내에 개발된 제품판매에서 나와야 한다는 것이다. 3M사의 승진, 상여금 책정은 이 30%규칙에 근거하고 있다. 이러한 전략은 3M사의 근로자들에게 지속적인 학습과 혁신을 촉진하는 계기를 마련해 주었다.

2.3 인력활용관리

조직에서 개발된 인적자원을 효율적으로 유지 · 관리하기 위하여 조직과 직무의 특성을 분석 · 파악하여 직무를 재설계하거나, 구성원에 대한 동기부여방안을 수립하는 등 관리활동을 실행해 나가는 데 이를 인력활용관리라 한다.

2.4 보상관리

보상은 조직구성원들의 노력의 대가로 나타난다. 이러한 보상은 직접적 성격의 보상인 임금과 간접적 성격의 보상인 복리후생으로 구분할 수 있다. 복리후생은 구성원의 생활수준 향상을 위하여 시행하는 것으로 임금 이외의 방법으로 직원에게 수혜되는 것들이다. 예를 들어, 주택 제공, 휴식공간 확보, 자기개발기회 제공, 의료, 안전시설 확보 등을 꼽을 수 있다. 이러한 복지후생은 그 일을 주관하는 주체가 대부분 기업측이지만 때로는 기업과 근로자가 공동으로 관리하기도 한다.

제3절 직무관리

3.1 직무관리의 의의

인사관리의 성패는 직무와 사람을 연결하여 이를 어떻게 유기적으로 조화시키느냐에 따라 좌우된다. 직무와 사람의 유기적 연결이 성공적으로 이루어지게 하기 위한 관리활동을 직무관리라 한다. 기본적으로 직무관리가 잘 이루어져야 인사관리활동이 성공할 수 있다. 이러한 직무관리는 직무분석, 직무평가, 직무설계 등의 과정으로 구성되어 있다.

3.2 직무분석

직무분석(job analysis)이란 직무수행을 위해 요구되는 경험, 기능, 능력, 책임 등을 분석하고 그 직무가 다른 직무와 구별되는 요인을 명확하게 밝히는 일련의 과정을 말한다. 직무분석은 다음과 같은 단계를 거친다.

① 직무의 단위 결정 : 직무의 단위 결정이란 무슨 일을 하고 어떠한 책임을 지는가에 따라 직무를 분류하고 해당 직무수행에 필요한 지식, 경험 등을 분석한 다음 직무를 분야별로 구분하고 이에 따라 일의 내용과 범위를 결정하는 단계이다.

② 직무 내용의 체계적인 기술 : 인사관리 제반 목적에 적합한 직무 내용을 자세하게 상술하는 직무기술서와 직무명세서를 작성하는 단계이다.

③ 직무기술서(job description) 작성 : 직무기술서는 직무 자체에 대한 기술 내용으로서 직무의 내용, 직무활동과 절차, 수행되는 과업, 사용되는 원재료, 다른 작업자와의 상호작용, 작업조건, 작업집단의 인원수, 고용조건, 작업시간, 임금조건, 임금 형태, 직무의 위치, 승진, 이동의 기회 등이 기록되어 있어 직무수행의 내용을 명확하게 해준다.

| 표 9-1 | 직무기술서의 예

(직무명)	일자
(소속부과명)	(직무종사자수)
(직무의 개요)	
(수행되는 일)(직무의 각 분야에 소요되는 시간)	%
이하 생략	

④ 직무명세서(job specification) 작성 : 직무명세서는 직무를 담당하는 데 적절한 자격요건을 적은 것으로서 직무수행에 필요한 직원의 행동, 기능, 능력, 지식, 성별, 연령, 학력, 신장 등을 기록하여 직무수행에 필요한 인적 자격요건을 명확하게 해준다.

| 표 9-2 | 직무명세서의 예

가) 사업부문의 장(라인)의 자격요건 1. 교육 : 경영관리를 주로 연구한 대학졸업자 또는 경영실무상 그들과 동등한 경험이 있는 자 2. 경험 : 판매부장 · 업무부장 또는 컨트롤러를 포함하여 5년간 성공적으로 업무를 수행한 경험을 가질 것 3. 지식 : 이하 생략

3.3 직무평가

직무평가(job evaluation)란 각 직무의 중요성, 곤란도, 위험도 등을 평가 · 비교하여 직무의 상하관계와 중요성 정도를 결정하고, 이에 따라 임금을 산정하는 단계이다. 즉, 직무평가란 각 직무의 상대적 가치를 평가하는 단계이다. 직무평가는 직무기술서와 직무명세서를 토대로 이루어지며, 평가요소는 숙련도, 노력, 책임, 작업조건 등을 들 수 있다.

이러한 직무평가방법은 양적 방법과 질적 방법으로 구분할 수 있는데, 양적 방법에는 점수법과 요소비교법이 있고, 질적 방법에는 서열법과 분류법이 있다.

① 점수법 : 직무의 가치를 점수로 나타내는 방법으로 직무를 구성요소들로 분해하고 각 요소별로 중요도에 따라 점수를 부여한 후 합계를 내는 방식이다.

② 요소비교법 : 핵심적인 몇 개의 기준직무를 선정해 놓고, 이를 지적 · 신체적 · 기술적 요건 등 요소별로 나누어 기준직무와 다른 직무(기타 직무)를 요소별로 비교하는 방법이다.

③ 서열법 : 직무의 가치를 위험도, 책임도, 난이도 등 중요도에 따라 우선순위를 매기는 방법이다.

④ 분류법 : 직무의 가치나 난이도, 위험도 등에 따라 평가요소별로 사전에 A, B, C, D 등 몇 개의 등급을 설정하고, 모든 직무를 각 등급별로 분류하여 평가하는 방법이다. 예로서, 숙련등급을 숙련, 반숙련, 미숙련으로 나누는 것을 들 수 있다.

3.4 직무설계

직무설계(job design)란 직무수행자에게 일의 의미와 만족을 부여하여 직무를 효율적으로 수행할 수 있도록 작업단위, 직무 내용, 작업방법을 질적 · 양적으로 개선하거나 재설계하는 것을 말한다. 대표적인 직무설계의 방법으로는 직무확대와 직무충실화 등이 있다.

직무확대(job enlargement)는 직무의 범위를 새롭게 넓혀 줌으로서 작업의 단조로움이나 권태감을 해소시켜 직무에 대한 만족을 주는 방법이다. 이 방법은 미숙련 육체노동자나 하위층 정신노동자들에게 직무만족을 주기 위해 채택하는 방법으로 사용되고 있다.

직무충실화(job enrichment)는 기존의 직무 내용을 새롭고 보다 충실한 직무 내용으로 바꾸어 직원이 새로운 자세로 직무에 임할 수 있도록 하는 방법이다. 이러한 직무충실화는 직원에게 새로운 동기를 부여해 주고, 성취감이나 책임감 또는 성장의 기회를 제공하는 계기가 된다.

3.5 인사고과

인사고과란 직원의 능력과 업적을 평가하고, 이를 토대로 직원의 잠재적 능력의 유용성을 파악하는 것을 말한다. 인사고과는 직원에 대한 보상, 승진, 이동, 인력개발 등에 활용된다.

인사고과에는 자기고과, 상사에 의한 고과, 동료에 의한 고과, 하위자에 의한 고과, 외부인에 의한 고과 등이 있다. 한편, 전통적 고과방법으로는 업적과 능력을 다른 직원과 비교하여 순위를 결정하는 서열법, 근무성적에 관한 객관적 기준을 정해 놓고 이를 계속적으로 기록하는 기록법, 고과요소마다 평정척도를 정하고 이에 따라 A급, B급, C급, D급 등 등급을 정하는 평정척도법, 미리 설정된 평가 세부일람표에 따라 체크하여 평가하는 대조법(check list법), 정해 놓은 비율에 맞추어 피고과자를 강제로 할당하는 강제할당법, 피고과자가 작업 업적을 구체적으로 적어서 평가한 업무보고법 등이 있다. 이 밖에 목표관리법, 평가센터법 등이 있다. 평가센터법은 평가를 전문으로 하는 평가센터를 만들고 직속상관이 아닌 특별히 훈련된 관리자들이 복수의 평가절차를 통해 인사고과를 진행하는 것을 말한다.

인사고과에 있어서 고려해야 할 점으로서 가장 중요한 것은 정확하고 공정한 평가이다. 이러한 공정성과 정확성을 확보하기 위하여서는 인간성, 인품 등 인물중심의 고과를 지향하고 일중심, 업적중심의 인사고과가 확립되어야 한다. 그리고 하나의 고과자료로 모든 분야의 고과를 행하지 말고 분야별, 목적별로 고과를 따로따로 행하여야 한다. 이를 위해 다면평가나 수시평가와 같은 방법도 적용된다. 또한 고과자들의 전문적 자질이 부족할 경우를 대비하여 고과훈련이나 교육이 필요하다. 이와 함께 과거의 잘못에 대하여 고과하기보다는 미래의 가능성을 고려하여 고과를 하는 것이 바람직하다.

| 표 9-3 | 전통적 인사고과와 현대적 인사고과

구분	전통적 인사고과	현대적 인사고과
관점	• 사람중심의 독단적 고과 • 임금관리, 상벌, 감독을 위한 고과 • 과거지향적 고과	• 직무중심의 성과적 평가 • 능력개발, 인재육성을 위한 고과 • 미래지향적 고과
가치기준	인물, 성격 등 개인적 가치(포괄적 · 추상적)	성과, 능력 등 객관적 · 구체적 가치
평가 활용	강점, 약점 파악을 통한 상벌자료 활용	강점을 밝혀 문제해결에 활용
피드백	비공개	공개

보 · 고 · 가 · 세 · 요

직무관리의 순서

직무분석(직무단위결정, 직무기술서, 직무명세서) → 직무평가(직무의 상대적 가치평가, 임금산정) → 모집, 선발, 배치(직무중심, 기업풍토, 잠재능력) → 직무설계(직무만족, 생산성 향상) → 인사고과(업적, 능력평가, 이동, 승진, 교육)

제4절 임금관리

4.1 임금의 뜻과 중요성

임금이란 근로의 대가로 지급되는 일체의 금품을 말한다. 이러한 임금은 근로자 입장에서 보면 생계를 유지하는 중요한 소득의 원천이며, 기업의 입장에서 보면 비용으로 제품의 원가를 구성하는 인건비이다.

따라서 근로자들은 높은 임금을 원하게 되고, 노동력의 사용자인 기업은 원가를 절감하기 위하여 낮은 임금지급을 원한다. 이러한 점은 근로자와 기업 간의 요구사항이 서로 상충되는 문제이다. 따라서 임금은 기업과 직원 간의 대립을 최소화할 수 있도록 관리되어야 한다. 이러한 점을 미루어 볼 때 임금관리는 매우 중요하다.

4.2 임금수준

임금수준이란 일정한 기간 동안 한 기업 내의 모든 직원에게 지급되는 평균임금을 말한다. 임금수준결정에서 고려해야 할 점은 ① 직원의 생계비수준, ② 기업의 지불능력, ③ 사회적 균형 등이다.

임금지급 시 임금수준이 너무 낮아 근로자의 최저생계비에도 미치지 못하는 경우도 발생할 수 있는데, 이때 근로자를 보호하는 입장에서 최저임금제도가 등장한다. 최저임금제도란 근로자에게 지급되는 임금의 최저액을 법률로 정하여 근로자의 생활을 보호하고자 하는 제도이다. 그러나 사회적으로는 최저임금제도가 오히려 저임금 근로자들의 일자리를 축소시키는 결과를 가져올 것이라는 우려도 함께 존재한다.

4.3 임금체계

임금체계는 기본급과 부가급으로 분류할 수 있다. 기본급은 주로 노동 제공에 대한 직접적인 대가이다. 부가급은 기본급에 부수적으로 생활비를 보충하거나 직무환경의 차이에 따라 지급되는 성질의 것이다.

1) 기본급

기본급에는 연공급, 직무급, 직능급 등이 있다. 전통적으로 대개 아시아권 국가의 기업은 연공급을 기준으로 하여 기본급을 산정하는 경우가 많고, 유럽과 미주 국가의 기업들은 직무급을 기준으로 하여 기본급을 산정하는 경우가 많다.

① 연공급 : 연공급은 개개인의 학력, 자격, 근속연수, 연령, 능력 등에 생활비를 감안한 인적요소에 의하여 임금을 결정한다. 연공급의 특징으로는 근속연수가 많아짐에 따라 기본급의 급여액이 높아지는 것을 들 수 있다.

② 직무급 : 직무급은 직무평가에 의하여 직무의 중요도에 따라 임금을 결정하는 방법이다. 따라서 해당 직무를 담당하는 근로자에게는 누구든지 동일 노동, 동일 임금의 원칙에 따라 균등한 임금이 책정된다. 이 제도는 연공급이 사람에 대한 임금이었던 데 대해 직무급은 직무에 대한 임금이라는 사고방식에 입각해서 만들어진 제도이다.

③ 직능급 : 직능급은 연공급과 직무급을 절충한 제도이다. 이것은 근로자가 같은 직무에 계속 머물러 있어도 상급의 직무를 담당할 능력이 있다고 인정 · 평가되면 임금을 높여 주는 제도이다. 직능급은 직능의 등급(계장, 과장, 부장 등)을 정하고 이를 호봉으로 세분하여 등급과 호봉의 결합점에서 임금을 결정한다. 이때 호봉에는 능력뿐만 아니라 연공적 요소도 포함된다.

2) 부가급

부가급은 직무수당, 기타 각종 수당, 상여금 등으로 나뉜다. 직무수당은 직무의 특성을 감안하여 지급되는 급여이나 실제로는 기본급의 부족을 보완하려는 의도에서 지급되는 경우가 많다. 그 밖의 각종 수당은 특수한 직무환경에 따라 지급되는 것으로 야근수당, 시간외수당 등 여러 종류의 것이 있다. 상여금은 노동제공에 대한 대가라기보다는 근로자의 업적, 성과에 대한 보상적 성격이 짙으며, 기본급의 몇 배라는 연간 지급액을 정해 놓고 연중 몇 차례에 나누어 지급되는 것이 상례이다.

■ **그림 9-3** 임금체계

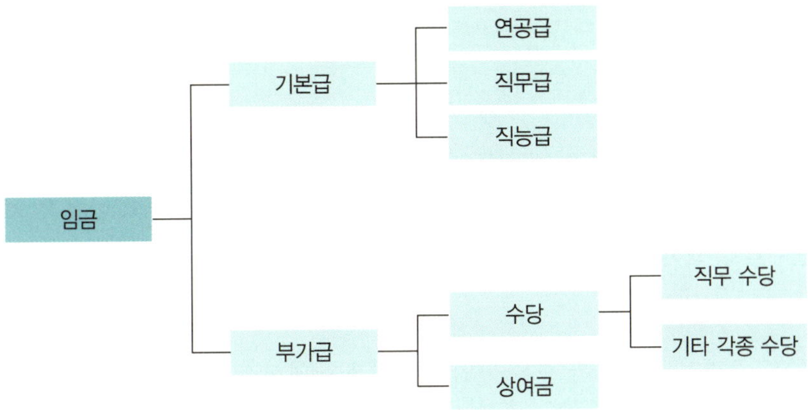

4.4 임금 형태

임금 형태란 임금을 산정하고 지불하는 방법에 있어서 그 실행기준과 형태를 말한다. 임금 형태는 시간급, 성과급 등으로 구분할 수 있다.

1) 시간급제도

시간급제도(time rate plan)는 근로자의 노동시간을 기준으로 하여 임금을 산정하는 방법이다. 시간급제도는 노동시간에 비례하여 일정액이 지급되므로 정액급이라고도 한다.

(1) 단순 시간급제도

단순 시간급제도는 임금계산이 가장 단순하고 기계적이며 근로자에게는 임금 수령액이 안정적이고 확실하여 소득이 안정되는 반면, 노동능률의 향상에 대한 자극이 없고 객관적이고 합리적인 임률 산출이 쉽지 않다는 결점이 있다. 단순 시간급제를 산출하는 공식은 다음과 같다.

단순 시간급 임금 = 실제 작업시간 × 시간당 임률

(2) 복률 시간급제도

복률 시간급제도는 단순 시간급제도의 결점을 보완한 제도로 작업표준(표준과업)을 설정하여 이를 달성하면 높은 임률을 지급하고 이에 미달하면 낮은 임률을 지급하는 제도이다. 복률 시간급제를 산출하는 공식은 다음과 같다.

표준과업을 미달한 경우의 임금 = 실제 작업시간 × 낮은 시간 임률

표준과업을 초과한 경우의 임금 = 실제 작업시간 × 높은 시간 임률

2) 성과급제도

성과급제도(piece rate plan)는 근로자가 많이 생산하면 많은 임금을, 적게 생산하면 적은 임금을 받게 되는 임금 형태로서 임금이 생산량과 직접 관계를 가지는 임금 형태이다. 즉, 성과급제도는 근로자가 수행한 작업의 성과에 따라 일정한 비율로 임금이 지급되는 제도이다. 성과급제도에는 단순 성과급제도와 복률 성과급제도가 있다.

(1) 단순 성과급제도

단순 성과급제도란 제품의 단위당 임률에 실제 생산량을 곱하여 임금을 계산하는 방법이다. 이 제도는 계산이 간단하고 능률증진에 큰 자극을 주는 반면, 능률이 낮은 미숙련공 등에게 불리한 제도이다. 그리고 근로자들이 일의 성과에만 관심을 기울이게 됨으로써 인간이 생산기계화, 부품화되는 경향을 가져올 수 있다. 단순 성과급제도의 공식은 다음과 같다.

단순 성과급 임금 = 제품단위당 임률 × 실제 생산량

(2) 복률 성과급제도

복률 성과급제도란 일일 표준작업량(과업)을 정해 놓고, 표준작업량 이상을 달성한 직원에게는 높은 임률을 적용하고, 표준작업량에 미달한 직원에게는 낮은 임률을 적용하는 제도이다. 이 제도는 테일러(F. Taylor)가 1895년에 고안한 방법으로 차별적 성과급제라고 하기도 한다. 차별적 성과급제의 임금 산출방식은 다음과 같다.

과업을 미달한 경우의 임금액 = 성과(작업량) × 낮은 임률
과업을 초과한 경우의 임금액 = 성과(작업량) × 높은 임률

(3) 추가급제도

추가급제도는 시간급제와 성과급제를 절충한 방법이다. 기본급을 보장하면서 표준 이상의 작업성과를 올렸을 때 그에 대한 성과급을 지급하는 임금 형태이다.

3) 그 밖의 제도

(1) 이익분배제도

근로자의 노동과 작업능률을 자극하기 위하여 임금 이외에 기업이익의 일정비율을 직원에게 지급하는 제도이다.

(2) 집단임금제도

임금을 일정한 일을 공동으로 작업하는 근로자의 집단에 지급하고 해당 집단에서 일정한 비율로 각 근로자에게 분배하는 제도이다.

(3) 순응임금제도

순응임금제도(sliding scale plan)란 여러 가지 조건에 임금을 연계시켜 조건에 따라 임률을 변동 조절시키는 제도이다. 예로서 생계비나 판매가격 또는 이윤 등의 변동에 따라 생계비 순응임금제, 판매가격 순응임금제, 이윤 순응임금제 등을 들 수 있다.

제5절 노사관계관리

5.1 노사관계의 의의

경영자와 근로자는 사용자와 피사용자의 관계에 있는데, 이와 같은 관계를 노사관계라 한다. 과거 근로자는 경제적인 약자로서 가혹한 노동조건 등 여러 가지 불이익을 당하는 경우가 많았다. 근로자들은 이러한 불이익을 방지하기 위하여 점차 단결하기 시작했으며 집단으로 경영자와 임금, 근로조건 등에 관해서 교섭하게 되었다.

노사관계에 있어서는 이해가 상반되는 경우가 허다하다. 그러나 이러한 상반된 이해관계를 상호 간의 양보와 협력으로 해결해 나감으로써 경영자, 근로자, 기업 모두가 바람직한 방향으로 발전할 수 있게 되는 것이다.

5.2 노동조합

노동조합은 임금근로자의 노동생활의 여러 가지 조건을 유지 · 개선하기 위해서 자주적으로 조직된 임금근로자들의 단체이다. 이러한 노동조합은 헌법에서 보장되는 '노동 3권'을 보장받고 있다. 노동 3권은 다음과 같다.

① 단체교섭권 : 임금, 승급조건, 노동시간, 복리후생, 고용, 해고 등에 대하여 사용

자와 교섭할 수 있는 권리를 말한다.

② 단결권(단체협약) : 근로자를 대표하여 노동조합이 사용자와 노동조건 등에 대하여 협약할 수 있는 권한을 말한다.

③ 단체행동권(노동쟁의) : 단체교섭이 잘 이루어지지 않을 때에 적법한 절차에 따라 사용자에 대항하여 쟁의를 할 수 있는 권한을 말한다. 단체행동의 유형은 다음과 같다.

- 동맹파업(strike) : 노동력 제공을 집단으로 거부하는 행위
- 태업(sabotage) : 노동자들이 고의적으로 작업을 태만하게 하여 불량품을 생산함으로써 노동능률을 저하시키는 행위
- 시위(demonstration) : 노동자들이 집단적으로 시위를 하여 요구사항을 관철하려는 행위
- 감시(picketing) : 동맹파업을 성공시키기 위하여 파업방해자를 감시, 예방하는 행위
- 불매운동(boycott) : 집단적 불매운동을 전개하는 행위

1) 노동조합의 형태

노동조합은 크게 직업별, 산업별, 기업별 노동조합과 일반조합으로 나누어진다.

(1) 직업별 노동조합

직업별 노동조합은 동일한 직종에 종사하는 임금근로자들끼리 모여서 만든 조합이다. 직업별 노동조합은 동일 직종 간의 횡적인 단결을 강하게 하는 조합 형태이나 타 직종을 포함하는 근로자 전체의 단결에는 적당하지가 않다.

(2) 산업별 노동조합

산업별 노동조합은 동일한 산업 또는 동일 기업에 종사하는 전체 근로자들을 대상

으로 조직되는 노동조합이다. 산업별 노동조합은 근로자들의 결속력에 따라서는 경영자에 대하여 강력한 교섭을 할 수 있는 장점이 있는 반면에 근로자 간의 이해관계를 조정하기가 어려워 단결이 흐트러질 경우가 많다.

(3) 기업별 노동조합

기업별 노동조합은 동일 기업에 종사하는 근로자에 의하여 조직되는 노동조합이다.

(4) 일반조합

일반조합은 어떤 직종 또는 어떤 기업에 종사하나에 상관없이 동일 지역에 있는 중소기업을 중심으로 하여 조직되는 노동조합이다. 이 조합은 동일 기업 내의 근로자만으로는 수가 적어 조합을 만들 수 없을 경우에 동일 지방에 있는 여러 기업의 근로자가 함께 조직하며, 대기업이 발달하지 못하고 중소기업이 많은 나라에서 중요한 역할을 한다.

2) 노동조합 가입과 탈퇴

노동조합에 가입하고 탈퇴하는 것은 원칙적으로 근로자의 자유이다. 그러나 다음 세 가지 제도에 따라 제약을 받는다.

(1) 클로즈드 숍

클로즈드 숍(closed shop)이란 노동조합의 조합원만이 사용자에게 고용될 수 있는 제도를 말한다. 다시 말해, 기업에 고용되기 위해서는 의무적으로 먼저 노동조합에 가입해야 하며, 조합을 탈퇴하거나 제명을 당하게 되면 자동으로 해고되는 강력한 제도이다.

(2) 유니언 숍

유니언 숍(union shop)이란 근로자 채용 시 사용자는 비조합원을 일단 채용할 수는 있지만 채용 후 일정기간 안에 그 채용된 자는 조합에 가입해야 하는 제도이다. 만일 그 기간 내에 가입하지 않을 경우에 근로자는 자동으로 해고된다.

(3) 오픈 숍

오픈 숍(open shop)이란 사용자가 근로자를 채용함에 있어 노동조합 가입 여부와는 상관없이 자유롭게 근로자를 채용할 수 있는 제도를 말한다. 노동조합의 힘이 강할 때는 클로즈드 숍 제도가 성행하고 약할 때는 오픈 숍 제도가 발달한다.

5.3 노동조합의 기능과 특성

노동조합은 사회적 요구에 의하여 여러 가지 기능을 수행해야 한다. 이와 함께 노동조합은 근로자를 위한 단체가 되기 위하여 자주성과 민주성을 확보해야 한다. 노동조합의 기능은 환경의 변화에 따라 다양해지고 있으나 가장 기본적인 기능으로 경제적 기능, 공제적 기능, 정치적 기능 등을 들 수 가 있다.

1) 경제적 기능

경제적 기능은 근로자들의 근로조건을 개선하여 경제적 · 사회적 지위를 향상시켜 국민경제에 기여함을 목적으로 수행되는 노동조합의 중심기능이다. 경제적 기능은 노동조건의 유지 · 개선을 위한 단체교섭, 단체협약, 노동쟁의, 경영참가 등에 의해 수행된다.

2) 공제적 기능

노동조합은 조합원의 경제적 지위 향상을 위하여 조합기금을 조성하여 소비조합, 공제회, 그 밖의 복리후생시설 등을 운영하고 조합원의 질병, 재해, 노령, 실업 등에 대하여 상호공제하는 기능을 수행하는데 이러한 기능을 공제적 기능이라 한다.

3) 정치적 기능

노동조합관계법의 제정, 사회보험제도 개선 등 경제 · 사회정책에 관하여 노동조합이 정치적 발언과 주장을 하는 기능을 정치적 기능이라 한다.

노동조합은 조합의 결성과 운영에 있어서 외부로부터의 간섭이나 개입을 배제하여 스스로의 주체성을 확보하여 자주성을 유지해야 한다. 노동조합의 규모가 커질수록 중요한 것은 조합내부운영의 민주화이다. 노동조합이 어느 한 사람이나 어떤 집단에 의해 지배되면 근로자 이익을 옹호하기 위하여 등장한 노동조합이 오히려 근로자를 지배하고 억압하는 현상이 나타날 수 있다. 이러한 폐단을 막기 위해서 노동조합은 민주성을 확보해야 한다.

5.4 민주적 노사관계의 정착

기업경영에 있어서 노사관계는 바늘과 실처럼 필수적인 밀접한 관계이다. 자본과 노동이 상호협력하여 조화를 이루어야 보다 높은 생산성을 추구할 수 있다. 노사관계에 있어서는 원천적으로 상호대립되는 요소인 부의 분배문제가 늘 상존한다. 그러나 노사가 협력하여 적극적으로 경제활동을 수행할 때 많은 부를 일구어낼 수 있을 것이다. 협조적 노사관계 확립을 위한 제도로는 경영참가제도, 노사협의제도 등을 들 수 있다.

1) 경영참가제도

경영참가란 근로자가 기업의 의사결정과정에 참여하는 것을 뜻한다. 경영참가에는 자본에 대한 참가, 이윤에 대한 참가, 관리에 대한 참가 등이 있다.

(1) 자본에 대한 참가

자본에 대한 참가제도는 근로자에게 자기 회사의 주식을 소유하게 하여, 소속감이나 애사심을 가지게 하는 제도이다. 이러한 제도는 노사 간의 협력을 촉진시키는 제도로서 직원지주제도(employee stock ownership)를 예로 들 수 있다.

(2) 이윤에 대한 참가

이윤에 대한 참가제도는 임금 이외에 일정기간에 발행한 이윤을 일정비율로 근로자에게 분배해 주는 제도로서, 노사 간의 협동정신과 능률 향상을 촉진시킨다. 이러한 이윤에 대한 참가의 예로는 이윤분배제도가 있다.

(3) 관리에 관한 참가

관리에 관한 참가제도는 근로자가 조직의 의사결정에 참여하는 제도이다. 그 예로서 최고경영자 임명이나 근로조건, 채용, 해고 등 인사에 관한 의사결정에서의 참가와 재무계획, 생산계획, 판매계획 등 기업경영관리에의 참가 등을 들 수 있다.

2) 노사협의제도

경영에 있어 노사 간의 의사소통은 매우 중요하다. 경영의 민주화와 생산성 향상을 위해서는 근로자들은 기업의 어려움을 이해하고 사용자는 근로자에게 신뢰감을 줄 수 있도록 노사 간의 상호이해를 돈독히 할 필요가 있다. 노사 간의 원만한 의사소통을 위하여 마련하는 대화의 장이 노사협의회라 할 수 있다. 노사협의회에서는 생산, 재무, 마케팅, 인사문제 등 광범위한 경영 전반에 걸쳐 협의할 수 있다.

이러한 노사협의제도는 직원들의 사기 앙양과 창의성 및 공헌의욕을 고취하고, 동기부여 증진에 큰 도움을 준다.

chapter 10

생산관리

제1절 생산관리의 의의

생산은 인간의 기본적인 활동의 하나이다. 우리 주변에 있는 모든 물건은 누군가가 만들어낸 것이다. 각종 전자제품, 자동차, 가구 등과 같은 제품들은 모두 생산과정을 거쳐 만들어진 것이다.

일반적으로 형태가 있는 제품을 만드는 것만 생산이라고 생각하기 쉽지만, 우리 눈에 보이지 않는 무형의 서비스를 만드는 것도 생산에 포함된다. 예를 들어, 우리에게 필요한 물건을 집 앞까지 배달해 주는 것이나 어떤 물건을 일정한 장소에서 일정기간 동안 보관하는 것도 생산활동이라고 할 수 있다.

| 표 10-1 | 생산활동

생산활동의 예	변화의 형태
제품의 생산(제조)	물리적인 변화
제품의 이동(배달)	지리적인 변화
제품의 보관(창고)	시간적인 변화

1980년대 이후 일본 기업들이 높은 품질과 저렴한 가격으로 세계시장에서 경쟁력을 확보하는 비약적인 발전을 보이자 전 세계는 일본식 생산관리에 대하여 높은 관심을 가지게 되었다.

전사적 품질관리(TQC)와 적시생산체제(JIT)로 대표되는 일본 기업의 생산관리는 고객만족을 극대화하기 위한 불량품의 최소생산과 생산활동에서의 낭비를 제거하는 것을 최대의 목표로 삼아왔다. 즉, 고객이 무엇을 원하는지(needs/wants)를 정확히 파악하고, 생산활동과 유통과정에서의 낭비적 요소를 제거함으로써 자연스럽게 품질을 향상시키고 공급의 소요시간을 단축하며 원가절감과 유연성 향상 등을 달성하는 것이다.

이를 위해서 일본 기업들은 전 부문에서 동시에 품질관리를 실시하고, 필요한 시기와 장소에 원재료나 제품을 적시에 제공함으로써 재고비용이나 품질관리비용을 최소화하는 생산관리를 실시하였다.

1.1 생산관리의 범위

우리 사회는 혁신적인 기술발달로 인하여 산업사회에서 첨단정보화사회로 급속히 변화하고 있다. 현대사회에서의 생산은 제품을 만들어내는 것은 물론 높은 품질의 서비스를 제공하는 것을 강조한다. 따라서 '제품을 만드는 것을 생산', '서비스의 제공을 운영'이라고 생각하던 개념이, 이제는 '생산관리'라는 용어에 포함되어 함께 사용하는 것이 일반적이다.

그러나 중요한 것은 생산관리나 운영관리라는 용어가 아니라 생산활동을 관리하는 범위가 제조업과 서비스업을 모두 포함한다는 것을 이해하는 것이다. 이 장에서는 제품과 서비스의 제공을 모두 포함하는 개념으로 생산관리라는 용어를 사용하도록 한다.

1.2 생산관리의 목표

기업은 본질적으로 이윤극대화라는 기업목표를 달성하기 위하여 많은 노력을 기울이는데, 이는 궁극적으로 소비자들이 기업의 제품이나 서비스를 구매함으로써 달성될 수 있다. 따라서 제품이나 서비스 생산을 담당하는 생산부문은 기업목표달성을 위한 필수부문이라고 할 수 있다.

여러 기업들의 성격이나 특성에 따라 그 중요성의 차이는 있지만, 일반적으로 생산부문의 목표를 살펴보면 '원가(cost), 품질(quality), 시간(time), 유연성(flexibility)'의 네 가지를 가장 중요하게 생각하고 있다.

1) 원가

원가는 흔히 제품을 만들거나 서비스를 제공하는 데 소요된 비용으로 생각하면 된다. 기본적으로 제품이나 서비스의 생산시설에 투입되는 투자비용과 이 시설을 운영하는 데 필요한 운영비용을 모두 포함한다.

따라서 기업 입장에서는 생산원가를 절감하기 위해서 구입한 기계와 설비를 가능한 한 오래 사용하고 유지하려고 노력하게 된다. 또한 효과적인 생산활동을 하기 위해 재고량을 줄이고, 생산과정에서 발생할 수 있는 불량이나 산업 폐기물의 감소 등을 통해서 비용을 줄여야 한다.

2) 품질

기업의 생산능력 향상으로 제품이나 서비스의 공급이 증대되고, 소비자들의 생활수준이 향상됨에 따라 기업들 간에 제품이나 서비스의 품질경쟁이 심화되고 있다. 이는 단순히 값이 싸다든지, 양이 많다든지 하는 것이 더 이상 소비자들의 구매에 많은 영향을 미치지 못한다는 것을 의미한다.

그리하여 오늘날 대부분의 기업들은 품질 향상을 생산부문의 가장 중요한 목표로 설정하고 끊임없는 연구개발을 통하여 자사의 제품이나 서비스의 품질을 향상시키기 위해 노력하고 있다. 따라서 기업의 생산부문에서는 처음 제품을 만들 때부터 설계와 디자인을 고급화하고, 생산과정을 자동화함으로써 품질수준을 높일 수 있도록 노력해야 한다.

3) 시간

생산부문의 또 하나의 중요한 목표는 제품이나 서비스의 생산시간을 단축하는 것이다. 제품이나 서비스의 공급에 걸리는 시간을 단축하기 위해서는 생산과정을 자동화하고 단순화해서 낭비되는 시간을 줄일 수 있어야 한다.

기업들이 신제품을 시장에 경쟁사보다 조금이라도 빨리 출시하려는 노력이나 신속한 서비스 제공을 위해서 첨단기술을 활용한 택배서비스를 이용하는 것은 이러한 시간의 중요성을 보여주는 좋은 예라고 할 수 있다.

4) 유연성

유연성이란 시장에서 소비자들이 요구하는 사항에 대하여 어떠한 경우에도 만족할 수 있도록 생산부문에서 준비할 수 있어야 한다는 것을 의미한다. 예를 들어, 어떤 제품이 소비자들에게 인기가 좋아서 생산량을 늘려야 할 때에는 생산라인이 확장될 수 있어야 한다. 반대로 어떤 제품의 판매량이 갑자기 떨어져서 생산량을 줄이고, 신제품을 만들어야 할 경우에는 빠르게 생산라인을 변경할 수 있어야 한다. 이렇게 시장과 소비자의 요구사항이 적시에 반영될 수 있는 기업의 생산부문은 제품 생산활동의 유연성을 높인다.

제2절 생산관리의 기본활동

생산관리의 기본활동은 원재료가 투입되고 완제품이 나오기까지의 전 과정을 포함한다. 대표적인 활동에는 공정관리(과정관리), 재고관리, 품질관리 등이 있으며, 각 기본 활동들의 특징과 기능은 다음과 같다.

2.1 공정관리

공정관리는 일정한 기간 내에 원하는 양과 질의 제품을 생산하기 위하여 계획하고 통제하는 작업과정을 의미한다. 효과적인 생산활동을 하기 위해서는 인원, 설비, 자재 등에 관련된 생산계획을 잘 세워야 하며, 제품을 만들기 위한 순서를 결정하는 공정계획이 세밀하게 이루어져야 한다. 공정계획이 수립되면 제품의 생산일정에 맞추어 제품을 만들게 된다.

그림 10-1 공정관리

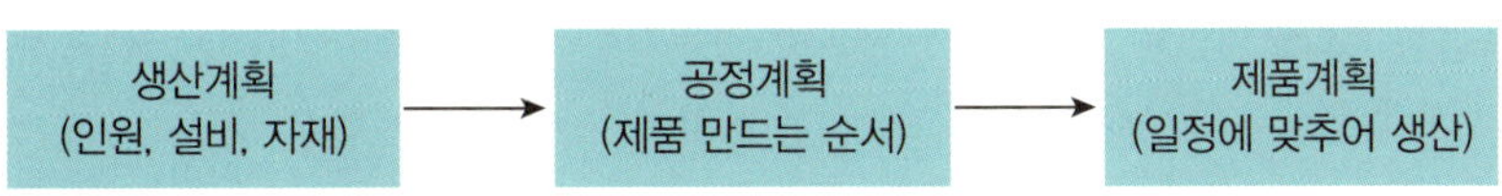

2.2 재고관리

재고는 공급업자와 납품업체가 공급한 원자재, 부품 및 반제품과 생산이 완료되어 사용과 판매를 위해 보관하고 있는 완제품 등이 모두 포함된다. 재고량이 많은 경우에는 이 제품들을 저장하기 위한 저장비용과 관리비용 등이 추가로 들어가기 때문에 필요한 만큼 이상의 재고를 가지고 있을 경우에는 많은 비용을 지불하게 되어 기업에 손실을 가져오게 된다.

그러나 최소재고를 유지하다가 경기가 좋아져 제품판매가 급증하면 자칫 재고까지 소진되어 고객의 수요를 적시에 충족시키지 못해 이익이 줄어들기도 한다. 따라서 기업에서는 재고가 너무 많아도 비용이 많이 들어가고, 재고가 너무 적어도 실현가능한 이익이 줄어들기 때문에 알맞은 재고량을 항상 유지하는 것이 매우 중요하다. 이렇게 가장 적절한 재고량을 유지하기 위한 관리활동을 재고관리라고 한다.

재고관리에 대한 보다 구체적인 내용은 제5절에서 설명한다.

2.3 품질관리

생산관리의 결과는 제품이나 서비스의 품질에 직접적인 영향을 미친다. 소비자들은 기업이 생산하는 제품이나 서비스를 구입하면서 그 기업에 대한 이미지를 결정하게 된다. 예를 들어, 어느 소비자가 기업 A의 TV를 구입했는데 한 달도 지나지 않아 고장이 발생했다면, 그 소비자는 기업 A가 생산하는 다른 제품들이 아무리 좋아도 선불리 기업 A의 제품을 구입하려고 하지 않을 것이다.

따라서 1차적으로 제품에 대한 품질관리가 가장 중요하고, 2차적으로는 문제가 발생한 제품에 대한 사후서비스의 처리가 중요하다. 이렇듯 기업은 좋은 품질의 제품과 서비스가 지속적으로 생산되도록 제조과정을 관리할 필요가 있는데 이를 품질관리라고 한다.

제3절 생산시스템

3.1 생산시스템의 목표

생산관리부문의 역할은 기업의 크기나 제품의 종류에 따라 많은 차이가 있다. 어떤 기업에서 중요하게 여기는 문제가 다른 기업에서는 별로 중요하지 않을 수도 있으며, 다른 기업에서 효과적으로 적용되는 생산시스템이 다른 기업에서는 그렇지 못한 경우도 있다.

그림 10-2 생산시스템의 예

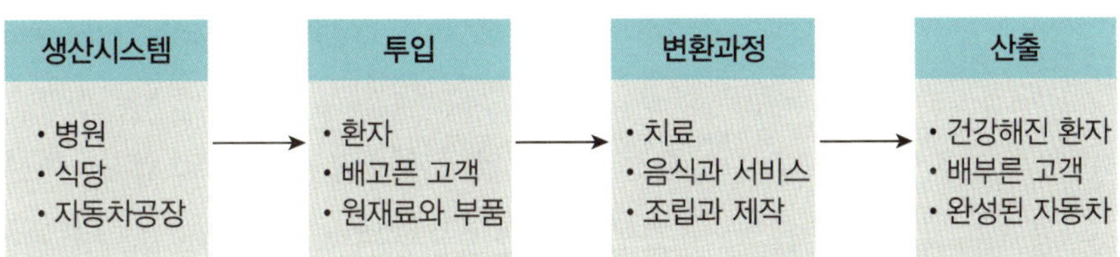

생산시스템의 목표는 고객이 원하는 기능 내지는 품질을 갖춘 제품이나 서비스를 필요한 시기에 필요한 만큼 생산 · 공급하는 것에 있다. 예를 들어, 한 병원에서 많은 환자들을 낮은 가격에 치료해 주었지만, 병이 재발하는 환자가 많다면 그 병원의 생산시스템은 좋지 못한 것이다. 마찬가지로 배고픈 고객을 맛있는 음식으로 배부르게 해 주었지만, 음식값이 지나치게 비싸다면 고객은 다시 그 식당을 방문하려 하지 않을 것이다.

3.2 생산시스템의 속성

생산시스템의 속성에 대해서는 많은 견해가 있다. 그 중에서도 가장 설득력 있게 받아들여지고 있는 속성인 목표지향성, 환경적응성, 투입–변환–산출 속성에 대하여 알아보기로 한다.

1) 목표지향성

모든 시스템은 시스템으로서의 기능을 수행하기 위해서 목표지향성을 가져야 한다. 예를 들어, 우리들이 하찮게 생각하는 식물이나 동물 등의 생물시스템의 목표는 생존과 번식으로 볼 수 있으며, 인간의 경우에는 여기에 덧붙여 자아실현까지를 목표로 삼고 있다.

생산시스템 역시 적은 투입자원(원재료, 노동자, 기계설비, 자본 등)을 잘 변화시켜서 좋은 제품이나 서비스를 생산함으로써 많은 이윤을 창출하는 것을 목표로 한다.

2) 환경적응성

시스템은 자신을 둘러싸고 있는 환경과 끊임없이 상호작용을 하고 있다. 예를 들어, 사람들은 식사를 하고 호흡을 하여 끊임없이 환경으로부터 에너지를 흡수하면서 환경의 영향을 받기도 하며, 반대로 환경에 영향을 미치는 행동을 한다.

생산시스템의 경우에도 부품을 조달하는 업체가 갑자기 부도가 나서 부품을 공급하지 못하거나, 기계설비를 교체해야 하는데 같은 종류의 설비가 없는 경우가 생길 수도 있다. 이런 것들 모두가 환경의 변화인데, 생산시스템은 환경의 변화에 유연하게 대응하는 개방적인 시스템(open system)이어야 한다.

3) 투입–변환–산출과정

시스템의 활동은 공통적으로 투입물을 받아들여 내부 변환과정을 거쳐 산출물을 만들어내는 투입–변환–산출과정으로 구성되어 있다. 이는 제1장 경영의 세 가지 측면 중 시스템으로서의 경영을 설명하면서 언급하였다. 생산시스템 역시 같은 과정을 가지고 있다.

그러나 여기서 주목해야 할 부분은 시스템이 발전하고 지속되기 위하여 피드백이라는 자기통제기능을 사용한다는 점이다. 예를 들어, 제품을 만들었는데 지나치게 불량품이 많다면 어떤 공정에서 잘못되었는가를 분석하는 것도 피드백이며, 음식점에 갑자기 손님이 줄었다면 어떤 서비스에 문제가 있었는가를 판단하고 시정하는 것도 모두 시스템의 자기통제기능인 피드백을 사용하는 예이다.

그림 10-3 시스템활동

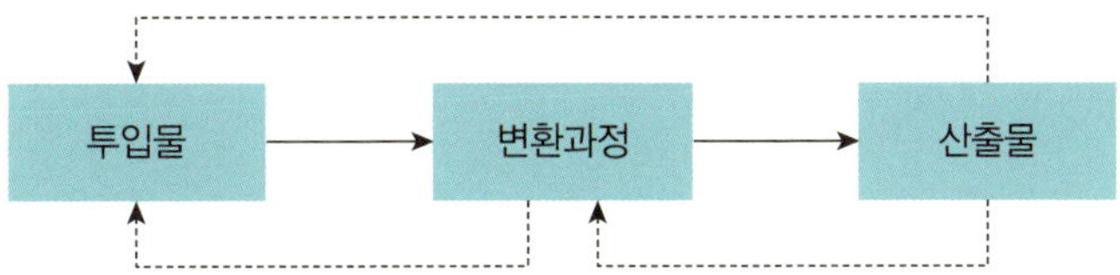

3.3 생산시스템의 구성

생산시스템은 생산자원을 효율적으로 결합하여 목표로 한 제품이나 서비스를 산출하는 과정이다. 즉, 공장과 같은 전형적인 생산시스템에서는 원자재, 부품, 에너지 등이 공장설비와 노동자들이 있는 생산공정에 투입된 다음, 이들의 노력에 의하여 제품이 산출된다.

결국, 생산시스템의 구성요소 중에서 가장 중요한 것은 위 그림에서 변환과정 안에 들어 있는 부분이다. 그것들은 기존의 투입자원들을 훨씬 가치가 있는 다른 제품이나 서비스로 바꾸는 기능을 하기 때문에, 같은 자원을 투입하더라도 어떻게 변환시켰는가에 따라서 전혀 다른 산출물이 나오게 될 수도 있다.

특히, 기계설비의 경우에는 표준화된 프로그램에 의해 운영되기 때문에 크게 영향을 미치지 않지만, 근로자의 숙련이라든가 생산요소의 결합방식 등은 사람이 수행하는 작업들이기 때문에 이들이 가지고 있는 노하우(know-how)를 최대한 발휘하도록 하는 것이 중요하다.

■ 그림 10-4 생산시스템

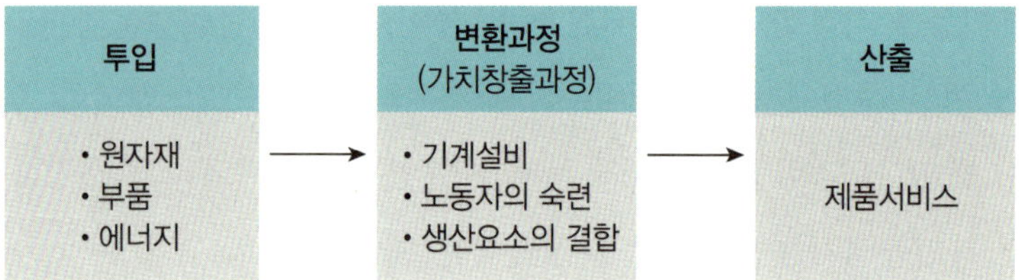

제4절 생산시스템 설계

지금까지 살펴본 생산관리의 기본적인 기능과 생산시스템을 효과적으로 운영하기 위해서는 시장수요를 예측하고 적합한 생산시스템을 설계하는 것이 무엇보다 중요하다.

4.1 수요예측

수요예측을 어떻게 하는가에 따라 제품 생산량이 결정되며, 수요를 어느 정도로 파악하고 있는가에 따라 생산방법도 달라지게 된다. 제품을 판매하기 이전에 미리 제품을 만들어 놓는 것을 계획생산방법이라 하고, 고객들의 주문을 받아서 제품을 생산하는 것을 고객주문 생산방법이라고 한다. 계획생산방법은 시장의 수요가 정해지지 않은 상태에서 사용하는 방법이기 때문에 비교적 정확히 수요를 예측할 필요가 있다.

4.2 제품설계

제품설계는 그 기업의 제품 이미지를 결정하는 가장 중요한 요소 중의 하나이다. 그래서 많은 기업들이 신제품을 출시할 때나 경쟁사와 비슷한 제품을 만들 때에는 보안에 각별한 신경을 쓰고 있다. 제품설계에 대한 보안에 실패하여 정보가 경쟁업체에게 노출이 되는 경우에는 그동안의 노력이 모두 물거품이 되기도 하며, 심지어는 경쟁사가 더 좋은 제품을 더 빨리 출시하는 일이 발생하기도 한다.

4.3 공정설계

일반적으로 생산에 사용되는 공정의 종류는 크게 다섯 가지로 형태로 나누어 볼 수 있는데, 주문생산공정, 묶음생산공정, 조립생산공정, 프로젝트공정, 연속생산공정 등이다.

1) 주문생산공정

주문생산은 고객의 요구에 맞추어 제품을 생산하는 것이다. 주문생산시스템의 성과는 작업자의 기능이나 공정기술에 의하여 제한을 받으며, 가격보다는 품질, 납기, 유연성이 요구되며 이러한 유연성은 작업자의 기능에도 요구된다.

생산시스템의 주요 과업은 규격제품을 납기 내에 완성하는 것이다. 다른 시스템에 비하여 공정 중에 있는(in-process) 재고가 많으며, 시장의 변화 요구에 적응하기 위하여 분권화된 통제가 요구된다.

2) 묶음생산공정

일반적으로 이를 배치(batch)공정이라고도 한다. 일부의 공정을 하나의 공정으로 묶어서 관리상의 효율을 높이기 위한 방식으로, 주문생산공정과 조립생산공정의 중간

형태라고 할 수 있다. 따라서 적은 수량의 제품에서는 제품변경능력과 신제품 도입에 대한 적절한 능력이 요구되나, 다량의 반복생산제품에서는 가격이 중요한 주문획득기준이 된다.

3) 조립생산공정

조립생산공정은 대규모의 주문량, 즉 대량 생산방식에서 유효한 방식으로서 가격경쟁을 하고 있는 제품을 생산할 때에 많이 사용된다. 따라서 제조공정은 제조원가를 낮추기 위해서 전문화된 장비를 활용하고, 유연성은 상대적으로 작게 강조되는 편이다.

제조원가는 주로 공정에 투자된 금액(고정비)에 의존하며, 공정 중에 있는 재고는 적은 편이다. 생산조직은 일반적으로 중앙집권식의 통제방식이 많이 사용된다.

4) 프로젝트공정

프로젝트공정은 주문제품생산에 흔히 적용된다. 프로젝트공정을 선택한 기업은 고객에게 그들의 경험이나 노하우 등과 같은 기업의 능력을 판매한다. 따라서 이 공정은 제품변화의 수준이 높은 편이고, 제품의 수명주기가 짧으며, 신제품의 수준이 높은 편이고, 제품의 도입속도가 빠른 시장에 유리하다.

이 프로젝트공정에서는 유연성이 매우 중요하기 때문에 범용화된 것이 많이 사용되고, 공정의 불확실성이 매우 높기 때문에 임시적인 태스크포크(task force)조직으로 구성되는 경우가 일반적이다.

5) 연속생산공정

연속생산공정은 제품의 범위가 좁은 표준제품에 적절하며, 제품변경이나 신제품 도입률이 비교적 낮을 때 적용된다. 연속생산공정에서는 가격이 주요한 경쟁요소가 되며, 조직은 집권화된 통제방식이 필요하다.

4.4 설비배치

설비배치란 생산활동에 필요한 생산 기자재를 준비하고 설치하는 것을 의미한다. 제품을 만들기 위한 기계나 장치와 같은 설비를 배치할 때에는 기업의 제품생산능력이나 생산계획에 따라서 적절하게 이루어져야 한다.

대부분의 기업들은 소비자가 원하는 양의 제품을 적절한 시기에 생산하기 위해서 충분한 생산설비를 배치하는 것이 일반적이다. 그러나 지나치게 많은 설비를 도입했을 경우에는 생산에 사용하지도 못한 채 쉬게 되는 유휴설비가 생기게 되어 추가적인 관리비용이 발생된다. 반대로 설비가 부족할 경우에는 적절한 시기에 제품과 서비스를 제공할 수 없어 시장에서의 고객을 잃게 될 수도 있고, 경쟁기업에게 시장점유율을 빼앗길 우려도 있다.

따라서 설비계획은 정확한 수요를 예측해서 미래의 생산량까지 고려한 상태에서 적정한 생산설비를 갖추는 것이 중요하다. 설비계획은 다음과 같은 과정을 거쳐서 이루어지게 된다.

| 표 10-2 | 설비계획 준비

기업의 형태	설비계획 수립을 위한 측정단위
자동차공장	자동차 대수/일
제철공장	강철 톤수/주
맥주공장	배럴수/일
원자력공장	전기의 메가와트/일
항공사	가능한 좌석수, 비행기 마일수/일
병원	치료받은 환자의 수/주
극장	가능한 좌석수, 상영되는 영화수/주
식당	방문하는 손님, 음식수/일

1) 미래수요의 예측

설비를 계획하고 배치하기 위해서는 장기간에 걸쳐 수요, 생산성, 경쟁, 기술의 변화 등에 대한 예측을 해야 하는데, 이러한 장기수요 예측을 통하여 필요한 설비능력을 구입하고 현재의 설비능력을 평가하여 그 차이점을 조사해야 한다.

그러나 장기적인 예측의 경우에는 불확실성이 높기 때문에 정확한 수요를 예측하기가 어렵다. 따라서 기업에서는 과거 몇 년간의 판매량을 조사하여 이를 토대로 평균이나 추세분석을 바탕으로 미래수요를 예측하는 것이 일반적이다.

2) 설비계획의 대안 수립 및 선정

기업은 생산능력이 부족할 것으로 예상되면 이를 보충할 대안을 고려하게 된다. 이러한 설비계획의 대안은 추가능력의 크기와 시기, 잔업과 작업량 등을 종합적으로 고려하여 결정해야 한다.

부족한 생산능력을 보충하기 위해서는 증가하는 수요에 맞추어 점진적으로 소규모의 증설을 하는 방법과 대규모의 증설을 한 번에 수행하는 방법이 있다. 각 기업의 규모와 어떤 제품을 생산하는가에 따라 소규모 증설이 경제적인지는 달라지게 된다.

3) 설비배치를 위한 입지 선정

어떠한 방법으로 설비를 도입할 것인가를 결정했다면, 설비를 어떻게 배치할 것인가를 결정해야 한다. 일반적으로 제조공정의 크기는 고정되어 있는 경우가 많기 때문에 대규모 설비를 증설하는 경우에는 신중하게 결정해야 한다.

대규모 설비의 경우에는 규모의 경제에 따라 단위 면적별 비용과 건설에 들어가는 비용이 절감된다는 장점이 있으나, 이를 충분히 활용하지 못할 경우에는 고정비용이 많이 발생되어 소규모 설비를 여러 번 나누어서 도입하는 것이 훨씬 경제적일 수도 있다.

제5절 생산시스템의 운영과 통제

5.1 재고관리

재고는 모든 기업활동에서 발생되는 공통적인 문제이다. 특히, 제조업체에서는 원재료와 재공품(공정 중에 남아 있는)재고의 문제가 발생하게 되는데, 이것은 생산계획 및 통제문제와 직접적으로 연관되는 문제이다.

재고를 관리하는 담당자는 지나치게 많은 재고를 두어서도 안 되고 재고가 부족한 상태가 되도록 두어서도 안 된다. 지나치게 많은 재고는 추가적인 관리비용이 들어갈 뿐만 아니라, 추가적인 재고관리비용은 다른 곳에 투자할 수 있는 기회를 포기하는 기회비용의 개념이 되기 때문이다. 반면, 재고가 부족한 상태가 되면 제품의 품절을 야기하고, 이에 따른 매출액 감소와 생산계획에 차질을 가져오게 된다. 따라서 합리적이고 과학적인 재고관리의 중요성이 강조된다.

1) 재고의 기능적 분류

재고정책을 제대로 수립하기 위해서는 제조나 마케팅과 관련한 재고의 역할에 대한 이해가 필요하다. 그러나 얼마만큼의 재고이면 충분한가를 다룰 때 흔히 발생하는 오류는 개별 재고품목의 기능을 고려하지 않고 일괄적으로 재고를 관리한다는 점이다.

재고를 기능적으로 분류하면 주기재고, 안전재고, 비축재고 등 세 가지로 나눌 수 있다.

(1) 주기재고

주기재고는 재고품목을 한 단위씩 주문 또는 생산하여 소모하지 않고, 주기적으로 일정한 생산 로트(lot)단위로 조달하기 때문에 발생하는 재고를 의미한다. 이러한 주기

재고를 두는 이유는 대량 구매나 수송에 의한 가격할인 또는 생산비용의 절감이나 대량 주문으로 생기는 주문비용의 절약 때문이다.

(2) 안전재고

안전재고는 완충재고(buffer stock)라고도 부르며, 수요와 공급의 단기적인 불확실성에 대비하여 보유하는 재고의 양이다. 그러나 안전재고는 기업에서 적시생산시스템(JIT)을 도입하면서 많이 줄어들고 있다.

(3) 비축재고

비축재고는 수요의 상승을 예측하여 의도적으로 사전에 비축하고 있는 재고를 말한다. 이것은 주로 계절적인 수요를 가지는 에어컨이나 히터와 같은 계절상품의 경우에 발생하는데, 이는 비수기에 많이 생산하고 비축해 두어서 성수기를 대비하고자 함이다.

2) 재고 관련 비용

재고 관련 비용은 구매비용, 주문비용, 재고유지비용, 품절에 대한 기회비용 등 네 가지로 나누어 볼 수 있다.

구매비용은 다량으로 구입하여 수량할인이 가능할 때에 주요 고려대상이 되는 비용이다. 많은 양을 한꺼번에 구매함으로써 품목당 단위비용을 줄일 수 있다. 그러나 대부분의 경우에 생산라인에서 구매하는 양은 일정하기 때문에 구매비용은 일정하다고 볼 수 있다.

주문비용은 품목을 주문할 때 발생되는 비용을 의미한다. 여기에는 주문서류 작성과 각종 준비비용이 포함된다. 따라서 주문비용은 구매품목이나 제조품목의 수에 비례하기보다는 주문을 하는 횟수에 따라 달라지게 된다.

재고유지비용은 재고가 유지되고 있기 때문에 발생되는 모든 비용을 포함한다. 따라서 재고비용 중에 가장 큰 비중을 차지한다. 여기에 포함되는 구체적인 비용은 임대료, 전기 및 난방비용, 자본비용 등이다.

품절에 대한 기회비용은 직접 소요되는 비용이라기보다는 간접적인 비용이다. 왜냐하면 재고부족으로 고객이 다른 경쟁사의 제품을 구매하게 되었을 경우의 판매기회 손실이 되기 때문이다.

3) 재고관리시스템(ABC 분류)

한 회사에서 생산하는 제품에는 많은 양의 원자재와 부품들이 소요된다. 그리고 재고는 원자재재고, 재공품재고, 완제품재고 등 종류도 다양하다. 따라서 체계적인 재고관리기법이 필요한데, 가장 많이 사용되는 방법은 ABC 분류법이다.

ABC 재고 분류의 개념은 많은 수의 서로 다른 품목들로 구성되어 있는 재고를 관리하기 위하여 생겨난 것이다. 이 기법은 중요한 재고품목들을 확인하고 통제하는 데 대단히 유용한 분석도구임이 판명되었다. ABC 분류법에서는 A, B, C의 세 그룹으로 품목들을 총괄하여 나눈다.

① A품목 : 많은 화폐가치를 가지고 있으나(즉, 고가품목), 총품목수에 비하여 비교적 적은 비율을 점유하는 품목으로서 전체 품목 수에서 약 15% 정도를 차지하지만 매출공헌도는 70~80%를 차지하는 품목

② B품목 : 품목 분류상 A와 C 사이에 위치하는 품목으로서 전체 품목수에서 약 30%를 차지하고 매출공헌도는 약 15~25%를 차지하는 품목

③ C품목 : 적은 화폐가치를 가지고 있으나(즉, 저가품목), 총품목수 중 많은 비율을 차지하는 품목으로서 전체 품목수에서 약 50% 이상을 차지하고 있으나 매출공헌도는 5~10%를 차지하는 품목

그림 10-5 A · B · C품목의 특징

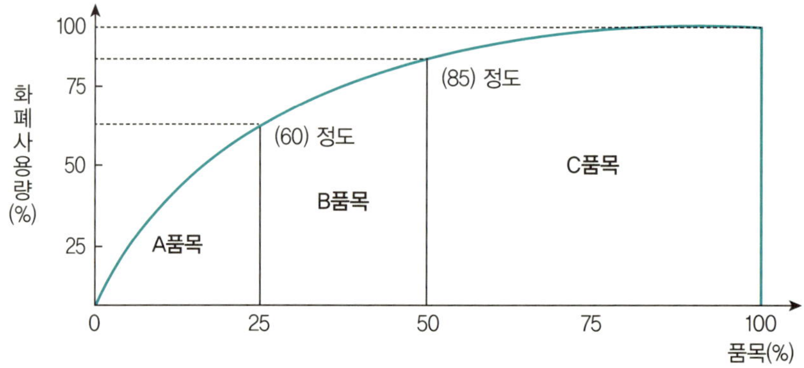

5.2 자재소요계획(MRP)

1) 자재소요계획의 개념

생산활동을 지원하기 위하여 유지되는 재고를 생산재고라고 하는데, 생산재고는 완제품재고와는 매우 다른 특징을 가지고 있다. 여기에서 생산재고를 통제하기 위하여 사용되는 기법을 자재소요계획(Material Requirement Planning : MRP)이라고 한다.

MRP는 옛날부터 존재했던 기법이지만, 최근에 컴퓨터와 소프트웨어 패키지들이 이용가능해지면서 실용화된 방법에 대한 명칭이며, 제조 및 조립산업에서 널리 사용되고 있다.

MRP의 목적은 완제품들이 주일정계획에 따라 완성될 수 있도록 적시에 적합한 자재 및 구성부품들이 사용가능하도록 보장하는 데 있다. 따라서 MRP는 단기적으로 생산계획을 수립하기 위해서 의사결정을 내려야 하는 운영관리에 많이 사용된다.

■ **그림 10-6** 자재소요계획

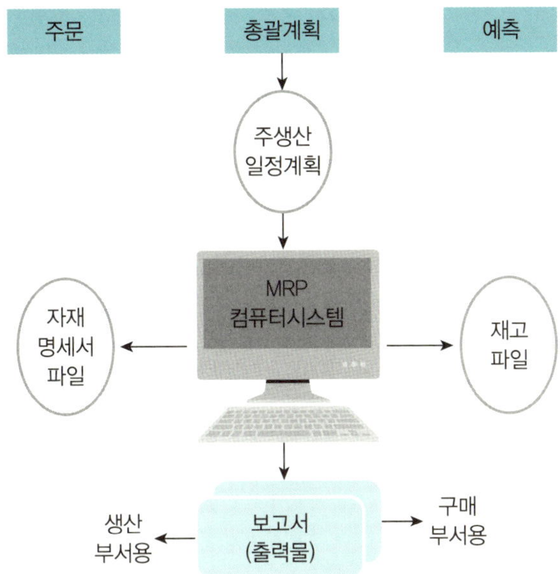

2) 자재소요계획의 유용성

MRP시스템을 이용함으로써 얻는 정보는 생산 및 재고관리자들에게 매우 유용하다. MRP시스템은 크게 나누어 재고계획 및 통제, 세부적인 능력계획, 생산통제에서의 우선순위 결정 등에 이용될 수 있다.

(1) 재고계획 및 통제

MRP에 의해 수행되는 계산은 구매부품 및 생산재고에 관한 계획 수립에 많은 도움을 준다. 따라서 주문품목, 주문량, 주문시기, 배달일정 등에 관한 의사결정을 하는 데 필요한 정보를 제공하므로 운영관리자들이 재고를 계획하고 통제하는 것을 도와준다.

(2) 세부적인 능력계획

MRP는 생산에 대한 세부적인 일정을 제공한다. 따라서 단기적으로 충분한 수용능력이 있는지 또는 부족한지를 결정하는 데 필요한 자재 및 구성부품들을 결정하는 정보를 주기도 한다.

(3) 우선순위 결정

공장 내에서의 각 주문은 주문서에 예정일을 할당함으로써 우선순위가 결정된다. 일단 주문들에 대한 우선순위가 수립되면 개별적인 운영일정들이 도출된다. 또한 재고로 보유되고 있는 품목들에 대한 정보를 제공하기 때문에 자체 생산할 것인가, 외주(outsourcing)로 할 것인가 등에 관한 경영진의 판단자료로 사용된다.

5.3 적시생산시스템(JIT)

1) 정의와 목적

일본의 도요타자동차회사는 자원이 부족하고, 국토가 좁은 일본의 여건 속에서 낭비 없는 생산의 중요성을 인식하고 일본의 상황에 맞는 독특한 생산시스템을 개발하였는데, 그것이 바로 적시생산시스템(Just－In－Time : JIT)이다.

JIT시스템은 모든 공정에 걸쳐 필요한 시기에 필요한 것(원자재, 부품 등)을 필요한 만큼만 생산함으로써 생산시간을 단축시키고, 재고를 최소화하여 낭비를 없애고, 대내외적인 환경변화에 신속하고 유연하게 대응하기 위한 생산시스템이다.

MRP가 주어진 생산여건하에서 최적의 생산비용을 추구하는 서구의 통제방식이라면, JIT는 시간 및 자재 낭비의 최소화를 목적으로 하는 접근법이라고 할 수 있다.

2) 간판시스템

간판시스템은 JIT시스템을 통제하기 위한 수단이다. 간판시스템은 생산과 수요를 일치시키기 위한 생산통제수단으로 JIT시스템의 전체공정이 간판을 통해서 유기적으로 연결되며, 생산시스템 내의 모든 자재이동과 생산지시는 간판에 의하여 이루어진다.

간판은 생산흐름을 통제하기 위하여 사용되는 마분지로 된 카드인데, 두 가지 종류(이동간판, 생산간판)가 있다.

이동간판은 작업장 간 자재의 이동을 허가하는 표시로, 선 작업장으로부터 후 작업장에 물품을 가져오기 위해서는 이동간판이 제시되어야만 가능하다. 이동간판은 부품을 수요로 하는 작업장과 부품을 공급하는 작업장, 부품 명칭과 수량에 대한 상세한 정보를 기록하고 있다.

생산간판은 특정 작업장에서의 생산을 허가하는 수단으로 사용되는 카드이다. 생산간판은 특정 작업장에서 생산해야 할 제품의 종류 및 수량, 생산 작업장 명칭과 생산되어야 하는 부품, 부품을 필요로 하는 후속 작업장의 명칭과 재고 저장 장소에 대한 정보를 표시하고 있다.

5.4 전사적 자원관리(ERP)

전사적 자원관리(Enterprise Resource Planning : ERP)는 생산, 판매, 자재, 인사, 회계 등 기업 전 부문에 걸쳐 있는 인력이나 자금 또는 정보 등의 모든 경영자원을 하나의 체계로 통합, 계획 및 관리함으로써 기업의 생산성을 높이는 종합 경영관리시스템이라고 할 수 있다.

과거 미국에서 개발되어 종합 생산관리시스템의 대명사로 불렸던 MRP기법이 주로 생산자원을 계획 · 관리하는 목적에서 출발하였다면, ERP는 이를 확대 적용하여 기업 전반에 걸친 모든 경영자원을 통합하여 컴퓨터시스템을 이용하여 계획적으로 관리하여 낭비요소를 없애고 자원의 생산성을 극대화하는 시도로 고안된 것이다.

대부분의 세계적인 글로벌기업들이 이러한 ERP시스템을 구축하여 운영하고 있는 중이다. 우리나라에서도 대기업들을 중심으로 활발하게 ERP시스템을 구축하여 운영하고 있으며, 중소기업들도 ERP시스템을 구축하기 위해 노력하고 있다.

제6절 품질경영

6.1 품질의 정의

1) 생산자 입장에서의 정의

품질의 사전적인 정의는 규격에 대한 적합성이다. 예를 들어, 제조업에서는 생산하는 모든 부품 및 완제품에 대해 허용오차를 정하고 있는데, 제품의 품질은 기업이 미리 정해 둔 규격에 얼마나 적합한가에 의해 측정된다.

기업은 이러한 규격들을 만족시키지 못한 부품이나 완제품은 다시 작업하거나 폐기처분함으로써 항상 일관된 품질을 유지하려고 노력하고 있다.

2) 소비자 입장에서의 정의

일반적으로 소비자들은 품질을 사용가치로서 정의하고 있는데, 그것은 제품이나 서비스에 대해 그들이 지불하는 가격에 비해 얼마나 성능을 발휘하는가를 비교함으로써 품질을 정의한다.

따라서 품질이란 제품의 가치를 나타내는 척도로 여러 가지 품질 특성의 집합체라고 할 수 있다. 좋은 품질이란 소비자의 사용목적에 맞는 제품을 가장 저렴한 가격으로 제공하는 것이라고 볼 수 있다. 판매가 지속되고 기업이 번영하기 위해서는 품질에 대한 소비자만족이 필수라고 할 수 있다.

6.2 품질의 분류

제품의 품질은 제품설계에서부터 고객에게 인도될 때까지의 각 과정에 따라 분류할 수 있다. 즉, 경영자가 목표로 하는 목표품질, 제조기술자가 품질의 목표와 방침에 따라 설계하는 설계품질, 제조공정에서 공정능력과 결부되는 제조품질, 고객이 평가하는 사용품질로 구분된다.

목표품질은 경영자의 경영방침에 따라 결정되는 품질을 의미한다. 이 경우 품질방침에 따라 결정되는 품질을 의미한다. 이 경우의 품질방침은 시장조사를 통하여 고객의 요구조건에 적합한 품질을 만드는 것이 된다.

설계품질은 제품설계자가 목표품질로 공정의 제조능력과 다른 회사의 품질 및 가격 등을 고려하여 구체적인 품질규격을 제시하는 것을 의미한다.

제조품질은 설계품질을 목표로 하여 실제로 제품을 생산할 때, 제조공정의 여러 조건을 균일하게 고정시키는 것이 어렵기 때문에 설계품질과 비교하여 어느 정도 적합하게 제조되었는가를 의미하는 것이다.

사용품질은 소비자의 사용목적에 따라 시장에서 요구하는 이론적인 시장품질이다. 이것은 제품의 최종적인 평가가 되기 때문에 제품설계나 경영정책에 반영되는 가장 중요한 품질이다.

6.3 전사적 품질경영

제품의 품질과 생산성을 향상시키는 가장 효과적인 방법은 품질과 관련된 근본적인 문제를 발견하고 제기하는 것이다. 이를 위한 하나의 방법으로 전사적 품질경영을 들 수 있다.

전사적 품질경영은 소비자가 만족할 수 있는 품질의 제품 또는 서비스를 경제적으로 생산하기 위해서는 회사 내의 모든 부문의 활동을 종합해서 관리할 필요가 있다는 것을 강조하고 있다.

전사적 품질경영의 개념은 다음과 같이 정리할 수 있다.

① 제품생산과정의 모든 단계에서 전개되는 품질관리

② 전원이 참가하는 품질관리

③ 통계적 방법을 비롯한 모든 기법을 활용하는 품질관리

전사적 품질경영은 품질과 생산성을 동시에 향상시키기 위한 새로운 방법을 추구하면서 전체시스템을 관찰할 것을 요구한다. 문제점과 해결책은 조직 내에서 서로 연결되어 있기 때문에 전사적 품질경영에 대한 책임은 최고경영자에게 있다.

6.4 ISO 9000

1) ISO 9000 시리즈의 개요

ISO 9000은 품질보증에 관한 국제적인 표준으로 제품 자체에 대한 품질을 보증하기보다는 제품의 생산과정 등의 공정에 대한 품질을 판단하기 위한 기준이 된다. 공산품은 물론 소프트웨어, 서비스 등의 전체 산업에 적용될 수 있는 범용적인 인증이다.

1990년대 이후, 각 기업들이 사업영역을 국제적으로 확대하면서 자체적인 품질관리보다는 국제적으로 인정받을 수 있는 기준이 필요하게 되었는데, 이것이 바로 ISO 9000 시리즈이다. ISO 인증을 받지 못하면 수출 상담과정에서 수출이 무산되는 경우도 있어서 대부분의 기업들이 ISO 9000 인증을 받기 위해 노력하고 있다.

2) ISO 9000 시리즈의 이점

ISO 9000 시리즈 인증을 받았을 경우의 이점은 다음과 같다.

첫째, 제품이나 서비스의 매출액이 현저하게 증가한다. 인증을 획득하게 되면 제품이나 서비스에 대한 품질의 신뢰성이 확보되어 대외적인 이미지가 좋아지게 된다.

둘째, 기업업무의 효율성이 증대된다. ISO 9000 시리즈에 대한 품질시스템을 갖추게 되면 제품설계의 변경, 자재수급의 불균형, 제품생산 시의 재작업, 수리 및 A/S관리 미비 등의 불합리한 요소가 많이 제거될 수 있다.

셋째, 기업의 관리능력이 향상된다. 품질시스템을 구축하면 모든 업무가 관리상태

로 되어 기업의 내적 · 외적인 변화에 대한 대응력이 향상되고, 각 구성원에 분산되어 있던 개인적인 기술을 통합할 수 있다.

넷째, 구매자의 품질검사가 면제된다. 공인된 인증기관으로부터 인증을 획득하였기 때문에 개별 구매자로부터의 중복된 품질평가를 면제받을 수 있다.

다섯째, 세계시장으로의 진출이 쉬워진다. 인증을 획득하게 되면 IOS 인증 명부에 기업의 이름이 수록되기 때문에 전 세계적으로 홍보효과를 얻을 수 있으며 새로운 시장을 개척하는 것이 쉬워진다.

chapter 11

회계관리

제1절 회계의 개념

1.1 의사결정과 회계정보

1) 의사결정과 정보

의사결정(decision-making)이란 목표를 달성하기 위해 여러 대안들을 일정한 방법에 따라 비교 · 평가하여 최선의 대안을 선택하는 행위이다. 따라서 경영의 모든 과정은 곧 의사결정의 과정이라고 할 수 있다. 즉, 모든 경영활동은 선택대안을 비교하여 어떠한 선택대안이 유리한지를 평가하고, 이들 중에서 최적대안을 선택해 가는 것이 곧 경영이라고 할 수 있다. 조직의 경영에 있어서 다양한 대안 선택의 연속적인 과정에 직면하게 된다. 예를 들어, 대학의 경우 학부제를 하는 것이 학생들의 교육목적에 적합한지 또는 학과제를 하는 것이 교육목적에 부합하는지를 평가하고, 이들 대안 가운데 유리한 대안을 선택하는 것이 의사결정이며, 동시에 경영과정이라고 할 수 있다.

의사결정자가 대안들 중에서 하나를 선택하는 것이 어려운 것은 각 대안들을 선택했을 경우 그 대안이 미래에 가져다주는 성과(payoffs)를 예측하기 어렵기 때문이다. 특히, 현대사회와 같이 급변하는 환경 속에서 미래를 예측하는 것이 매우 어렵기 때문에 의사결정이 쉽지 않다. 미래의 성과에 불확실성(uncertainty)이 큰 경우 잘못된 의사결정에 이르는 위험을 최소화하기 위해서는 다양한 형태의 정보(information)가 필요하다. 정보는 예전에 몰랐던 사실을 새로이 알게 해주는 자료(data) 또는 지식(knowledge)으로서 각 대안의 효과성과 효율성을 알려주는 올바른 정보는 곧 올바른 의사결정을 유도하게 된다.

경영정보(management information)는 경영자가 경영을 위하여 의사결정에 사용하는 정보를 총칭한다. 경영자가 사용하는 정보는 크게 두 가지로 나눌 수 있다. 첫째, 비계량적 또는 질적 정보(qualitative information)로서 수치로 표현하기 어려운 정보를 말한다. 예를 들면, 고객만족도, 리더십(leadership)의 양호 여부, 조직구성원의 사기, 기업에 대한 평판, 경영자의 윤리성 등이 여기에 속한다. 둘째, 계량적 또는 양적 정보(quantitative information)로서 수치를 사용하여 표현되는 정보이다. 예를 들면, 환율, 이자율, 주가지수, 실업률, 예상수요량, 제품의 생산원가 등이 여기에 속한다. 계량적 정보도 계량화하는 데 사용되는 단위가 화폐인 경우 화폐정보(monetary information)라고 하고, 그 이외의 단위가 사용되는 정보를 비화폐정보라고 한다. 회계정보는 대표적인 화폐정보이다.

2) 경영의사결정에서 회계정보의 중요성

대표적인 화폐정보인 회계정보(accounting information)는 현대의 조직경영에 있어서 경영자가 핵심적으로 간주하는 정보이다. 그 이유는 다음과 같다.

첫째, 회계정보는 조직구성원의 낱낱의 활동에 관한 정보가 아니라 조직 전체의 활동에 관한 정보를 담고 있는 포괄적인 정보이다. 즉, 회계정보는 일정기간 동안에 그 조직 내에서 수행된 모든 활동에 관한 정보를 종합적으로 보여준다.

둘째, 회계정보는 추상적인 정보가 아니라 구체적인 정보이다. 회계정보는 화폐적으로 표현되는 정보로서 일정기간 동안에 그 조직의 경영활동의 결과를 화폐단위로 구체적으로 표현한다. 예를 들면, 기초의 자산이 얼마이고, 기말에 자산이 얼마이며, 한 회계기간 동안 얼마의 순이익을 얻었는지를 화폐액으로 보여준다.

셋째, 회계정보는 한 기간 동안 발생한 사건들이 철저히 요약된 정보이다. 조직이 일정기간 동안 발생한 사건을 일기장 형식으로 나열하여 정보를 전달한다면 그 정보를 읽는 데 있어서 얼마나 많은 시간이 소요될 것이며, 그로부터 핵심사항을 파악하기가 얼마나 어려울 것인가? 회계정보는 이러한 고민을 해결해 주고, 수많은 사건의 결과를 단지 몇 개의 표로서 요약해 보여준다.

회계정보는 경영자와 조직구성원이 조직의 상황을 파악하는 데 있어서 핵심정보로서 조직구성원 간에 의사소통(communication)의 핵심수단으로 활용되고 있다. 이러한 관점에서 회계를 조직의 언어(language of business)라고도 한다.

1.2 기업경영에서 회계정보의 역할

기업의 경영과정은 계획, 실행, 검토, 피드백의 단계를 거친다. 이 과정에서 회계정보는 어떠한 역할을 수행할까? 가장 일차적인 기능은 검토 및 피드백의 단계에서 필요한 자료를 수집하는 기능이다. 이를 기록 · 계산(score-keeping)기능이라 한다. 대학에 진학하기 위해 고등학생들은 여러 가지 계획을 가지고 학습을 수행한다. 자신의 학습 진척상황을 점검하고, 부족한 부분과 과거보다 향상된 부분을 점검하는 데 있어서 흔히 사용하는 방법으로 모의수학능력시험의 점수를 집계하여, 과거의 시험점수에 대한 총점 및 과목별 성적의 대조표를 만들면 파악이 용이해진다. 프로야구선수의 타율, 홈런, 도루, 승수, 승률 등을 집계하는 것도 같은 맥락으로 파악할 수 있다.

회계정보의 두 번째 기능은 주의환기(attention-directing)기능이다. 주의환기기능은 경영자로 하여금 문제가 있는 요소를 파악하고, 적절한 시정조치를 취하게 하는 기능이다. 게임을 진행하는 과정에서 감독이 어떤 선수의 타율이 급격히 떨어지고 있다는 사실을 과거의 기록으로부터 발견하였다. 이러한 사실을 발견한 감독은 대체할 선수를 찾아내고, 타율이 떨어진 이유에 대한 분석과 함께 타격자세 교정 및 훈련 등에 대한 여러 가지 시정조치를 강구하게 될 것이다.

회계정보의 세 번째 기능은 문제해결(problem-solving)기능이다. 회계정보는 과거정보이다. 그러나 미래를 예측하기 위한 가장 훌륭한 자료는 과거의 자료이다. 앞서 설명한 바와 같이 프로야구에서 왜 감독들이 과거의 기록에 집착하는가? 과거의 기록을 토대로 같거나 유사한 상황이 발생했을 때 미래에도 과거와 같거나 유사한 결과를 산출해 주리라고 기대하기 때문일 것이다. 비록 회계정보가 과거에 발생한 사건들을 바탕으로 산출한 정보라고 할지라도 기업이 현재 직면하고 있거나 미래에 닥칠 문제를 해결해 주는 데 핵심역할을 수행한다.

1.3 회계의 정의

1) 회계의 학문적 정의

회계(accounting)에 대해서 오래 전에 권위 있는 연구기관들이 공식적인 정의를 하였다. 먼저 1941년 회계실무자들의 기관인 미국공인회계사회(American Institute of Certified Accountants : AICPA)에서는 회계를 다음과 같이 정의하였다.

> "회계는 거래를 기록 · 분류 · 요약하고, 그 결과를 해석하는 기술이다."

실무자들의 기관인 미국공인회계사회에서는 자신들의 업무에 비추어 회계를 실무적 관점에서 정의함으로써 정보의 산출을 강조한 반면 정보의 이용을 소홀히 하였다. 따라서 현대적 의미의 정보적 관점이 간과됨으로써 현대의 회계정의로 받아들여지지 않고 있다.

이후 1966년 미국회계학회(American Accounting Association : AAA)에서 '기초적 회계이론에 관한 보고서(A Statement of Basic Accounting Theory : ASOBAT)'에서 회계를 다음과 같이 정보시스템으로 새롭게 정의하였다.

> "회계는 정보이용자가 사정을 잘 알고서 판단이나 의사결정을 할 수 있도록 경제적 정보를 식별 · 측정 · 전달하는 과정이다."
>
> Accounting is the process of identifying, measuring, and communicating the economic information to permit informed judgements and decisions by the users of the information.

미국회계학회 'ASOBAT'의 회계정의에서는 미국공인회계사회의 실무적 관점을 포괄하고, 정보적 관점을 도입함으로써 회계를 이용을 전제로 한 정보시스템으로 포괄적으로 정의하였다. 또한 회계를 광범위한 정보이용자들이 경제적 의사결정을 내리는데 도움을 주고자 하는 정보시스템으로 본다.

정보시스템은 투입(input), 변환(transformation), 산출(output)의 세 가지 요소로 구성되며, [그림 11-1]과 같이 표현할 수 있다.

이 정의와 유사하게 요약기업의 회계처리와 재무제표에 대한 국제적 통일성을 높이기 위해 국제회계기준위원회(nternational Accounting Standards Committee : IASC)가 공표하는 회계기준인 IFRS(International Financial Reporting Standards ; 국제회계기준 혹은 국제재무보고기준)에서는 회계의 정의를 다음과 같이 제시하고 있다(2017).

그림 11-1 회계정보시스템

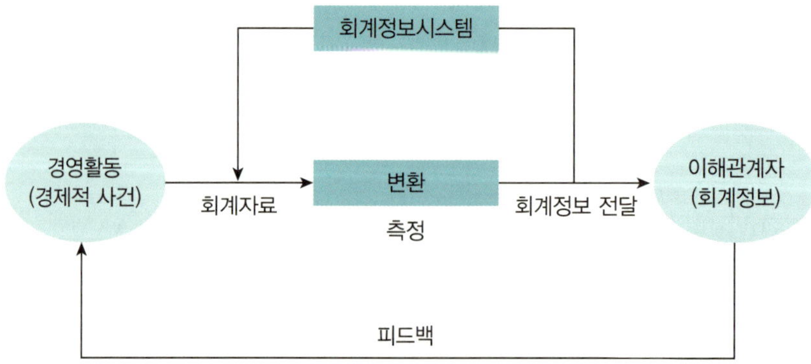

> "회계란 회계정보 이용자가 합리적인 판단이나 경제적 의사결정을 할 수 있도록 기업실체에 관한 경제적 정보를 식별하고 측정하여 전달하는 과정이다."

즉, 숫자를 통하여 만들어진 회계자료를 이용해서 기업에 대한 유용한 정보를 제공하는 행위를 회계라고 할 수 있다.

2) 정보시스템으로서의 회계

회계정보시스템에서 투입되는 것은 기업의 경영활동결과로 발생되는 경제적 사건이다. 이러한 경제적 사건은 회계적인 변환과정을 거쳐 의미 있는 정보로 산출되고, 이러한 정보가 다양한 이해관계자에게 전달되는 것이다. 이 과정에서 회계는 다음과 같은 세 가지 기능을 수행한다. 첫째, 인식 또는 식별(identification)기능은 어떤 사건이 기록의 대상이 되는가를 밝히는 것이다. 기업에서는 많은 사건이 발생하지만 모두가 기록의 대상이 되지는 않는다. 둘째, 측정(measurement)기능은 경제적 사건에 화폐가치를 부여하는 과정을 말한다. 회계에서는 사건이 중요하더라도 화폐액으로 측정가능한 것만을 대상으로 한다. 셋째, 전달(communication)기능은 정보이용자에게 경제적 사건을 상징화(symbolization)하여 알려주는 행위를 말한다. 기업이 생산한 회계정보는 정보의 최종수요자인 정보이용자가 이용하기 위함이다.

1.4 회계의 목적과 회계정보이용자

1) 회계의 목적

회계의 목적은 경제단위를 둘러싼 이해관계자들이 합리적인 의사결정을 할 수 있도록 유용한 정보(useful information)를 제공하는 것이다. 기업의 경영활동으로 인하여 발생하는 재산의 증감변화를 조직적으로 기록, 계산, 정리하면 다음과 같은 의사결정에 유용하게 이용된다.

첫째, 기업의 이해관계자들인 투자자, 채권자, 종업원 등은 보다 합리적인 의사결정을 할 수 있게 된다. 둘째, 경영자들은 회계에 의한 정보를 분석하여 과거의 업적을 검토하고 미래의 경영방침을 수립하게 된다. 셋째, 조세 당국자들은 적정한 과세결정의 표준자료를 회계정보에서 얻음으로써 공평한 세금을 부과할 수 있게 된다.

이 밖에도 회계정보는 기업 이해관계자들에게 권리와 의무를 확정하는 증빙자료를 제공하고, 기업의 수익성과 지급능력을 측정하는 데 필요한 근거를 제공해 주며, 회계에 관한 각종 분쟁이 생길 경우에는 그 옳고 그름을 가리는 데 필요한 증거자료가 된다.

2) 회계정보 이용자와 의사결정 유형

기업에 투자하는 투자자는 두 가지 정보에 초점을 둔다. 첫째는 그 기업이 미래에 얼마나 많은 이익을 창출할 수 있는가를 나타내는 수익성(profitability)이고, 둘째는 그러한 수익성이 기대한 대로 실현될 수 있는 가능성인 위험(risk)이다. 즉, 수익성이 높고 위험은 적은 기업에 투자하고 싶을 것이다. 회계정보는 이러한 수익성과 위험에 관한 정보를 알려주므로 투자자들이 중요한 정보원으로 간주한다. 구체적으로 각 정보이용자별 의사결정 유형과 회계정보 이용의 관계는 다음과 같다.

(1) 주주 또는 투자자

기업의 주식을 소유하는 주주 또는 투자자의 경우 수익원은 배당과 시세차익이다. 즉, 자신이 투자한 기업이 미래에 얼마의 배당을 지급할 것이며, 향후 주식가격은 어떻게 될까에 관심을 가진다. 주식에 투자한 투자자의 경우 회계정보를 통해 해당 주식을 보유할 것인지, 처분할 것인지, 추가로 취득할 것인지 등에 대해서 의사결정을 하게 된다.

(2) 채권자 또는 금융기관

채권자나 금융기관은 기업에 자금을 대출하여 이자를 받는 것을 그 수익원으로 한다. 따라서 이들은 원금의 회수가능성과 약정한 이자를 받을 가능성에 초점을 둔다. 이들은 회계정보를 통해 대출의 지속 여부, 추가대출, 대출금의 회수 등에 관한 의사결정을 한다.

(3) 경영자

경영자는 회계정보를 세 가지 측면에서 사용한다. 첫째, 자신이 경영하는 조직이 얼마나 조직목표달성을 위해서 효과적이고 효율적으로 운영되는지에 대한 경영의사결정에 사용한다. 둘째, 경영자는 주주로부터 자원을 위임받아 관리할 책임인 수탁책임의 보고에 회계정보를 사용한다. 셋째, 경영자의 보상에 관한 의사결정에 회계정보를 사용한다. 회계정보를 통해 자신이 경영능력을 평가받게 되고, 전문경영인으로서 연봉 및 보너스계약에 회계정보가 이용된다.

(4) 직원

직원들은 자신의 노동력을 우수한 기업에 투자하기를 원할 것이다. 구직을 하는 동안 우수한 기업인지를 판단하는 데 있어서 핵심적인 정보가 회계정보이다. 또한 임금 및 근로조건에 관한 협상에서도 회계정보를 사용한다.

(5) 공급업자

기업 간의 거래가 거의 신용으로 이루어지고 있는 것을 전제하면 외부공급업자의 경우 물품대금을 회수할 가능성에 많은 관심을 가지게 될 것이다. 따라서 이들도 대금의 회수가능성이 낮은 기업에는 물품을 신용으로 공급하지 않으려 할 것이며, 이러한 판단의 준거로 회계정보를 사용할 수 있다.

(6) 정부

정부는 국가 전체적인 측면에서 경제정책을 수립하고 실행하며, 이 과정에서 여러 가지 규제에 관한 정책을 수립한다. 예를 들어, 물가안정을 위하여 공공요금을 규제할 때 해당 서비스를 생산하는 기업의 회계정보를 토대로 기업이 도산하지 않고 유지될 수 있는 선에서 요금이 규제되어야 한다. 또한 정부의 중요한 재원은 세금이다. 세수의 확보를 위해서는 각 개인 및 기업의 소득에 관한 정보를 필요로 하게 되는데, 이러한 정보가 회계정보이다.

(7) 소비자 및 일반대중

소비자들은 소비의사결정에 회계정보를 사용한다. 만약 자신이 구입한 제품이 제조회사의 도산으로 A/S를 받지 못하게 되는 것을 생각해 보면 소비의사결정에도 회계정보가 중요하게 사용되어야 함을 느낄 수 있을 것이다. 기업에 이웃하고 있는 인근주민들도 기업의 경영에 관심을 가진다. 기업이 성장하는 경우에는 고용을 늘릴 것이며, 이로 인해 고용의 기회가 확대될 수 있을 뿐만 아니라 기업의 성장으로 이웃한 상인들의 매출에도 영향을 미친다. 또한 여러 가지 공해물질의 배출이 이루어지는 제품을 생산하는 기업의 경우에는 공해방지를 위한 노력을 얼마나 하는지에 관심을 가지게 된다. 이러한 모든 정보는 회계정보를 통해서 유추할 수 있다.

표 11-1 | 정보이용자와 의사결정 유형

정보이용자	의사결정 유형
주주(투자자)	주식의 보유, 처분, 추가투자의 결정 등
채권자	자금의 대여, 회수결정 등
경영자	경영정책의 결정, 수탁책임보고, 보상에 관한 결정 등
종업원	근로조건, 임금협상의 결정 등
과세당국	과세에 관한 의사결정 등
정부	공공정책결정 등
소비자	소비의사결정 등

1.5 회계의 분류

다른 대부분의 영역에서와 마찬가지로 회계도 많은 전문 분야로 나누어진다. 회계의 전문화(specialization)는 주로 경영단위가 대규모로 성장함으로써 나타난 경향이지만, 다른 한편으로는 세금 · 법률 · 정부기관 등의 증가에 의한 기업경영 규제의 증대도 또 다른 원인이다. 급속한 산업발전과 경제성장은 여러 전문 분야(specialities)에 대한 고도의 숙련(expertness)을 필요로 하기 때문이다.

회계는 그 정보의 이용자에 따라 재무회계(financial accounting), 관리회계(management accounting), 세무회계(tax accounting) 및 회계감사(audit)로 구분된다. 재무회계는 외부정보이용자를 대상으로 이들의 경제적 의사결정에 유용한 정보를 제공하는 것을 목적으로 하며, 관리회계는 기업의 내부정보이용자인 경영자를 대상으로 한 회계이다. 또 세금계산목적으로 행해지는 회계는 세무회계이며, 재무보고(financial reporting)의 질을 향상시키기 위해 독립적인 외부감사인(auditors)이 재무제표(financial statements)를 인증(attestation)하는 역할을 하는 것이 회계감사이다. 그러나 유의해야 할 점은 이러한 회계의 구분에 있어서 각 회계는 완전히 독립적으로 존재하는 것은 아니며, 다만 정보이용자의 필요에 따라 정보를 제공해 주는 과정에서 차이가 있을 수 있다는 것이다. 대표적으로 재무회계와 관리회계의 일반적 차이점을 비교하면 〈표 11-2〉와 같다.

| 표 11-2 | 재무회계와 관리회계의 비교

	재무회계	관리회계
보고대상	외부정보이용자(주주, 채권자 등)	내부정보이용자(경영자)
보고시기	정기보고	수시보고 및 내부보고
기본시스템	복식부기시스템	원가회계시스템
보고형식	일정한 형식(GAAP)	일정한 기준 없음
보고내용	일정한 규정에 따라야 함	정해진 기준 없음

제2절 회계의 개념체계

2.1 재무회계의 기초개념들 간의 관계

재무회계의 기초개념들 간의 관계를 나타내는 [그림 11-2]에서 보듯이 재무회계의 기초개념은 재무회계의 목적, 재무회계의 기본가정, 재무회계정보의 질적 속성, 재무회계기준으로 구성된다.

재무회계의 기본적 목적(objective)은 다양한 이해관계자의 경제적 의사결정에 유용한 정보(useful information)를 제공하는 것이다. 재무회계의 기본적 목적이 충족됨으로써 다양한 이해관계자는 자신의 의사결정을 최적으로 하고, 이를 확대하면 사회 전체적인 부(wealth)가 최적화되도록 한다.

재무회계의 기본적 목적이 달성되려면 회계실무에서 산출되는 회계정보가 이용자의 의사결정에 유용하도록 하는 지침이 필요하다. 즉, 실무에서 산출되는 회계정보가 경제적 실질을 제대로 반영하고 있으며, 회계정보의 산출과정에서 정보가 유용하게 작성되도록 하는 관리기준이 필요하게 된다. 이를 재무회계기준(financial accounting standards)이라고 하며, 회계실무에서 널리 인정된 재무회계기준을 일반적으로 인정

그림 11-2 재무회계 기초개념들의 관계

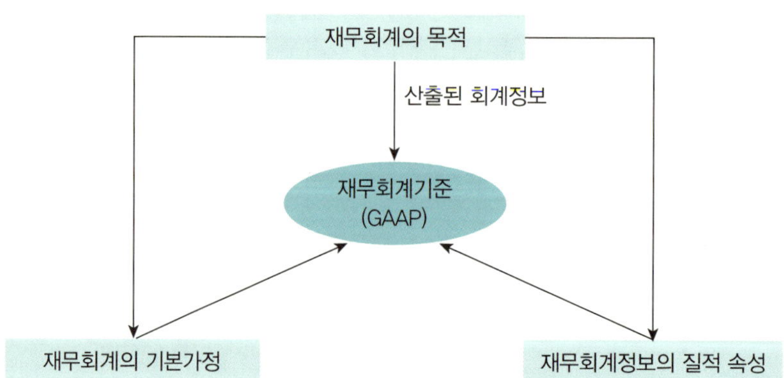

된 회계원칙(Generally Accepted Accounting Principles : GAAP)이라고 한다. 우리나라에서는 '기업회계기준서', '기업회계기준 해석' 등이 여기에 해당한다.

또한 유용한 회계정보를 만들기 위해 재무회계기준을 제정할 때 현실적인 다수의 제약이 따른다. 다수의 기업들이 각양각색의 활동을 함으로써 회계정보가 유용하게 산출되는 것을 강조한 나머지 서로 상이한 정보를 산출할 수가 있다. 이러한 경우 오히려 회계정보를 산출하는 것에 대한 기대를 단순화시킬 필요가 존재한다. 이에 따라 재무회계의 기본가정(postulates or basic assumptions)이 필요하게 된다.

재무회계의 기본목적인 의사결정에 유용한 정보라는 것은 추상성을 가진다. 구체적으로 어떠한 성질 또는 속성을 충족시키는 정보가 유용한 정보인지에 대해 구체화할 필요가 있다. 즉, 재무회계정보가 유용한 정보가 되기 위해서는 구체적으로 어떠한 속성 내지는 성질을 만족해야 한다는 것을 재무회계정보의 질적 속성(qualitative characteristics)이라고 한다.

재무회계의 실무적인 지침인 재무회계기준은 재무회계의 목적을 달성하기 위해 일정한 재무회계의 기본적 가정과 재무회계정보의 질적 속성을 충족하도록 제정된다. 따라서 실무자들이 재무회계기준인 일반적으로 인정된 회계원칙을 준수하여 회계정보를 산출하면 회계정보의 유용성이 달성된다고 할 수 있다.

2.2 재무회계의 기본가정

재무회계정보가 구체적으로 다양한 외부이해관계자들의 의사결정에 유용한 정보가 되려면 기본적으로 다음과 같은 정보여야 한다.

첫째, 기업이 소유하여 지배하거나 기업이 부담하는 자산, 부채 및 이들이 일정기간 동안 어떻게 변동되었는지에 대한 정보여야 한다.

둘째, 기업이 발생시키는 사건은 다양하며, 그 사건의 수도 많다. 따라서 이해관계자들이 유용하게 사용하기 위해서는 잘 요약된 정보여야 한다.

셋째, 정보이용자 간에는 이해관계의 대립이 있을 수 있다. 그러므로 모든 이용자에게 유용하게 사용되기 위해서는 어떤 특정 정보이용자에게 유리 또는 불리하지 않고, 기업이 발생시킨 사건을 객관적으로 측정해야 한다.

넷째, 정보이용자의 수가 다수이며, 의사결정의 시기도 다양하다. 따라서 언제든 필요한 시기에 재무회계정보가 이용될 수 있어야 유용한 정보가 될 수 있다. 다수의 이용자가 다양한 시기에 의사결정을 하므로 재무회계정보는 자주 제공되어야 유용할 수 있다.

현실적으로 재무회계정보의 목적인 정보이용자의 의사결정에 유용하기 위해서는 일정한 가정이 필요한데, 이러한 가정을 기본가정(basic assumptions) 또는 회계공준(postulates)이라고 한다. 재무회계의 기본가정은 회계의 이론을 전개하기 위한 기본적 전제로 증명의 대상이 되지 않는다.

1) 기업실체(회계실체)의 가정

기업실체의 가정(postulate of business entity)은 기업의 구성원, 특히 기업주와는 별도로 기업 그 자체가 독립적으로 존재한다는 사회적인 가정을 말한다. 즉, 기업은 그 자체로서 존재하며 그 구성원인 소유주나 종업원과는 분리된 독립된 주체로서 존재한다는 가정하에서 회계가 수행된다는 것을 의미한다. 이로써 기업의 자산은 소유주의 것이 아닌 기업 자체의 것이고, 부채도 소유주가 부담하는 채무가 아닌 기업의 채무이며, 기업의 목표는 기업 자체의 순이익을 증대하기 위한 것이지 소유주에게 이익배당을 많이 하기 위한 것은 아니라는 것이다.

회계는 기업재산의 증감과 손익발생을 기록하는 것이므로 기업을 소유하고 있는 기업주 또는 주주와는 별개의 회계주체라고 이해하지 않으면 안 된다. 기업과 소유주와의 관계를 이와 같이 이해함으로써 기업이 수행하는 경제활동이나 기록 · 계산 · 보고 등의 회계실무는 기업주 또는 종업원의 업무가 아니고 기업 그 자체가 수행하는 것이 된다.

여기서 기업실체의 가정이 공준으로서 중요한 것은 이 개념으로부터 이해관계자 간의 이해관계를 명확히 구별할 수 있기 때문이다. 다시 말해, 기업거래와 소유주거래를 구별함으로써 기업재산과 소유주재산의 구별이 명확해진다.

그런데 이 기업실체의 가정은 기업의 형태를 취하지 않는 조직에 대하여도 그 설명력을 갖는다고 할 수 있기 때문에 오늘날에는 회계실체(accounting entity)로 이해되고 있다.

2) 계속기업의 가정

기업은 반증이 없는 한 경영활동을 영구적으로 수행한다고 하는 전제하에서 운영되고 있다. 이것을 계속기업의 가정(postulate of going concern)이라 한다. 물론 기업은 어느 정도 투기적인 요소가 포함되고 있는 관계로 기업의 영속성은 절대적으로 보장되는 것은 아니다.

그러나 기업을 계속적인 것으로 파악할 때 기업의 생애기간을 인위적으로 구분하여 기말에 회계기록을 마감하고, 일정기간의 경영성과와 기말의 재무상태를 기업의 이해관계자에게 보고할 수 있다. 즉, 계속기업이라는 가정의 전제하에서 회계기간의 가정이 파생되며 회계원칙에 있어서의 비교성 · 계속성 · 안전성 등 여러 원칙과 자산의 평가, 유형자산의 감가상각, 각종 충당금의 설정 등과 같은 회계문제도 모두 성립된다.

예를 들면, 자산의 평가는 이러한 가정에 따라 역사적 원가(historical costs)인 취득원가로 평가하고, 일반적으로 시가나 청산가치로 평가하지 않는다. 자산을 취득원가로 평가한다는 원가주의(cost principle)는 기업이 계속적으로 존재할 경우 자산이 객관적이고 검증가능한 원가에 의해 평가되어야 하며, 신뢰하기 어렵고 가변적인 시가나 청산이라는 특수한 상황에서만 인정되어야 할 청산가치로 평가되어서는 안 된다는 관점에서 지지되고 있다.

3) 회계기간의 가정

회계기간의 가정(postulate of accounting period)은 계속기업의 영속적인 수명을 인위적인 회계단위로 구분할 수 있다고 보는 것이다. 회계기간의 가정에 따라 계속기업을 1년 또는 6개월 등의 일정기간별로 구분할 수 있다고 보면 기업을 청산할 때까지

기다리지 않고 일정기간마다 정보이용자에게 영업활동에 관한 정보를 제공할 수 있다. 즉, 정보이용자가 알고 싶어 하는 정보를 자주 제공할 수 있어 의사결정 유용성을 증진시킨다. 앞으로 학습할 감가상각비의 기간배분, 대손상각비의 추정, 발생주의회계 등이 회계기간의 가정과 관련된 문제이다.

2.3 회계정보의 질적 속성

재무회계정보가 유용하려면 일정한 속성 내지는 성질을 충족해야 한다는 것이 재무회계정보의 질적 속성(qualitative characteristics)이다. 이는 비단 재무회계정보에 국한되는 것이 아니라 일상적으로 사용하는 정보도 이러한 속성을 충족하면 유용한 정보가 될 수 있다. 재무회계정보의 목적 및 질적 특성과의 관계는 [그림 11-3]과 같이 표시된다.

1) 이해가능성

회계정보이용자가 갖추어야 할 속성인 이해가능성(understandability)은 회계정보가 유용한 것이 되기 위해서는 기업이 제공하는 정보를 이용자가 이해할 수 있어야 한다는 것을 의미한다. 이것은 회계정보가 이해되기 쉽도록 간결하여야 하고 알기 쉬운 용어를 사용하여야 하며 또한 회계보고서의 용어, 양식, 내용 등이 표준화되어야 한다는 것을 의미한다.

그러나 어느 정도의 수준으로 정보를 제공하는 것이 그것을 이용하는 사람에게 이해가능할 것인가와 그 정보가 누구에게 이해가능한 것이어야 하는가를 결정하는 것은 매우 어려운 문제이다. 회계정보가 아무리 목적적합성과 신뢰성을 갖추고 있다 하더라도 의사결정자가 그것을 이해하지 못한다면 그 정보는 유용한 정보라고 할 수 없다. 즉, 이용자들이 이해할 수 없는 정보라면 아무리 의사결정에 필요한 것이라 해도 정보로서의 가치를 가질 수 없다.

■ **그림 11-3** 재무회계정보의 질적 속성

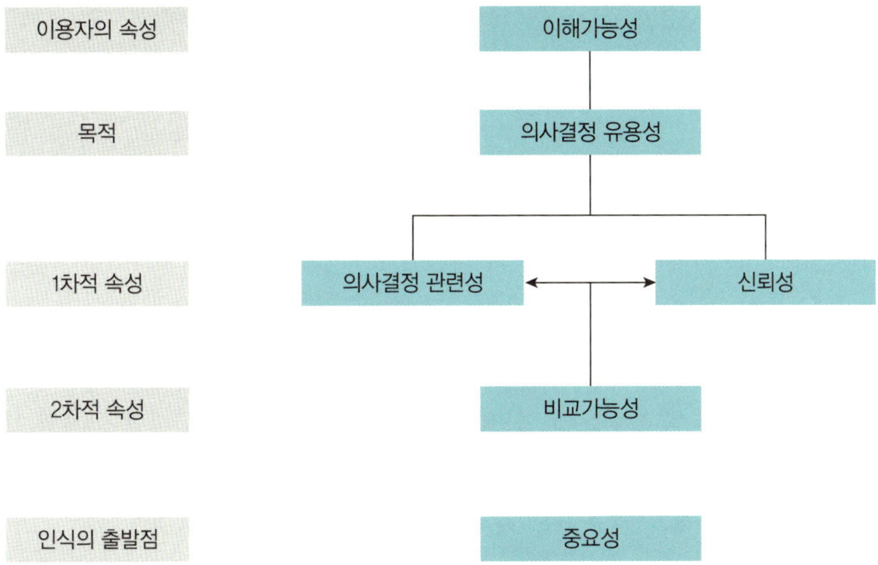

2) 의사결정 관련성

회계정보가 유용한 것이 되기 위해서는 최소한 의사결정 관련성과 다음에서 설명하는 신뢰성을 갖추어야 하는데, 이 두 가지 특성을 회계정보가 갖추어야 할 1차적 질적 특성이라 한다.

우선 의사결정 관련성(relevance)이란 회계정보를 이용하지 않고 의사결정을 하는 경우와 회계정보를 이용하여 의사결정을 하는 경우에 의사결정의 내용에 차이가 발생하는 속성을 말한다. 즉, 회계정보는 의사결정자가 정보를 필요로 할 때 즉시 정보를 제공함과 동시에, 그 정보를 획득하기 전에 가졌던 기대치와 정보획득 후의 결과치를 비교하여 회계정보가 의사결정자의 기대를 확인시켜 주거나 변화시킬 때 그러한 정보는 의사결정 관련성이 있다고 본다. 회계의 목적은 정보이용자에게 의사결정에 유용한 정보를 제공하는 것이므로 이용한 정보가 의사결정에 유용하다면 의사결정 관련성이 높은 정보라고 말할 수 있다.

이와 같은 관점에서 볼 때 의사결정 관련성은 여러 가지 회계자료 중에서 어떤 것을 선택하는 것이 의도된 회계정보의 이용목적에 가장 알맞은 것인가를 평가하는 데 이용될 수 있는 질적 특성이 된다. 즉, 의사결정 관련성은 여러 가지 대체적인 정보들 중에서 가장 적절한 정보를 선택하게 하는 기능이다.

3) 신뢰성

신뢰성(reliability)이란 목적적합성과 더불어 1차적 질적 특성의 하나로서 회계정보에 부여할 수 있는 확신의 정도를 의미하는 것으로 회계정보는 믿을 수 있으며 또한 신뢰할 수 있는 것이어야 한다는 것이다. 즉, 회계정보의 신뢰성은 회계정보 그 자체에 대한 믿음의 정도를 말하는데, 회계정보가 신뢰성을 갖지 못한다면 회계정보이용자는 그것을 의사결정에 이용할 수 없을 뿐만 아니라 미래에 대한 예측도 불가능하게 될 것이며 사회적 신뢰도 얻지 못할 것이다.

회계정보가 유용한 것이 되기 위해서는 반드시 의사결정 관련성과 신뢰성이라는 두 가지 특성을 모두 갖추어야 하지만 그러나 이들은 서로 상충(trade-offs)되는 경우도 있다. 즉, 어떤 상황에서는 신뢰성을 높이기 위해 다소 의사결정 관련성을 희생시켜야 하며, 반대로 의사결정 관련성을 높이기 위해서는 어느 정도의 신뢰성을 희생시켜야 하는 경우도 있을 수 있다.

4) 비교가능성

비교가능성(comparability)은 회계정보가 갖추어야 할 2차적 질적 특성으로 기업 간에 있어서 일정기간의 정보를 다른 기간의 유사한 정보와 비교(기간 간 비교)할 수 있는 속성을 말하며, 또한 측정기업의 정보를 다른 기업의 유사한 정보와 비교(기업 간 비교)할 수도 있는 속성을 말한다. 즉, 비교가능성은 기간별 비교가능성과 기업 간 비교가능성으로 나누어 볼 수 있다. 통상 회계정보의 비교가능성이라고 하면 기업 간 비교가능성을 의미하는데 이는 특정 기업의 회계처리를 다른 기업의 회계처리와 비교할 수 있어야 한다는 것으로 일관성(consistency)이라고도 한다.

회계원칙이나 회계처리방법을 자주 변경하면 비교가능성이 낮아져 과거의 회계자료에 근거하여 미래의 성과를 예측하는 일이 불가능하게 된다. 또한 두 기업이 서로 다른 회계처리방법을 사용한다면 동일한 경제상황을 갖고 있다 하더라도 이들의 회계보고서를 서로 비교할 수 없다.

비교가능성 또는 일관성은 기업이 일관된 회계처리절차를 계속적으로 적용할 것을 요구한다. 그러나 일관성은 회계실체가 회계처리방법을 절대 변경할 수 없다는 것을 의미하는 것은 아니며, 경제적 환경이 변화됨에 따라 종전의 회계처리방법이 부적당하다고 판단될 경우에는 새로운 방법으로 변경하는 것은 정당화된다.

5) 중요성

중요성(materiality)이란 어떤 항목의 회계정보가 다른 항목의 정보에 비하여 가지는 상대적인 중요도를 말한다. 중요성은 회계는 중요한 정보만을 취급하고 중요하지 않은 정보는 이를 무시한다는 개념이다. 중요하지 않은 정보란 그것을 제공하지 않더라도 의사결정에 영향을 미치지 아니하는 정보를 말하는 것으로서, 이러한 정보는 제공하지 않아도 된다는 개념이다.

그런데 회계정보의 중요성은 정보가 이용자의 의사결정에 중대한 영향을 미치는가의 여부에 따라 판단된다. 즉, 특정 회계정보가 그 정보이용자의 의사결정에 영향을 미친다면 그러한 정보는 중요한 정보라고 할 수 있다. 회계정보는 중요한 것만이 정보로서 가치가 있으며, 회계처리 및 보고는 중요성의 관점에서 이루어져야 한다는 것이다.

2.4 재무회계기준

재무회계기준(financial accounting standards)이란 기업이 회계행위를 수행할 때 준수하지 않으면 안 될 행위의 지침(working rule)이다. 기업 등에서 회계업무를 수행하는 자를 지도하고, 또한 기업이 공표한 회계보고서로서의 재무제표에 대한 신뢰성을 제고하기 위해서 재무회계기준의 필요성이 널리 인식되고 있다. 그런데 회계는 하나의 사회적 제도로서 존속하기 때문에 경제여건의 변화에 따라 재무회계기준의 내용도 달라진다. 또한 재무회계기준은 모든 기업에 적용이 가능한 보편타당성을 가져야 한다.

1) 역사적 원가원칙

역사적 원가(historical cost)란 자산의 취득 시에 지급한 또는 지급할 것으로 예정한 현금 또는 현금등가액을 말한다. 역사적 원가주의(historical cost principle)는 모든 거래나 사건을 역사적 원가에 의하여 기록하는 것을 의미하며, 일단 역사적 원가에 의하여 기록된 자산의 가액은 자산이 존속되는 한 변함이 없다는 것을 뜻한다.

이러한 역사적 원가주의는 거래사실을 기록하고 보고하는 데 따라야 할 가장 기본이 되는 원칙의 하나로서 원가주의 또는 취득원가주의라고도 하며 오랫동안 회계보고서의 작성자나 이용자들이 신봉해 오고 있는 원칙이다. 역사적 원가주의는 객관성과 검증가능하다는 장점이 있으나 물가수준의 변동으로 많은 도전을 받고 있기도 하다.

2) 발생주의

일정기간 동안 경영성과를 보고하려면 기간별 수익과 비용을 확정지어야 한다. 회계기간의 수익과 비용을 인식하는 방법에는 두 가지가 있다.

첫째, 현금주의회계(cash basis accounting)에서는 수익은 현금의 수입이 있을 때 인식하고, 비용은 현금의 지출이 있을 때 인식하는 방법이다. 일반적으로 개인이나 가정에서 작성하는 용돈입출장이나 가계부와 같은 장부는 현금주의회계의 대표적인 예이다.

둘째, 발생주의회계(accrual basis accounting)에서는 현금의 수입과 관계없이 수익획득에 대한 중요한 사건이 완성되면 수익으로 인식하고, 현금의 지출과는 관계없이 비용에 대한 중요한 사건이 완성되면 비용으로 인식한다. 즉, 외상으로 상품의 매출이 있는 경우 현금주의회계에서는 현금의 수입이 있을 때까지 수익의 인식을 기다려야 하지만, 발생주의회계에서는 현금을 받을 권리가 확정되었으므로 판매한 시점에서 수익으로 인식한다.

이러한 발생주의회계는 계속기업을 전제로 한 현대적 경영에서 각 회계기간의 경영성과를 정확히 계산하기 위해서 도입되었다. 즉, 해당 회계기간의 영업활동이 기초에 시작되어 기말에 모두 종료된다면 현금주의회계가 경영성과를 계산하는 데 아무런 문제를 발생시키지 않는다. 그러나 이번 회계연도에 시작된 활동이 기말까지 종료되지 않고, 다음 회계기간에도 계속된다면 현금주의회계로는 정확한 당기의 경영성과를 계산할 수 없다. 이에 따라 현금의 수지 여부와는 관계없이 수익과 비용의 당기발생 여부를 기준으로 경영성과를 계산하는 발생주의가 도입되었다.

(1) 수익인식의 원칙 : 실현주의(realization principles)

수익의 인식이란 수익이 귀속되는 회계기간을 결정하는 것을 의미한다. 즉, 발생된 수익을 어느 시점(회계기간)의 장부에 기록하여 보고할 것인가를 결정하는 과정을 의미한다. 수익인식의 원칙(revenue recognition principle)에 의하면 수익은 실현(realization)되었을 때 인식하도록 되어 있다. 그러므로 수익을 기록하여 보고하기 위해서는 수익이 언제 실현된 것으로 보느냐 하는 문제로 귀착된다. 일반적으로 수익은 재화가 판매되거나 용역이 제공되었을 때 실현되었다고 본다.

(2) 비용인식의 원칙 : 수익 · 비용 대응원칙(matching principle)

수익 · 비용 대응의 원칙이란 일정기간에 실현된 수익(성과)과 이 수익을 획득하기 위하여 발생한 비용(노력)을 결정하여 이를 서로 대응시킴으로써 당해 기간의 순이익을 결정한다는 원칙이다. 대응의 방법으로는 매출에 대한 매출원가의 인식과 같은 직접대응(제품대응)과 감가상각비의 인식, 대손상각비의 인식과 같은 간접대응(기간대응)이 있다.

제3절 기업의 활동과 재무제표

3.1 기업의 경영활동

기업의 유형에 관계없이 기업이 추구하는 목적을 달성하기 위해 일련의 활동을 수행한다. 이러한 기업의 활동은 크게 세 가지로 구분된다.

첫째, 영업활동(operating activities)은 기업 본연의 목적을 달성하기 위한 활동으로 기업의 가장 핵심활동이다. 예를 들면, 전자제품을 제조하는 기업의 경우 원재료를 구입하여 제품을 제조하고 이를 고객에게 판매하는 활동이 영업활동이며, 은행의 경우에는 자금의 여유가 있는 예금자에게 예금을 받아서 이를 자금이 필요한 개인이나 기업에 대출하는 활동이 영업활동이다. 따라서 영업은 기업을 영위하는 목적이 무엇이냐에 따라서 달라진다.

둘째, 투자활동(investing activities)은 영업활동을 영위하기 위해서 각종 경제적 자원을 취득하거나 처분하는 활동을 말한다. 기업이 영업활동을 위해서 취득하는 자원으로는 건물, 토지, 기계설비, 차량, 각종 사무용 가구 등을 예로 들 수 있으며, 일시적으로 현금에 여유가 있어 금융기관에 현금을 예입하거나 주식, 사채 등의 증권을 보유하는 것도 투자활동에 속한다.

셋째, 재무활동(financing activities)은 영업이나 투자활동에 소요되는 자금을 조달하거나 상환하는 활동이다. 재무활동의 핵심은 기업이 영업 및 투자활동에 필요한 자금을 얼마나 저렴하게 조달할 수 있는가이다. 기업이 활동에 필요한 자금을 단기자금과 장기자금으로 구분하여 조달하여야 하며, 금융기관을 이용할 것인가 아니면 증권시장을 이용하여 주식이나 사채를 발행할 것인가 등을 고려하여 재무활동이 이루어진다.

3.2 재무제표

기업이 주주, 채권자, 종업원, 정부 등의 다양한 이해관계자들에게 회계정보를 전달하는 핵심적인 수단은 재무제표(financial statements)이다. 재무제표는 기업의 경영활동을 재무적으로 표현한 여러 회계보고서를 통칭하는 것으로 '기업회계기준서'에서 대차대조표, 손익계산서, 현금흐름표, 자본변동표, 주석 등을 기본적 재무제표로 규정하고 있다.

기업의 이해관계자는 일반적으로 기업의 재무상태와 경영성과에 관한 정보를 요구한다. 기업 이해관계자의 정보 욕구에 대한 수요를 충족시키기 위해 가장 중요하게 다루어지는 보고서는 대차대조표와 손익계산서이다. 이러한 두 가지 재무제표는 기업이 한 회계기간 동안 일으킨 수백만 가지의 경제적인 사건을 단지 두 개의 표로 요약해 준다.

기업이 이해관계자들에게 기업의 경제적 사건을 전달하는 재무보고(financial reporting)는 여러 가지 수단을 사용할 수 있다. 예를 들면, 경영자 서한을 이용한다거나 경제신문 등의 기사를 이용하는 방법 등이 있을 수 있다. 그러나 그 중에서도 핵심적인 정보는 재무제표를 통해 이루어진다.

1) 대차대조표

대차대조표(Balance Sheet : B/S or statement of financial position)는 일정시점에 기업의 재무상태를 나타내는 재무보고서이다. 대차대조표는 기업의 회계연도 종료일 현재 기업의 자산과 부채 및 자본의 상호관계를 표시한 회계보고서로 특정일 현재 기업의 재무상태를 명백하게 표시하기 위해 〈표 11-3〉과 같이 작성한다.

예시된 계정식 대차대조표에서 왼쪽을 차변(debtor : DR)이라고 하며, 오른쪽을 대변(creditor : CR)이라고 한다. 대차대조표는 차변의 합과 대변의 합이 같으므로 자산의 총계는 부채와 자본의 합과 같다.

| 표 11-3 | 계정식 대차대조표의 예시

대차대조표

(주)신창상사 20×8년 12월 31일 현재 (단위 : 원)

자산	금액	부채 및 자본	금액
현 금	100,000	매입채무	180,000
매출채권	30,000	장기차입금	100,000
토 지	200,000	자 본 금	200,000
건 물	150,000		
	480,000		480,000

회계등식 또는 대차대조표등식 : 자산 = 부채 + 자본

이 등식을 회계등식 또는 대차대조표등식이라 한다. 대차대조표를 기업의 자금조달(financing)이라는 측면에서 보면 오른쪽의 부채와 자본은 그 자금을 어디에서 조달하였는가를 나타내고 있으며, 왼쪽의 자산은 조달한 자금을 어디에 투자(investing)하고 있는가를 나타내고 있다. 이와 같이 대차대조표는 자금을 조달한 원천과 조달된 자금의 투자상황을 나타내 준다. '기업회계기준서'에서는 대차대조표를 계정식과 보고식으로 작성할 수 있도록 허용하고 있는데, 보고식 대차대조표는 수직으로 자산, 부채, 자본의 순서로 작성한다.

2) 손익계산서

일정한 기간 동안의 경영성과를 나타내는 보고서를 손익계산서(Income Statement : I/S)라고 한다. 즉, 손익계산서는 기업이 한 회계기간 동안 영업활동을 한 결과에 대한 성적표라고 말할 수 있다. 손익계산서에는 손익계산서라는 명칭과 회사명, 회계기간을 반드시 표시해야 한다. 정보이용자들은 손익계산서를 통해 당기 영업활동에 대한 성과를 측정할 수 있고, 미래현금에 대한 흐름을 예측할 수 있으며, 경영계획과 배당정책의 자료를 얻을 수 있다. 또한 주주들이 경영자의 업적을 평가하

는 자료로도 사용된다. 손익계산서를 작성하는 양식은 보고식과 계정식이 있으나, '기업회계기준서'에서는 보고식 손익계산서인 다단계손익계산서(multi-step income statement)만을 인정하고 있다. 손익계산서의 구조는 다음의 〈표 11-4〉와 같다.

손익계산서구조에서 매출액에서 매출원가를 차감한 것을 매출총이익(gross profit margins)이라고 하며, 상품이나 제품의 부가가치를 알려주는 정보이다. 즉, 매출총이

| 표 11-4 | 손익계산서의 구조

손익계산서

당기 : 20×8년 1월 1일부터 20×8년 12월 31일까지
전기 : 20×7년 1월 1일부터 20×7년 12월 31일까지

(주)신창상사 (단위 : 백만 원)

과목	금액			
	20×8년		20×7년	
Ⅰ. 매출액		1,000		800
Ⅱ. 매출원가		(400)		(360)
Ⅲ. 매출총이익		600		440
Ⅳ. 판매비와 관리비		(300)		(230)
1. 급여	160		100	
2. 임차비용	20		20	
3. 감가상각비	80		80	
4. 광고선전비	40		30	
Ⅴ. 영업이익		300		210
Ⅵ. 영업외수익		140		50
1. 이자수익	60		20	
2. 임대수익	20		20	
3. 유형자산처분이익	60		10	
Ⅶ. 영업외비용		(40)		
1. 이자비용	20		30	(40)
2. 유형자산처분손실	20		10	
Ⅷ. 법인세비용차감전 계속사업이익		400		220
Ⅸ. 계속사업법인세비용		(80)		(40)
Ⅹ. 계속사업이익		320		280
Ⅺ. 중단사업손익(세후순액)		0		0
Ⅻ. 당기순이익		320		280

익이 크면 해당 기업이 취급하는 상품이나 제품이 고부가가치 상품이나 제품이며, 반대로 매출총이익이 낮으면 저부가가치 상품이나 제품으로 볼 수 있다.

영업이익(operating profits)은 매출총이익에서 판매비와 관리비를 차감하여 계산되며, 기업 본연의 목적을 영위하면서 발생한 이익을 나타낸다. 따라서 장기적으로 영업이익이 발생하는 기업은 존속할 것이며, 반대로 장기적으로 영업손실이 발생하는 기업은 존속에 불확실성이 커진다.

계속사업이익은 영업이익에 영업외수익은 더하고, 영업외비용과 계속사업이익에 대한 법인세비용을 차감하여 계산한다. 계속사업이익은 회계기간마다 매기 반복적으로 얻어지는 이익으로 그 활동이 영업활동뿐만 아니라 재무활동이나 투자활동을 포함한 기업 전체적인 활동으로부터 매기 반복적으로 발생할 수 있는 이익정보를 알려준다는 의미에서 중요하다.

중단사업손익은 구조조정(restructuring) 등으로 특정 사업부의 사업을 중단한 경우 중단된 사업부에서 발생한 영업손익(income from discontinued operations)과 처분손익(gains and losses from disposition of discontinued operations)으로서 사업을 중단하는 데 따르는 직접비용 등을 포함한 것을 말한다. 중단사업손익은 법인세효과를 차감한 순액으로 보고한다.

당기순이익(net income)은 모든 비용을 차감하고, 기업의 소유주인 주주에게 귀속되는 이익으로 한 회계기간 동안의 기업의 모든 활동결과를 종합한 성과측정치이다.

3) 현금흐름표

앞서 회계를 하는 방법에는 두 가지가 있다고 하였다. 첫 번째는 현금주의회계로 현금의 유입과 유출이 있는 시점에서 장부에 기록하는 방법이다. 두 번째는 발생주의회계로 현금의 수지와는 관계없이 중요한 사건이 완성된 시점에서 장부에 기록하는 방법이다. 기업의 회계는 두 번째인 발생주의회계로 당기의 경영성과를 계산한다. 발생주의회계방법이 당기의 경영성과를 정확히 계산한다는 측면에서 손익계산서가 중요한 정보를 준다. 그런데 발생주의로 계산한 당기순이익은 기업으로 현금이 유입되었다는 의미가 아니므로 현금을 관리하는 데 손익계산서정보는 한계가 있다. 즉, 흑자도산에서 알 수 있듯이 손익계산서상으로는 이익이 발생함에도 불구하고 기업이 일시적으로 현금이 부족하여 도산하는 경우 등에 대한 정보를 주지 못한다. 이러한 한계점을 극복하고자 보충적으로 현금주의로 당기의 경영성과를 계산한 보고서가 현금흐름표이다.

현금흐름표(statement of cash flow)는 일정기간 동안 기업의 현금흐름, 즉 현금의 유입과 유출을 나타내는 보고서이다. 기업의 활동을 영업활동, 투자활동, 재무활동으로 구분하고, 〈표 11-5〉와 같이 각각의 활동에 따른 현금의 유입과 유출에 대한 정보를 나타낸다.

또한 현금흐름표는 손익계산서와 보완적으로 사용함으로써 기업의 미래현금창출능력을 보다 잘 평가할 수 있으며, 기업의 부채상환능력, 배당지급능력, 자금조달에 대한 필요성 등에 대한 정보를 주고, 당기순이익과 현금흐름 사이에 차이가 발생한 원인을 설명해 준다.

| 표 11-5 | 현금흐름표

(단위 : 백만 원)

과목	금액			
	20×8년		20×7년	
Ⅰ. 영업활동으로 인한 현금흐름		600		500
1. 현금의 유입	1,500		1,200	
2. 현금의 유출	900		700	
Ⅱ. 투자활동으로 인한 현금흐름		(100)		150
1. 현금의 유입	500		400	
2. 현금의 유출	600		250	
Ⅲ. 재무활동으로 인한 현금흐름		600		300
1. 현금의 유입	1,000		600	
2. 현금의 유출	400		300	
Ⅳ. 현금의 증가(Ⅰ+Ⅱ+Ⅲ)		1,100		950
Ⅴ. 기초의 현금		1,100		150
Ⅵ. 기말의 현금		2,200		1,100

4) 자본변동표 및 주석

자본변동표(statement of changes in equity)는 한 회계기간 동안 발생한 소유주지분의 변동을 표시하는 재무보고서이다. 자본을 구성하고 있는 자본금, 자본잉여금, 이익잉여금, 자본조정 등의 변동에 관한 포괄적인 정보를 제공한다. 자본의 각 구성항목에 대한 기초잔액, 변동사항 및 기말잔액을 표시하도록 하고 있다. 종전의 재무제표의 한 보고서였던 이익잉여금처분계산서에 비해 보다 포괄적인 정보를 제공하는 보고서이다. 자본변동표는 기업의 소유주인 주주가 주된 관심을 가지는 보고서로 주주지분이 어떠한 항목에 의해서 증감되었는지를 나타내 준다는 측면에서 중요한 정보를 제공한다고 볼 수 있다.

재무제표의 본문에 모든 정보를 표시하기는 매우 곤란하다. 재무제표는 철저히 요약된 보고서로서 본문에 표시된 내용을 보충적으로 설명해 주는 수단이 필요하다. 재무제표의 내용을 재무제표 본문 밖에 보충적으로 설명하는 것을 주석(footnotes or disclosure notes)이라고 한다. 주석은 일정한 양식을 갖추어야 하는 것이 아니므로 수치, 기술적 내용 등이 포함된다.

chapter 12

재무관리

제1절 재무관리의 개념

1.1 재무관리의 의의와 목표

재무관리(financial management)란 기업의 경영활동에 필요한 자금을 조달하고, 조달된 자금을 효과적으로 운용하기 위한 일련의 활동을 말한다. 재무관리에서는 자금의 조달원천과 조달가능한 금액, 자본비용을 고려한 자본조달의사결정에 관련된 활동과 조달된 자금의 효율적인 운용과 관련되는 투자의사결정에 관한 활동 그리고 기업이 영업활동을 수행하면서 창출된 순이익에서 기업내부에 얼마를 유보하고 얼마를 배당할 것인지를 결정하는 배당의사결정에 관한 활동을 수행한다.

기업이라는 조직은 분명한 목표를 가지고 활동을 수행한다. 기업은 영리조직이기 때문에 이익극대화를 목표로 할 수 있다. 그러나 현대경영에 있어서 기업의 목표를 이익의 극대화로 하지 않는다. 왜냐하면 기업은 이익을 극대화해야 하는 동시에 기업의 사회적 책임도 수행하여야 하며, 이때 사용되고 있는 이익의 개념도 모호하기 때문이다. 따라서 현대경영에서는 기업의 목표를 기업가치 극대화에 둔다. 재무관리 측면에서 이익을 극대화하기 위해서는 가장 저렴한 자본비용으로 자금을 조달하고, 이를 가장 수익성이 높은 투자안에 투자를 해야 기업가치 극대화가 달성된다.

이익극대화에 비하여 기업가치의 극대화는 기업의 부(wealth)를 극대화하는 것으로 재무관리에서는 기업의 부는 곧 기업의 가치이며, 기업의 소유주가 주주라는 것을 감안하면 주주의 부의 극대화를 의미한다고 할 수 있다. 또한 주주의 부가 극대화되려면 주주가 소유한 주식의 가격이 극대화되어야 한다.

주식가격이란 화폐의 시간가치와 미래의 위험을 모두 고려하여 계산한 미래이익의 현재가치를 말한다. 따라서 부의 극대화는 배당정책과 같은 주식가격의 극대화전략을 통해 달성될 수 있다. 이익극대화 개념이 모호하기 때문에 재무관리에서의 목표는 현금유입의 시간적 가치, 미래현금유입의 위험과 불확실성 등의 현실적인 요소들을 반영한 기업가치의 극대화 개념으로 설정하고 있다.

1.2 재무관리의 기능

재무관리의 기능은 대차대조표를 통하여 설명할 수 있다. 그 이유는 [그림 12-1]에서 볼 수 있는 바와 같이 대차대조표의 차변(왼쪽)은 기업의 투자상황을 나타내며, 대변(오른쪽)은 투자에 사용된 자금이 어디로부터 조달되었는가를 나타내고 있기 때문이다.

그림 12-1 대차대조표와 재무관리기능

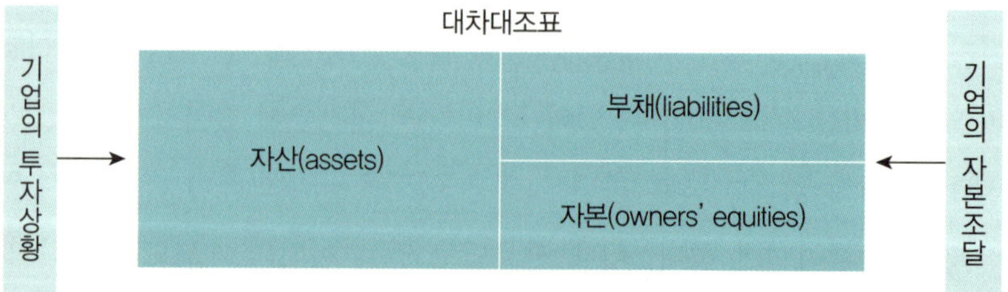

대차대조표의 차변 측면에서 볼 때 재무관리의 중요한 기능은 투자결정(investment decision)기능이다. 대차대조표의 차변은 기업이 보유한 경제적 자원인 자산을 나타내고 있는데 이는 자금의 운용결과를 표현하는 것이므로 자금의 운용에 관한 투자결정이 중요한 기능이 되는 것이다.

자산은 1년 이내에 현금화할 수 있는 유동자산과 1년 이내에 현금화하기 어려운 비유동자산으로 나누어지는데 토지, 건물, 기계장치 등의 비유동자산에 대한 투자의사결정으로서 자본예산(capital budgeting)이 재무관리의 과제 중의 하나이다. 또한 현금, 매출채권 등의 유동자산과 관련해서는 운전자본관리(working capital management)도 재무관리의 과제 중의 하나이다.

대차대조표의 대변은 자산에 대한 투자를 위하여 기업이 조달한 자금의 원천을 나타내고 있다. 여기에 관련된 재무관리의 기능을 자본조달결정(financing decision) 기능이라고 한다. 기업은 여러 가지 자금조달방법 중에서 자본비용이 최소화되고 기업가치를 극대화할 수 있는 자금을 조달하여야 한다. 이때 자본조달에 따라 부담하는 자본비용을 최소화하는 것이 중요한 문제가 되는데 이와 관련하여 최적자본구조(optimal capital structure)이론을 다룬다.

또한 기업의 배당정책은 기업의 이익을 배당과 유보이익으로 분리하는 것으로서 이익을 내부에 유보하는 것은 자본조달과 관련되어 있기 때문에 배당이론(dividend theory)도 자본조달결정에 관련된 것으로 볼 수 있다.

그림 12-2 재무관리의 기능과 목표

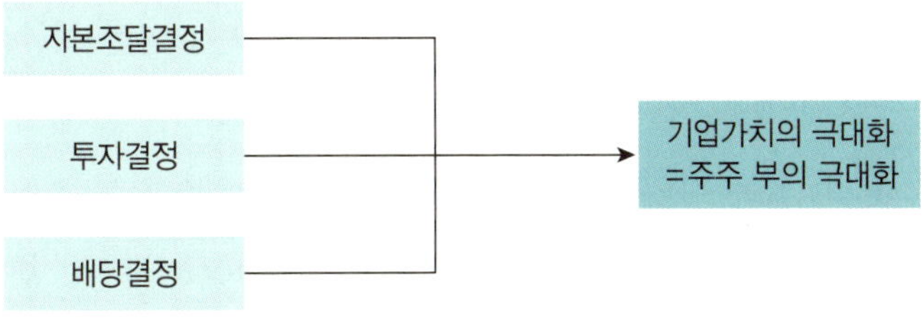

제2절 화폐의 시간적 가치

일반적으로 동일한 명목상 금액에 대한 화폐의 가치는 미래시점보다는 현재시점에 가까워질수록 증가하며, 이러한 시간에 따른 화폐의 가치를 화폐의 시간가치(time value of money)라 한다.

예를 들어, 누군가 현재의 ₩10,000과 1년 후의 ₩10,000 둘 중 어느 하나를 선택하라고 한다면 누구든 현재의 ₩10,000을 선택할 것이다. 현재의 ₩10,000을 미래의 ₩10,000보다 더 높게 평가하기 때문이다. 왜냐하면 현재 ₩10,000을 가진 사람은 그 ₩10,000을 저축하여 1년 후에는 원금 ₩10,000보다 큰 금액을 가질 수 있기 때문이다. 따라서 현재의 ₩10,000에 대한 1년 후의 가치는 원금 ₩10,000에 1년간의 이자를 합한 금액이 될 것이다.

2.1 화폐의 미래가치

화폐의 미래가치(future value of money : FV)는 현재 소유하고 있는 현금을 미래 일정시점에서 평가한 가치이다. 예를 들어, 현재 ₩1,000을 매년 이자율 r%가 적용되는 예금에 n년 동안 저축했다고 가정하자. 이 예금으로부터 n년 후 받게 될 원금과 이자를 합한 금액은 얼마일까? 이 예금에 1년간 예금한 경우에는 1년 후에는 원금과 이자를 합하여 ₩1,000 × $(1+r)$을 받게 될 것이다. 또한 2년간 예금을 한 경우에는 ₩1,000 × $(1+r)^2$을 받게 되며, n년 후에는 ₩1,000 × $(1+r)^n$을 받게 될 것이다.

위의 예에서 볼 수 있는 바와 같이 여러 기간 동안 예금을 하는 경우에는 예금으로부터 받게 되는 이자에 대해서 다시 이자(interest on interest)가 발생하여 시간이 지날수록 미래시점의 이자가 늘어나는 것을 볼 수 있다. 이렇게 이자가 반복적으로 가산되는 이자계산방법을 복리계산(compounding)이라고 하며, 복리계산에 의해 계산된 이자를 복리이자(compound interest)라고 한다.

복리계산방법으로 현재의 ₩1에 대해 n기간 후의 가치를 계산하면 n기간 후의 미래가치 FV_n은 다음과 같이 나타낼 수 있다.

$$FV_n = ₩1 \times (1+r)^n$$

2.2 화폐의 현재가치

화폐의 현재가치(Present Value of money : PV)란 미래 일정시점에서 발생하는 현금흐름을 적정한 할인율을 이용하여 현재시점의 가치로 평가한 것이다. 일반적으로 현재가치는 미래시점에서 발생하는 일정한 금액을 1보다 큰 값으로 나누게 되므로 미래가치보다 작아지게 된다. 이러한 의미에서 미래가치를 현재가치로 환산하는 것을 할인(discount)이라 하며, 할인할 때 사용하는 이자율 r을 할인율(discount rate)이라 한다.

현재로부터 n기간 후에 발생하는 ₩1의 현재가치를 PV_n이라 할 때, 현재가치 PV_n은 다음과 같이 나타낼 수 있다.

$$PV_n = \frac{1}{(1+r)^n}$$

2.3 여러 기간 동안 발생하는 현금흐름의 화폐가치

현금흐름이 여러 기간에 걸쳐서 발생하는 경우 이러한 현금흐름에 대한 미래가치는 각 기간에 발생하는 개별 현금흐름에 대한 미래가치의 합이 현금흐름 총액에 대한 미래가치이다.

반대로 여러 기간에 걸쳐서 발생하는 현금흐름의 현재가치는 각 개별 현금흐름의 현재가치를 합한 것과 같다. 즉, n년 동안 C_1, C_2, ⋯, C_n의 현금흐름이 발생하는 경우 이러한 현금흐름에 대한 현재가치는 매기의 현금흐름인 C_1, C_2, ⋯, C_n 각각의 현재가치들의 합과 같다.

여러 기간에 걸쳐서 발생하는 현금흐름에 대한 현재가치는 다음과 같은 식으로 나타낼 수 있다.

$$PV = \frac{C_1}{(1+r)^n} + \frac{C_2}{(1+r)^2} + \cdots \frac{C_n}{(1+r)^n}$$

제3절 기업의 자본조달

3.1 자본조달방법의 중요성

기업을 경영하는 과정에서 영업활동을 수행하는 데에는 여러 가지 자금을 필요로 한다. 영업활동을 수행하는 과정에서 필요한 자금을 조달하는 방법은 다양하나 가장 최적의 자본조달방법을 강구함으로써 안정적인 자금의 사용을 가능하게 하여야 한다.

예를 들어, 동서컴퓨터가 컴퓨터부품을 조립하여 완성된 컴퓨터를 판매하는 회사라고 하자. 그런데 동서컴퓨터는 고객들로부터 일시에 주문이 들어올 것에 대비히어 미리 많은 물량의 컴퓨터 완성품을 준비해야 하는 상황이라고 하자. 현재 동서컴퓨터는 완성품의 컴퓨터를 만드는 데 필요한 반도체를 구입하는 자금과 컴퓨터를 조립하는 기계설비를 갖추는 데 필요한 자금이 부족한 상태이다. 동서컴퓨터는 어떤 방법으로 이들 자금을 조달해야 하는가?

먼저 반도체를 구입하는 데에는 단기간에 갚아야 하는 자금을 조달하여도 된다. 왜냐하면 반도체 구입대금은 완성된 제품을 판매하여 받은 대금으로 갚아도 되기 때문이다. 그러나 조립에 사용되는 기계설비를 갖추는 데 필요한 자금은 반도체를 구입할 때와 마찬가지로 단기자금을 빌려서 사용하면 위험하다. 왜냐하면 설비의 취득에 소요되는 자금은 거액일 뿐만 아니라 단기적으로 컴퓨터를 판매하여 변제에 필요한 자금을 마련하기가 어렵기 때문이다.

이렇게 장기적으로 사용되는 자산을 취득하는 데 필요한 자금은 장기간 원금을 갚지 않아도 되는 자금을 조달해야 한다. 왜냐하면 기계설비와 같은 자산은 장기간 사용할 것으로서 기계설비에 투자한 금액을 회수하기까지는 많은 시간이 걸리기 때문이다.

3.2 자본시장

1) 자본시장의 의의와 기능

기업이 목표로 하는 본연의 목적을 달성하기 위해서는 거액의 자본을 필요로 한다. 그러나 몇몇 소수의 사람들로부터 필요한 자금을 모두 조달하는 것은 한계가 있기 때문에 다수의 사람들로부터 자금을 모으는 수단이 필요하게 된다. 이러한 필요에서 발생한 것이 자본시장(capital market)이다. 자본시장은 자본이 거래되는 시장을 통칭하며 주식시장, 채권시장 등을 예로 들 수 있다.

[그림 12-3]에서 자본시장이 어떻게 작동하는지를 개괄적으로 보여주고 있다. 자금에 여유가 있는 사람들로부터 사업 아이디어(ideas)를 가진 사람들에게 자금을 전달하는 중개인의 역할을 하는 시장이 자본시장이다. 자본시장을 통해 자본을 대여한 투자자들은 자신이 투자한 자본이 효율적으로 사용되고 있으며, 투자한 자본에 대해 기대한 수익을 확보할 수 있는지에 관심을 가지게 된다. 이러한 관심에 대한 정보를 전달하는 핵심적인 수단이 회계정보이다.

일반적인 투자자들은 사업 아이디어가 훌륭한 것인지 과장된 것인지를 구분하기

■ **그림 12-3** 자본시장 작동원리

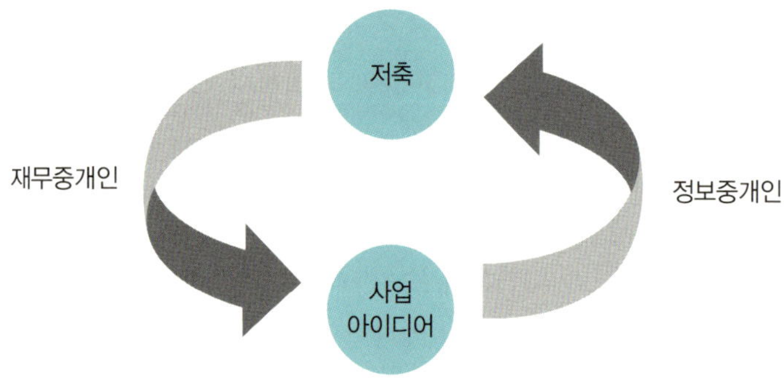

어렵다. 일반적인 투자자들이 훌륭한 사업 아이디어와 나쁜 사업 아이디어를 구분하는 것을 돕도록 자본시장에는 두 종류의 중개인이 존재한다. 첫째는 벤처자본기업(venture capitals), 은행(banks), 뮤추얼펀드(mutual funds), 보험회사와 같은 재무중개인(financial intermediaries)으로 개인투자자들로부터 자금을 모으고, 투자의사결정을 하기 위해서 상이한 투자대안을 분석하는 데 초점을 맞추고 있다. 둘째는 감사인(auditors), 재무분석가(analysts), 채권평가기관, 경제신문과 같은 정보중개인(information intermediaries)으로 다양한 투자기회의 질에 관한 정보를 제공하는 것에 초점을 맞추고 있다. 이들 두 중개인은 투자자가 좋은 투자기회를 나쁜 투자기회로부터 구별하는 것을 도와줌으로써 가치를 창출한다.

2) 정보를 통한 자원의 배분

앞서 설명한 바와 같이 자본시장을 통해 기업이 필요한 자본을 조달한다. 기업이 자본의 공급자와 직접 관계하는 것이 어렵기 때문에 자본시장을 활용하여 자본을 조달한다. 자본의 수요자인 기업이 자금의 공급자와 직접적으로 거래하기 어려운 이유는 다음과 같은 두 가지 이유 때문이다.

첫째, 기업의 경영자가 일반적으로 사업투자기회의 가치에 대해 자금의 공급자보다는 더 좋은 정보를 지니고 있다는 것이다. 둘째, 기업의 경영자가 자금의 공급자에게 전달하는 정보가 완전히 신뢰할 수 있는 것이 아니라는 것이다. 이는 자금의 공급자는 경영자가 그들의 아이디어 가치를 과대 포장할 동기를 가지고 있는 것을 알기 때문이다.

사업 아이디어의 반은 좋고(good) 다른 반은 나쁜(bad) 상황을 생각해 보자. 만일 투자자들이 이 두 가지 아이디어를 구별할 수 없다면 나쁜 아이디어를 가진 사업가는 그들의 아이디어가 좋은 아이디어와 같은 가치를 지니고 있다고 주장할 것이다. 이러한 가능성을 알고 있는 투자자들은 좋은 아이디어나 나쁜 아이디어 모두를 평균수준으로 평가한다. 불행하게도 이는 좋은 아이디어에 불리하게 작용하여 좋은 아이디어를 가진 사업가는 그들의 자금조달을 위한 조건이 바람직하지 않음을 발견하게 된다. 이러한 사업가들이 시장을 떠나기 때문에 시장에서 나쁜 아이디어의 비중이 증가하게 된다. 시간이 지나면서 나쁜 아이디어는 좋은 아이디어를 밀어내고(crowd out), 투자자들은 이러한 시장을 신뢰할 수 없게 된다. 이렇게 시장에 나쁜 아이디어만이 남은 시장을 레몬마켓(lemon market)이라고 한다.

정보중개인들이 기업들의 정보를 분석하여 좋은 아이디어와 나쁜 아이디어를 구분하는 기능을 수행하는데, 이 과정에서 핵심적인 정보가 회계정보이다. 자본시장에 존재하는 재무중개인과 정보중개인이 올바로 회계정보를 분석하고, 개인투자자들이 이를 이용하여 최적의 의사결정을 행하면 좋은 아이디어에 자금이 전달될 것이다. 이러한 과정은 노동시장(labor market)에서도 마찬가지이다. 노동력을 제공하고자 하는 사람이 기업에 대한 회계정보를 분석하여 자신의 노동력을 제공받을 만한 기업에게 제공함으로써 시장에는 나쁜 기업이 사라지게 될 것이다. 이를 확대하면 모든 자원시장에서 우수한 기업만이 자원을 조달할 수 있게 될 것이다.

3.3 자본조달방법

기업이 자본을 조달하는 방법으로 기업의 내부에서 자금을 조달하는 방법을 내부금융 또는 자기금융이라고 한다. 내부금융은 기업이 영업활동의 결과로 창출한 이익을 배당 등의 형태로 사외로 유출시키지 않고 재투자하는 것을 말한다. 경영자가 신규투자에 대해 소요되는 자금을 전액 사외에서 조달하여야 한다면 큰 부담이 될 수 있다. 이러한 부담을 줄이기 위해 경영자는 결산작업을 통해 이익잉여금 처분에 대한 안을 만들고 주주총회의 승인을 얻어 이익잉여금이 기업의 경영활동에 재투자될 수 있도록 한다.

기업이 내부금융에서 소요되는 자금을 모두 확보할 수 없는 경우에는 기업의 외부에서 필요한 자금을 조달하여야 한다. [그림 12-4]에서 볼 수 있는 것처럼 기업이 기업외부에서 자금을 조달하는 방법은 직접금융과 간접금융으로 구분된다. 간접금융은 자금의 수요자인 기업과 자금의 제공자를 중개기관인 금융기관이 연결한다는 점에서 직접금융과는 다르다. 간접금융의 대표적인 형태는 은행을 통한 차입을 들 수 있다. 직접금융은 자금의 제공자와 수요자가 직접 거래하는 방법으로 자금의 수요자인 기업이 주식을 발행하는 방법과 사채를 발행하는 방법이 있다. 자금의 수요자인 기업이 주식으로 자금을 조달하면 자기자본으로 분류되는 반면 사채를 발행하여 자금을 조달하면 부채로 분류된다.

그림 12-4 외부자금조달의 유형

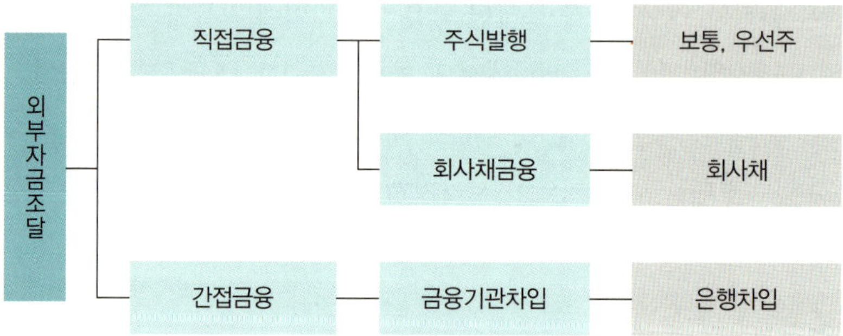

3.4 주식과 사채

1) 주식회사의 특징

자본주의 경제사회에 있어 가장 대표적인 기업 형태는 주식회사이다. 주식회사(corporation)는 사단성과 법인격이 뚜렷한 회사로 주주의 권리, 의무를 표시하는 주식으로 분할된 자본을 가지고 주주 모두가 주식인수금액을 한도로 의무를 부담할 뿐, 그 밖의 회사채무에 대하여 주주는 아무런 책임을 지지 않고 회사재산만으로 책임을 지는 회사 형태이다. 따라서 주식회사는 그 자체가 주주와는 별개로 존립하는 경제활동의 주체이다. 주식회사는 3인 이상의 발기인이 설립할 수 있다. 주식회사의 특징은 다음과 같다.

첫째, 일반대중으로부터 사채나 주식을 모집함으로써 자본을 조달할 수 있기 때문에 막대한 자본조달이 가능하다.

둘째, 주식회사의 자본은 주식으로 분할되어 유가증권화되어 있으므로 주식이 자유롭게 유통된다.

셋째, 주식회사의 구성원인 주주의 책임은 출자액을 한도로 책임을 지는 유한책임이다. 따라서 회사의 채권자는 회사의 자산을 한도로 하여 채권을 보장받을 수 있다.

넷째, 주식회사의 소유주는 무한히 확대되고 수시로 변동하므로 주주는 회사의 복잡한 경영에 일일이 참여하기보다는 이익배당이나 주가상승으로 인한 투자차익에 관심을 갖게 되므로 회사의 경영은 전문경영자에게 맡겨 소유와 경영이 분리된다.

다섯째, 주식회사의 경영에는 직접 참여하지 않는 주주, 채권자, 정부, 고객, 종업원 등 다수의 이해관계자가 있으므로 주식회사의 설립, 채무의 부담, 해산 및 회계 등에 대하여 법적인 규제가 필요하다.

2) 주식

주식회사는 장기자금을 조달하는 수단 중의 하나로 주식(stock)을 발행한다. 우리나라의 「상법」에서는 주식회사를 설립할 때 정관에 조달할 총금액을 명시하고, 1/4 이상의 주식을 발행하여 회사를 설립하도록 하고 있다. 이러한 제도를 수권자본제도라고 한다. 회사의 설립 이후에는 필요에 따라 수권자본의 범위 내에서 이사회의 결의를 통해 주식을 발행할 수 있도록 하고 있다. 따라서 주식은 회사를 설립할 때 또는 증자를 할 때 발행된다.

주식회사가 발행하는 주식의 액면금액은 균일한 금액으로 하여야 하며, 주식은 통상적으로 이익배당과 잔여재산분배에 있어서 우선적 대우를 받는 대신 의결권이 제한되는 우선주(preferred stock)와 보통주(common stock)로 구분된다. 보통주는 여러 종류의 주식을 발행할 경우 그 기준이 되는 주식으로 의결권이 있는 주식을 말한다.

3) 사채

사채(bond)란 일반대중으로부터 장기간 거액의 자금을 차입함으로써 발생하는 채무로서 주식회사가 이사회의 결의를 통해 발행하는 유가증권이다. 사채는 주식회사가 회사의 채무임을 표시하는 증권을 발행하여 약정된 이자를 지급하며 동시에 만기에는 원금을 상환할 것을 약정하는 채무증권으로 지급의무의 이행이 결산일로부터 1년 이상의 기간 이후에 이루어지는 비유동부채(장기성부채)로 분류된다. 이러한 사채의 특징은 다음과 같다.

첫째, 사채는 보통 시설의 확장이나 새로운 기계의 도입 또는 기존 부채의 상환 등을 위하여 발행되는데 자기자본과 더불어 회사의 장기자금조달의 중요한 수단이 된다.

둘째, 사채는 유가증권의 형태를 취하므로 증권시장을 통해 일반대중으로부터 장기적인 자금을 조달한다는 점에서 주식과 유사하다. 그러나 사채는 발행한 회사가 일정 기간이 지난 이후에 원금을 상환하여야 할 채무라는 점에서 자기자본인 주식과는 다르다.

셋째, 사채는 거액의 자금을 많은 수의 작은 금액단위로 나누어 사채권을 발행할 수 있으므로 소액 투자자들을 대상으로도 거액의 자금을 조달할 수 있다. 따라서 이후에 설명할 장기차입금보다 쉬운 장기자금조달수단이 된다.

넷째, 사채권에 투자한 투자자들의 입장에서도 보유 중인 사채를 필요에 따라 언제든지 증권시장을 통하여 자유롭게 매각하여 현금화할 수 있다.

사채는 발행회사의 입장에서는 부채이지만 사채를 취득한 회사의 입장에서는 투자자산이 된다. 주식회사가 발행하는 증권인 주식과 사채의 차이점에 대해서는 〈표 12-1〉을 참조할 수 있다.

| 표 12-1 | 주식과 사채의 차이

구분	주식	사채
성격	회사의 채무가 아님	회사의 채무임
경영권 참가 여부	회사의 경영에 참가함	회사의 경영에 참가하지 못함
이익의 분배	이익이 없으면 배당도 받을 수 없음	이익의 유무에 불구하고 일정한 이자를 지급받음
만기의 유무	만기가 없음	만기 시 원금상환
액면미달발행	원칙적으로 제한함	허용함
해산 시 자산에 대한 권리	잔여재산 분배받음	주주에 우선하여 변제받음

제4절 재무제표분석

4.1 재무제표분석의 의의와 필요성

1) 재무제표분석의 의의

재무제표분석(financial statement analysis)은 회계정보이용자들이 특정의 경제적 실체와 관련하여 경제적 의사결정을 내리는 데 필요한 정보를 얻을 목적으로 재무제표를 중심으로 관련된 자료를 분석하고 평가하는 것을 말한다. 재무제표분석에서 활용되는 재무정보는 기업이 정기적으로 공시하는 재무제표가 중심이 되지만 재무분석에서 사용되는 정보의 원천은 다양하다.

재무분석에서 활용되는 관련 자료로는 기업이 정기적으로 보고하는 연차보고서뿐만 아니라 반기보고서, 분기별 보고서 등도 있으며, 상장법인이거나 등록법인의 경우에는 금융감독원에 제출하는 사업보고서 등과 같은 추가자료도 활용할 수 있다. 또한 기업에 관한 재무분석을 전문적으로 수행하는 금융기관, 증권회사, 투자자문회사 등이 수집 · 분석하여 제공하는 각종 자료 및 경제신문 등도 분석의 대상이 된다.

2) 재무제표분석의 필요성

재무제표를 분석하여 추가적인 정보를 얻는 과정이 필요한 근본적인 이유는 정보이용자들이 경제적 의사결정을 내리는 데 필요한 유용한 정보를 얻는 데 있다. 기업들이 보고하는 재무제표는 그 자체적으로도 정보를 담고 있지만 정보이용자의 필요에 맞도록 가공되어 있지 않다. 따라서 재무제표 구성항목들 간의 관계를 이용하여 추가적인 정보를 얻는 과정이 필요하다. 즉, 재무제표분석에서는 원시자료인 재무제표를 토대로 하여 정보이용자의 의사결정에 필요한 정보를 추출하는 데 재무제표분석의 목적이 있다고 볼 수 있다.

재무제표분석에서 추구하는 재무정보는 정보이용자의 이해관계에 따라 다양하게 나타난다. 예를 들면, 주식에 투자한 주주 내지는 투자자의 입장에서는 그들의 의사결정인 주식의 시가평가 및 배당지급능력 등과 관련하여 기업의 수익성에 많은 관심을 나타내게 될 것이며, 이에 관련되는 정보를 재무제표분석에서 얻으려고 할 것이다. 또한 채권자의 입장에서는 채권의 회수 및 이자지급능력에 관련하여 기업의 위험에 많은 관심을 나타내게 될 것이며, 재무제표분석에서 기업의 위험에 관련된 정보를 얻으려고 할 것이다.

4.2 재무비율분석

재무제표분석에서 가장 보편적으로 많이 사용되는 분석기법은 재무비율분석이다. 재무비율(financial ratio)은 재무제표에 나타난 두 개 이상의 항목 간에 상관관계를 수치로 나타낸 것으로 이를 통하여 의미 있는 추가적인 정보가 도출된다. 재무비율은 재무제표항목 간의 관련성이 있을 때만 분석의 가치가 있다. 재무비율분석은 재무제표분석의 보조적인 수단으로 사용될 수 있을 뿐이며, 완전한 재무제표분석을 위해서는 기본적인 자료를 세밀하게 검토하여야 한다. 재무비율은 여러 가지 종류가 있지만 유동성비율, 레버리지비율, 수익성비율, 활동성비율, 주식시장관련비율로 구분할 수 있다.

1) 유동성비율

유동성비율(liquidity ratio)은 기업의 단기채무 상환능력을 측정하기 위한 지표이다. 유동자산이란 1년 이내에 현금화될 수 있는 자산을 의미하며, 유동부채란 1년 이내에 상환될 채무를 말한다. 유동성비율은 단기채무를 상환하기 위한 유동자산의 상대적 크기를 나타낸다.

(1) 유동비율

유동비율은 유동자산을 유동부채로 나누어 계산하며, 기업의 유동성을 측정하는 가장 일반적인 지표로 활용되고 있다.

$$\text{유동비율} = \frac{\text{유동자산}}{\text{유동부채}} \times 100$$

유동비율이 높을수록 단기채무 지급능력이 양호하다고 평가되며, 절대적인 기준은 없으나 일반적인 기준으로 유동비율이 200% 이상이어야 바람직한 것으로 평가된다.

유동비율의 해석은 분석대상기업이 직면하고 있는 경제적 여건을 고려하여야 한다. 산업에 따라서는 다소 높거나 낮은 비율이 요구되며, 지나치게 높은 유동비율은 영업활동에 필요 이상의 운영자금을 투입하여 좋은 투자기회가 있어도 적절한 투자를 하지 않고 있음을 의미할 수도 있다.

(2) 당좌비율

당좌비율(quick ratio)은 일명 산성시험비율(acid-test ratio)이라고도 하는데, 당좌자산을 유동부채로 나눈 수치로 유동비율을 좀 더 보수적으로 평가한 비율이다.

$$\text{당좌비율} = \frac{\text{당좌자산}}{\text{유동부채}} \times 100 = \frac{\text{유동자산} - \text{재고자산} - \text{기타의 유동자산}}{\text{유동부채}} \times 100$$

유동자산에 포함된 항목들도 현금화하는 데 걸리는 시간이 각기 다르다. 즉, 재고자산의 경우에는 현금화하는 데 현금, 매출채권 등과 비교하여 시간이 보다 더 걸리며, 선급비용의 경우에도 시간이 경과하여야 현금지출을 줄일 수 있다. 당좌비율은 유동자산에서 곧바로 현금화할 수 없는 자산을 제외하고 즉각적으로 현금화할 수 있는 당좌자산만으로 계산되기 때문에 기업의 즉각적인 단기채무 상환능력을 측정하는 데 유용하게 사용될 수 있다.

2) 레버리지비율

레버리지비율(leverage ratio)은 기업의 장기적 지급능력을 나타내는 비율로서 기업의 재무구조를 나타내는 지표이다. 채권자는 기업에 만기가 도래하는 부채를 상환할 수 있는 기업의 지급능력에 관심이 있다. 부채가 자본에 비해 너무 많으면 부채를 상환할 능력이 떨어지는 것으로 볼 수 있다. 즉, 채권자는 약정된 이자와 원금을 상환할 수 있는 능력을 평가하기 위해 기업의 레버리지비율을 분석한다.

(1) 부채비율

부채비율(debt-to-equity ratio)은 총부채를 자기자본으로 나누어 측정한다. 부채비율은 기업의 자본구조를 나타내는 대표적 비율로 타인자본의존도를 평가하기 위한 지표로 활용되며, 부채비율이 낮을수록 채권회수의 안전도가 높아지는 것으로 해석할 수 있다.

$$부채비율 = \frac{총부채}{자기자본} \times 100$$

부채는 자기자본과는 달리 정기적으로 이자를 지급하고 만기일에는 이익수준과는 관계없이 원금을 상환하여야 하므로 그만큼 위험하다. 기업이 부채의 만기일에 원금을 상환할 수 없으면 부도에 직면한다. 그러나 주식을 발행하여 자기자본으로 자금을 조달한 경우에는 이자지급이나 원금의 상환에 대한 압박이 없어 기업의 입장에서는 그만큼 덜 위험하다고 볼 수 있다.

(2) 이자보상비율

이자보상비율(interest coverage ratio)은 기업의 장기적 채무에 대한 이자지급부담을 측정하기 위한 비율로서 영업이익을 이자비용으로 나누어 측정한다.

$$이자보상비율 = \frac{영업이익}{이자비용}$$

기업 본연의 활동으로부터 창출한 이익인 영업이익이 기업이 타인자본을 사용함으로써 부담하게 되는 이자비용의 몇 배가 되는가를 측정하는 비율로 이 비율이 높을수록 타인자본을 사용함으로부터 발생하는 이자비용을 감당할 능력이 충분하다고 해석할 수 있다.

3) 수익성비율

수익성비율(profitability ratio)은 일정회계기간 동안의 경영성과를 나타내는 비율로서 일반적으로 매출활동에 대한 수익성과 투자된 자본에 대한 수익성으로 구분할 수 있다. 투자된 자본에 대한 수익성비율의 분자는 손익계산서에 표시되는 각종의 이익이며, 분모는 대차대조표에 표시되는 투자된 자본의 양을 나타내는 항목이다. 또한 매출수익성에서 분자는 손익계산서에 표시되는 각종의 이익이며, 분모는 손익계산서에 표시되는 매출액이다.

(1) 총자산순이익률

총자산순이익률(Return On Investment : ROI)은 기업에 투자한 총자본을 얼마나 효율적으로 이용하였는가를 측정하는 재무비율이다.

$$\text{총자산순이익률} = \frac{\text{순이익}}{\text{평균총자산}} \times 100$$

총자산순이익률은 총자산이 매출활동에 얼마나 효율적으로 사용되었나를 측정하는 비율인 총자산회전율과 매출활동의 수익성을 나타내는 매출액순이익률로 다음과 같이 분해될 수 있다.

$$\text{총자산순이익률} = \frac{\text{매출액}}{\text{평균총자산}} \times \frac{\text{순이익}}{\text{매출액}} \times 100$$

총자산순이익률이 확보되는 사업이라고 할지라도 산업에 따라서는 총자산회전율과 매출액순이익률에 차이가 있을 수 있다. 예를 들면, 1000냥 백화점에서 판매되는 상품의 매출액순이익률은 매우 낮지만 총자산회전율은 매우 높다. 따라서 이러한 사업의 수익성이 확보될 수 있는 것이다. 반대로 총자산회전율이 매우 낮은 사업의 경우에는 매출액순이익률이 높아야 사업을 영위할 수 있을 것이다.

(2) 자기자본순이익률

자기자본순이익률(Return On Equity : ROE)은 기업의 소유주인 주주들이 투자한 자본을 얼마나 효율적으로 사용하고 있는가를 측정하는 재무비율로서 순이익을 평균 자기자본으로 나누어 측정한다.

$$\text{자기자본순이익률} = \frac{\text{순이익}}{\text{평균자기자본}} \times 100$$

자기자본순이익률은 총자산순이익률과 레버리지효과의 합으로 다음과 같이 분해될 수 있다.

$$\begin{aligned}\text{자기자본순이익률} &= \text{총자본순이익률} + \text{레버리지효과} \\ &= \text{총자본순이익률} + (\text{총자본순이익률} - \text{이자율}) \times \frac{\text{총부채}}{\text{자기자본}}\end{aligned}$$

총자산순이익률이 부채에 대한 이자비용보다 높은 경우에는 레버리지효과가 양(+)으로 발생하여 부채로 조달된 자금이 자기자본순이익률을 증가시키지만 반대의 경우에는 자기자본순이익률이 낮아지게 된다.

(3) 매출액순이익률

매출액순이익률(margin on sales)은 매출활동에 대한 수익성을 측정하는 대표적인 지표로서 당기순이익을 매출액으로 나누어 측정한다.

$$매출액순이익률 = \frac{당기순이익}{매출액} \times 100$$

매출액순이익률은 기업의 모든 활동의 결과가 반영된 최종적인 이익창출능력을 측정하는 지표로 매출활동에 대한 종합적인 수익성을 표시한다고 볼 수 있다.

4) 활동성비율

활동성비율(activity ratio)은 자산운영의 효율성을 측정하는 지표로 이러한 비율에는 매출채권과 재고자산과 같은 매출활동에 관련된 자산항목과 투자된 자금에 관련된 비율들이 있다. 활동성비율이 높을수록 투자된 자금이 효율적으로 이용되어 수익성이 향상된다.

(1) 매출채권회전율

매출채권회전율(account receivable turnover)은 외상매출금과 받을어음의 합인 매출채권이 현금화되는 속도나 매출채권에 대한 투자효율성을 나타내는 비율로서 순외상매출액을 평균매출채권으로 나누어 계산한다.

$$매출채권회전율 = \frac{순외상매출액}{평균매출채권}$$

매출채권회전율이 높을수록 매출채권이 현금화되는 속도가 빨라 기업의 유동성이 충분히 확보될 가능성이 높으며, 반대의 경우에는 유동성에 문제가 될 수 있다. 매출채권회전율은 기업의 신용판매정책에 의해 좌우된다. 즉, 판매를 확대하기 위해 기업의 신용기간을 늘리면 매출채권회전율이 낮아져 매출채권이 잠겨있는 운영자금이 커질 것이다.

매출채권이 현금화되는 속도는 기간으로도 측정할 수 있다. 이를 매출채권 평균회수기간이라고 하는데, 365일을 매출채권회전율로 나누어 다음과 같이 측정한다.

$$\text{매출채권 평균회수기간} = \frac{365\text{일}}{\text{매출채권회전율}}$$

(2) 재고자산회전율

재고자산회전율(inventory turnover)은 매출원가를 평균재고자산으로 나누어 측정하며, 재고자산의 효율적 관리를 나타내는 비율이다.

$$\text{재고자산회전율} = \frac{\text{매출원가}}{\text{평균재고자산}}$$

재고자산은 생산과 판매에 지장을 초래하지 않도록 최적수준을 유지해야 한다. 일반적으로 재고수준이 낮을수록 재고자산회전율이 높아지며, 재고자산에 잠겨있는 현금이 적기 때문에 재고자산이 진부화될 가능성이 낮아진다. 재고자산을 필요 이상으로 많이 보유하는 경우에는 경기불황으로 생산에 비하여 판매가 부진하다는 것을 나타낸다. 재고수준을 적정 이상으로 보유하는 경우에는 불필요한 이자비용이나 재고보관비용이 발생하여 재고관리비용이 높아진다.

재고자산회전율에 대한 보조적인 측정치로 평균재고자산 회전기간을 측정할 수 있다. 평균재고자산 회전기간은 다음과 같이 365일을 재고자산회전율로 나누어 측정하며, 재고자산이 현금화되는 데 소요되는 기간을 의미한다.

$$\text{재고자산 평균회전기간} = \frac{365\text{일}}{\text{재고자산회전율}}$$

(3) 총자산회전율

총자산회전율(asset turnover)은 매출액을 평균총자산으로 나누어 측정하며, 총자산이 매출액을 창출하는 데 얼마나 효율적으로 이용되고 있는가를 측정하는 지표이다. 총자산회전율이 높을수록 자산이 효율적으로 매출액에 기여되고 있음을 의미한다.

$$\text{총자산회전율} = \frac{\text{매출액}}{\text{평균총자산}}$$

4.3 주식시장관련비율

주식의 시가는 특정 기업의 주식을 보유함으로써 기대할 수 있는 수익과 위험을 주식시장에서 투자자들이 어떻게 평가하고 있는지를 알 수 있는 정보를 제공한다. 그러나 이러한 정보는 주식의 시가를 단순 비교하여 얻을 수는 없다. 왜냐하면 기업마다 순이익의 수준, 배당금, 발행주식수 등에서 차이가 나기 때문이다. 따라서 주식의 가격은 재무제표에 나타나는 수익성의 지표와 관련하여 평가할 때 의미가 있다.

1) 주당순이익

주당순이익(Earnings Per Share : EPS)은 기업의 진정한 소유를 나타내는 보통주 1주에 귀속되는 순이익을 의미하며, 종합적인 수익성의 지표로 볼 수 있다. 분자는 순이익에서 우선주에 귀속되는 배당금을 차감하여 계산하며, 분모는 발행된 보통주 유통주식수를 발행기간을 고려하여 가중평균한다. 주당순이익은 주식에 대한 투자의사결정에서 중요한 정보로 사용되며 주가수익비율 계산의 기본적 자료가 된다.

$$\text{주당순이익} = \frac{\text{순이익} - \text{우선주배당금}}{\text{가중평균 유통주식수}}$$

2) 주가수익비율

주가수익비율(Price-Earnings Ratio : PER)은 보통주의 시장가격을 주당순이익으로 나누어 계산한 비율로 기업의 이익 1원에 대해 시장에서 몇 원으로 평가하고 있는지를 나타낸다.

$$\text{주가수익비율} = \frac{\text{주식의 시장가격}}{\text{주당순이익}}$$

주식의 시장가격은 투자자들이 특정 기업에 대해 미래의 수익성과 위험을 예측하여 평가한 예측정보에 의해 결정된다. 반면에 주당순이익은 기업이 과거에 달성한 경영성과를 반영한다. 따라서 주가수익비율이 높은 기업은 낮은 기업에 비해 순이익이 동일한 조건으로 계산되었다면 투자자들에 의해 미래수익성이 높게 평가되고 있음을 의미한다. 그러나 기업 간에 회계처리방법이 다르거나 산업이 다른 경우에는 주가수익비율을 단순히 비교할 수는 없다.

3) 배당성향

배당성향(dividend payout ratio)은 총배당액을 순이익으로 나누어 측정한 비율로 기업의 총이익 중에서 얼마나 배당으로 지급하고 있는가를 나타내는 지표이다. 배당성향은 기업의 배당정책을 가늠할 수 있는 지표로 배당금의 크기는 순이익의 크기뿐만 아니라 현금보유수준, 사업 확장계획, 타사의 배당수준, 주주들의 배당압력 등을 모두 고려하여 결정된다. 아무리 이익이 많다고 할지라도 미래의 사업 확장에 거액이 요구되는 경우에는 배당성향이 낮아질 것이며, 이익이 많다고 할지라도 보유한 현금이 적어 유동성에 문제가 있는 경우에는 배당성향이 낮아질 수밖에 없다.

$$\text{배당성향} = \frac{\text{총배당액}}{\text{순이익}}$$

4) 배당수익률

배당수익률(dividend yield ratio)은 주당배당액을 주당시장가격으로 나누어 측정한 비율로 투자자들이 주식을 투자하여 얻은 배당수익의 크기를 나타낸다. 주식에 투자하면 얻을 수 있는 수익은 크게 시세차익과 배당수익으로 나눌 수 있는데 그 중에서 배당수익의 크기를 측정하는 비율이 배당수익률이다.

$$\text{배당수익률} = \frac{\text{주당배당액}}{\text{주당시장가격}}$$

chapter 13

마케팅관리

제1절 마케팅개념

1.1 마케팅의 의의

모든 기업은 나름대로 추구하는 목적이 있다. 그것이 이윤의 극대화든 시장에서의 생존과 성장이든지 간에 그 목적은 기업의 제품이나 서비스가 소비자에 의하여 구매됨으로써 달성될 수 있다. 이러한 측면에서 기업의 목적을 달성시켜 주는 현실적인 수단은 판매(selling)라고 할 수 있다. 그러나 기업이 제품이나 서비스를 판매하고자 하는 시장에는 대부분의 경우 경쟁자가 있기 마련이며, 소비자들은 이들 중에서 자신의 욕구(가격, 품질, 디자인 등)를 보다 잘 충족시켜 주는 기업의 제품을 구매하게 된다.

따라서 경쟁기업에 효과적으로 대처하기 위해서는 소비자의 욕구(needs/wants)를 정확히 파악하고, 이를 충족시킬 수 있는 제품이나 서비스를 개발하여, 합리적인 가격을 설정하고, 적절한 유통경로를 통하여 소비자에게 제공하여야 한다. 아울러 자사의 제품이나 서비스의 특징 및 구매방법 등을 소비자들에게 잘 알리고, 판매 후에도 적절한 애프터서비스(after service)를 실시하여야 한다. 이와 같은 일련의 활동이 바로 마케팅이며, 이는 판매보다 훨씬 포괄적인 개념이라고 할 수 있다.

종전까지 가장 폭넓게 받아들여지고 있는 마케팅에 대한 정의는 1985년에 미국마케팅학회(American Marketing Association)에서 설정한 것으로 그 내용은 다음과 같다.

> "마케팅이란 개인과 조직의 목적을 충족시켜 주는 교환을 창출하기 위해 아이디어, 제품 및 서비스에 대한 발상, 가격결정, 촉진 및 유통을 계획하고 실행하는 과정이다(Marketing is the process of planning and executing the conception, pricing, promotion and distribution of ideas, goods and services to create exchanges that satisfy individual and organization objectives)."

위에 제시한 미국마케팅학회의 정의는 시장에서 교환을 창출하는 데 그 주안점을 두고 있는데, 이에 비해 한국마케팅학회(Korean Marketing Association)에서 내린 정의(2002)는 교환창출뿐만 아니라 유지하는 것, 그리고 시장에 반응하는 개념에서 보다 능동적으로 시장을 관리하고자 하는 개념이 반영되어 있다.

> "마케팅은 조직이나 개인이 자신의 목적을 달성시키는 교환을 창출하고 유지할 수 있도록 시장을 정의하고 관리하는 과정이다(Marketing is the process of defining and managing markets to create and retain exchanges by which organizations or individuals achieve their goals)."

마케팅의 정의는 시장의 상황변화를 반영하며 계속 수정되고 발전되어 왔다. 가장 최근인 2013년에 미국 마케팅학회에서 내린 정의는 다음과 같다.

> "마케팅은 고객과 의뢰인, 동업자, 그리고 크게 보면 사회에 가치 있는 제공물을 창출하고, 알리며, 전달하고, 교환하기 위한 일련의 행동이며 제도이고 과정이다(Marketing is the activity, set of institutions, and processes for creating, communicating, delivering, and exchanging offerings that have value for customers, clients, partners, and society at large)."

1.2 마케팅개념의 발전

기업이 수행하는 마케팅활동은 기업이 속한 시장의 상황, 즉 시장에서의 수요와 공급 간의 관계, 경쟁 정도 등에 따라 달라질 수 있다. 최근 들어 많은 기업들이 고객지향적 마케팅활동을 수행하고 있는데, 이는 오랜 기간 동안 여러 단계를 거친 결과이다. 따라서 이하에서는 마케팅활동과 관련된 개념의 발전과정을 기업중심의 관리철학인 생산개념, 제품개념, 판매개념, 그리고 고객중심의 관리철학인 마케팅개념, 사회지향적 마케팅개념으로 나누어 소개한다.

1) 기업중심 관리철학

(1) 생산개념

생산개념(production concept)은 소비자들이 가격이 저렴하고 용이하게 구매할 수 있는 제품을 선호한다고 보는 개념이다. 따라서 기업은 제품의 생산량과 생산성을 높이고 이들 제품에 대한 유통망을 확장하는 데 노력을 기울여야 한다는 것이다. 이러한 생산개념은 수요가 공급을 초과하는 공급자시장(seller's market)상황에 적합한 개념으로서 공급이 수요를 초과하지만 경쟁제품들이 차별화되지 않고 가격경쟁에 의존하는 경우 유용하다. 실제로 20세기 초반 미국 포드자동차는 이와 같은 생산개념에 입각하여 Model T라는 자동차를 대량 생산함으로써 크게 성공할 수 있었다. 그러나 공급이 증가되고 소비자의 욕구가 다양화되는 상황하에서 생산개념은 성공을 보장받기 어려운 개념이 되고 있다.

(2) 제품개념

제품개념(product concept)은 소비자들이 가급적 품질, 성능, 속성 등이 우수한 제품을 선호한다고 보는 개념이다. 기업은 경쟁자보다 차별화된 제품 또는 양질의 제품을 생산하고 이를 지속적으로 개선하여야 한다는 것이다. 이러한 제품개념은 공급이 수요를 초과하거나 하나의 제품군(product class) 내에 여러 경쟁상표가 존재하는 경우 유용하다. 그러나 경쟁이 치열해지고 제품의 품질이 평준화되는 상황에서도 제품개선에만 몰두하는 것은 다소 소극적인 방식이라고 생각될 수 있다.

(3) 판매개념

판매개념(selling concept)은 소비자들이 기업에서 생산되는 제품이나 서비스를 자발적 혹은 적극적으로 구입하지는 않을 것이라고 보는 개념이다. 판매개념은 공급이 수요를 초과하는 구매자시장(buyer's market)상황에 적합한 개념으로서 기업은 강력한 영업 및 촉진활동을 통하여 소비자의 주의를 획득하고 구매를 자극하여야 한다는 것이다.

2) 고객중심 관리철학 – 마케팅개념

치열한 경쟁에 직면한 기업이 대처하는 최선의 방법은 기업이 임의로 생산한 제품이나 서비스를 판매하지 않고 그 기업이 대상으로 하는 표적고객의 욕구를 파악하여 이를 충족시킬 수 있는 제품이나 서비스를 제공하는 것이라 할 수 있다. 즉, 앞에서 언급한 기업중심의 개념들과는 달리 고객의 입장에서 기업과 관련된 여러 활동들을 전개해 나가고자 하는 고객중심의 사고가 바로 마케팅개념(marketing concept)이다. 마케팅개념은 종종 판매개념과 혼동되는 경우가 있다. 그러나 판매개념은 기존제품의 판매와 촉진활동의 강화를 통해 매출을 증가시켜 이윤을 남기려는 사고이며, 마케팅개념은 시장의 고객들이 가진 욕구를 여러 마케팅활동을 통하여 만족시킴으로써 이윤을 창조하려는 점에서 차이가 있다. 즉, 판매개념은 판매자의 욕구에 초점을 두고, 마케팅개념은 구매자의 욕구에 초점을 두는 것이 큰 차이라고 할 수 있다. 판매개념과 마케팅개념의 차이는 영업과 마케팅의 개념적 차이와도 맥을 같이 한다.

3) 사회지향적 관리철학 – 사회지향적 마케팅개념

단기적으로 소비자에게 좋은 제품도 장기적으로 혹은 사회 전체적으로 여러 가지 부정적인 결과를 가져올 수 있다. 예를 들어, 탄산음료는 개인소비자에게 갈증해소와 시원함을 제공하나 이를 담는 용기는 자원의 낭비와 환경오염을 가져왔는데, 사회의 한 구성원인 기업은 이러한 문제들을 소홀히 해서는 안 된다. 따라서 순수한 마케팅개념보다는 사회적인 측면이 고려된 개념을 도입할 필요가 발생하였으며, 이로 인하여 사회지향적 마케팅개념이 출현하였다. 사회지향적 마케팅개념(societal marketing concept)은 기업의 목표달성을 위하여 소비자의 욕구를 경쟁사보다 더 효과적으로 충족시킬 뿐만 아니라, 사회 전체의 이익에 기여하여야 한다는 개념으로 소비자 욕구충족, 기업목적, 그리고 사회 전체의 이익을 모두 요구하는 가장 진보적인 개념이다.

1.3 마케팅관리

관리를 계획(plan), 실행(do), 통제(see)라는 과정으로 본다면, 마케팅관리란 앞에서 정의한 마케팅과정 내지는 행위를 계획하고, 실행하고, 통제하는 것이라 할 수 있다. 이러한 마케팅관리의 첫 번째 단계는 기업과 이해관계를 가지고 있는 소비자, 유통업자, 경쟁업자 등과 관련된 각종 자료를 수집하고 분석하는 것이다. 이 단계에서는 일반적으로 마케팅환경분석, 자사분석, 경쟁사분석 등의 상황분석이 함께 수행된다.

두 번째 단계는 이와 같은 분석을 토대로 마케팅전략 및 실행계획을 수립하는 것

| 표 13-1 | 제품차별화와 시장세분화

- 제품차별화(product differentiation) : 자기 회사의 제품이 경쟁회사의 제품과 구별되도록 여러 가지 특질을 개발하여 경쟁제품보다 유리하게 시장성을 확보하려는 정책이다.
- 시장세분화(market segmentation) : 소비자의 수요 패턴에 따라 시장을 몇 개의 고객별 부분시장으로 세분화하는 것으로, 다른 고객들의 욕구를 정확하게 파악하여 차별화된 마케팅활동을 전개하거나 또는 하나의 세분시장만을 중심으로 집중적 마케팅을 전개하는 것을 말한다.

[예] 손발톱 무좀은 따로 있어요.
H제약은 일반 무좀약시장으로부터 손발톱 무좀약시장을 독립시켰다. 손발톱 무좀이라는 피부병이 따로 있다는 사실을 잘 모르고 있던 소비자들에게 이를 알리고 새로운 시장을 세분화시키는 데 성공한 것이다.

항목	제품차별화	시장세분화
경영이념	생산제품지향	소비자지향
중심요소	광고, 판매촉진	제품계획
제품수명단계	도입기, 성장기	성숙기
목적	규모의 경제성	부가가치 증가
대상시장	시장 전반의 점유율 확대(수평적)	특정 시장 확보(수직적)
접근방법	고압적	저압적
수요	제1차적 수요	제2차적 수요(선택적 수요)

이다. 마케팅전략은 크게 시장세분화(market segmentation), 표적시장결정(market targeting), 제품포지셔닝(product positioning)의 세 단계로 구성되는데 이를 간략히 살펴보면 다음과 같다. 첫 번째, 시장세분화는 유사한 특성을 가진 소비자들은 유사한 욕구를 가질 것이라는 가정하에 전체시장을 어떤 기준에 의하여 여러 개의 소시장으로 세분화하는 단계이다. 두 번째, 표적시장결정은 이들 세분시장들 중 자사의 목적이나 능력의 관점에서 볼 때 그 기업에 가장 적합하다고 판단되는 세분시장(들)을 자사의 표적으로 결정하는 단계이다. 마지막으로 제품포지셔닝은 표적시장에 공급할 자사 제품의 특징을 구체화하고 경쟁적 위치를 정립하는 단계로 자사의 브랜드를 경쟁브랜드에 비하여 독특하게 받아들일 수 있도록 고객들의 마음속에 위치시키는 노력이라고 할 수 있다.

세 번째 단계는 수립된 마케팅전략을 실행하는 단계이다. 이 단계에서는 구체적으로 마케팅믹스가 개발되고 시장에 투입된다. 마케팅믹스는 일반적으로 매카시(J. McCarthy)가 제안한 4P's, 즉 제품(product), 가격(price), 유통(place), 촉진(promotion)으로 구성된다고 받아들여지며, 이에 대한 자세한 내용은 마케팅믹스 부문에서 살펴보기로 한다.

마지막 단계는 실행된 마케팅전략의 성과를 측정하고 편차를 수정하여 수립된 목표와 성과가 일치되도록 통제하는 단계이다. 마케팅전략의 실행과정에서는 항상 예기치 못했던 일들이 많이 발생하기 때문에 목표와 성과 간에 차이가 발생할 가능성이 높다. 따라서 이와 같은 차이를 줄일 수 있는 수정조치, 즉 통제활동이 필요하다. 일반적으로 사용되는 통제방법은 현재의 상태를 유지하는 방법, 편차를 수정하기 위해 시정조치를 취하는 방법, 목표를 수정하는 방법 등이 있으며 이는 한 번으로 그치는 것이 아니라 끊임없이 반복되는 순환체제를 갖는다.

기업을 둘러싼 마케팅환경은 끊임없이 변화하며 마케팅관리의 성과에 영향을 미친다. 따라서 마케팅관리의 성공은 환경의 변화에 얼마나 적응하느냐에 달려있다고 해도 과언이 아니다. 즉, 환경의 변화에 맞추어 기업의 전략과 계획을 수립하고, 필요에 따라 이를 지속적으로 수정 · 보완할 때 마케팅목표를 성공적으로 달성할 수 있을 것이다.

1.4 마케팅조사

1) 마케팅조사의 필요성

급변하는 마케팅환경 속에서 많은 의사결정을 내려야 하는 기업의 마케팅관리자가 직면하는 문제는 의사결정에 많은 위험(risk)과 불확실성(uncertainty)이 따른다는 것이다. 실제로 잘못된 의사결정은 금전적인 손실은 물론 기업 이미지 훼손, 고객이탈 등과 같은 많은 위험을 수반하게 된다. 마케팅 의사결정에 따른 이와 같은 손실과 위험을 최소화하기 위해서는 단순히 마케팅관리자의 직관이나 경험에 의한 주관적 판단에 의존하기보다 객관적인 자료와 정보에 근거하여 의사결정을 내리는 것이 타당할 것이다. 즉, 성공적인 마케팅 의사결정을 위해서는 마케팅조사를 실시하여 객관적인 시장정보를 획득하고 이를 바탕으로 합리적인 의사결정을 내려야 한다.

2) 마케팅조사의 의의 및 과정

마케팅조사는 기업이 당면한 특정 마케팅 의사결정에 따른 위험과 불확실성을 감소시키기 위하여 객관적인 자료를 수집 · 분석하고 이를 의사결정에 유용한 정보로 가공하는 활동을 의미한다. 즉, 마케팅조사는 마케팅 의사결정에 필요한 제반 정보를 체계적으로 제공하여 의사결정의 성공확률을 높여주는 것으로, 이는 일반적으로 다음과 같은 5단계를 거친다.

(1) 조사문제의 정의

마케팅조사는 마케팅문제를 해결하는 데 도움을 주는 정보를 제공하기 위한 것이므로 마케팅조사의 시발점은 문제를 정확히 정의하는 것이다. 만약 조사문제를 잘못 정의하거나 혹은 너무 광범위하거나 협소한 문제를 조사문제로 정의하면 완벽한 조사를 실시한다 하더라도 조사결과가 마케팅관리자의 실질적인 도움을 주지 못하는 것은 물론 오히려 새로운 문제를 야기할 수도 있다. 반대로 조사문제를 정확히 정의하면 조사의 목적이 명확해지며 따라서 그 다음 단계의 일이 아주 수월해진다고 할 수 있다.

(2) 조사계획의 수립

조사문제가 명확히 정의되고 조사의 방향이 구체화되면 조사계획을 수립하는 단계로 들어가는데, 이 단계에서는 조사문제의 해결을 위하여 수집되어야 할 자료의 종류, 수집방법 및 분석방법에 관한 계획이 수립되어야 한다.

조사계획 수립단계에서는 먼저 수집되어야 할 자료의 유형을 결정하여야 하는데,

이는 크게 1차 자료(primary data)와 2차 자료(secondary data)로 구분할 수 있다. 1차 자료는 조사의 목적을 위하여 조사자가 직접 수집하는 자료를 의미하고, 2차 자료는 다른 목적을 위하여 기존에 다른 조사자에 의하여 수집되었으나 본 마케팅조사와 관련이 있는 자료를 의미한다. 2차 자료가 1차 자료에 비하여 자료수집이 용이할 뿐만 아니라 수집비용과 시간을 절약할 수 있으나, 조사목적과 정확하게 부합되지 않거나 시의적절하지 않은 경우가 많다. 따라서 대부분의 경우 기업들은 1차 자료를 수집하여야 하므로 이하에서는 1차 자료를 수집하기 위한 마케팅조사를 중심으로 설명하도록 한다.

(3) 자료수집

1차 자료의 수집방법으로 일반적으로 사용되는 방법은 관찰법(observation method), 표적집단면접법(focus group interview), 심층면접법(depth interview), 실험법(experimental method), 서베이법(survey method) 등이 있으며 이를 간략히 설명하면 다음과 같다.

① 관찰법 : 이는 조사자가 소비자의 행동이나 기타 조사대상을 직접 혹은 기계를 이용하여 관찰함으로써 자료를 수집하는 방법이다.

② 표적집단면접법 : 이는 일반적으로 6명에서 12명 정도의 응답자들을 한자리에 모이도록 하고, 사회자가 어떤 주제를 제시하여 그 주제와 관련된 토론을 하도록 함으로써 자료를 수집하는 방법이다.

③ 심층면접법 : 이는 조사자와 응답자 간의 1 대 1 대면접촉에 의하여 자료를 수집하는 방법으로, 일반적인 설문조사가 밝혀내기 어려운 소비자의 잠재적 욕구 및 동기를 파악하는 데 적절한 방법이다.

④ 서베이법 : 이는 표본으로 선정된 조사대상자에게 설문조사를 하여 자료를 수집하는 방법으로 1차 자료수집에 가장 널리 사용되는 방법이다.

⑤ 실험법 : 이는 실험대상자들을 몇 개의 집단으로 나눈 후 인과관계의 원인이라고 생각되는 변수를 각 집단에 다르게 조작하여 그 결과가 집단들 간에 다르게 나타

나는지를 봄으로써 변수들 간의 인과관계를 밝히는 방법이다.

(4) 자료분석 및 해석

수집된 자료는 일반적으로 수치화되어 컴퓨터에 입력된 후 회귀분석, 상관관계분석, 분산분석, 요인분석 등과 같은 계량적인 방법에 의하여 분석된다. 이때 분석결과는 조사목적과 관련지어 해석하는 것이 바람직하며, 해석의 내용은 조사의뢰자에게 유용한 정보가 되어야 한다. 그러나 동일한 과정으로 얻어진 동일한 자료도 분석자에 따라 다르게 해석되어 상반된 결론이 유도될 수 있으므로 최종적인 자료해석은 신중하게 이루어져야 한다.

(5) 조사보고서 작성

조사보고서는 조사의 개요, 절차 및 조사결과를 정리한 것을 말한다. 조사보고서 작성 시 주의해야 할 점은 마케팅조사 전문가들이나 이해할 수 있는 전문용어의 사용을

표 13-2 | 마케팅조사의 내용

마케팅시장조사의 내용이 되는 항목의 구성을 시장조사체계라 한다. 시장조사에 포함될 항목은 매우 많다. 그러나 대개는 조사의 목적 또는 의도에 따라 선택하여 실시한다.

1. 제품조사 : 품질, 제품의 특징, 디자인, 상표, 포장, 생산시기, 생산량 등의 분석
2. 경쟁조사 : 경쟁업자의 공급능력, 시장점유율, 거래조건 등
3. 소비자조사 : 소비자의 수, 소비자의 계층별 구매비율, 구매동기, 판매원 활동상황, 판매방법의 효과, 판매비분석 등
4. 소비자 패널조사 : 올바르게 구성된 소비자의 표본을 선정하여 그들의 제품구입에 대한 행위를 매일 계속 기록 · 보고하게 하여, 일정기간마다 그 보고서를 수집 · 분석하여 소비자의 수요와 태도변화를 알아내는 조사방법
5. 판매조사 : 판매액의 상품별 · 계절별 · 지역별 분석, 판매원의 활동상황조사, 판매방법의 효과, 판매비분석 등
6. 유통경로조사 : 도매상, 소매상의 거래조건, 유통마진조사, 유통경로 선택정책 등
7. 광고 및 판매촉진조사 : 광고의 시기, 장소, 효과 및 판매촉진정책의 효과분석 등
8. 가격조사 : 경쟁상품의 가격조사, 가격반응조사 등
9. 시장추세조사 : 상품의 유행성, 제품의 수명주기조사 등
10. 정책에 관한 조사 : 판매가격정책, 마케팅정책, 광고정책, 홍보, 기타 영업관계정책 등

지양하고 마케팅관리자가 이해할 수 있도록 표현되어야 한다는 것이다. 실제로 조사의 내용과 결과가 아무리 좋아도 그것을 마케팅관리자가 이해하지 못하면 아무런 효과가 없는 것이라 할 수 있다. 따라서 마케팅관리자의 지식 정도와 이해도를 고려하여 조사보고서를 작성하여야 한다.

제2절 마케팅믹스관리

마케팅믹스는 표적시장(target market)에서 마케팅목적을 달성하기 위하여 기업이 사용하는 통제가능한(controllable) 마케팅수단들의 집합이라고 정의할 수 있다. 일반적으로 마케팅믹스의 요소는 매카시가 제안한 4P's, 즉 제품(product), 가격(price), 유통(place), 촉진(promotion)으로 구성된다고 받아들여진다. 그러나 일부 기업들은 전통적인 마케팅믹스 변수인 4P's에 새로운 2P's, 즉 정치(politics)와 여론형성(public opinion formation)이라는 마케팅믹스 변수들을 추가하여 이를 적극적으로 사용하고 있는데 이를 메가마케팅(mega marketing)이라고 한다. 이하에서는 마케팅믹스의 요소로 일반적으로 받아들여지는 4P's에 대하여 살펴보기로 한다.

2.1 제품관리

인간의 욕구(needs/wants)는 제품을 소비 · 사용함으로써 충족되므로 넓은 의미로 볼 때 인간의 욕구를 충족시킬 수 있는 것은 무엇이든지 제품으로 볼 수 있다. 그러므로 제품의 개념에는 유형의 제품(tangible product)과 무형의 서비스(intangible service)는 물론 사람, 장소, 지식, 조직, 아이디어 등도 포함한다. 이와 같은 제품은 고객의 욕구를 충족시키고 기업의 목적을 달성시켜 주는 현실적 수단으로 가격결정,

유통, 촉진과 관련된 모든 마케팅노력은 특정 제품을 전제로 이루어지는 것이라 할 수 있다. 따라서 기업은 제품믹스와 관련하여 생산할 제품, 제품구색, 제품 이미지, 상표, 포장 등의 개발과 관련된 의사결정을 하여야 한다. 이하에서는 제품관리에서 중요한 위치를 차지하는 상표, 신제품개발, 제품수명주기에 대하여 간략히 소개하기로 한다.

1) 상표

최근 들어 제품믹스들 중 특히 상표(brand)의 중요성이 부각되고 있는데 그 이유는 소비자들이 제품을 선택하는 데 있어서 가장 간단하게 사용할 수 있는 중요한 기준이기 때문이다. 상표란 자사의 제품이나 서비스를 소비자에게 식별시키고 경쟁자들의 그것과 차별화하기 위하여 사용되는 독특한 이름과 상징물(로고, 디자인 등)들의 결합체를 의미하며, 상표명, 상표마크, 등록상표로 구성된다. 상표명(brand name)이란 상표의 구성요소들 중 말로 표현될 수 있는 부분으로, 예를 들어 코카콜라, 나이키, 맥도날드 등이 이에 해당된다. 상표마크(brand mark)란 상표의 구성요소들 중 말로 표현되지 않고 눈으로 볼 수 있는 부분으로, 예를 들어 라코스테의 악어, 히포의 하마 등이 이에 해당된다. 마지막으로 상표구성요소 전체 또는 일부분이 특허청에 상표등록이 되었을 때 이를 등록상표(trade mark)라 한다.

1980년대 이후 소비재를 생산 · 판매하는 많은 기업들이 기업성장전략의 일환으로 상표확장전략(brand extension strategy)을 사용하고 있다. 상표확장전략이란 기존의 성공한 상표를 사용하여 전혀 다른 제품군(product class)에 진입하는 전략으로, P&G가 Ivory 비누에서 Ivory 샴푸로 진출한 예와 제일제당이 식물나라 화장품에서 식물나라 샴푸와 린스로 진출한 예를 들 수 있다. 상표확장전략은 소비자들에게 익숙한 기존상표를 사용함으로써 신제품 도입 시 광고 및 촉진비용을 절감시킬 수 있다. 아울러 신제품이 성공할 경우 기존제품의 이미지도 함께 제고되는 시너지효과를 갖는다. 그러나 너무 많은 제품군으로 확장되는 경우 그 상표가 갖는 고유의 이미지가 퇴색될 수 있으며, 신제품이 실패할 경우 그 상표를 사용하는 다른 제품들의 이미지에 부정적인 영향을 미칠 수 있다.

2) 신제품개발

기업은 현재 자사의 제품이 시장에서 성공을 거두고 있다 하더라도 이에 안주해서는 안 된다. 그 이유는 소비자의 욕구변화, 기술의 발전에 따른 대체품의 개발 등과 같이 급변하는 시장환경 속에서 영원한 제품은 없기 때문이다. 따라서 기업은 지속적인 성장과 유지를 위하여 소비자가 원하는 신제품을 개발하고 이를 상품화하여야 한다. 그러나 신제품의 개발에는 큰 위험이 따르므로 기업은 신제품개발과정을 철저히 관리하여야 한다. 이하에서는 신제품개발과정을 간략히 살펴보기로 한다.

(1) 아이디어창출(idea generation)

신제품개발의 첫 번째 단계는 신제품에 관한 아이디어를 내고 이것을 모으는 것으로부터 시작된다. 따라서 기업은 다양한 아이디어 원천들로부터 가능한 한 많은 신제품 아이디어를 획득하여야 한다. 기업이 이용할 수 있는 아이디어 원천은 크게 내부적 원천과 외부적 원천으로 나뉜다. 내부적 원천으로는 기업의 공식적인 연구개발부서, 최고경영자, 일선종업원 등 기업의 모든 구성원을 들 수 있으며, 외부적 원천은 고객, 경쟁사, 유통업자, 납품업자 등을 들 수 있다.

(2) 아이디어평가(idea screening)

아이디어창출이 가능한 한 많은 아이디어를 찾아내는 것이라면, 아이디어평가의 목적은 여러 아이디어 원천들로부터 수집된 신제품 아이디어들 중 소수의 최적 아이디어만을 선별하는 것이라 할 수 있다. 즉, 성공할 가능성이 낮은 아이디어를 제거하고 성공할 가능성이 높은 최선의 아이디어를 추출하는 것이다. 일반적으로 신제품개발과정의 후반기에 들어갈수록 더 많은 비용이 소요되므로 초기단계에서 가능성이 있는 아이디어를 선별하는 것은 아주 중요한 일이다. 그러나 이 단계에서는 좋은 아이디어임에도 불구하고 제외되거나 부적절한 아이디어가 채택되는 두 가지 오류가 발생할 수 있다. 따라서 이와 같은 오류를 방지하기 위하여 대다수의 기업들은 신제품 아이디어에 대한 체크리스트를 작성한다.

(3) 제품콘셉트의 정립(development of product concept)

가능성이 있는 제품아이디어를 선별하였으면 이를 제품개념으로 보다 정교화하고 발전시켜야 한다. 제품콘셉트란 제품아이디어를 보다 구체적이고 소비자들이 이해할 수 있도록 소비자에게 의미 있는 용어로 전환시킨 것이다. 예를 들어, 럭키 한 스푼은 "적게 써도 세척력이 탁월하고 기존제품을 농축하여 사용 및 보관이 간편한 세탁세제"로 제품개념이 설정되었다.

기업은 이렇게 개발된 제품개념들이 소비자들에게 어떻게 인식되는지 조사할 필요가 있는데, 이를 위해 지각도(perceptual map)를 작성해 볼 수 있다. 기업의 마케터는 지각도상에서 새로운 제품개념들이 기존제품들과 비교해 어떠한 위치를 차지하고 있는지 알아냄으로써 직접적인 경쟁제품의 파악과 이에 대처한 마케팅전략의 수립에 이용할 수 있다.

(4) 사업성분석(business analysis)과 제품개발(product development)

제품개념이 긍정적인 평가를 받게 되면 다음 단계로 제품개념의 사업성을 분석하게 된다. 사업성분석이란 신제품의 예상매출액, 예상비용, 예상시장점유율 등에 대한 추정치를 토대로 이 신제품이 기업의 목적에 기여하는지를 판단하는 것이다. 기업의 마케터는 신제품의 개념이 기업의 목적을 달성하는 데 도움이 되는 것이 아니라면 과감히 기각하고, 기업의 목적에 기여하는 제품개념에 마케팅노력을 집중하여야 할 것이다.

제품개념의 사업성이 충분하다고 판단될 경우에는 제품개발단계로 들어가게 된다. 이 단계는 말이나 그림 등으로 표현된 제품개념을 물리적 형태를 갖춘 실제 제품으로 만드는 단계로 앞의 단계에 비해 엄청난 시간과 비용이 투입된다. 제품개발은 전통적으로 연구개발부서에서 담당하여 왔으나 최근에는 마케팅부서를 비롯한 다른 부서들도 이 과정에 참여하는 경향을 보이고 있다.

(5) 시험마케팅(test marketing)

제품개발에 성공한 시제품은 본격적으로 시판되기 전에 표적시장을 대표할 수 있다고 판단되는 소규모 시장에 일정기간 동안 출시하여 소비자들의 반응과 매출가능성을 조사하는 시험마케팅을 한다. 시험마케팅에는 제품은 물론 가격, 유통, 촉진 등과 같은 여러 가지 마케팅 프로그램에 대한 테스트가 포함되는데, 기업의 마케팅관리자는 이 테스트 결과를 향후 마케팅전략의 수립 · 변경에 반영하여야 한다.

그러나 시험마케팅을 수행하는 데는 일반적으로 많은 비용과 시간이 소요된다. 또한 너무 오랜 기간 동안 시험마케팅을 할 경우 신제품개발정보가 경쟁사에 누출될 가능성이 높아져 신제품을 출시하기 전에 경쟁사가 모방제품을 개발하여 먼저 출시할 수 있다는 위험이 있다. 따라서 신제품에 대한 성공을 확신할 수 있는 경우에는 시험마케팅을 실시하지 않을 수 있다.

(6) 도입(introduction ; 출시, 시판)

시험마케팅 결과 신제품의 성공가능성이 매우 높다고 판단될 경우 본격적으로 제품을 생산하여 시판하게 된다. 그러나 시험마케팅에서 성공하였다 하더라도 시장에서 반드시 성공하는 것은 아니다. 시판에 성공하기 위해서 마케팅관리자는 시판의 시기, 장소, 표적시장을 잘 선정하고, 나아가 시험마케팅에서 얻은 자료와 경험을 이용하여 시판에서 실패하는 일이 없도록 최선을 다하여야 한다.

3) 제품수명주기

(1) 제품수명주기의 의의 및 유형

특정 제품이 처음으로 시장에 출시되어 도입, 성장, 성숙, 쇠퇴의 과정을 거쳐 시장에서 사라질 때까지의 과정을 제품수명주기(Product Life Cycle : PLC)라고 한다. 제품수명주기는 일반적으로 제품이 시장에 처음으로 출시되는 도입기(introduction stage), 매출액이 급격히 증가하는 성장기(growth stage), 매출액의 성장률이 둔화되는 성숙기(maturity stage), 그리고 매출액이 감소하는 쇠퇴기(decline stage)로 구분할 수 있다.

제품수명주기의 가장 전형적인 형태는 S자 형태를 띠고 있지만 소비자들의 제품에 대한 반응이나 기업의 전략에 따라 다양한 형태의 제품수명주기의 유형이 있을 수 있다. S자 형태 이외에 흔히 볼 수 있는 유형은 주기-재주기형(cycle-recycle pattern), 연속성장형(scalloped pattern), 피라미드형(pyramid pattern)이 있다. 주기-재주기형은 일단 쇠퇴기에 접어들었다가 시장환경의 변화나 기업의 마케팅노력으로 다시 성장기를 맞는 경우로 미니스커트, 양복 등과 같은 패션제품을 그 예로 들 수 있다. 연속성장형은 일점시점마다 새로운 제품용도, 사용자 등을 발견함으로써 지속적으로 매출액이 성장하는 경우로 DuPont사의 나일론을 그 예로 들 수 있다. 피라미드형은 소비자들의 호응을 받아 급속히 성장하다가 급속히 쇠퇴하는 형태로 국내 음료시장의 보리음료를 그 예로 들 수 있다.

■ **그림 13-1** 제품수명주기

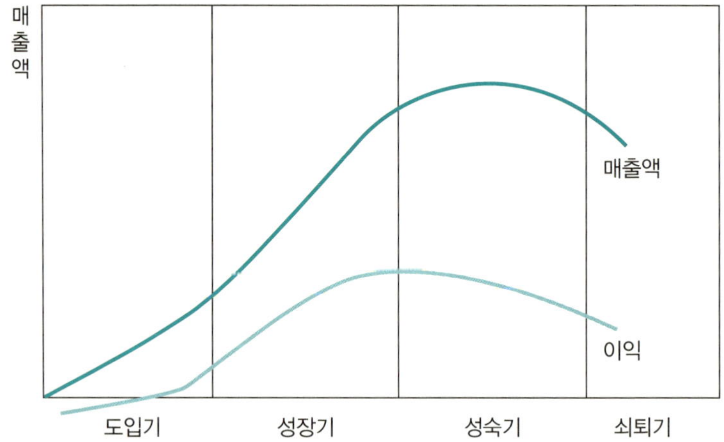

■ **그림 13-2** 제품수명주기의 유형

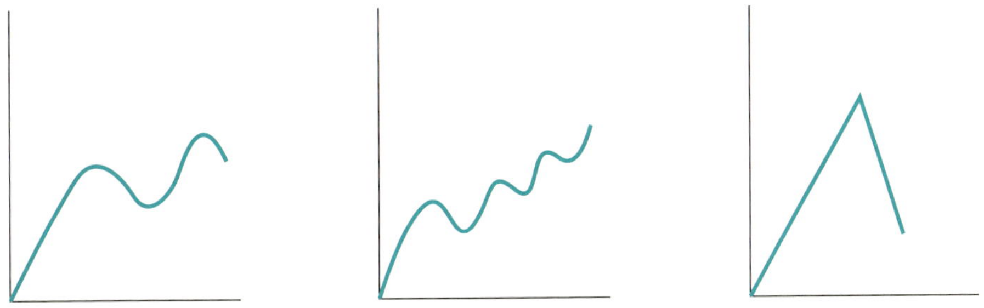

(2) 제품수명주기의 단계별 특징과 전략

앞에서 언급한 바와 같이 제품수명주기는 여러 가지 유형이 있으나, 이하에서는 가장 전형적인 S자 형태를 중심으로 제품수명주기의 단계별 특징과 전략을 설명하기로 한다.

① 도입기 : 도입기는 제품이 처음으로 시장에 출시되는 단계로부터 시작된다. 이 단계에서는 일반적으로 매출액이 매우 적은데, 그 이유는 제품이 출시된 지 얼마 되지 않으므로 소비자들의 인지도가 낮고, 유통업자들도 신제품을 선뜻 취급하려 들지 않기 때문이다. 반면 막대한 R&D비용, 초기시설투자비, 유통비, 촉진비 등으로 인하여 기업은 적자를 나타내는 것이 보통이다. 이 단계의 소비자들은 신제품 구매에 따르는 위험을 부담하는 혁신소비자층이 대부분이며, 경쟁자는 거의 없거나 극소수에 불과하다.

따라서 도입기의 마케팅목적은 소비자의 제품인지도 제고와 시용(trial)에 있으며, 이 단계의 일반적인 마케팅믹스전략은 다음과 같다. 첫째, 제품의 경우 시장규모도 작고 고객의 욕구도 다양하지 못하므로 기초적 수준의 제품을 제공한다. 둘째, 가격전략에 있어서는 투자비용을 회수하고 단위당 높은 마진을 실현하기 위하여 고가전략을 사용하는 것이 일반적이나 신속하게 시장침투를 위해 저가전략을 사용할 수도 있다. 셋째, 유통전략에 있어서는 일정지역에 소수의 중간상을 지정하는 선택적 유통전략(selective channel strategy)을 사용한다. 그 이유는 소비자의 수도 작고 유통업자들도 신제품의 성공 여부를 확신할 수 없어 유통망 개설을 주저하기 때문이다. 마지막으로 촉진전략은 제품에 대한 인지도 제고와 시용 구매 유발을 목적으로 한 광고와 강력한 판매촉진을 행한다.

② 성장기 : 신제품이 시장에 성공적으로 도입되어 소비자의 욕구를 충족시키면 매출액이 급속도로 증가하는데 이 단계가 바로 성장기이다. 성장기에서의 지속적인 매출액 성장은 제품의 단위당 유통비와 촉진비를 하락시키고, 이에 따라 이익은 점차 증가하게 된다. 또한 새로운 경쟁자들이 이 시장을 매력적인 시장으로 평가하고 계속 시장에 진입함에 따라 시장의 규모는 더욱 확대된다.

성장기의 마케팅목적은 시장점유율의 확대에 있으며, 이 단계의 일반적인 마케팅믹스전략은 다음과 같다. 첫째, 제품의 경우 경쟁제품의 진입에 대처하기 위하여 제품의 기능과 품질을 향상시키고 경쟁제품과의 차별화를 모색한다. 둘째, 가격은 시장점유율의 빠른 확대를 위하여 일반적으로 저가전략을 사용한다. 셋째, 급속도로 성장하는 시장을 잡기 위해 자사제품을 취급하는 중간상의 수를 대폭 확대하는 집중적 유통전략(intensive channel strategy)을 사용한다. 마지막으로 촉진전략은 제품인지도에서 상표선호도 향상으로 초점을 전환한다.

③ 성숙기 : 높은 매출액 성장을 하던 제품이 어느 시점에서 매출액 성장률이 둔화되기 시작하는데 이때가 제품의 성숙기이다. 성숙기에는 시장의 전체수요는 증가하지 않는 반면에 성장기에 진입한 많은 기업들의 과잉생산능력으로 기업들 간의 경쟁이 아주 치열해진다. 따라서 이 단계에서는 대부분의 기업들은 가격을 인하하고 광고와 판촉비용을 증가시키는 공격적 마케팅을 실행하고, 그 결과 경쟁력이 약한 세품들은 시장에서 도태되고 경쟁구조가 재조정된다.

성숙기의 마케팅목적은 시장점유율의 유지에 있으며, 이 단계의 일반적인 마케팅믹스전략은 다음과 같다. 첫째, 제품의 경우 치열한 경쟁에 대응하기 위해 상표와 모델을 다양화하고, 제품의 특성이나 디자인 등을 수정하여 신규고객을 유인하거나 기존고객의 사용빈도를 높인다. 둘째, 성숙기에는 제품의 제조기술이 표준화되므로 가격경쟁이 아주 치열해진다. 따라서 가격인하는 필수적이며, 경쟁사의 가격이 자사제품의 가격결정의 기준이 되는 것이 일반적이다. 셋째, 기존

| 표 13-3 | 제품수명주기단계별 특징과 전략

특징/단계	도입기	성장기	성숙기	쇠퇴기
판매량	낮음	고성장	저성장	쇠퇴
원가	높음	도입기보다 낮음	낮음	낮음
이익	적자	점점 높아짐	높음(감소 시작)	더 낮아짐
고객	혁신층	조기수용자	후기다수자	보수층
경쟁자	소수	증가	다수(감소 시작)	감소
전략/단계	**도입기**	**성장기**	**성숙기**	**쇠퇴기**
마케팅목표	제품인지와 시용 구매의 창출	시장점유율 확대	시장점유율 유지	비용감소와 투자 비율 회수
제품	기본형태의 제품 제공	품질개선 및 서비스 향상, 품질보증의 도입	상표, 모델의 다양화	경쟁력 없는 제품의 단계적 철수
가격	고가격 (혹은 저가격)	시장침투가격 (저가격)	경쟁사 대응의 방어적 가격	저가격
유통경로	선택적 유통	집중적 유통	집중적 유통	선택적 유통
광고	조기구매자와 중간상의 제품인지도 구축	일반소비자층의 인지도와 관심의 제고	상표 간의 차이와 제품편익 강조	핵심고객의 유지만을 위한 최소한의 광고
판매촉진	시용 구매를 유도하기 위한 강력한 판매촉진	수요의 급성장에 따라 판매촉진의 비중이 감소	자사상표로의 상표전환을 유도하기 위한 판매촉진의 증대	최저수준으로 감소

자료 : George S. Day, *Anaylsis for Strategic Market Decision*, West Publishing Company, 1896, p.90.

의 시장점유율을 유지하기 위하여 더욱 광범위한 유통망을 구축하고 제품의 유통을 강화한다. 넷째, 제품의 특성 면에서 제품들 간에 별 차이가 없으므로 이미지를 통한 상표차별화를 광고하고, 경쟁사제품을 사용하는 소비자의 상표전환을 유도하기 위하여 강력한 판촉행사를 펼치는 촉진전략을 사용한다.

④ 쇠퇴기 : 대다수의 제품들은 성숙기를 거쳐 매출액과 이익이 감소하는 쇠퇴기에 접어든다. 쇠퇴기의 원인은 여러 가지가 있지만 기술의 발전, 소비자의 욕구변화

등을 주요 원인으로 들 수 있다. 이 시기에는 매출액과 이익이 감소함에 따라 많은 기업들이 시장에서 철수하고, 시장에 남은 기업들도 경쟁력이 약한 제품의 생산을 중단한다. 아울러 제품판매 시 저가격을 계속적으로 유지하여야 하기 때문에 이익이 매우 낮다.

쇠퇴기의 마케팅목적은 기본적으로 비용감소와 투자비의 회수에 있으며, 이 단계의 일반적인 마케팅믹스전략은 다음과 같다. 첫째, 제품의 경우 경쟁력이 약하고 매출액이 저조한 품목들의 생산을 중단한다. 둘째, 가격은 최소한의 이익을 유지하는 저가격전략을 선택한다. 셋째, 매출실적이 저조한 중간상을 제거함으로써 적정수의 중간상을 유지하는 선택적 유통전략을 택한다. 마지막으로 촉진은 자사상표를 선호하는 고객에 대해 자사상표를 상기시키는 수준에서 최소한의 광고를 하고 판매촉진도 줄이는 전략을 택한다.

2.2 가격관리

소비자들은 자신이 원하는 제품이나 서비스를 사용하기 위해서 그에 대한 적절한 대가를 지불하여야 하는데 이와 같은 대가, 즉 시장에서 판매자나 소비자들에게 제품이나 서비스의 가치를 나타내 주는 기준이 바로 가격(price)이다. 제품의 개발이나 생산, 유통 및 촉진을 위한 제반활동은 비용지출을 유발한다. 그러나 가격은 이와 같은 다른 마케팅믹스요인과는 달리 직접적인 수익유발요인이다. 즉, 가격과 판매량이 기업의 매출액을 결정하는 것이다. 기업이 이익을 창출하기 위해서는 기본적으로 가격이 비용을 초과하여야 한다.

따라서 기업은 이를 전제조건으로 하여 제품가격의 수준과 범위, 가격결정기법, 판매조건 등을 신중히 검토하여야 한다. 일반적으로 가격은 제품, 유통, 촉진 등 다른 마케팅믹스의 수준에 의해 결정되나 반대로 가격을 먼저 정하고 다른 마케팅믹스요인들의 수준이 결정될 수도 있다. 또한 제품가격은 수요에 절대적인 영향을 미치므로 기업은 가격을 결정함에 있어 가격대안에 대한 수요를 어느 정도 예측할 수 있어야 한다.

아울러 자사제품에 대한 잠재고객의 수요는 경쟁제품의 가격에도 직접적인 영향을 받으므로 경쟁제품의 가격도 신중히 고려하여야 한다.

1) 가격결정방법

기업이 설정하는 제품의 가격은 이익이 보장되지 않을 정도로 낮아서도 안 되고, 수요가 없을 정도로 높아서도 안 된다. 따라서 제품의 원가가 가격의 하한선이 되고, 소비자의 제품에 대한 가치인식의 정도가 상한선이 된다. 기업은 이러한 양극단 사이에서 최적가격을 찾아내야 하는데, 일반적으로 가격을 결정하는 방법은 원가중심 가격결정법, 소비자중심 가격결정법, 경쟁중심 가격결정법이 있다.

(1) 원가중심 가격결정법

원가중심 가격결정법(cost based pricing)은 제품의 생산과 판매에 들어간 비용을 충당하고 목표이익을 낼 수 있는 수준에서 가격을 결정하는 방법으로, 비용과 이윤의 합산방법에 따라 원가가산 가격결정법과 목표수익률기준 가격결정법으로 나눌 수 있다.

① 원가가산 가격결정법(cost plus pricing) : 사전에 결정된 목표이익을 제품원가에 가산함으로써 가격을 결정하는 가장 단순한 방법이다. 예를 들어, 어느 한 제품의 제품원가가 1,000원이고, 목표이익을 제품원가의 15%로 결정하였다고 가정하자. 이 경우 판매가격은 1,150원이 된다(1,000 + 1,000 × 0.15). 원가가산 가격결정법은 계산이 아주 편리하다는 장점이 있지만, 가격결정에 소비자의 실제 수요를 고려하지 못한다는 단점을 가지고 있다.

② 목표수익률기준 가격결정법(target return pricing) : 기업이 사전에 결정한 목표수익률을 기준으로 가격을 산정하는 방법으로 그 공식은 다음과 같다.

$$\text{가격} = \frac{\text{투자비용} \times \text{목표수익률}}{\text{예상판매량}} + \text{단위당 비용}$$

예를 들어, 어느 한 기업이 공장을 건설하는 데 5억 원을 투자하고, 이 투자비용에 대한 목표수익률을 20%로 책정하였다고 가정하자(예상판매량 1,000대, 단위당 비용 50,000원). 이 경우 이 기업의 목표수익률에 따른 제품가격은 150,000이 된다.

그러나 위 기업의 실제판매량이 예상판매량인 1,000대에 미치지 못하는 경우, 처음에 목표로 한 목표수익률을 올리기 위하여 결과적으로 가격을 올려야 하는 문제점이 발생한다. 따라서 목표수익률기준 가격결정법도 원가중심 가격결정법처럼 소비자의 실제 수요를 고려하지 못한다는 단점을 가지고 있다.

(2) 소비자중심 가격결정법

소비자중심 가격결정법(consumer based pricing)은 제품을 생산하는 데 드는 비용보다 소비자들의 제품에 대한 평가와 그에 따른 수요를 중심으로 가격을 결정하는 방법이다. 즉, 아무리 좋은 제품일지라도 소비자가 원하는 가격이어야 하며, 소비자가 지불할 수 있는 가격의 수준대에서 가격이 결정되어야 한다는 것이다. 소비자중심 가격결정법의 가장 대표적인 것은 지각된 가치기준법이며, 그 밖에 가격계열화방법과 단위변경가격방법 등이 있다.

① 지각된 가치기준법 : 이는 기업의 원가가 아니라 소비자의 제품에 대한 지각된 가치에 입각하여 가격을 정하는 방법으로, 이 방법을 사용하기 위해서는 마케팅조사를 통해 지각된 가치에 대한 정보를 사전에 획득하여야 한다. 이는 마케팅개념에 가장 합당한 방법으로, 점차 많은 기업들이 소비자가 자사제품에 대해 인식하고 있는 가치를 기준으로 하여 자사의 제품가격을 결정하ㄱ 있다.

② 가격계열화방법 : 이 방법은 제품들 간의 품질차이를 가격을 통해 소비자에게 인식시키는 방법이다. 예를 들어, 운동화 제조업체는 품질이 좋은 운동화, 중간수준의 운동화, 품질이 좋지 않은 운동화에 가격을 매길 때, 소비자가 이 제품 간의 품질차이를 명확히 느낄 수 있도록 가격에 차이를 둘 수 있다. 이 방법은 소비자에게 품질을 용이하게 납득시킬 수 있다는 장점이 있는 반면에, 소비자도 품질식별을 위하여 많은 정보탐색을 해야 한다는 단점이 있다.

③ 단위변경가격방법 : 이 방법은 가령 10,000원짜리 제품을 9,900원 혹은 9,999원으로 책정하여 소비자에게 그 제품을 1,000원대가 아닌 9,000원대로 싸게 지각시키고자 하는 방법이다. 이 방법을 통해 소비자의 가격지각을 변화시킬 수 있는지는 분명히 밝혀지지 않았지만, 현실적으로 판매촉진관리의 취지에서 많이 사용되고 있다.

(3) 경쟁중심 가격결정법

경쟁중심 가격결정법(competition based pricing)은 경쟁사의 제품가격을 자사제품의 가격결정에 가장 중요한 기준으로 사용하는 것으로, 가격책정이 비교적 간단하며 소비자나 자사의 비용구조 등에 대한 분석이 필요 없다는 장점 때문에 비교적 많이 사용되는 방법이다. 경쟁중심 가격결정법에는 모방가격결정과 입찰가격결정 등이 있다.

① 모방가격결정 : 이 방법을 따르는 기업은 자사의 생산비용이나 시장수요를 토대로 하여 가격을 결정하기보다는 경쟁사의 가격을 기초로 하여 가격을 결정한다. 예를 들어, 주요 경쟁사의 가격과 동일하게 하거나, 경우에 따라서는 그보다 조금 높게 또는 낮게 가격을 결정한다. 철강, 제지, 비료 등과 같이 제품의 동질성이 높은 시장에서 이 방법이 많이 채택된다.

② 입찰가격결정 : 정부나 공공기관, 조직체 구매자 등이 구매하는 제품이나 서비스의 가격은 경쟁입찰에 의해 결정되는 경우가 많다. 입찰에서 낙찰되기 위해서는 경쟁사보다 낮은 가격을 제시해야만 한다. 따라서 이 방법을 따르는 기업도 자사의 수요나 비용을 토대로 하여 가격을 결정하기보다는 경쟁사들이 어느 정도로 가격을 책정할 것인지에 대한 예측을 기초로 하여 가격을 결정한다.

2) 가격관리의 고려사항

앞에서 언급한 가격결정방법들을 통해 가격의 범위가 확정되면 기업의 마케팅관리자는 최종적인 제품가격의 결정을 위해 다음과 같은 사항들을 고려한다.

(1) 초기고가전략과 시장침투가격전략

신제품을 개발한 많은 기업들은 초기에 그 시장의 고소득층으로부터 많은 이익을 얻기 위해 대부분 높은 가격을 설정하는데, 이 전략을 초기고가전략(skimming price strategy)이라 한다. 이는 신제품개발을 위해 투자된 자금의 조기 회수를 꾀하는 가격전략이다. 초기고가전략을 취하는 제품들은 일반적으로 특허에 의하여 제품이 보호되거나 경쟁자의 진입이 용이하지 않은 경우 또는 대체품에 비하여 신제품이 지니고 있는 가치가 현저히 높은 경우에 해당한다.

시장침투가격전략(penetration price strategy)은 빠른 시간 내에 매출 및 시장점유율을 확대하기 위해 신제품 도입 초기에 낮은 가격을 설정하는 전략이다. 일반적으로 시장침투가격전략은 소비자들이 가격에 민감하고 시장성장률이 높다고 판단될 때, 그리고 저가격으로 경쟁자의 진입을 사전에 방지하고자 할 때 효과적이다.

(2) 심리적 가격

심리적 가격은 제품의 가격을 결정할 때에 구매자의 심리를 이용하는 가격결정방법으로 흔히 소매점에서 많이 이용된다. 심리적 가격에는 다음과 같은 것들이 있다.

① 권위가격(prestige pricing) : 가격이 높을수록 품질의 우수성이나 높은 지위를 상징하는 경우가 있는데, 이런 경우에 사용되는 가격결정방법을 권위가격이라 한다. 예를 들면, 고급 밍크코트, 보석, 여성용 화장품 등이 여기에 속하는데, 이들의 경우에 가격은 품질의 지표로 사용된다. 이런 상품의 경우에 가격을 약간 낮추면 정상적인 할인으로 보지만, 크게 낮추면 아예 품질을 의심하여 구매를 중단하기 때문에, 제품의 가격결정은 이러한 심리적 요인을 고려하여 신중하게 이루어져야 한다.

② 관습가격(customary pricing) : 관습가격은 과자류나 껌과 같이 오랜 기간에 걸쳐 일정한 가격을 유지하고 있는 경우를 일컫는다. 이 경우에 제품의 가격은 수요나 원가 또는 경쟁에 의해서가 아니라 관습에 의해 가격이 결정되고 있기 때문에, 설령 이들 요인에 변동이 있다 해도 가격 그 자체를 올리기보다는 제품의 수

량이나 품질을 조정하는 것으로 대신한다.

③ 희생매출 선도가격(loss-leader pricing ; 유인가격) : 이는 권위가격과는 반대로 몇 가지의 상품을 대폭 할인함으로써 고객을 소매점으로 유인하려는 가격전략이다. 즉, 매장에 소비자들을 유인하기 위해 잘 알려진 제품의 가격을 저렴한 가격으로 판매함으로써 소비자에게 해당 매장의 가격수준이 다른 매장보다 매우 낮다는 인식을 심어주기 위한 방법이다.

희생매출 선도가격전략은 생필품을 취급하는 매장에서 주로 시행되는데, 대개 널리 알려져 있고 구매 빈도가 높은 우유, 달걀, 과일 등의 판매에 주로 적용된다. 이들 제품을 대량으로 판매하는 데에도 목적이 있지만, 고객을 소매점으로 유인한 다음에 다른 제품의 구매를 자극하려는 의도도 포함되어 있는 것이 보통이다. 다시 말해, 유인가격이 책정된 제품은 이익이 매우 낮거나 심지어 손해를 볼 수도 있지만, 소비자를 매장으로 적극 유치함으로써 다른 제품의 매출이 증가하는 효과를 볼 수 있으므로 결과적으로 매장 이미지가 좋아지고 전체 매출액은 증가하는 효과를 기대하는 것이다.

2.3 유통관리

유통이란 제품이나 서비스를 생산자로부터 최종소비자에게로 연결시켜 주는 활동이라고 정의할 수 있으며, 이와 같은 활동을 통하여 소비자들은 원하는 시간에 원하는 장소에서 제품이나 서비스를 소유할 수 있게 된다. 기업이 생산한 제품은 일반적으로 도매상과 소매상을 거쳐 최종소비자에게로 전달되는데, 이와 같은 도소매상을 유통기관이라고 부르며 이들에 의하여 구성되는 일련의 집합을 유통경로라 한다. 예를 들어, 제조업자가 도소매상을 거치지 않고 소비자를 상대로 직접 판매할 경우를 생각해 보자. 이때 제조업자는 본연의 업무인 제품개발 및 생산활동에 전념할 수 없으며, 또한 유통과정에서 발생하는 많은 비용을 직접 부담하여야 할 것이다. 따라서 제조업자는 중간상(도매상과 소매상)을 효율적으로 활용하여 제품을 소비자에게 유통시킴으로써 소비자가 보다 편리하게 제품을 구매할 수 있도록 하여야 한다. 이를 위해서 기업은 유통경로를 설계하고, 물류 및 재고관리, 도매상 및 소매상의 효율적 관리를 위한 신중한 계획을 수립하여야 한다.

1) 유통경로의 의의

유통경로는 제품과 서비스가 생산자로부터 소비자 및 최종사용자에게 옮겨가는 과정에 참여하는 모든 개인 및 조직을 말한다. 이러한 유통경로의 정의에는 두 가지 중요한 점이 포함되어 있다.

첫째, 유통과정에 참여하는 개인 및 조직이란 생산자, 도매상, 소매상뿐만 아니라 소비자와 산업용품의 사용자도 포함된다. 현대의 마케팅관리에서는 소비자도 유통의 중요한 부분으로 인식하고 있다. 소비자의 선호 성향이나 구매 형태에 따라 유통의 기능과 구조가 변하고 있다. 예를 들면, 가전제품의 경우에 최근 들어 직영 대리점보다는 여러 경쟁제품의 가격과 기능을 비교하면서 구입할 수 있는 양판점에서의 구매가 증가하고 있다. 이러한 소비자의 구매 형태의 변화와 유통시장의 개방에 따라 양판점에 의한 가전제품의 유통은 더욱 늘어날 것으로 예상된다.

둘째, 제품뿐만 아니라 서비스도 유통경로를 통해 공급된다. 과거에는 주로 물적 제품에 관련해서만 경로를 이야기해 왔지만, 금융 등의 서비스도 마찬가지로 유통경로를 가지고 있는 것이다. 즉, 금융기관의 지점이나 출장소 외에도 각 시중 은행의 무인 자동현금인출기나 무인 자동현금출납기는 금융서비스의 새로운 유통경로라 할 수 있다.

2) 유통경로의 유형

유통경로는 사회적 환경과 상황에 따라 다양해진다. 그러나 유통경로의 기본적 유형은 제품의 종류에 따라 소비재 유통경로와 산업재 유통경로로 구분할 수 있으며 이를 간략히 설명하면 다음과 같다.

(1) 소비재 유통경로

① 생산자 → 소비자 : 생산자가 소비자에게 직접 판매하는 것을 뜻한다. 이는 생산자와 소비자 사이에 중간상이 전혀 없는 유통경로로서 가정방문판매, 통신판매 등이 이러한 유통경로의 대표적인 예이다.

② 생산자 → 소매상 → 소비자 : 이는 하나의 중간상이 개입된 경로 유형으로 소비재가 생산자로부터 직접 백화점이나 연쇄점 등의 대규모 소매상에 판매되어 소비자에게 이르게 되는 유통경로이다. 일반적으로 의류, 자동차, 가전제품 등이 이러한 유통경로를 이용한다.

③ 생산자 → 도매상 → 소매상 → 소비자 : 이는 소비재 중에서 소비자가 원할 때에 손쉽게 구입할 수 있는 편의품, 즉 식료품, 일용 잡화 및 의약품 등에 주로 이용되는 유통경로로 이러한 유형의 유통경로가 가장 일반적이다.

④ 생산자 → 대리점 → 도매상 → 소매상 → 소비자 : 제조업자가 대리점이나 특약점에 판매를 위탁하는 유통경로로, 이 경우 제조업자는 신뢰할 수 있는 대리점이나 특약점을 선별하는 것이 특히 중요하다.

보·고·가·세·요

S화장품은 본사 – 대리점 – 화장품 코너 – 소비자로 구성된 화장품의 유통경로를 본사 – 슈퍼마켓(또는 백화점) – 소비자로 바꾸어 놓았다. 이것은 모회사 유통망을 이용하는 이점을 살리고 유통경로의 단계를 줄여 제품의 가격을 저렴하게 하는 매우 혁신적인 유통경로정책이었다.

기존의 화장품판매가 방문판매원이나 화장품 할인코너에서 이루어진 것에 반해, 슈퍼마켓에서 화장품을 사는 것은 생소하지만 신선하고 파격적인 것이었다.

(2) 산업재 유통경로

산업재의 경우에는 고객에게 직접 판매하는 유통경로 유형이 가장 일반적이다. 이 경우 생산업체의 판매원이 직접 고객회사를 방문하여 상담을 한다. 제품이 기술적으로 복잡하여 고객이 기술지원을 받아야 하는 때나 수는 적고 규모는 큰 고객회사들이 지리적으로 집중되어 있을 때에 이 방법이 많이 쓰인다. 이 밖에도 도매상과 비슷한 기능을 수행하는 산업용품 유통업자나 대리점을 통하는 방법이 있다.

3) 유통경로전략

기업이 어떤 유통경로를 택하느냐의 문제는 기업의 마케팅전략 실행에 커다란 영향을 미친다. 따라서 기업은 신중하게 효율적이고 효과적인 유통경로를 선택해야 한다. 일단 자사에 적절한 유통경로를 결정했다면, 그 다음은 얼마나 많은 중간상을 이용할 것인지를 결정해야 한다. 이는 유통경로전략의 중요한 부분으로 다음과 같은 세 가지 유형을 고려할 수 있다.

(1) 집중적 유통

집중적 유통(intensive channel)은 제조업체가 가능한 많은 중간상으로 하여금 자사의 제품을 취급하게 하는 전략을 말한다. 이 전략은 주로 콜라, 사이다, 과자, 담배 등과 같은 편의품을 만드는 기업들이 자사의 제품을 가능한 많은 사람들에게 노출시키고, 또한 소비자들의 편의를 도모하기 위하여 많이 사용한다. 이 전략의 장점으로는 충동구매와 편의성의 증가, 제품에 대한 인지도 제고 등을 들 수 있다. 단점으로는 소량주문, 낮은 마진, 재고관리와 중간상 통제의 어려움 등을 들 수 있다.

(2) 전속적 유통

전속적 유통(exclusive channel)은 각 판매지역별로 단 하나의 중간상에게 자사제품의 독점적 판매권을 부여하는 전략이다. 이 전략은 자동차, 고급가구 등 소비자들이 제품의 구매를 위하여 적극적인 정보탐색을 하고 그 제품을 취급하는 점포를 방문하고자 하는 전문품에 적절한 전략이다. 이 전략의 장점은 중간상에게 독점적 판매권과 높은 마진을 제공함으로써 이들의 적극적인 판매노력을 기대할 수 있고, 또한 중간상들을 통제하기 쉽다는 것이다. 반면 판매를 소수의 중간상에 의존하므로 판매기회를 상실할 수 있다는 단점도 있다.

(3) 선택적 유통

선택적 유통(selective channel)은 판매지역별로 소수의 중간상에게 자사제품의 판매를 허용하는 전략으로 집중적 유통과 전속적 유통의 중간에 해당하는 전략이다. 이 전략은 구두, 가구, 가전제품, 내의 등 소비자들이 구매 전에 상표대안을 비교 · 평가하는 특징을 가진 선매품에 적절한 전략이다. 선택적 유통은 집약적 유통에 비해 더 강한 경로통제를 할 수 있으며, 또한 선택된 중간상들과 우호적인 관계의 구축을 통해 적극적인 판매노력을 기대할 수 있다는 장점이 있다.

2.4 촉진관리

촉진이란 소비자들로 하여금 제품을 알게 하고, 호의적인 태도를 갖게 하여, 궁극적으로 구매라는 행동을 유발하는 커뮤니케이션활동이라고 정의할 수 있다. 기업이 소비자의 욕구를 충족시키는 제품을 개발하고, 그 제품을 적당한 가격으로, 소비자가 쉽게 접근할 수 있는 유통경로를 통하여 시장에 투입한다 하더라도, 소비자에게 그 제품과 그 제품이 제공하는 편익을 알리고, 나아가 경쟁사제품보다 선호하게 만들지 못한다면 최종적인 판매는 제대로 이루어질 수 없다. 따라서 기업들은 마케팅목표를 달성하기 위하여 광고, PR, 인적판매, 판매촉진 등과 같은 촉진수단들을 효과적으로 사용할 수 있는 능력을 갖추어야 한다. 이하에서는 대표적인 촉진수단인 광고(advertising), PR(public relation), 인적판매(personal selling), 판매촉진(sales promotion)에 대하여 간략히 살펴보기로 한다.

1) 광고

광고(advertising)는 특정 광고주(sponsor)가 대가를 지불하고 자신의 제품이나 서비스 등을 비인적매체(nonpersonal media)를 통해 널리 알리고 구매를 자극하는 모든 형태의 촉진활동을 말한다. 일반적으로 광고는 소비자에게 제품에 관한 정보를 제공하고, 제품구매를 설득하며, 소비자가 자사제품을 기억할 수 있도록 하기 위해 수행된다. 광고는 TV나 라디오 등의 전파매체는 물론이고 신문, 잡지 등의 인쇄매체, 인터넷, 옥외간판, 애드벌룬 등의 다양한 매체를 활용한다.

2) PR

PR(Public Relation)은 기업이 소비자가 속해 있는 지역사회나 단체 등과 긍정적인 관계를 개발하여 자사제품을 촉진하는 것으로 홍보, 사보발간, 기업에 대한 이해를 돕기 위한 사내외적 커뮤니케이션, 기업 이미지 제고 행사(event) 등이 PR활동에 속한다. PR활동 중 가장 전형적인 것은 홍보(publicity)로 이는 언론을 이용하여 자사의 활동을 알리는 것으로 다음과 같은 중요한 특징이 있다. 첫째, 홍보는 광고와 달리 매체에 실린 홍보메시지에 대해 기업이 그 비용을 지불하지 않는다. 둘째, 홍보는 주관적인 정보를 제공하는 광고와 달리 뉴스나 기사 형태의 객관적인 정보를 제공하기 때문에 신뢰성이 높다. 셋째, 이와 같은 신뢰성을 바탕으로 제품판매의 증가를 가져올 수 있다.

3) 인적판매

인적판매(personal selling)란 판매자가 가망구매자와 직접 만나서 정보를 전달하는 촉진수단이다. 인적판매는 다른 유형의 촉진과는 달리 판매원이 고객의 필요 및 반응 등에 맞추어 즉석에서 커뮤니케이션할 수 있다는 점에서 융통성이 많은 촉진수단이다. 그러나 유능한 판매원을 개발하고 유지하는 데는 많은 비용이 소요된다. 따라서 기업은 최소의 비용으로 인적판매의 장점을 최대한 살릴 수 있도록 판매원들을 관리하여야 한다.

4) 판매촉진

판매촉진(sales promotion)은 소비자와 유통업자의 수요를 자극하는 인적판매, 광고, 홍보 이외의 모든 촉진활동을 말한다. 소비자를 대상으로 행하는 판매촉진의 유형들로는 견본품(sample), 가격할인(price deal), 가격할인 쿠폰(coupon), 리베이트(rebate), 프리미엄(premium), 사은품 등을 들 수 있다. 유통업자들을 대상으로 행하는 판매촉진의 유형들로는 수량할인(quantity discount), 촉진공제(allowance), 트레이드 쇼(trade show), 경품행사(contest) 등을 들 수 있다. 최근 들어 미국의 경우는 전체적인 촉진전략에서 판매촉진이 차지하는 비중이 점차 증대되고 있으며, 우리나라의 경우도 가격할인이나 사은품 제공 등과 같은 판매촉진은 다른 촉진활동에 비해 비교적 활발히 이루어지고 있는 실정이다.

제3절 마케팅개념의 확장

지금까지는 국내시장을 대상으로 한 소비재와 관련한 마케팅에 대해서만 알아보았다. 다음에서는 마케팅의 개념을 확장하여 글로벌마케팅, 서비스마케팅, 비영리마케팅 그리고 인터넷마케팅에 대하여 간략히 살펴보기로 한다.

3.1 글로벌마케팅

기업이 성장 · 발전하게 되면 자연스럽게 해외시장에까지 진출하여 마케팅활동을 전개하게 된다. 이와 같이 해외시장을 대상으로 하여 수행하는 마케팅을 글로벌마케팅이라 한다. 오늘날과 같은 국제화시대에는 국내시장에만 매달리는 회사들은 경쟁에서 뒤질 가능성이 매우 크다. 더구나 우리나라와 같이 국내시장이 좁고 경제의 해외의존도가 높은 나라에서는 그렇지 않은 나라들보다 글로벌마케팅의 중요성이 상대적으로 더 크다고 할 수 있다. 마케팅의 기본원리는 국내마케팅에서나 글로벌마케팅에서나 똑같다. 둘 사이의 가장 큰 차이는 글로벌마케팅의 경우에 마케팅활동의 대상이 되는 고객시장이 나라 밖에 있다는 것이다. 따라서 마케팅의 기본원리를 국내와는 여건이 다른 해외시장에 어떻게 적용하느냐가 글로벌마케팅의 주된 관심사이다. 해외에서 마케팅을 하려는 회사는 먼저 글로벌마케팅환경에 대해 잘 알고 있어야 한다. 나라마다 경제, 정치, 법률, 문화환경이 다르므로 국내시장을 대상으로 수립한 마케팅전략을 그대로 사용해서는 성공하기가 어렵다. 따라서 진출을 고려하고 있는 나라들의 특유한 환경을 정확히 이해하고 평가하여, 그 환경에 따라 적절한 마케팅전략을 수립해야 한다.

3.2 서비스마케팅과 비영리마케팅

현대사회의 주요 특징의 하나는 서비스의 비중이 급속도로 커지고 있다는 것이다. 따라서 서비스를 어떻게 마케팅할 것이냐 하는 것은 많은 기업의 중대한 관심사가 되고 있다. 서비스란 사용자에게 어느 정도 만족을 제공하지만 소유되거나 저장, 수송될 수 없는 무형적 활동을 말한다. 서비스는 유형제품과 달리 형태가 없고, 표준화가 어려우며, 생산과 소비가 동시에 이루어지며, 저장할 수 없다는 등의 차별적 특징을 갖는다. 따라서 서비스기업은 서비스의 이러한 특징으로 생기는 문제들을 극복할 수 있는 전략을 개발해야 한다. 서비스는 여러 가지 방법으로 분류될 수 있으나 크게 사람에 의존하는 서비스와 시설이나 설비에 의존하는 서비스로 나눌 수 있다. 사람에 의존하는 서비스에는 심부름서비스, 청소부, 전기제품 수리업, 요리사, 변호사, 회계사 등이 있으며, 시설이나 설비에 의존하는 서비스에는 자동판매기, 자동세차기, 극장, 세탁소, 비행기 조종, 컴퓨터 프로그래밍 등이 있다.

비영리마케팅은 학교, 종교단체, 정당 등과 같은 영리를 목적으로 하지 않는 조직체의 마케팅활동을 말한다. 대부분의 비영리조직이 서비스를 제공하지만, 영리를 목적으로 하지 않는다는 점에서 서비스마케팅이 그대로 적용될 수는 없다. 대부분의 비영리조직들은 아직 마케팅의 원리와 기법들을 적극적으로 활용하고 있지 않다. 그러나 마케팅의 원리와 기법은 기업뿐만 아니라 비영리조직의 운영에도 얼마든지 적용할 수 있다. 특히 소비자의 욕구충족뿐만 아니라, 사회의 복지증진을 위해 기업이나 비영리기관이 하는 마케팅활동을 '사회적 마케팅'이라 한다. 환경문제나 교통문제 해결을 위한 공익 캠페인이 바로 여기에 해당된다.

3.3 인터넷마케팅

정보통신기술의 비약적인 발전은 물리적으로 서로 떨어져 있으면서도 컴퓨터가 제공하는 통신환경인 가상공간(cyberspace)에서 상대방의 생각이나 정보를 마주 대하듯이 주고받는 것은 물론, 전통적인 방식대로 매장을 방문하여 구매를 하는 대신 가상공간상에 개설된 가상의 점포를 방문하여 제품을 구매하는 사이버쇼핑(cyber shopping)을 가능하게 하였다.

사이버마케팅(cyber marketing)이란 마케팅목표의 달성을 위하여 온라인 네트워크, 컴퓨터 커뮤니케이션 및 디지털 상호작용적 미디어를 활용하는 것으로서 가상공간(cyber space)에서 이루어지는 모든 마케팅활동이라고 할 수 있다. 이와 같은 사이버마케팅은 최근까지 주로 PC를 통하여 이루어져 왔다. 인터넷을 통해 음성, 화면, 동영상에 이르기까지 다양한 멀티미디어정보를 교환할 수 있게 됨으로써 인터넷은 사이버마케팅의 핵심으로 자리 잡게 되었다.

따라서 인터넷마케팅은 사이버마케팅의 한 부분으로 인터넷상에서 이루어지는 마케팅활동, 즉 소비자와 기업 간의 커뮤니케이션과 상거래가 인터넷을 통하여 이루어지는 것이라고 할 수 있다. 인터넷마케팅은 시간과 공간의 제약 탈피, 정보제공의 무제한성, 저렴한 마케팅비용, 양방향적 커뮤니케이션의 가능, 고객과의 관계구축이 용이하다는 등의 장점으로 인하여 꾸준하게 활용되고 있다. 나아가 최근에는 인터넷과 모바일서비스를 기반으로 스마트폰 등의 휴대전화기기를 통해 마케팅을 하는 모바일마케팅(mobile marketing)의 활용이 급증하고 있다.

MODERN BUSINESS MANAGEMENT

part 4

현대적 경영활동

chapter 14

경영관리의 현대화와 정보화

제1절 경영관리의 현대화

1.1 비즈니스 리엔지니어링

1) 비즈니스 리엔지니어링의 의미

최근 들어 많은 기업에서 정보기술을 업무에 활용하고 있는 비중이 높아지고 있지만 정보기술의 사용결과는 기업에 따라 다양하게 나타나고 있다. 이러한 원인 중에서 가장 크게 부각된 것은 바로 기업이 본래 수행하던 프로세스의 비효율성을 제거하지 못했기 때문에, 그리고 프로세스와 정보기술을 잘 접목시키지 못했기 때문으로 풀이되고 있다.

프로세스라는 것은 업무의 단계별 흐름을 의미하는 것으로서 업무는 동시에 수행되어야 하는 것도 있고, 순차적으로 수행되어야 하는 것도 있기 마련이다. 이러한 경우 동시에 수행되어야 하는 것임에도 불구하고 여전히 과거에 하던 방식대로 순차적으로 진행해 나간다면, 업무를 수행하는 시간이 많이 소요되어 경쟁력이 떨어지게 된다.

비즈니스 리엔지니어링(BPR)은 기존의 프로세스들을 혁신적으로 완전히 탈바꿈시키는 업무재설계를 의미한다. 다시 말해, 기능별 혹은 부서별로 나뉘어져 있던 과업중심적인 조직의 구조를 고객가치를 증대시킬 수 있는 프로세스를 중심으로 재편성하는 것을 의미한다. BPR을 처음으로 개념화한 해머(M. Hammer)는 "프로세스를 근본적으로 다시 생각하고 완전히 재설계함으로써 비용, 품질, 서비스, 속도와 같은 핵심부문에서 극적인 향상을 이루어내는 것이다."라고 정의하였다.

2) 비즈니스 리엔지니어링의 필요성

비즈니스 리엔지니어링이 기업에서 필요한 이유는 다음의 세 가지로 요약될 수 있다.

첫째, 급속한 경영환경변화에 대응하기 위함이다. 현대의 경영환경은 매우 빠르게 변화하고 있고 어떻게 변화할지 예측할 수도 없다. 하지만 분명한 것은 고객중심적인 시장으로 변화한다는 점, 경쟁이 더욱 심해진다는 점인데, 이에 대응하기 위해서는 남보다 먼저 고객의 욕구를 파악하는 능력과 가치증대 및 비용절감을 위하여 노력해야 한다. 이를 위하여 정보기술과 업무프로세스의 적절한 결합이 필요하다.

둘째, 조직 내의 복잡성이 증대하기 때문이다. 현대의 기업경영은 스미스(A. Smith), 테일러(F. Taylor) 등에 의하여 주창되고 계승 및 발전되었다. 하지만 업무가 고도로 분업화되면서 자기일에만 몰두하고 다른 사람의 일에는 관심 없는 개인주의가 성행하고, 또한 자기일만 충실하게 잘 수행하면 된다는 생각 때문에 새로운 일이나 아이디어를 창안하는 일이 줄어들었다.

또한 관리자의 경우 이들을 적절하게 조정할 수 있는 능력이 한계를 벗어나게 되었다. 이러한 문제들을 과감히 해소하기 위하여 혁신적으로 업무프로세스를 재설계하는 것이 필요하게 된 것이다.

셋째, 정보기술을 사용함으로써 새로운 기회를 모색하기 위함이다. 정보기술은 오늘날 기업을 운영하는 데 핵심적인 요소가 되었다. 기업활동의 수행과 기업전략을 효율적으로 지원하는 정보기술은 기업이 경쟁우위를 확보하도록 하였고, 기업의 내부능력을 극대화할 수 있어 기업의 생산성 및 업무성과를 제고하는 효과를 가져왔다.

3) 비즈니스 리엔지니어링의 실행절차

비즈니스 리엔지니어링의 실행은 기업이 처한 환경과 프로세스의 구조에 따라 약간의 차이가 있다. 하지만 기본적인 방법론은 유사하다. 여기에서는 데이븐포트(T. Davenport)가 제안한 5단계 방법론을 중심으로 살펴보고자 한다.

(1) 경영비전과 프로세스의 목적 설정

과거의 프로세스 개선은 단지 프로세스의 합리화 측면, 즉 병목현상과 비효율적인 요인 제거에 주로 활용되었다. 하지만 이러한 방법은 고도로 분업화된 업무를 합리화하거나 전사적인 프로세스의 혁신에는 적합한 방법이 될 수 없다. 따라서 비즈니스 리엔지니어링을 실행하기 위해서는 기업의 경영비전과 특별한 목적을 설정하는 것이 우선적으로 요구된다고 할 수 있다.

(2) 대상 프로세스(업무) 선정

모든 프로세스를 효과적으로 재설계하는 것이 기업의 최종목적이 될 수 있지만, 기업이 활용할 수 있는 자원(시간, 돈 등)에는 한계가 있으므로 재설계를 하였을 때 효과가 가장 크게 나타날 수 있는 프로세스를 선정하여야 한다. 일반적으로 조직의 목표달성에 직접적으로 연관이 있거나 병목현상이 가장 많이 발생하는 프로세스를 선정하고 있다.

(3) 기존 프로세스(업무)평가 – As Is

재설계할 프로세스를 선정하였다면 평가를 통하여 현재 어떤 문제점이 있는가를 파악해야 한다. 예를 들어, 집의 구조를 새롭게 바꾸고자 할 때에도 어떤 부분을 바꿀 것인가를 정한 다음에, 구체적인 조사작업을 통하여 어떻게 바꿀 것인가를 결정하는 것과 같은 이치이다. 이 단계에서는 기존의 업무절차를 이해함으로써 혁신해야 할 부분을 선정하고, 재설계에 요구되는 정보기술을 파악하며, 전체적인 프로세스의 전략을 수립하는 것이 요구된다.

(4) 정보기술을 활용한 새로운 업무 프로세스 재설계 – To Be

과거에 정보기술을 활용한다는 것은 단지 설계된 프로세스에 맞추어 도구로서 정보기술을 사용한다는 것이었다. 하지만 비즈니스 리엔지니어링에서 정보기술을 활용하는 것은 업무처리를 효율적으로 지원하기 위한 방안뿐만 아니라, 새로운 방식의 업무처리방법을 개발하는 것에까지 사용한다. 따라서 정보기술의 적용을 전제로 하여 프로세스를 재설계하는 것이 필요하다.

(5) 새로운 프로세스의 시범적 운용

이 단계에서는 조직적 · 기술적인 측면을 고려하여 새로운 프로세스를 시범적으로 운용해 보는 것이 필요하다. 이러한 시범운용을 통하여 기술적인 문제점이나 조직에서의 저항 및 개선사항 등을 점검하고, 이를 해결함으로써 성공적인 비즈니스 리엔지니어링을 달성하게 되는 것이다.

1.2 아웃소싱

1) 아웃소싱의 정의

아웃소싱(outsourcing)이란 기업의 생산활동 중에서 내부적으로 수행할 필요성이 없는 부분은 이를 수행할 수 있는 외부기업에게 용역을 주는 것을 의미한다. 이것은 기업이 모든 부품을 생산할 수 있는 것도 아니며, 모든 서비스를 실행할 수 있는 것도 아니기 때문에 나타난 것이다.

예를 들어, A라는 회사는 공장을 운영하고 있다. 이 회사에서 근로자들의 식사문제, 공장 청소문제 등을 근로자들에게 직접 해결하도록 한다면, 작업능률이 많이 떨어지게 된다. 따라서 외부의 전문 용역업체에게 맡김으로써 근로자들은 자신의 작업에만 몰두할 수 있게 되어 생산성이 향상될 수 있을 것이다. 또한 B회사의 경우에는 모든 업무를 컴퓨터로 통합조정하기 위한 시스템을 도입하려고 하였다. 그런데 새로운 시스템을 만들 수 있는 직원이 사내에 없었기 때문에, 시스템개발을 전문적으로 하는 업체에 시스템개발을 의뢰하였다. 이것도 아웃소싱의 예가 된다.

2) 아웃소싱 수행 시 유의점

아웃소싱전략을 수행할 때 다음과 같은 사항을 유의해야 한다.

첫째, 아웃소싱에 지나치게 의존하여 핵심기술을 잃을 수도 있음을 고려해야 한다. IBM사는 1981년에 처음 PC를 만들었을 때 운영시스템은 Microsoft에, 마이크로프로세서는 Intel에 의존하는 잘못을 범하여 엄청난 기회비용이 소요되었다.

둘째, 아웃소싱을 하면서 기업의 각 기능부문 간의 상호 협력관계를 잃지 않아야 한다. 기업의 생산활동은 디자인, 생산, 마케팅이 밀접하게 연결되어야 하지만 이 중 하나를 아웃소싱하여 상호 협력단계가 깨어진다면 아웃소싱을 하지 않는 것이 좋다.

셋째, 아웃소싱에 너무 의존하여 부품공급업체에 대한 통제권을 잃지 않아야 한다. 하나의 부품공급업체에게 완전 의존하게 되면 가격교섭능력이 떨어져서 의존적인 관계로 전락할 수도 있다. 따라서 복수의 업체에게 아웃소싱을 하는 편이 좋다.

1.3 전략적 제휴

1) 전략적 제휴의 의미

일반적으로 기업 간의 전략적 제휴(strategic alliance)는 경쟁관계에 있는 기업들이 시장에서 높은 경쟁우위를 확보하기 위하여 일시적으로 협조관계를 맺는 것을 의미한다. 전략적 제휴의 가장 큰 원리는 상호이익(win–win)에 있다. 아무리 경쟁관계에 있는 업체라도 우리에게 도움이 될 수 있다면 협력을 한다는 것이다.

전략적 제휴는 경영자원의 공유 또는 교환을 포함하고 있으며, 이 과정에서 자연스럽게 수평적 또는 수직적 통합이 이루어질 수 있다.

2) 전략적 제휴의 유형

(1) 연구개발 컨소시엄

연구개발사업의 경우, 회사가 단독으로 수행하면 인력 및 비용이 많이 소모된다. 모든 연구개발사업이 성공을 거두는 것도 아니기 때문에 자칫 실패하면 회사가 부도위기에 처할 수도 있다. 따라서 관련 기업들끼리 연구개발사업을 공동으로 추진하기 위하여 일시적으로 컨소시엄(consortium)을 구성하여 협력하는 것을 의미한다.

(2) 기술제휴

기술을 많이 보유하고 있는 기업이 다른 기업에게 관련 기술을 빌려주고, 그 대가로 로열티(loyalty)를 받음으로써 협력관계를 구축하는 것을 기술제휴라고 한다. 이는 연구개발을 중점적으로 수행하는 벤처기업들이 대규모의 생산력을 갖춘 대기업들과 많이 제휴하는 형태이다.

(3) 생산 라이선스

둘 이상의 기업이 특정 제품을 일시적으로 공동생산하여 판매하는 형태의 제휴방법이다. 이러한 생산 라이선스는 제품을 만들기 위한 원자재를 공동으로 많이 구매하기 때문에 더욱 싼 가격으로 살 수 있는 규모의 경제(economy of scale)효과가 있어서 제품원가를 낮출 수 있는 방법이 된다. 또한 각 업체의 생산 노하우도 공유할 수 있게 되어 단위시간당 생산량도 늘어나는 효과가 있다.

(4) 제품스왑

제품스왑은 판매제휴를 의미하는데 제품스왑이나 판매제휴의 유형은 타사 제품에 자사상표를 붙여 마치 자사제품인 것처럼 판매하는 방식이다. 제품스왑은 제품구색을 맞추어야 하는 경우 신제품을 생산하는 것보다 저렴하게 그 필요를 충족시킬 수 있는 방법으로서 주문자상표부착생산(OEM)방식이 대표적인 제품스왑이다. 이러한 제품스왑은 규모의 경제효과를 기대할 수 있고, 자사의 제품개발비용을 절감하는 효과도 기대할 수 있다.

1.4 핵심역량관리

1) 경영자원과 핵심역량

기업의 경쟁우위는 기업이 갖고 있는 경영자원에서부터 비롯된다고 볼 수 있다. 기업의 경영자원은 유형자원(tangible resource), 무형자원(intangible resource), 인적자원(human resource)으로 분류할 수 있다.

(1) 유형자원

유형자원은 기업이 보유한 자원 중에서 형태가 있으며, 쉽게 파악되고, 평가가 가장 용이한 자원을 말한다. 대표적인 것으로는 기업의 대차대조표에 나타나는 공장, 기계, 건물 등의 물적자산과 금융자산 등이 있다.

(2) 무형자원

기업의 유형자원은 시장을 통하여 쉽게 조달할 수 있기 때문에 특별한 경쟁우위를 창출하기는 어렵다. 하지만 기업의 무형자원은 특별한 경쟁우위를 창출하는 기반이 된다. 예를 들어, 기업이 가지고 있는 사회적 이미지나 브랜드 이미지, 명성 등은 경쟁기업이 쉽게 모방할 수도, 따라할 수도 없는 중요한 경영자원이 된다.

(3) 인적자원

인적자원을 유형자원 또는 무형자원에 분류하지 않고, 따로 분류하는 이유는 그만큼 중요한 위치를 차지하고 있기 때문이다. 인적자원을 어떻게 관리하는가에 따라 기업의 성과는 엄청나게 달라질 수 있다. 하지만 인적자원의 성과를 측정하는 것은 상당히 어렵다.

2) 핵심역량의 관리

핵심역량은 위에서 설명한 경영자원들을 포함하여 해당 기업이 경쟁기업에 비해 더 잘할 수 있는 상대적인 경쟁능력을 의미한다. 이러한 의미에서 핵심역량을 다음과 같이 정의할 수 있다. "경쟁기업에 비하여 자사가 가지는 훨씬 우월한 능력"인데, 이는 경쟁우위를 가져다주는 기업의 핵심적인 능력이라고 할 수 있다.

하지만 최근까지 많은 국내기업들은 이러한 핵심역량을 정부에 대한 로비능력, 자금을 동원할 수 있는 능력, 유명인사와의 친분관계 등으로 이해하여 왔다. 하지만 앞으로는 전 세계가 함께 경쟁하는 시대이기 때문에 이러한 구태의연한 사고에서 벗어나, 진정한 핵심역량을 개발할 수 있는 전략적인 사고의 틀을 가져야 할 것이다. 그래야만 외국기업들과 자유시장경쟁에서 우위를 점할 수 있을 것이다.

제2절 경영정보시스템과 정보관리

정보는 기업에 있어서 인적자원이나 자금과 같이 중요한 자산 중의 하나이며 정보화사회가 진전될수록 그 중요성은 더욱더 강조되고 있다. 경영활동을 효과적이고 합리적으로 수행하려면 정보의 도움이 반드시 필요하다.

2.1 경영정보시스템의 의의

경영자에게 경영활동에 필요한 각종 정보를 처리·제공하여 경영자의 의사결정에 도움을 주는 정보시스템을 경영정보시스템이라 한다. 즉, 경영정보시스템은 경영자가 계획을 수립·실행하고 통제하는 데 필요로 하는 자료를 수집하고 분류하여 일정한 형태의 정보로 제공해 주는 통합된 시스템을 말하는 것이다.

경영정보시스템은 근본적으로 기업 전체를 연결하는 통합적 컴퓨터정보시스템이어야 하며 또한 필요한 정보를 적시에 제공할 수 있는 시스템이어야 한다. 경영정보시스템은 조직이 목표를 효과적으로 달성할 수 있도록 설계되고 이에 따라 유용하게 사용할 수 있어야 한다.

2.2 경영정보시스템과 컴퓨터

경영정보시스템은 컴퓨터를 기반으로 하고 있다. 따라서 경영정보시스템의 목표를 원활히 달성하기 위해서는 다음의 세 가지의 구성요소가 필요하다. 즉, 컴퓨터 등의 하드웨어, 소프트웨어, 사람이다.

1) 하드웨어

하드웨어란 컴퓨터를 구성하고 있는 전산장치, 즉 컴퓨터 본체 및 주변장치를 일컫는다. 기업경영에 있어서 하드웨어의 선택은 경영정보시스템의 목표와 조직의 목적을 지원하는 데 적합한지의 판단 여하에 따라 결정된다.

2) 소프트웨어

소프트웨어는 컴퓨터를 가동시켜 여러 가지 목적한 바를 달성하게 하는 데 필요한 프로그램이다. 그러므로 소프트웨어는 컴퓨터가 인식하는 명령어를 논리적으로 순서에 맞게 나열하여 모아 놓은 것이다.

소프트웨어는 크게 두 종류로 나누어지며 각각은 서로 다른 기능을 수행한다. 시스템 소프트웨어는 중앙처리장치, 주기억장치, 주변장치 등과 같은 컴퓨터 자원들을 관리하는 일련의 프로그램 집합이다. 응용 소프트웨어는 사용자들이 특정한 컴퓨터 사용상의 문제를 해결할 수 있도록 도와주는 프로그램들이다.

3) 사람

사람은 위의 하드웨어와 소프트웨어를 이용하여 다양한 의사결정을 수행하는 인적자원을 말한다. 이러한 사람으로는 시스템개발자, 시스템분석가, 사용자 등이 있다.

2.3 경영정보시스템의 설계

1) 시스템개발계획 수립

기술적 측면과 경제적 측면에서 새로운 시스템의 개발이 타당성이 있는지를 조사한다. 또 개발동기, 개발일정 등의 타당성에 대하여 조사 · 평가한다.

2) 시스템 요구사항분석

사용자부서와 면담을 통하여 개발대상이 되는 시스템의 목적과 범위, 업무 및 자료흐름의 체계, 다른 시스템과의 연계관계, 최종산출물로서 요구되는 보고서의 종류 등을 파악한다.

3) 시스템 설계사양서 작성

시스템의 요구사항에 대한 분석결과를 토대로 하여 실제 사용될 시스템을 설계하며, 필요한 프로그램의 주요 내용을 확정하는 단계이다. 사용자와 컴퓨터를 접속시키는 화면, 내용, 보고서 및 입출력 양식을 설계한다. 또 자료의 구조와 처리방식 및 저장방식 등이 아울러 설계된다.

4) 새로운 시스템개발 및 사용자부서에 설치

시스템 설계사양서를 토대로 하여 세부시스템을 구체화시키는 단계이다. 필요한 프로그램을 개발하고 코딩 내용을 검증한다. 아울러 시스템의 목표가 원래의 계획대로 충족되었는지를 확인한다.

5) 사용자부서의 시스템 시험운용

사용자가 일정기간 동안 기존의 시스템과 새로 개발된 시스템을 병행하여 운용하면서 시스템의 성능 측면에서 수정 또는 보완되어야 할 사항과 잠재적인 문제점이 있는지를 검증한다.

6) 시스템 성과평가

일정기간이 지난 후 시험 운용 당시에 발견되지 않았던 문제점을 확인하고 개선 또는 변경되어야 할 사항이 있는지에 대하여 검토한다.

2.4 경영정보시스템의 활용

1) 마케팅 및 영업 분야

마케팅 및 영업 분야에서 필요한 기초적인 경영정보로는 소비자 및 시장의 상황에 대한 정보, 고객의 신용에 대한 정보, 재고 현황에 대한 정보 등이다. 이러한 정보는 마케팅 및 판매계획의 수립, 제품가격의 결정, 수요 예측, 영업실적의 분석, 주문서의 처리 및 대금청구 등에 활용된다.

2) 생산 분야

제품의 생산일정계획, 인력계획, 설비의 유지 및 보수계획, 원재료의 소요량 추정, 품질관리, 공정통제 및 물류통제 등을 위하여 경영정보시스템이 활용되고 있다. 특히 제조기업의 경우에는 총원가에서 제조원가가 차지하는 비중이 높기 때문에 경영정보를 이용한 원가통제 등이 매우 중요한 영역을 차지하고 있다.

3) 구매 분야

판매 및 생산에 필요한 제품이나 원자재의 구매를 위하여 경영정보가 필요하다. 구매계획의 수립, 장기 공급계약의 체결, 시장가격의 조사, 공급처의 정보 및 신용상태 파악, 조달 자재의 검수, 구매주문서의 관리 등을 위하여 경영정보시스템이 활용된다.

4) 회계 및 재무 분야

경영정보시스템 중의 하나인 회계정보시스템을 활용하여 거래의 기록, 증빙서류의 보존 및 유지, 재무제표의 작성, 자금계획의 수립, 예산의 편성업무 등을 수행한다. 회계정보시스템은 회계 및 재무자료의 단순한 집계뿐만 아니라 수집된 자료를 이용하여 재무분석을 하며, 미래의 현금흐름에 대한 추정 등 비교적 복잡한 분석업무를 수행하기도 한다.

5) 기타 경영관리 분야

경영정보시스템은 최고경영자의 의사결정을 지원하기도 하며, 설비 및 인적자원을 포함한 자원관리 분야에도 활용된다. 인사정보시스템을 활용한 의사결정을 예로 들면, 조직구성원에 대한 교육 및 훈련 경력, 성격, 적성, 전공 및 기타의 인적사항에 대한 정보를 저장하였다가 승진, 배치, 인사이동 등과 관련하여 적격자를 체계적으로 찾는데 도움을 주기도 한다.

그림 14-1 경영정보시스템

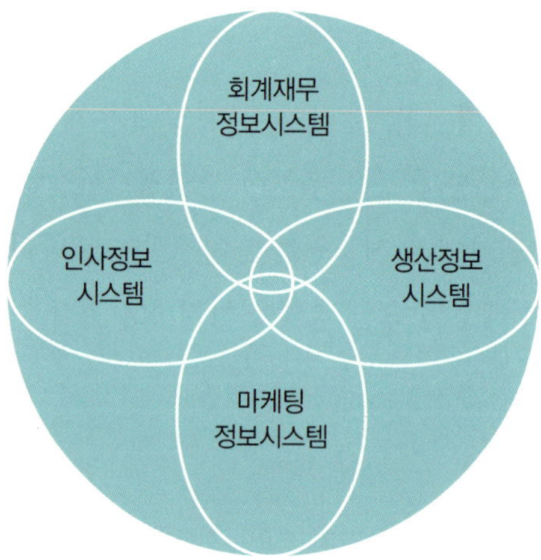

제3절 전자상거래와 e-비즈니스

3.1 인터넷의 급속한 보급

인터넷은 1990년대 중반 이후부터 사용자들이 급속하게 증가하면서, 지금은 각 가정에도 초고속 통신망 등이 연결되어 가상공간에 하나의 새로운 세계를 형성하고 있다. 인터넷에서는 정보공유를 기본으로 하여 매체, 교육, 문화, 상업 등 인간생활의 전 분야에 걸쳐서 영향을 주었고, 초등학생부터 노인에 이르기까지 인터넷을 모르는 사람은 거의 없을 정도로 보편화되었다.

인터넷은 경영활동에도 큰 영향을 미쳤는데, 그 파급효과를 세 가지 정도로 정리하면 다음과 같다.

첫째, 새로운 시장개척과 사업기회의 확대이다. 미국의 아마존(Amazon)이 가상서점을 만들어서 도서를 판매하면서부터 시작된 인터넷을 이용한 상품판매기법은 이제는 보편화되었을 뿐만 아니라 취급하는 제품군 확대와 혁신적인 결제방식 도입으로 시장의 판도를 완전히 바꾸어 놓았다.

둘째, 새로운 의사소통이 가능해졌다. 온라인 결재를 하면서 '종이 없는 회사(paperless company)'를 실현하고 있는 기업들도 많아졌으며, 각 기업의 홈페이지 게시판을 통한 사내 · 외 공고 및 관련 물품 구매계약에 이르기까지 인터넷을 사용한 새로운 의사소통방법들로 인하여 시간과 비용을 획기적으로 단축하는 예가 증가하고 있다.

셋째, 지식배분을 촉진한다는 점이다. 인터넷 포털 검색엔진을 이용하면 찾고자 하는 자료는 거의 찾을 수 있다. 전 세계의 컴퓨터들이 하나의 인터넷망으로 연결되어 있기 때문이다. 특히, 글로벌경쟁을 하고 있는 오늘날의 기업들에게는 다른 나라의 기업들이 어떠한 사업을 영위하고 있으며, 어떠한 새로운 기술을 개발했는가 등등의 정보를 책상 앞에 앉아서 습득할 수 있는 기회를 제공하고 있다.

3.2 전자상거래의 의미

전자상거래란 기업, 개인, 정부 간의 상품 및 서비스거래에 필요한 모든 정보를 컴퓨터와 인터넷을 이용하여 교환하고 거래하는 방식을 의미한다. 즉, 물건을 사고팔고, 대금을 지불하는 등의 일반상거래와 관련된 모든 작업을 전자적으로 처리하는 것이다.

전자상거래는 비즈니스 목적달성을 위해 정보기술을 활용하여 거래 당사자 간에 인터넷을 이용하여 거래하는 것으로, 여기에는 기업 대 기업 간(B2B)의 전자상거래와 기업 대 소비자 간의 전자상거래(B2C)로 나누어 볼 수 있다.

기업 대 소비자 간의 전자상거래는 B2C(business to customer)라고 하는데, 이는 인터넷에 홈페이지나 쇼핑몰 등을 개설하여 소비자를 대상으로 마케팅과 판매활동을 하는 것으로, 좁은 의미의 전자상거래라고 한다.

기업 대 기업 간의 전자상거래는 B2B(business to business)라고 하는데, 특히 수출과 관련하여서는 수출가격과 내수가격의 구분이 없어지고, 실질적으로 국내외의 공간적 구분도 없어지는 등 새로운 수출관행으로 인하여 획기적인 변화를 경험하고 있다.

3.3 전자상거래의 이점

전자상거래를 실현함으로써 얻게 되는 가장 큰 이점은 일상거래에서 복잡한 중간과정을 제거하고 생산자와 소비자 간의 직접적인 연결이 가능해지기 때문에, 소비자는 더욱 저렴한 가격에 물건을 구입할 수 있고, 생산자는 더 높은 이익을 얻을 수 있는 구조로 변화된다는 점이다.

또한 지금까지 마케팅이 시장세분화개념을 토대로 이루어져 왔는데, 전자상거래가 활성화되면 시장세분화가 더 심화될 것으로 보인다. 개개의 소비자 취향이 점점 더 독특해지고 있는데, 이러한 개별 취향에 맞춤형 대응이 가능해졌기 때문이다. 그래서 가상공간 속에서 이루어지는 개별 고객의 구매 형태나 취향을 고려한 카탈로그를 제작할 수 있으며, 일상거래에서는 좀처럼 수행하기 어려운 고객만족을 훨씬 쉽게 이루어 낼 수 있다.

3.4 e-비즈니스로의 발전

오늘날의 기업들은 전자상거래를 기반으로 하여 경영을 더욱 확장하기 위해 e-비즈니스를 활용하는 추세이다. e-비즈니스는 정보기술에 의해 형성된 디지털환경하에서 전자 커뮤니케이션(고객과의 커뮤니케이션, 협력업체와의 커뮤니케이션, 정보 커뮤니케이션 등) 및 전자상거래를 통해 이루어지는 비즈니스를 종합적으로 고려한 개념이다. 즉, 조직이 목표달성을 위해 인터넷을 기반으로 이해관계자와 전자적인 업무를 수행하는 거을 포괄적으로 표현하는 것이다.

전자상거래와 e-비즈니스의 가장 큰 차이점은 다음과 같다. 전자상거래는 전자매체를 통해 이루어지는 거래행위에 초점이 맞추어진 반면, e-비즈니스는 전자매체를 통해 이루어지는 거래행위 외에 온라인 비즈니스에 참여하는 고객 및 업체와의 관계, 정보의 흐름 등을 강조하고 있어서 e-비즈니스가 더 큰 개념임을 알 수 있다.

기업들은 e-비즈니스를 도입함으로써 기존의 업무 프로세스를 수행하는 데에 소요되는 시간을 단축할 수 있고, 구매 등과 관련한 비용을 절감할 수 있으며, 사업 운영 주체들 간의 관계가 강화되는 효과를 얻을 수 있다. 또한 기존의 사업과 e-비즈니스를 적절하게 결합시킴으로써 새로운 시장을 선점할 수 있게 되어 새로운 수익원을 창출할 수도 있게 된다. 뿐만 아니라 기업과 고객 간에 양방향 커뮤니케이션을 가능하게 하여 기업은 고객가치를 증대시킬 수 있는 제품 및 서비스를 제공하고, 고객은 구매의 효율성을 높일 수 있다는 장점이 있다.

3.5 e-비즈니스 추진단계

e-비즈니스를 성공적으로 수행하기 위한 실행전략을 4단계로 나누어서 살펴보면 다음과 같다.

1) e-비즈니스 마인드의 전사적 확립

기업의 최고경영자가 e-비즈니스를 전사적으로 추진하겠다는 의지가 필요하다. 기업에서 모든 새로운 사업을 추진하기 위해서는 최고경영자의 이해가 수반되어야 한다. 또한 앞으로의 경영에 있어서 인터넷을 고려하지 않고서는 성공할 수 없다는 공감대가 형성되어야 한다.

2) 새로운 사업기회의 발굴

아마존(Amazon)의 경우 인터넷을 통한 서적 판매역량을 무기로 하여 비디오, CD, 의약품 등으로 업종을 확장했고 이제는 삶에 필요한 거의 모든 제품군을 망라하고 있다. 또한 기존기업과 인터넷 벤처기업들 사이에 전략적 제휴관계를 맺음으로써 새로운 사업 형태를 만들어낼 수도 있다.

3) 사이버마케팅능력의 강화

고객을 위한 웹사이트를 구축함과 동시에, 그 웹사이트를 고객을 위한 공동체로서 자리매김하여야 한다. 이를 위한 세부적인 실천사항으로는 온라인 게시판이나 이메일 등을 통하여 고객과 고객, 혹은 고객과 웹 운영자 사이에 의사소통경로를 다양화하는 방법이 필요하다. 또한 온라인을 통해 소비자들의 흥미를 유발할 수 있는 다양한 이벤트를 실시하는 방법과 인터넷 광고를 통하여 고객을 유인할 수 있어야 한다.

4) 사업부문 간 시너지효과의 창출

e-비즈니스는 기업과 고객의 일대일 접촉이 가능하므로 고객의 특성, 구매 형태 특성 등을 쉽게 얻을 수 있기 때문에 이를 다른 부서와 공유하는 것이 필요하다. 왜냐하면 고객에 대한 정보를 얻기 위해서는 많은 시간적 노력과 비용이 들기 때문이다. 또한 기업내부에서 운영하고 있는 인트라넷과 전 세계로 연결된 인터넷을 함께 활용하여 업무에 소요되는 시간단축뿐만 아니라 새로운 정보를 쉽게 확보할 수 있다.

■ **그림 14-2** 인트라넷(LAN)

chapter 15

기업의 글로벌화

제1절 기업발전과 글로벌화

1.1 글로벌경영

현재 활동하고 있는 거의 모든 기업들은 직접 혹은 간접적으로 치열한 글로벌경쟁에 직면해 있으므로 직접 글로벌경영활동에 참여하고 있지 않더라도 글로벌경영환경의 영향을 받고 있다. 따라서 글로벌경영환경에 대한 이해와 그 중요성에 대한 인식이 매우 중요한 상황이라고 할 수 있다.

글로벌경영이란 보편적으로 말해서 기업의 활동영역이 국경을 넘어서 확장되는 것을 의미한다. 구체적으로 글로벌경영활동은 외국으로 재화나 서비스를 판매하는 수출활동과 외국에서 재화나 서비스를 구매하는 수입활동, 그리고 재화나 서비스를 해외시장이나 국내시장에 판매할 목적으로 외국에서 생산하는 활동 등을 모두 포함하는 개념이다.

세계시장 잠재력의 25% 정도를 차지하고 있는 미국 내 기업들은 매출 잠재력을 극대화하기 위하여 나머지 75%에 해당하는 해외시장을 차지하고자 글로벌진출(go global)을 외치고 있다. 더욱이 내수시장이 충분한 크기를 형성하지 못하고 있는 미국 이외 국가의 기업들은 생존을 위해서 해외시장을 개척하기 위한 노력을 하고 있는 실정이다. 세계적인 대기업들은 전체 매출액의 절반 이상을 해외시장에서 얻고 있는 경우가 많다. 예를 들어, 코카콜라의 경우 운영수익의 90%와 이익의 3분의 2를 미국 이외의 시장에서 올리고 있다. 기업의 국제화는 대기업이나 다국적기업뿐만 아니라 중소기업에도 매우 중요한 의미를 가진다.

그라이더(William Greider, 1997)는 그의 논문에서 글로벌화는 우리에게 좋은 점(good news)과 나쁜 점(bad news)을 동시에 가져다주는 동전의 양면과 같은 현상이라고 설명하고 있다.

우선 좋은 현상이라 함은 현대기술과 글로벌마케팅이 전 세계 국가들과 사람들을 모두 현대화된 시기(modern era)로 진입할 수 있게 해준다는 것이다. 반면에 그라이더가 경고하는 나쁜 현상이라 함은 현대기술은 20세기 초반의 혁신생산을 가능하게 했던 대량조립기술시대에 비하여 보다 더 개인화되고 비평등화(anti-egalitarian)되어 간다는 것이다. 결과적으로 기본적인 인권에 대한 무시와 저개발국가에 대한 착취로 인하여 거대한 사회적 변화를 가져오고 궁극적으로는 글로벌시스템의 붕괴를 가져온다는 것이다(William Greider, *One World, Ready or Not* : *The manic Logic of Global Capitalism*(Upper Saddle River, NJ : Simon & Schuster, 1977) ; Greider, "Who Governs Globalism?," *The American Prospect*, No.30, January-February 1977, pp. 73-80 참조).

일반적으로 국제화와 글로벌화라는 용어를 혼용하는 경우도 있고, 학자들에 따라 어느 것이 보다 광의의 개념인지에 대한 의견도 다르다. 일반적으로 국제화(internationalization)란 기업이 국경을 넘어 2개국 이상으로 경영활동을 확대해 가는 과정을 의미한다. 즉, 국제시장에서 경쟁적 우위를 갖는 기업자원을 해외 제국에 이전함과 동시에 상대국이 충분한 공급력을 가진 자원을 이용함으로써 경영의 국제적 확장을 도모하는 기업자원의 국제적 이전과정을 말한다.

기업자원으로서는 자본 · 노동력 이외에 기술능력 · 경영능력 · 마케팅능력 등의 무형자원도 포함된다. 선진국의 기업은 기술능력 · 경영능력 · 마케팅능력이나 자본자원에서 경쟁적 우위를 가지는 데 비하여 개발도상국은 자연자원이나 노동자원에 있어서 더 큰 공급력을 갖고 있는 것이 보통이다. 따라서 선진국의 기업은 기술능력이나 경영능력을 개발도상국이나 기타의 나라에 이전하고 상대국의 노동력이나 자연자원을 이용하는 형태로 경영의 국제화가 이루어진다. 이렇듯 국제화는 물리적으로 국경을 넘는 현상에 초점을 두는 것으로서 단순하게 국내지향적 기업활동을 탈피하는 제한적 의미로 사용되기도 한다.

글로벌화(globalization)란 개별 국가나 지역을 별도의 시장으로 파악하지 않고 통합적으로 파악하여 동일한 전략을 사용하는 단계까지 발달한 개념으로서 국제화개념에 비하여 세계단일시장, 통합적 관리전략, 동질화 등의 의미가 강조되는 개념이라고 할 수 있다.

본장에서는 이들 개념을 아우르는 용어로서 글로벌경영, 글로벌화라는 용어를 사용하기로 한다.

1.2 글로벌경영의 특징

글로벌경영의 특징은 일반적으로 다음 다섯 가지 정도를 들 수 있다.

첫째, 다수국가 시장에서 행해지는 활동이다. 글로벌경영은 다수국가에서 동시다발적으로 수행되는 경영활동으로서 수행주체와 조정 및 통제의 문제가 뒤따른다. 또한 본사와 현지국 자회사 간 커뮤니케이션, 의사결정의 집권화(집중화) 정도, 글로벌경영활동의 조정 등의 문제가 매우 중요한 이슈로 작용한다. 따라서 경우에 따라 각 현지국 상황에 따른 경험과 정보를 인정하고 이를 타국에 대한 경영활동에 반영하는 것을 고려해야 한다.

둘째, 상이한 환경을 가진 시장을 대상으로 한다. 환경은 기업활동에 중대한 영향을 미치는 통제 불가능한 요소로서 기업에 위험을 초래하기도 하지만, 적절히 활용하는 경우 새로운 기회를 발견할 수도 있다. 경영자는 해당 국가시장의 경제적 · 사회문화적 · 정치적 환경 및 법률 · 제도적 환경 등을 종합적으로 고려하여 표준화와 현지화 정도에 대한 의사결정을 내려야 한다. 즉, 완전한 표준화가 글로벌경영성과의 극대화를 가져오는 것은 아니다.

셋째, 각국 정부정책의 차이에 대한 고려가 필요하다. 세계 각 국가들은 자국의 정치 · 경제적인 상황에 따라 외국기업에 대한 정책이 상이할 수 있다. 예컨대, 외국기업이 자국시장에 진입하여 경영활동을 개시하기 위한 인허가조건부터 경영성과에 따른 본국 과실송금 등의 자본이동까지 국가마다 상이한 제약조건을 두고 있다. 특히, 글로벌기업의 경영자들은 현지국에서 취하고 있는 외국기업의 자국 내 활동에 대한 규제와 몰수, 수용 등의 정치적 위험에 유의해야 한다. 따라서 해외진출 시 진출대상국의 정부정책을 고려하여 진입전략을 수립한다.

넷째, 국가 간의 이전활동이라는 점이다. 글로벌경영은 제품 및 서비스뿐만 아니라 인력, 자본 등의 생산요소들의 국가 간 이전을 전제로 하고 있다. 따라서 글로벌기업의 경영자는 국가 간 이전 시 위험을 최소화하고 이익을 극대화할 수 있는 적절한 이전방식(진입방식)을 선택해야 한다.

다섯째, 서로 다른 통화를 가진 국가 간 거래활동을 한다는 점이다. 글로벌경영이 전제로 하고 있는 국가 간 거래에서는 상대방 국가의 통화 혹은 세계 기축통화인 달러화의 영향을 받게 된다. 따라서 가격결정 시 환율변동을 고려할 필요가 있는데, 환율변동은 글로벌경영활동과 성과에 영향을 미치게 되고, 경우에 따라서는 뜻하지 않은 위험요인이 될 수도 있다.

1.3 글로벌경영환경의 변화

1) 환경변화현상

글로벌경영의 환경변화는 다음 몇 가지 현상으로 설명할 수 있다.

첫째, 우선 해외생산 및 판매의 증가를 들 수 있다. 기본적으로 기업의 글로벌화는 투자와 위험이 가장 낮은 수출단계부터 시작된다. 수출기업들이 해외시장에 대한 통제력을 높이기 위해서 계약, 대표적으로 라이선싱에 의한 국제경영활동을 하고, 더 나아가 해외시장에서 현지생산 및 판매활동을 하는 해외직접투자(Foreign Direct Investment : FDI) 형태로 발전하게 된다. 따라서 해외생산 및 판매가 증가함에 따라 단순무역의 중요성이 상대적으로 감소되는 현상이 나타났다.

둘째, 국제경제체제의 변화를 들 수 있다. 1980년대 팽배했던 보호무역주의를 피하기 위해 해외직접투자를 통한 해외생산 증대에 박차를 가해오던 기업들이 NAFTA, EU 등과 같은 경제통합현상에 대비하고 역내 지위 확보를 위해 해외직접투자를 확대하였다. 또한 우루과이라운드가 타결되고 WTO가 출범함에 따라 무역자유화 및 국제경쟁의 공정성이 강조되고, 기업들은 최적 입지탐색 등 경쟁력 강화에 주력하게 되었다.

셋째, 교통과 정보통신기술 발달을 들 수 있다. 교통수단과 정보통신기술 발달로 인하여 '해외'라는 개념에 대한 심리적 거리가 줄어들고 장벽이 낮아짐에 따라 보다 용이하고 빈번한 교류가 가능하게 되었다. 또한 본사와 자회사 간 정보가 신속하고 용이하게 교환됨에 따라 물리적인 거리와 무관하게 의사결정 및 통제가 용이해졌다. 이에 따라 많은 다국적기업들이 보다 공격적인 해외진출전략을 수행할 수 있게 된 것이다. 뿐만 아니라 첨단기술 발달과 자동화 및 수요 확산속도가 가속화됨에 따라 제품수명주기(Product Life Cycle : PLC)가 단축되고, 그에 따라 신제품 개발주기도 짧아지고 대량생산에 따른 대량시장(mass market)의 필요성이 더욱 강조되었다.

2) 경쟁환경의 글로벌화를 촉진시키는 요인

경쟁환경의 글로벌화를 촉진시키는 요인은 시장요인, 비용요인, 정치적 요인 및 경쟁요인으로 요약할 수 있다.

(1) 시장요인

시장요인은 고객 및 시장의 특성과 관련된 요인으로서 우선 라이프스타일과 기호의 동질화를 들 수 있다. 인터넷 등 커뮤니케이션 및 대중매체 발달로 인하여 문화적 차이가 급속도로 좁혀지고 수요시차 역시 작아졌다. 예컨대, 소비자수요나 구매 행태가 전 세계적으로 동질화되어 코카콜라가 세계적으로 각광을 받고, 맥도날드 햄버거가 러시아에서도 성공하는 현상이 나타났다. 결과적으로 수요시차와 모방시차가 짧아짐에 따라 기업은 전 세계를 단일시장으로 보고 빠른 시간에 세계 소비자들의 수요에 부응할 수 있는 제품을 만들어야 성공을 보장받을 수 있게 되었다.

다음으로 글로벌채널(global channel) 및 지역채널 증가를 들 수 있다. 글로벌채널 활성화로 인하여 글로벌광고의 영향력이 커지게 되었으며, 각국의 지역채널이 증가함에 따라 문화적 환경 등 각국의 상황에 적합한 현지화된 광고 커뮤니케이션 실행이 가능하게 되었다.

또한 해외여행의 증가로 인하여 국경을 넘나드는 글로벌고객이 출현하고, 자연스럽게 글로벌브랜드가 등장하여 세계 어디서나 우수한 품질과 디자인으로서 각광을 받게 되었다.

(2) 비용요인(경제적 요인)

글로벌경영을 촉진시킨 경제적 요인은 다음 몇 가지로 나누어 설명할 수 있다.

첫 번째 요인으로는 우선 규모의 경제(economy of scale)를 들 수 있다. 규모의 경제란 생산요소 투입량의 증대 혹은 생산규모의 확대에 따른 생산비절약 또는 수익향상의 이익을 의미한다. 다시 말해, 생산설비를 확대하여 생산량을 증가시키면 어느 한도까지는 재화를 하나 생산하는 데 평균적으로 들어가는 비용이 감소하게 되는 것을 말한다.

규모의 경제가 나타나는 이유는 대규모 설비의 경제성, 대량 구입에 따른 운임이나 원료비의 감축, 분업에 의한 생산요소의 전문화 등을 들 수 있다. 대규모 기업이 소규모 기업보다 유리한 것은 규모의 확대에 의해 경제성이 높아지기 때문이다. 또한 규모의 경제에는 한계가 있어서 과도한 규모는 관리비용의 증대, 조직의 경직화에 의해 규모의 경제가 상쇄된다.

자본집약적 생산방식과 그 결과로 인해 규모의 경제가 더욱 중요한 개념이 되었다. 생산에 대한 노동비용은 감소하는 반면, 자본비용의 비중이 증가하게 되고, 이에 따라 대규모 생산설비와 대량생산체제를 통한 규모의 경제효과가 커지게 된 것이다. 기업들은 대량생산체제를 유지하기 위해 꾸준한 매출성장이 필요하고 내수시장만으로는 부족하여 세계시장을 목표로 삼고 글로벌 확장을 하게 되는 것이다.

두 번째 요인으로 기술혁신의 가속화를 들 수 있다. 빠른 기술진보와 R&D 투자 급증으로 연구개발비용이 많이 드는 산업에서는 내수시장만으로는 높은 R&D 비용을 충당하기 어렵게 됨에 따라 해외시장으로 눈을 돌리게 되는 것이다. 뿐만 아니라 수요시차와 모방시차가 짧아짐에 따라 제품수명주기가 짧아지고 이에 따라 신제품 개발주기 및 개발비용이 증가하게 되는 것도 한 요인이라 할 수 있다.

세 번째 요인으로는 정보통신 발달과 교통 및 운송수단 발달을 들 수 있다. 정보통신기술 발달로 각종 정보 및 커뮤니케이션비용이 절감되고, 교통 및 운송수단 발달로 인하여 물적유통비용의 실질적 감소를 통해 많은 기업들이 글로벌 확장에 대한 비용부담이 적어지게 된 데서 그 요인을 찾아볼 수 있다.

뿐만 아니라 재화 및 생산요소의 이동비용이 감소하고, 특히 인적자원뿐만 아니라 자본의 자유로운 이동이 가능해짐에 따라 세계 자본유치를 위해 각국이 경쟁적으로 경영환경을 호의적으로 변화시켜 줌에 따라 각국의 법적 · 제도적 · 문화적 관습이 동질화되어 글로벌스탠다드를 형성하게 된 것도 글로벌경영을 촉진시킨 큰 요인이라고 할 수 있다.

네 번째 요인은 새로운 경제주체의 부상이다. 개발도상국의 출현으로 저렴한 노동력을 활용할 수 있게 되어 선신국의 선발기입들이 원가절감을 위해 글로벌진출을 시도하게 되었다. 나아가 개발도상국들이 기술이전 등을 통해 신흥공업국으로 부상함에 따라 높은 기술력과 저렴한 노동력을 기반으로 영향력 있는 새로운 경제주체로 발전하게 되었다. 이러한 기반을 갖춘 국가는 선진국 다국적기업들의 해외 생산거점으로 매력도가 높다고 할 수 있다.

(3) 정치적 요인

글로벌경영을 촉진시킨 정치적 요인으로는 가장 먼저 무역장벽의 감소를 들 수 있다. 자유무역주의를 표방한 GATT체제 출범 이후 전 세계적으로 무역장벽이 완화되었고, WTO 출범으로 인하여 자유무역주의가 더욱 가속화되었다. 또한 선진국가들의 자유무역주의 주창에 따라 세계 각국 정부의 보호무역주의 기조가 약화되었다. 뿐만 아니라 무역장벽 완화와 더불어 서비스, 지식재산권 등과 같은 무형자산에 대한 권리가 강화됨에 따라 기술이전이 활발해지고, 결과적으로 글로벌화가 가속화되었다.

또한 지역별 경제블록이 구축되고 사회주의국가의 시장개방에 따른 시장 확대, 그리고 경쟁력을 높이기 위한 일환으로 국유기업들의 민영화 추세 등이 글로벌경영을 촉진시킨 정치적 요인이라고 할 수 있다.

(4) 경쟁요인

글로벌경영을 촉진시킨 마지막 요인으로서 경쟁 측면을 들 수 있는데, 경쟁요인은 대부분 앞서 언급한 시장요인, 경제적 요인 및 정치적 요인에 의해 글로벌화가 촉진되고, 그에 따라 불가피하게 경쟁이 더욱 치열해진 데서 그 근본적인 이유를 찾아볼 수 있다.

우선 국제적으로 무역량의 증가에 따라 국제무역경쟁이 격화되었고, 앞서 언급한 경제적 요인 등으로 인하여 각국의 기업들이 자국중심주의에서 탈피하여 글로벌화를 추구하면서 글로벌경쟁이 더욱 치열한 양상을 띠게 되었다.

또한 다국적기업의 세계지향적 경쟁으로 글로벌경쟁이 치열해짐에 따라 개별 국가시장은 세분시장(segment)에 불과한 개념이 되었고, 세계시장을 하나의 통합된 시장으로 간주하는 글로벌경쟁기업이 출현하였다. 그리고 거대한 글로벌기업과의 경쟁에서 이기기 위하여 세계 곳곳의 기업들 간에 인수합병 및 글로벌전략적 제휴현상이 증가하면서 기업 간 글로벌경쟁이 더욱 가속화되고 있다.

1.4 지역경제통합

지역경제통합 혹은 지역주의란 특정 지역이나 특정 국가들이 지역무역협정(Regional Trade Agreement : RTA)을 체결하여 역외국가들과는 차별적인 경제통합을 추진하는 것을 의미한다. 지역경제통합은 기본적으로 역내국 간 단일시장 형성을 추구하며, 회원국 간 호혜주의원칙을 적용하고, 무역장벽 제거에 초점을 두는 등 경제협력을 도모하는 것을 목적으로 한다.

경제통합의 유형은 그 내용과 통합 정도(장벽제거수준, 내부결속도 등)에 따라 다음 다섯 가지 단계로 구분할 수 있다.

첫째, 자유무역협정(Free Trade Agreement : FTA)은 역내국 간 상품이동에 대한 무역장벽을 완화하거나 철폐하고 자유무역을 실시하며, 역외국과 무역을 하는 경우에는 각국이 독자적인 관세와 무역정책을 수립하는 것을 그 내용으로 한다. 이 경우 역외상품이 역내국 중 저관세국을 통해 수입되어 다른 역내국으로 우회수출되는 부작용이 나타날 수 있다. 대표적인 자유무역협정으로는 북미자유무역협정(NAFTA)을 들 수 있다.

둘째, 관세동맹(customs union)은 역내국 간 무역장벽 철폐를 통해 자유무역을 실시함과 아울러 역외국 상품수입의 경우에 공통의 동일관세를 부과함으로써 자유무역지역의 우회수출문제를 방지할 수 있다.

셋째, 공동시장(common market)으로서 관세동맹의 내용에 더하여 회원국 간 생산요소의 자유로운 이동을 추구하는 경제통합 형태이다. 공동시장은 역내국 중에서 생산이 가장 효율적인 곳으로 자원이 이동하는 사실상의 단일시장 형태를 가진다.

넷째, 경제동맹(economic union)은 공동시장의 내용에 더하여 회원국 간 경제정책 협조를 통한 공동경제정책을 추진하는 단계를 말한다. 회원국들은 금융, 재정, 사회 등 공동의 경제정책을 수행하는 초국가적 형태를 띠게 된다.

다섯째, 완전경제통합(complete economic integration)은 보다 완벽한 형태의 경제동맹이라고 할 수 있으며 궁극적으로는 단일국가 형성을 목표로 한다. 현재 유럽연합(European Union : EU)은 완전경제통합의 선결과제인 단일통화를 실현시킨 상태로 가장 역사가 깊고 통합이 진전된 경제통합으로서 완진경제통합에 가장 가까운 형태라고 할 수 있다.

■ **그림 15-1** 지역경제통합 발전단계

<table>
<tr><th>역내 관세철폐</th><th>역외 공동관세 부과</th><th>역내 생산요소
자유이동 보장</th><th>역내 공동경제
정책 수행</th><th>초국가적 기구
설치 · 운영</th></tr>
<tr><td>자유무역협정
(NAFTA 등)</td><td></td><td></td><td></td><td></td></tr>
<tr><td colspan="2">관세동맹
(Benelux Customs Union 등)</td><td></td><td></td><td></td></tr>
<tr><td colspan="3">공동시장
(European Economic Community : EEC) 등</td><td></td><td></td></tr>
<tr><td colspan="4">경제동맹
(European Community : EC) 등</td><td></td></tr>
<tr><td colspan="5">완전경제통합
(European Union)</td></tr>
</table>

제2절 기업의 해외진출전략

2.1 기업의 국제화과정

내수기업이 글로벌기업으로 발전하는 단계는 간략하게 다음과 같이 설명할 수 있다.

먼저 국내생산과 국내판매에 거의 모든 활동을 의존하는 국내지향기업의 단계에서 제품수명주기 단축과 내수시장의 한계로 인하여 과잉생산과 유휴생산설비의 문제를 탈피하고자 해외시장에 눈을 돌리고 글로벌경영활동을 시도하게 된다.

1) 수출기업

글로벌경영의 첫 단계는 수출기업단계로 볼 수 있다. 수출기업은 국내생산과 해외 판매활동을 하는 기업인데, 수출기업이 수입국의 관세 및 비관세장벽을 피하기 위해 변화를 시도하고 국내 생산비 급증으로 인한 출구를 모색하면서 다국적기업으로 발전하게 된다.

2) 다국적기업

수출기업에서 다국적기업으로 발전하는 근거에 대해서는 제품 라이프사이클설, 무역장벽설, 시장접근설, 국제적 경영전략설 등이 있다. 제품 라이프사이클설에 의하면 신제품 개발은 고소득 · 고기술의 선진국에서 행해지며, 국내단계에서 도입기 · 성장기를 거침으로써 제품기술이 성숙하여 생산의 노하우가 축적된다. 성숙기에는 국내경쟁이 격화하고 생산비는 절하되며 잉여생산은 수출로 이전하는 수출단계로 들어간다. 수출시장이 확대됨에 따라 현지생산에 의존할 수 있는 규모의 경제를 달성하게 되면, 수출단계에서 해외사업 투자단계로 전환하게 된다. 제품 라이프사이클설은 제조업에는 타당하지만 유통업이나 금융업에는 적합하지 못하다는 단점이 있다.

무역장벽설에 따르면 수출에는 관세장벽, 수입제한, 운임, 상사(商社)의 개입 등의 장벽이 작용하고, 특히 개발도상국은 자국의 경제발전이나 국제수지 개선을 위해서 관세장벽을 높이 쌓고 수입제한을 하는 경향이 있기 때문에 무역장벽에 의한 수출시장을 잃는 일을 피하기 위해서 해외사업투자를 한다고 할 수 있다.

시장접근설은 현지생산에 의해서 현지국의 시장에 직접 접근함으로써 국제경쟁상의 우위를 확보하기 위하여 해외사업투자를 하려고 하는 것이다. 현지생산으로 현지시장에 접근하게 되면 현지소비자의 필요에 적합한 제품의 계획, 신속한 시장정보 확보, 판매촉진 효율화, 수송비 절감, 서비스 향상 등의 이점이 있다. 그런데 무역장벽설이나 시장접근설은 다국적기업이 수출기업이나 국내기업에 대하여 갖는 국제적 경영전략상의 유리한 점을 설명할 수 없는 단점이 있다.

마지막으로 국제적 경영전략설은 다국적기업은 수출기업이나 국내기업에 비해서 제품계획, 마케팅전략, 로지스틱스(유통 · 조달)전략, 재무전략이나 인재활용전략 등을 보다 넓은 국제적 안목에 입각하여 입안함으로써 기업 전체의 경영의 효율화를 달성할 수 있는 이점을 통해 국제경쟁상 우위에 서려고 하는 것이다. 각국의 다국적기업은 현지생산에 의한 시장접근의 단계에서 국제적 경영전략단계에 들어서고 있다.

다국적기업은 다국가 생산기업과 세계기업으로 구분해 볼 수 있는데, 다국가 생산기업은 다시 본국중심적 기업과 현지국중심적 기업으로 구분할 수 있다. 본국중심적(internationalization) 기업은 해외자회사의 최고경영자는 모국인이며, 모기업이 현지자회사의 모든 의사결정을 통제하는 형태로서 이익은 대부분 본국으로 송환된다. 반면에, 현지국중심적(glocalization) 기업은 자회사의 최고경영자는 현지인이고 현지자회사에 주요 의사결정권이 주어지며, 이익의 큰 부분을 현지국에 환원하는 형태이다.

3) 세계기업

다국가 생산기업들이 보다 치열한 경쟁환경 속에서 생존하기 위해 여러 국가에 있는 자회사들의 생산, 재무, 인사, 정보, 마케팅능력 등을 유기적으로 결합한 기업 형태를 세계기업이라 한다. 세계기업은 정보통신기술 발달 등의 이유로 인하여 모기업과 자회사뿐만 아니라 자회사들 간의 정보교류와 커뮤니케이션이 원활하게 이루어질 수 있게 됨에 따라 해외생산과 해외판매활동을 하는 기업 형태라고 할 수 있다(globalization).

2.2 기업의 해외진출방식 결정요인

해외시장 진입방법 결정요인은 크게 현지국요인과 본국요인, 그리고 기업요인으로 구분할 수 있다.

1) 현지국요인

현지국요인은 다시 시장요인과 생산 관련 요인 및 거시적 요인으로 구분된다.

(1) 시장요인

시장요인으로는 시장규모, 경쟁구조, 유통구조나 상거래 관습 등의 마케팅 하부구조 등과 같은 요인을 고려할 수 있다. 예컨대, 현지국의 시장규모가 큰 경우에는 수출을 하더라도 직접수출을 하고 현지 직접투자를 통해 성과를 극대화시킬 수 있을 것이다. 반면에 현지국시장이 소규모인 경우에는 경제성을 확보하기 어렵기 때문에 간접수출과 라이선싱 등과 같은 계약방식을 고려하는 것이 바람직할 것이다. 그러나 이 경우 시장의 성장잠재력을 조사하여 가능성 있는 시장이라면 극단적으로 직접투자방식을 통해 선점을 시도하는 것도 가능할 것이다.

또한 시장이 안정적이고 완전경쟁시장인 경우에는 강력한 독과점 경쟁자가 존재하지 않는다는 의미로서 수요-공급법칙에 의해 시장이 움직일 것이다. 따라서 가장 부담 없이 진출하는 수출방식이 바람직할 것이다. 만약 소수의 독과점기업이 존재한다면 경쟁의 효율성을 위해서 직접투자방식이 바람직할 수 있다.

그리고 현지국시장의 유통경로가 본국과 매우 상이하거나 혹은 현지국의 유통질서가 확립되지 않았다면 현지국 시장통제를 위해 직접투자를 통한 현지 자회사를 설립하는 것이 바람직할 것이다.

(2) 생산 관련 요인

현지국의 생산요소와 관련된 현황정보는 직접투자방식을 고려할 때 매우 중요하게 반영되어야 하는 요소이다. 예컨대, 노동력, 원료 등 생산요소의 활용가능성(양과 질), 그리고 교통, 통신시설 구축 정도에 따라 현지생산비가 달라지는데, 생산비가 낮을수록 직접투자방식이 선호될 것이다.

(3) 거시적 요인

거시적 요인은 앞서 설명했던 정치, 경제, 사회 · 문화적 환경요인과 크게 다르지 않다. 예를 들어, 정부정책과 규제가 강하고 무역장벽이 높은 경우에는 이를 회피하기 위하여 수출 이외의 라이선싱이나 직접투자를 고려할 수 있다. 또한 외국인투자 관련 규제가 있는 경우 직접투자를 고려할 때 신중히 반영되어야 하는 요인들이다.

시장경제체제가 확립되어 있지 않고 정치적 위험이 높은 국가에 진출하는 경우에는 위험부담을 줄이기 위해 직접투자와 같은 방식은 피하는 것이 바람직하며, 지리적 거리가 멀어서 물류 · 운송비용이 많이 들어가는 경우에는 수출방식보다는 현지생산방식을 고려하는 것도 필요하다.

2) 본국요인

본국요인으로는 본국시장규모, 경쟁구조, 생산비용, 정부정책 등을 고려할 수 있다.

(1) 시장규모

국내시장규모가 충분히 크다면 해외시장진출의 필요성 자체를 느끼지 못할 수 있거나 혹은 해외시장에 진출하고자 한다면 의사결정에 필요한 충분한 시간과 비용을 들여서 적극적인 시장진출방식을 채택할 수 있다. 그러나 시장규모가 충분히 크지 않아 규모의 경제(economy of scale)를 달성하기 어렵다면 우선 국내생산량을 해외로 수출하는 방법을 택할 가능성이 높다.

(2) 경쟁구조

국내시장의 경쟁구조가 과점적 구조인 경우에는 경쟁기업이 그 균형을 깨뜨리는 행동을 할 때 상대기업도 바로 따라 행동하는 경향이 있다. 즉, 경쟁기업이 해외진출을 통해 생산효율을 높이거나 원가를 절감한다면 국내시장의 과점적 균형에도 영향을 미칠 수 있기 때문이다. 이러한 현상을 밴드왜건효과(band wagon effect)로써 설명할 수 있다.

(3) 생산비용

이는 현지국요인에서의 생산비용과 반대되는 개념으로 이해할 수 있다. 즉, 진출하려는 표적시장 내에서의 생산비용이 관세를 고려한 국내 생산비용에 비해 높은 경우 수출방식을, 반대로 국내 생산비용이 현지국 생산비용보다 높은 경우에는 해외직접투자를 통한 현지생산방식을 선택할 것이다.

(4) 정부정책

본국 정부의 정책이나 규제도 해외시장 진입방법 선택에 큰 영향을 미친다. 예컨대, 정부가 현지국과의 정부 간 협정을 통해 이중과세방지조항을 통과시키거나 해외직접투자에 따르는 위험을 저감시켜 주는 경우 해외직접투자를 선택할 가능성이 높아지고, 반대로 국제수지 악화 등을 이유로 국내자본의 해외유출을 막기 위한 규제를 하는 경우에는 해외직접투자 이외의 다른 대안들을 선택하게 될 것이다.

3) 기업요인

기업요인은 제품 관련 요인과 기업의 자원 관련 요인으로 구분할 수 있다.

(1) 제품 관련 요인

기업이 제공하는 제품이 기술적 우위로 차별화되어 있는 경우에는 관세나 제반 마케팅비용을 감수하더라도 시장경쟁력을 가지기 때문에 국내 생산하여 수출하는 방식을 선택할 가능성이 높지만, 차별화 정도가 낮은 경우에는 라이선싱이나 해외직접투자를 통한 진출을 고려할 수도 있다. 또한 제품이 아닌 서비스의 경우 생산자와 소비자 근접성이 중요하기 때문에 프랜차이징과 같은 계약방식이 바람직할 수 있다. 마찬가지로 첨단기기 등과 같이 유사시 적기에 서비스를 제공해야 하는 제품, 그리고 사전 · 사후관리가 필요한 서비스 비중이 높은 제품들은 현지생산방식이 선호된다.

(2) 자원 관련 요인

글로벌기업이 확보하고 있는 자원(경영, 기술, 자원 등)이 풍부하고 우수할수록 해외시장진출 시 선택할 수 있는 방법이 보다 많아진다. 특히, 보유자원의 질과 양이 탁월할수록 보다 위험선호적(high risk)이고 수익이 높은(high premium) 적극적인 방식을 추구하기가 용이해진다. 또한 해외시장 경험이 많을수록 해외시장에 대한 불확실성을 저감시킬 수 있기 때문에 보다 적극적인 시장진입방법을 택할 가능성이 높다.

한편으로 경영자의 의지나 경영철학 등도 영향을 미치게 된다. 기업이 동일한 양과 질의 자원을 보유하고 있다고 하더라도 경영자가 적극적인 위험수용(risk aversion)을 하고 적극적인 해외진출 의지를 가지는 경우에는 수출방식보다는 직접투자방식이 선호될 수 있다.

2.3 기업의 해외진출방식

글로벌시장에 진입하기 위해서는 우선 현지국과 본국 및 기업의 환경과 잠재력, 투자능력, 마케팅능력 등을 고려하여 진입방법을 선택해야 한다. 일반적으로 글로벌기업 초기단계에는 위험이 적은 방식을 취하다가 점차로 경험과 능력이 축적되면서 보다 적극적으로 위험을 감수하면서 높은 이익을 취하는 방향으로 확장해 간다. 시장진입 유형은 감수해야 하는 위험과 시장에 대한 통제력 행사 정도에 따라 수출방식, 계약방식, 그리고 직접투자방식으로 구분할 수 있다.

1) 수출방식

수출(export)은 기업이 제품과 서비스시장을 국내영역에서 벗어나 해외로 진출하기 위해서 가장 기본적으로 고려할 수 있는 방법이다. 그 이유는 상대적으로 해외시장에 대한 경험이 부족하거나 자원능력이 부족한 글로벌기업들도 해외시장의 불확실성을 최소화시키면서 시장진입을 할 수 있기 때문이다. 이 과정을 거쳐 기업은 경험과 자본을 축적시킬 기회를 얻게 된다.

일반적으로 국내기업이 시장수요의 한계로 인한 초과공급이 발생하거나 혹은 시장환경변화로 인해 경쟁조건이 달라지는 등의 환경여건에 따라 수출의 필요성을 느끼기도 하지만, 잠재력이 크다고 느껴지는 해외시장에 대한 시험적인 진출수단으로써 수출을 시도하기도 한다. 수출은 크게 간접수출과 직접수출로 구분할 수 있다.

(1) 간접수출

간접수출(indirect export)은 국내에서 활동하는 중간수출업체(종합상사, 무역업체 등)와 같은 외부조직을 통해 수출활동을 하는 것으로서 부득이하게 직접수출이 어려울 때 주로 사용된다. 제품을 생산한 기업은 중간수출업체에 제품을 판매하는 것으로 모든 수출업무를 마치게 되는 것이다. 이러한 간접수출방식은 주로 후진경제권에서 수출경험이 없거나 수출 전문인력을 활용할 수 없는 경우 혹은 수출규모가 매우 작은 경우에 많이 이용하는 방식이다.

간접수출방식은 추가적인 비용이나 인력 투입 없이 위험을 최소화시키면서 시장에 진입할 수 있다는 장점이 있다. 그러나 수출마케팅전략이나 수출선에 대한 통제권을 갖지 못하며 해외시장정보를 획득하거나 경험을 축적하는 데는 한계가 있어 장기적으로는 시장기회를 상실할 우려가 있는 방식이다.

(2) 직접수출

직접수출(direct export)은 기업내부적으로 수출을 전담하는 부서나 계열사를 이용하여 수출업무를 직접 수행하는 방법이다. 이 경우 제품을 생산한 기업은 시장조사, 고객접촉, 가격결정, 물적유통, 수출서류 작성 등과 같은 모든 수출마케팅을 직접 계획하고 실행하게 된다.

직접수출은 간접수출에 비하여 추가적인 비용과 인력이 필요하고, 대행업체의 전문적인 능력을 활용하는 대신 시장활동을 위해 기업 자체적으로 보다 많은 노력을 기울여야 한다는 단점이 있다. 그러나 장기적으로 해외시장 유통경로 등의 통제력을 강화하고 해외 표적시장에 대한 전문지식을 축적할 수 있으며, 수출업무를 담당하는 조직과의 의사소통이 원활하게 이루어질 수 있다는 장점이 있다. 또한 기업의 시장개입 범위도 훨씬 확대되어 글로벌화에 보다 가까워진다.

제품을 생산하여 수출하고 있는 기업들은 필요에 따라 대규모 시장에는 직접수출방식을 이용하고, 소규모 시장에는 간접수출방식을 이용하는 혼합적인 방법을 사용한다.

2) 계약방식

계약방식(contractual entry mode)은 현지국에 기술, 인력, 자본 등의 이전에 대해 일정한 대가를 받는 계약을 통해 시장에 진입하는 방식이다. 즉, 계약방식은 단순히 상품만이 아닌 기술이나 지식을 이전하는 수단이라는 점에서 수출방식과 차이가 있다.

(1) 라이선싱

라이선싱(licensing)은 특정 기업(the licensor ; 본사)이 보유한 자산을 다른 기업(the licensee ; 가맹사)에게 사용할 수 있도록 해주는 대가로 로열티(loyalty), 수수료(licensing fee) 혹은 기타 형태의 보상을 받는 것을 말한다. 여기서 자산이란 특허권(patent), 무역비결(trade secret), 상표명(brand name)이나 기업상호(company name), 제품규격(product formulation), 기술, 노하우 등을 말한다. 즉, 무형자산을 사용하게 해주고 대가를 받는 사용권계약인 것이다.

라이선싱의 장점은 본사 입장에서는 적은 위험과 비용으로 해외시장에 진출할 수 있다는 것이다. 또한 현지국의 수입규제를 피해서 시장에 진입할 수 있다는 것과, 소규모 시장에 부담 없이 진입할 수 있으며, 현지국 소비자들이 외국기업에 대한 부정적인 인식을 갖고 있을 때 유용하다는 것이다. 한편, 가맹사 입장에서도 유명 브랜드나

기술력이 우수한 기업으로부터 기술을 빌려 쓸 수 있기 때문에 안정적으로 이익창출이 가능하다는 장점이 있다.

라이선싱의 단점은 가맹사(licensee)가 기술을 습득하고 계약기간 만료 후 본사와의 계약 연장 없이 독립하는 경우 강력한 경쟁자로 부상할 수 있다는 점(boomerang effect)과 현지국시장에 대한 통제력이 제한된다는 점이다. 또한 일반적으로 라이선싱 계약 체결 시 가맹사에게 현지국시장에서의 독점판매권을 주는 경우가 많은데, 이 경우 계약기간 내에는 본사기업에서 다른 방법으로 현지국시장에 진입하는 것이 불가능하다는 단점도 있다.

(2) 프랜차이징

프랜차이징(franchising)은 본사기업(the franchisor)이 현지국 가맹기업(the franchisee)에게 일정한 수수료를 받고 상표, 기술, 특허권 등의 무형자산 사용권을 허가해 줌과 아울러 원료 공급, 기술교육 및 경영관리방식까지 지원해 주는 포괄적인 계약을 말하는 것으로서 광의의 라이선싱이라고 할 수 있다. 형태적으로 두 기업은 독립성을 유지하지만 가맹기업은 원료부터 경영방침에 이르기까지 거의 모든 사항에 대해 계약에 의한 본사기업의 통제를 받기 때문에 수직적 통합과도 유사한 효과를 갖고 있다.

프랜차이징의 장점은 라이선싱에 비해 현지국 가맹기업에 대해 보다 강한 통제력을 행사할 수 있다는 것과 본사의 표준화된 마케팅전략에 의해 글로벌시장에서 독자적이고 독특한 이미지를 구축할 수 있다는 점 등이 있다. 그러나 품질통제와 가맹기업에 대한 수시교육이 필요하다는 단점이 있다.

프랜차이징의 대표적 예로서 패스트푸드 체인을 들 수 있다. 재료는 매일 아침 본사에서 제공하고 조리방법과 절차 및 매장 운영지침도 매뉴얼을 통해서 제공된다.

(3) 경영관리계약

경영관리계약(management contract)은 합작투자의 한 형태로서 양 파트너 중 한쪽은 운영시설을 소유하고, 다른 한쪽은 경영을 담당하는 형태의 국제경영방식이다. 즉, 현지기업의 일상적인 경영관리활동을 대신 수행해 주고 대가를 받을 수 있도록 계약하는 형태로서 신규투자, 배당, 소유권 등과 같은 중요한 부문과 관련된 의사결정에는 영향력을 행사할 수 없다. 이때 경영을 담당하는 쪽은 관리적 노하우를 제공하는 대가로 일부 소유권이나 로열티 혹은 관리대가를 받는다.

경영관리계약은 현지국 정부가 자국이 몰수한 해외투자자자산을 자국 사람이 관리할 수 있는 능력을 갖출 때까지 일정기간 동안 운영해 주도록 위탁하는 경우나 공장설비를 판매한 기업이 그 사업체를 위탁하여 경영하는 경우, 그리고 더 이상 기존시설의 운영이 불가능하여 사업을 다른 분야로 전환하기 위해 그 시설을 해외기업에게 위탁하여 경영하는 경우에 사용된다.

이 방식에 의한 해외시장진출은 자사의 전문지식이나 경험만을 가지고 자본투자 없이 진출할 수 있기 때문에 위험이 낮다. 그러나 계약기간 후의 수익발생을 보장할 수 없으므로 장기적인 관점에서의 시장개발은 어렵다고 할 수 있다. 따라서 경영관리계약은 통상 독자적으로 이루어지지 않고 대개 합작투자나 턴키 프로젝트의 추가요건으로서 이루어진다.

(4) 턴키 프로젝트

턴키 프로젝트(turn-key project)는 일괄수주방식으로 현지에 생산설비를 건설하고 설비가 완벽하게 갖추어져 생산준비가 완료된 시점에 소유권을 넘겨주는 방식으로 플랜트(plant)수출이라고도 한다. 이 방식은 대부분 대규모로 이루어지며 주로 현지국 정부의 요청에 의해 이루어진다. 따라서 계약취소, 강제적 재협상, 지불정지 등과 같은 정치적 위험에 노출될 가능성이 높다는 단점이 있다.

턴키 프로젝트에서는 엔지니어링기술과 노동 및 경영관리기법이 해외 발주자에게 복합적으로 이전되는 것이 일반적이다. 턴키 프로젝트의 공급업체는 완성된 시설을 제공하고 그 대가로 기계설비대금과 공장설계, 공정 노하우, 현지인훈련 등에 대해 일정한 대가를 받게 된다.

턴키계약에 추가적으로 해외 발주자가 이를 독자적으로 운영할 수 있도록 설비의 운영기술교육과 경영관리기법 이전 등의 서비스를 제공하는 경우를 턴키 플러스(turn-key plus)방식이라 한다.

(5) BOT방식

BOT(Build, Operate, Transfer)방식은 현지국에 공장이나 설비를 건설(build)한 후 일정기간 동안 본사에서 직접 운영(operate)하여 투자비와 목표이윤을 회수한 후 현지국 정부나 기업에게 소유권을 이전시키는(transfer) 방식이다. 이 방식은 턴키 프로젝트와 유사하나 재원조달, 소유권, 경영관리 등에서 〈표 15-1〉과 같은 차이가 있다.

| 표 15-1 | 턴키 프로젝트와 BOT방식 비교

계약 형태	재원조달책임	소유권	운영 및 관리	투자회수방식
턴키 프로젝트	발주자	발주자	발주자	발주자의 대금지급
BOT방식	투자자	투자자 → 발주자	투자자 → 발주자	운영수익

(6) 계약생산

계약생산(contract management)은 자사가 직접 제품을 생산하여 해외에 수출하기보다는 생산능력을 갖춘 현지기업을 선정하여 그 기업으로 하여금 자사가 요구하는 제품을 생산·공급하도록 하는 계약을 체결하고, 해당 제품에 대한 마케팅은 자사가 책임을 지는 것을 말한다.

계약생산은 통상적으로 자사가 직접 제품을 생산할 여력이 없거나 현지의 값싼 노동력이나 원자재를 이용해야 하는 경우에 주로 활용된다. 주문자상표부착생산(Original Equipment Manufacturing : OEM)방식에 의한 수출도 계약생산의 한 형태이다.

3) 직접투자방식

글로벌기업의 경영자들은 수출이나 라이선싱을 통한 해외시장진입을 통해 획득한 이득을 비교하다 보면 때때로 보다 강도 높은 현지시장 개입(참여)을 원하게 될 것이다. 특히, 현지시장의 설비나 기업에 대한 부분적 혹은 전체의 소유권을 갖고자 하는 욕구로 인해 직접투자를 고려하게 된다.

해외직접투자(Foreign Direct Investment : FDI)방식은 기업이 제품을 현지에서 직접 생산하고 마케팅하기 위해 현지국에 공장, 설비, 기타 자산의 형태로 투자하는 것을 말한다. FDI를 시도하는 동기는 현지시장을 확보하기 위한 목적(market-oriented FDI), 생산원가가 저렴한 국가에 생산기지를 마련하기 위한 목적(production-efficiency-oriented FDI), 자원을 안정적으로 확보하기 위한 목적(resource-oriented FDI), 선진국의 경영기법이나 선진기술을 이전받기 위한 목적(technology-oriented FDI), 그리고 생산단계별 기지를 여러 곳에 분산시켜 안정적인 생산활동을 도모하기 위한 목적(security-oriented FDI) 등이 있다.

FDI는 지분참여비율에 따라 단독투자와 합작투자로 구분할 수 있으며, 사업출발형태에 따라 신설(개발)과 인수 · 합병으로 구분할 수 있다.

(1) 단독투자

단독투자(sole venture)는 기업의 의결권 주식의 95% 이상을 자사가 소유하는 형태로 해외에 진출하는 경우로서 완전소유 자회사(wholly owned subsidiary)라고도 한다. 일반적으로 단독투자방식에 의한 해외진출은 기업이 강력한 독점적 우위를 소유하고 있거나 제품생산과정에서 모기업이 자회사에게 원자재를 공급하는 경우에 주로 활용된다.

단독투자는 진출기업이 독자적인 경영권을 확보하고 투자이익을 독점할 수 있으며, 제품이나 기술에 대한 강력한 통제가 가능하고, 혁신기술과 같은 독점적 우위요소를 보호할 수 있다는 장점이 있다. 반면에 비용이 많이 들고 그만큼 정치적 위험에의 노출과 같은 위험부담이 크다는 단점이 있다. 또한 투자와 관련한 현지국 정부의 각종 규제 등의 집중대상이 될 수 있으며, 현지국 소비자들로부터 외국기업 이미지로 인한 회피 등의 우려가 있다. 특히, 단독투자의 경우 기존에 존재하지 않던 기업을 새롭게 설립하는 진출하는 신설방식과 기존에 현지에서 운영되던 기업을 인수하거나 합병하여 진출하는 인수합병(Merger & Acqusition : M & A)방식이 있다.

(2) 합작투자

합작투자(joint venture)는 현지국 정부나 기업과 지분을 공유하는 방식으로서 공유대상은 주식, 자본, 채무, 무형자산(특허권, 상표권 등), 유형자산(기계, 설비, 토지 등), 경영 노하우 등 매우 다양하다.

합작투자는 막대한 투자비용의 부담을 줄이고 정치적 위험도 분산시킬 수 있다. 뿐만 아니라 현지국 파트너의 장점과 투자기업의 장점을 상호보완적으로 활용하여 시너지효과를 얻을 수 있다는 장점이 있다. 즉, 투자기업의 자본과 첨단기술력을 현지국 파트너가 갖고 있는 현지시장 관련된 전문지식과 경험, 강력한 유통망 등과 결합하여 시너지효과를 창출할 수 있다. 따라서 합작투자는 단독투자에 비해 자회사에 대한 통제보다는 현지 파트너의 기여를 필요로 한다.

반면에 합작투자의 단점으로는 이익을 나누어야 한다는 것과 지분 분할로 인한 경영권과 통제력의 제한, 그리고 현지국 파트너와의 이해상충 등의 커뮤니케이션이 원활하지 못할 가능성 등이 있다.

| 표 15-2 | 기업의 해외진출방식

수출방식	• 간접수출(indirect exporting) • 직접수출(direct exporting)
계약방식	• 라이선싱(licensing) • 프랜차이징(franchising) • 관리계약(management contract) • 턴키계약(turnkey contract)
직접투자방식	• 단독투자(sole venture) • 합작투자(joint venture)

제3절 우리나라 기업의 과제

우리나라 기업들이 효과적인 국제경영을 하기 위해서는 많은 어려움을 극복해야 한다. 국제경영에 있어서 가장 큰 문제점은 본국중심주의, 사회적 책임, 기업윤리이다.

3.1 본국중심주의

우리나라 기업들이 해외에 진출하여 흔히 범하는 잘못은 본국중심적 사고방식을 현지에 있는 자회사에게 강요하는 것이다. 즉, 한국적인 사고방식, 한국의 경영관리방법 등을 해외의 현지법인에서도 그대로 적용하려는 데서 문제점이 발생하게 된다.

예를 들면, 인도에 진출하였던 기업 A는 한국에서와 마찬가지로 매일 아침 출근하여 단체 체조를 하는 것으로 일과를 시작하였다. 그러나 비교적 게으른 인도인들은 아침 체조를 하는 것에 많은 반발을 하였고, 종업원들의 사기저하로까지 이어져 생산성이 크게 떨어졌다. 만약 집중도를 높이고, 건강에도 많은 도움이 된다는 것을 알리고 나서 자발적으로 참여하도록 하였다면 좋은 성과를 거두었을 것이지만, 일방적으로 강요하였기 때문에 실패한 것이다.

또한 한국인들이 김치를 좋아한다고 해서 캐나다에 있는 현지법인에서도 점심 메뉴에 매일 김치를 제공한다면 외국인 종업원들은 구내식당에서 점심을 먹으려 하지 않을 것이고, 나아가 자신이 소속된 회사에 대한 애사심도 없어질 것이다.

이와 같은 잘못을 범하는 것은 성공적인 국제경영을 저해하는 요인이다. 따라서 하루 빨리 세계중심주의적인 사고방식을 가져야 할 것이다.

3.2 사회적 책임

우리나라 기업들이 해외에서 수준 높은 국제경영을 하기 위해서는 그 기업이 진출해 있는 국가의 현지기업으로서 사회적인 책임을 다함으로써 현지국가에 공헌할 수 있다.

첫째, 자본과 경영자원 등 희소한 자원을 해당 국가에 이전함으로써 현지국가의 지역경제에 긍정적인 영향을 미칠 수 있다. 특히, 개발도상국이나 후진국에 진출한 때는 외국으로부터 자본을 들여와 생산설비를 구축하고 현지에서 사업을 벌이는 것은 그 국가들에게 경제적으로 큰 공헌을 하게 되는 것이다.

둘째, 해외직접투자를 통해서 현지국에서의 고용을 증대시킨다. 예를 들면, 영국은 한때 15%가 넘는 높은 실업률을 보였다. 그러나 우리나라와 일본 등의 다국적기업들이 영국에 진출하면서 영국의 실업률은 10% 미만으로 낮아졌다. 이것은 현지국가에게 고용 측면에서 커다란 공헌을 한 것이다.

셋째, 기술이전을 통하여 생산능력을 향상시킨다. 성공적인 기술이전은 더 좋은 제품과 더 효율적인 생산공정을 만드는 데 많은 영향을 미친다. 좋은 제품을 수출하는 것보다는 해당 국가에서 어떻게 좋은 제품을 만들 수 있는가를 알려 주는 것이 훨씬 큰 도움이 되는 것은 당연하다.

3.3 기업윤리

해외에 진출한 현지기업들이 지역사회에 사회적 책임을 충분히 이행함과 동시에 현지법률을 준수하고, 현지기업으로서 그 국가에 충실한 기업시민(corporate citizen)이 되어야 한다. 특히, 현지기업이 해당 국가의 규제를 충족시키는 것은 매우 중요한 일이다.

예를 들면, 선진국에서는 환경오염에 대한 기준이 무척 강화되고 있다. 그러므로 공해유발산업은 공해를 최소화하기 위해서 각종 정화시설과 공해방지시설에 투자하고 있다. 따라서 해외에 진출한 현지기업들은 폐수나 환경오염물질 배출 등을 극도로 자제해야 할 것이다.

또한 미성년 노동인력을 고용하는 것을 엄격하게 금지하고, 노동자들에게 최저생계비 이상의 임금을 지급함으로써 현지인들에게 반발을 사지 않도록 해야 한다.

기업윤리와 관련하여 가장 큰 문제 중 하나는 현지국가에서 사업을 할 때 로비를 제공할 것인가의 문제이다. 우리 기업들은 과거에 해당 국가의 정부에 로비자금을 제공하고 각종 특혜를 부여받는 것과 같은 비정상적인 관행에 의하여 사업을 운영하여 왔다. 그러나 최근에는 국제적으로 뇌물수수와 관련된 특혜 등을 강력하게 규제하고 있기 때문에 자제하여야 할 것이다. 기업들이 해외에 진출하여 윤리적이고 양심적으로 사업을 운영하고 현지지역사회에 긍정적인 기여를 하는 것이 인정되면 장기적으로는 현지기업으로서 성공할 수 있는 발판이 된다. 따라서 본국중심주의의 타파, 사회적 책임 및 기업윤리를 준수하는 것은 성공적인 글로벌경영에 있어서 반드시 필요한 부분이다.

찾아보기

ㅇ

ㅈ

ㅊ

ㅋ

ㅌ

ㅍ

[저자소개]

■ **김종성**
홍익대학교 경영학과를 졸업하고 동 대학원에서 경영학 박사학위를 받았으며, 현재 e-누리 평생교육원 원장으로 재직중이다. 주된 연구분야는 마케팅전략, 인터넷 마케팅, 소비자행동 등이며 마케팅연구, 소비자학연구, 고객만족경영연구 등의 학술지에 "상표확장효과의 조절변수로서 소비자 특성과 지각의 역할 평가" 등 다수의 논문을 게재하였고, 저서로는 '인터넷의 이해와 활용' 등이 있다.

■ **김 영**
홍익대학교 경영학과를 졸업하고 동 대학원에서 경영학 박사학위를 받았으며, 현재 동서대학교 글로벌비즈니스대학 교수로 재직중이다. 주된 연구분야는 마케팅전략, 소비자행동, 서비스품질, 고객만족 등이며 경영학연구, 마케팅연구, 소비자학연구, 고객만족경영연구, 유통경영연구, 상품학연구 등의 학술지에 "재무성과와 기업가치에 대한 마케팅자산의 영향" 등 다수의 논문을 게재하였고, 저서로는 'SPSS10.0 매뉴얼', '상품학' 등이 있다.

■ **유성용**
홍익대학교 경영학과를 졸업하고 동 대학원에서 경영학 박사학위를 받았으며, 현재 순천향대학교 경영학과 교수로 재직중이다. 주된 연구분야는 재무회계, 세무회계 등이며, 세무와 회계저널, 회계정보연구, 중소기업연구 등의 학술지에 "기업가치와 성장 특성 및 배당세 효과" 등 다수의 논문을 게재하였고, 저서로는 '현대회계원리' 등이 있다.

현대경영학개론

2019년 2월 20일 1판 1쇄 인쇄
2019년 2월 25일 1판 1쇄 발행

저　　자 | 김종성 · 김　영 · 유성용
발 행 인 | 이수영
발 행 처 | 도서출판 청람
　　　　　서울시 마포구 독막로 288(대흥동, 세양상가 109호)
전　　화 | 02)3272-2601~2
팩　　스 | 02)3272-2603
이 메 일 | crbooks@daum.net
홈페이지 | www.crbooks.co.kr
등　　록 | 2000년 8월 26일 제6-0509호

ISBN 978-89-5972-688-2　93320　　[정가 23,000원]